高等学校应用型本科管理学

"十二五"规划教材

市场营销学

主　编　柳　欣
副主编　高　微　周　蓉

中国金融出版社

责任编辑：张　铁
责任校对：张志文
责任印制：陈晓川

图书在版编目（CIP）数据

市场营销学（Shichang Yingxiaoxue）/柳欣主编 . —北京：中国金融出版社，
2013.2

ISBN 978 - 7 - 5049 - 6724 - 4

Ⅰ. ①市… Ⅱ. ①柳… Ⅲ. ①市场营销学—高等学校—教材 Ⅳ. ①F713.50

中国版本图书馆 CIP 数据核字（2012）第 316088 号

出版
发行　中国金融出版社

社址　北京市丰台区益泽路 2 号
市场开发部　（010）63266347，63805472，63439533（传真）
网上书店　http://www.chinafph.com
　　　　　　（010）63286832，63365686（传真）
读者服务部　（010）66070833，62568380
邮编　100071
经销　新华书店
印刷　保利达印务有限公司
尺寸　185 毫米 × 260 毫米
印张　21.75
字数　480 千
版次　2013 年 2 月第 1 版
印次　2016 年 2 月第 2 次印刷
定价　40.00 元
ISBN 978 - 7 - 5049 - 6724 - 4/F. 6284
如出现印装错误本社负责调换　联系电话（010）63263947

前　　言

社会经济越发展，企业和社会组织联系越紧密，交往越频繁，市场营销对社会组织或个人显现的作用越大。随着我国经济的高速发展，市场营销越来越为企业所重视。

市场营销学是一门建立在经济科学、行为科学和现代管理学基础上的应用科学，独具谋略性、艺术性与实用性，已被广泛运用于企业和各类社会组织的运筹、决策和企业形象塑造等方面。它研究以满足消费者需求为中心的企业营销活动的过程及其规律性，具有全程性、综合性、实践性的特点，它所涉及的理论、方法和原理都关系到企业经营的成败。在激烈的竞争中，各行各业都需要充分运用市场营销的观念来发展经济、开拓事业。

为适应市场营销教学的需要，我们编写了高等学校应用型特色教材——《市场营销学》，结合我们多年教学研究经验，将理论教学和实践教学有机结合。一方面可满足应用型人才培养需要，注重对分析问题和解决问题能力的考核，具有较强的针对性；另一方面可满足市场需要，对企业决策等提供可以借鉴的依据，具有较强的实用性。

本书具有以下特点：

一、实效性。本书充分考虑市场需求，案例选用上既有中外营销的经典案例，也有近几年活跃于中国市场和国际市场知名企业的案例，让读者"走进去"，增强对案例分析、实务训练、营销策划的有机结合。用新的思路、新的观念、新的方法对营销理论和营销实务进行分析和阐明，力争做到前沿、新颖、独到。

二、理论性。广泛吸收该学科的最新研究成果，对市场需求规律、市场调研、消费者行为、营销方略、谈判技巧等重要理论和实际问题进行深入的分析和探讨，具有一定的理论深度。

三、系统性。内容结构和章节安排做到了既条理清楚、层次清晰，又力求系统、严密。

四、操作性。全书在每章开始都有学习目标和营销情景故事，以方便学生为学习新知识做好准备；在每章之后都配有相应的思考与练习、课堂模拟训练等项目，以拓宽读者的思维和视野，使学生重点掌握营销业务的实际操作能力。本书每章都配有同步训练、实训项目和案例分析等内容，以供广大学生和自学者进行自我检测。

本书既可作为经济、管理类本科教材，也可作为市场营销人员和企业管理人员的自学用书。

本书由柳欣担任主编，高微、周蓉担任副主编。全书共十二章，参与本书编写的人员有：柳欣（哈尔滨金融学院，第一、第二、第六、第七章），高微（哈尔滨金融学院，第三、第四、第五章），周蓉（哈尔滨金融学院，第八、第十、第十一章），马鸿飞（哈尔滨理工大学，第九章），乔冠华（哈尔滨工程学院，第十二章），全书最后由柳欣修改定稿。

感谢中国金融出版社对本书出版的大力支持。

本书参考和引用了众多专家、学者的资料，除注明出处的部分外，限于体例未能一一说明。在此谨向有关作者表示诚挚的谢意。由于编写时间仓促、编者水平有限、书中疏漏和不妥之处敬请广大读者和专家批评指正。

编者
2012 年 9 月

目　　录

第一章
市场营销导论

◆ 本章学习目标

☞ 应用知识目标：

1. 体会市场营销学是一门应用科学；
2. 识记市场营销的含义；
3. 树立现代市场营销观念。

☞ 应用技能目标：

1. 把握市场营销的丰富内涵；
2. 以现代市场营销观念指导经营活动。

📖 营销情景故事

永远超前一步的年轻人

有个年轻人，当村里的人开山卖石头的时候，他却专挑奇形怪状的石头，卖给城里那些园艺或养鸟的商人。三年后，他在村里第一个盖起了水泥楼房。后来，此地不准开山，只许种树，于是这里成了一片梨园。秋天，漫山遍野雪梨、鸭梨引来四面八方的客商光临，因为这里的土质好，出产的梨果汁浓、肉脆甜，纯正无比颇受喜爱。正当当地人因种鸭梨、雪梨带来滚滚财源时，年轻人却将梨树卖掉，开始种柳。因为他发现，这里种梨的多，来这里做生意的客商不愁买不到好的梨，只愁买不到装梨的筐子。后来证实他做对了，他种的柳比种梨花时间少而且更赚钱。几年后他成了当地第一个在城里买房的农民。20世纪90年代后，一条铁路从这儿贯穿南北，这里的交通变得极为方便。于是，当地果农由过去单一的种梨卖果，进而建果品加工厂及批发、零售市场，变成以种梨为基础的多元化生意。就在大家忙于集资办厂、办公司时，这个年轻人却在他的地头上砌了一垛3米高、100多米长的墙。这垛墙面朝铁路，背靠他的翠柳，两旁及周围是一片望无边际的梨园，坐火车的人，春天可欣赏盛开的梨花，夏秋可欣赏满山遍野像似呆瓜的梨子，同时也会突然看到"可口可乐"四个大字，就凭这垛墙的广告，他每年又比别人多收入4万元。

（资料来源：www.795.com.cn/wz/61390.html）

从上面的故事你是否领悟到什么？你是不是觉得营销离我们很遥远呢？不，不是，实际上我们每天都在和它打交道。作为顾客，我们每天都不知不觉地在参与营销活动。那么，企业呢？企业更是如此，它离不开营销。没有营销，企业就没有发展，企业的生命在于营销。在市场经济社会中，企业不能单纯地追求生产技术优势，更要赢得市场方面的优势。市场是企业经营的出发点和归宿，是企业一切管理活动的依据。

而市场营销活动是在一定的市场营销观念指导下进行的，市场营销观念的形成又与其所处的生产及社会发展阶段相联系，因此，就有必要对市场营销观念的演进有所了解，以树立现代市场营销观念，围绕消费者需求这个中心，更有效地开展市场营销活动。

第一节　市场与市场营销

一、市场

（一）市场的概念

市场是社会分工的产物，是商品经济的产物。随着社会分工和商品生产、商品交换的产生和发展，就有与之相适应的市场。也就是，哪里有商品生产和商品交换存在，哪里就有市场。市场是联系生产和消费的纽带。自从人类出现了交换活动以来，市场才逐渐开始产生，因此，最早的市场概念是指买方和卖方聚集以交换各自货物的场所，如农贸市场、手工业品市场等。这时，是把市场理解为商品交换这种特殊现象在空间上的表现形式。

随着社会生产力的发展，社会分工越来越细，商品交换日益丰富，交换形式越来越复杂。尽管原有的市场形式——商品交换的场所仍然存在，但市场概念已不再局限于原有时间与空间的限制，而演变为一种范围更广、含义更深的全新市场概念。

首先，从宏观角度来认识，市场包含全社会各个领域的所有交换关系，表现为一种总供给与总需求的关系，其交换内容可以是有形的，如商品市场、技术市场等；也可以是无形的，如服务市场。这些由交换过程联结而形成的复杂的各种市场在国民经济中形成了一个国家整体市场。在国家整体市场中，生产商主要是到资源市场（原材料市场、劳动力市场、货币市场、燃料及动力市场、信息市场、技术市场等）购买所需资源，转换为商品和服务之后卖给中间商，再由中间商零售给消费者，消费者则出售其劳动力以取得货币来购买商品及服务。政府是一个相对独立的较为特殊的市场，它从资源、中间商、生产商等市场购买商品，付钱以后，再向这些市场（在西方包括消费者市场）征税，并转为公共所需的服务。

其次，从微观角度来认识，市场与企业的市场营销活动密切相关，是上述国家整体市场体系中的一部分，是某种商品或服务的微观市场，它已经摆脱了交易场所的限制，交易场所仅成为微观市场中的一个环节。一般来说，一个企业所面临的市场主要有以下两个：

1. 购买市场

在这个市场上，企业是需求者。现代企业为制造商品不仅需要购进大量的原材料、燃料和设备，而且需要大量的劳动力、资金、技术和信息。因此，在购买市场上，企业必须面对原材料市场、劳动力市场、资本市场、技术市场和信息市场等生产要素市场。

2. 销售市场

在这个市场上，企业把商品和服务销售给消费者，取得货币。销售市场对企业的生存和发展起直接的影响作用。企业如果不能把生产出来的商品和服务及时销售出去，就无法收回投资，无法组织再生产活动或扩大再生产，企业就可能被迫停产，严重的甚至破产或倒闭。因此，企业从自身的利益出发，它最注重的就是购买市场和销售市场，时刻注意这两个市场的供求变化，并千方百计采取措施使市场的供求变化给企业带来的不利影响降到最低限度。

最后，现代市场概念的演变不仅在如上所涉及的范围方面有了更大的拓展，而且在含义上有了更为深刻的变化。现代市场概念已改变了以往视市场为"某一特定地点或场所"的认识，开始视市场为"流动着的消费者群体"。当代著名市场营销学家菲利普·科特勒（Philip Kotler）指出："市场是由一切具有特定需求或欲望并且愿意和可能从事交换来使需求和欲望得到满足的潜在顾客所组成。"应该说，这一认识的改变，极大地拓展了营销人员的视野，为企业开辟了更为广阔的营销活动空间。在原有的把市场视为固定场所的认识指导下，企业营销活动注重的是企业商品生产出来以后在固定场所的交易活动，这种活动非常被动而且效果不佳。新的市场概念的建立，使市场营销人员把关注的目光从"固定的交易场所"转到了"流动着的消费者群体"，因而在商品生产之前就开始研究消费者群体的消费需求，确定适销对路的商品，使生产出来的商品能够符合消费者的需求，扩大了商品的销售，取得了营销活动的主动权。实践证明，现代市场概念对企业营销活动起到了有效的指导作用，体现出市场的真正内涵。因此，站在市场营销学的角度认识市场，可以把市场定义为了满足某些特定需求和欲望而购买或准备购买特定商品或服务的消费者群体。

由此可见，市场的概念随着商品经济的不断发展，其内容也不断丰富和充实。在不同的环境下，在不同的市场营销学家眼中，它有多种含义，可概述如下：

第一，市场是商品交换的场所。它是指买卖双方购买和出售商品，进行交易活动的地点或地区。作为商品交换场所的市场，对每个企业来说都很重要。每个企业都必须要了解自己的商品都销往哪里，哪里是本企业商品的市场。

但是，如果有人说："中国的汽车市场很大。"这显然不是指中国交换汽车的场所很大，而是指中国汽车的市场需求很大，是指买主很多，需求量很大。

第二，市场是对某种商品或劳务具有需求、支付能力和希望进行某种交易的人或组织。这是菲利普·科特勒的理解。这里所说的市场是指有购买欲望、购买力和通过交易达到商品交换，使商品或劳务发生转移的人或组织，而不是场所。这里所指的人不是单个的人，而是消费者群及组织购买者。

第三，市场是某项商品或劳务的所有现实和潜在的购买者。这是指市场除了有购买力和购买欲望的现实购买者外，还包括暂时没有购买力，或是暂时没有购买欲望的潜在购买者。这些潜在购买者，一旦其条件有了变化，或收入提高有购买力了，或是受宣传介绍的影响，由无购买欲望转变为有购买欲望时，其潜在需求就会转变成现实需求。故有潜在需求的购买者是卖主的潜在市场。对卖主来说，明确本单位商品的现实市场和潜在市场，其需求量多少，对正确制定生产和市场营销决策具有重要意义。

第四，市场是商品交换关系的总和，这个含义有利于关系营销学的建立。交换关系主要存在于买卖双方、卖方与卖方、买方与买方、买卖双方各自与中间商、中间商与中间商之间，是商品在流通领域中进行交换时发生的关系。它还包括商品在流通过程中促进或发挥辅助作用的一切机构、部门（如银行、保险公司、运输部门、海关等）与商品的买卖双方之间的关系。这个概念是从商品交换过程中人与人之间经济关系的角度定义的。

从市场营销学的观点来看，以上市场的概念是从各个不同的角度阐述的，只是各自强调的角度不同，相互之间并不矛盾。例如，当企业将商品销到国际市场，并不仅仅是到国际市场这一商品交换的场所去进行销售，企业还要了解该国际市场中现实的与潜在的购买者，包括以下几方面：

- 他们是谁（Who），是青年人或老年人，或是哪个行业的用户？
- 他们购买或喜爱什么商品（Which）？
- 他们为什么要购买这些商品，其购买目的是什么（Why）？
- 他们在什么时间购买这些商品（When）？
- 他们在什么场所购买这些商品（Where）？
- 他们怎样购买商品，其购买行为如何（How）？等等。

所以，企业要全面理解市场的含义和概念，这对企业的生产、经营、营销具有重要的意义。也就是说，企业面向市场，是指企业要面向某一国家、某一地区的顾客，面向目标顾客的需求，研究其购买行为和购买心理，以顾客需求为导向，结合企业实际情况，研究商品销售地区的供求状况，商品交换中的买卖、协作、竞争等关系，确定企业的经营方向和经营服务对象，制定生产、经营决策和市场营销策略，以达到企业的经营目标，提高经济效益。

（二）市场的构成要素

1. 宏观角度

市场是由各种基本要素组成的有机结构体，正是这些要素之间的相互联系和相互作用，决定了市场的形成，推动着市场的现实运动。从宏观或总体角度考察，市场主要包括以下要素：

（1）一定量的可供交换的商品。这里的商品既包括有形的物质产品，也包括无形的服务，以及各种商品化了的资源要素，如资金、技术、信息、土地、劳动力等。市场的基本活动是商品交换，所发生的经济联系也是以商品的购买或售卖为内容的。因此，具备一定量的可供交换的商品，是市场存在的物质基础，也是市场的基本构成要素。倘若没有可供交换的商品，市场也就不存在了。

（2）向市场提供商品的卖方。商品不能自己到市场中去与其他商品交换，而必须由它的所有者——出卖商品的当事人，即卖方带到市场上去进行交换。在市场中，商品所有者把他们的意志——自身的经济利益和经济需要，通过具体的商品交换反映出来。因此卖方或商品所有者就成为向市场提供一定量商品的代表者，并作为市场供求中的供应方面成为基本的市场构成要素。

（3）有货币支付能力的商品需求及其人格化的代表者——买方。卖方向市场提供一定量的商品后，还须寻找到既有需求又具备支付能力的购买者，否则，商品交换仍无法完成，市场也就不复存在。因此，以买方为代表的市场需求是决定商品交换能否实现的基本要素。

商品、供给、需求作为宏观市场构成的一般或基本要素，通过其代表者——买方和卖方的相互联系，现实地推动着市场的总体运动。

2. 微观角度

从微观即企业角度考察，企业作为某种或某类商品的生产者或经营者，总是具体地面对该商品有购买需求的买方市场。深入了解企业所面临的现实的市场状况，从中选择目标市场并确定进入目标市场的市场营销策略，以及进一步寻求潜在市场，是企业开展市场营销活动的前提。因此，就企业而言，更具有直接意义的是微观市场的研究。宏观市场只是企业组织市场营销活动的市场环境。微观市场的构成包括人口、购买力、购买欲望三方面要素。

（1）人口。需求是人的本能，对物质生活资料及精神产品的需求是人类维持生命的基本条件。因此，哪里有人，哪里就有需求，就会形成市场。人口的多少，决定着市场容量的大小；人口的状况，影响着市场需求的内容和结构。构成市场的人口因素包括总人口、性别和年龄结构、家庭户数和家庭人口数、民族与宗教信仰、职业和文化程度、地理分布等多种具体因素。

（2）购买力。购买力是人们支付货币购买商品或劳务的能力。人们的消费需求是通过利用手中的货币购买商品实现的。因此，在人口状况既定的条件下，购买力就成为决定市场容量的重要因素之一。市场的大小，直接取决于购买力的高低。一般情况下，购买力受到人均国民收入、个人收入、社会集团购买力、平均消费水平、消费结构等因素的影响。

（3）购买欲望。购买欲望指消费者购买商品的愿望、要求和动机。它是把消费者的潜在购买力变为现实购买力的重要条件。倘若仅具备了一定的人口和购买力，而消费者缺乏强烈的购买欲望或动机，商品买卖仍然不能发生，市场也无从现实地存在。因此，购买欲望也是市场不可缺少的构成因素。

$$市场 = 人口 + 购买力 + 购买欲望$$

人口、购买力、购买欲望三者互相联系，相互制约，共同构成企业的微观市场。这种微观市场，是市场营销学关于市场研究的重点所在。

（三）市场的类型

根据不同的划分标准进行划分，市场可以划分为不同的种类。

1. 根据市场范围划分

可分为区域市场、国内市场、国际市场。区域市场又可分为农村与城市市场，或者沿海与内地市场，东部、南部、西部、北方、中原市场等。

2. 根据市场客体划分

可分为消费者市场、生产者市场、中间商市场、政府市场。

3. 根据市场状况划分

可分为买方市场、卖方市场。

4. 根据竞争程度划分

可分为完全竞争市场、完全垄断市场、寡头垄断市场、垄断竞争市场。

二、市场营销

（一）市场营销的基本含义

市场营销一词的英文为"Marketing"。过去我国对此词的翻译不一，有的译为销售、行销；有的译为市场经营、市场营销、营销等。后经国内理论界反复研讨，认为"Marketing"是动名词，译名应反映其动态的意义，最终基本取得一致认识，译成"市场营销"，在本书中，为叙述简便，营销与市场营销具有相同的含义。

市场营销是一种企业在市场环境中从事的经营活动，是在市场营销观念指导下产生的一种现代企业行为。对于这种行为活动的确切含义，国外市场营销界做过多种不同的解释和表述。这些论述反映了在不同时期人们对市场营销的认识和发展过程。

早期的认识是比较肤浅的，正如美国市场营销家史丹顿（W. T. Stanton）所指出的："一个推销员或销售经理谈到市场营销，他真正讲到的可能是销售；一个广告客户业务员所说的市场营销，可能就是广告活动；百货公司部门经理谈到的可能是零售商品计划。他们都谈到了市场营销，但是，只谈到了整个市场营销活动的一部分。"显然，在上述片面认识的基础上，很难形成较为完整的定义。

1960 年，美国市场营销协会（AMA）定义委员会给市场营销下过如下定义："市场营销是引导产品及劳务从生产者到达消费者或使用者手中的一切企业经营活动。"十分明显，这一定义以产品制成后作为市场营销的起点，以送达消费者手中为终点，把市场营销仅仅看做沟通生产环节与消费环节的商业活动过程，因而也存在明显的局限性。

英国市场营销协会曾指出：一个企业如果要生存、发展和盈利，就必须有意识地根据用户和消费者的需要来安排生产。这一论述把市场营销与生产经营决策直接联系起来，对以往的认识有了明显的突破。

日本有关学者认为：市场营销是在满足消费者利益的基础上，适应市场的需要而提供商品和服务的整个企业活动。菲利普·科特勒则进一步指出：市场营销是经由交易的过程，导致满足需要与欲望的人类活动。上述定义从活动基础和最终目的层面上对市场营销的含义做了更深刻的揭示。

美国哈佛大学教授马尔康·麦克纳尔（Malcolm Macnair）提出了独到的见解：市场营销是创造和传递新的生活标准给社会。这一定义从社会功效的角度表达了市场营销活动的深层内涵和追求的理想境界，颇具哲学意义。

由以上列举的定义可以看到，随着社会经济的发展和人类认识的深化，市场营销的内涵和外延已经极大地丰富和扩展，其过程向前延伸到生产领域和生产前的各种活动，向后延伸到流通过程结束后的消费过程；其内容扩大到市场调研、市场细分、产品开发、确定价格、选择分销渠道、广告、促销、售后服务、信息反馈等诸多方面；其目的上升为保证消费者需要得到全部和真正满足，并为社会创造更高的生活标准；其运行表现为在现代市场营销观念指导下订计划、有组织地自觉加以调节和控制的理性活动。

根据现代市场营销的发展，可以给出如下定义：市场营销是企业在变化的市场环境中，为满足消费者需要和实现企业目标，综合运用各种市场营销手段，把商品和服务整体地销售给消费者的一系列市场经营活动。

（二）市场营销的特点

作为一种综合性市场经营活动，现代市场营销与一般或传统意义上的经营活动相比，有着显著的区别和鲜明的特点。

1. 市场营销是包括市场营销战略决策、生产、销售等阶段在内的总循环过程

这一过程涉及生产、流通和消费各个领域。作为市场营销过程的第一阶段——市场营销战略决策，主要是解决制定或调整经营方向、进行经营规模的合理优化、选择有利的经营时机、评价市场营销战略方案的经济效益等重大战略问题。市场营销战略决定着企业市场营销活动的方向和效果。为保证战略决策的科学正确，企业必须进行科学的调查和预测，在市场细分的基础上选定目标市场，根据目标市场的需求决定企业的经营方向和经营规模，制定相应的市场营销战略方案。因此，市场是企业开展市场营销活动的起点和制定市场营销战略的根本依据。第二阶段即生产阶段的市场营销活动主要在生产领域进行。这一阶段的重点是根据市场分析与预测的结果，确定产品品种组合决策，制定新产品开发计划，注重产品生产和经营的数量、质量、包装、商标等的设计与实施。同时企业加强生产过程中的各项管理，降低生产成本和经营费用，为提高产品的市场竞争力和提高经济效益奠定坚实基础。销售阶段作为市场营销过程的第三阶段，主要在流通领域完成，同时向消费领域延伸。在激烈竞争的市场环境中，产品能否销售出去，直接决定企业市场营销活动的成效与经济效益。因此，在这一阶段需要综合运用价格、促销、渠道、储运、广告、服务等各种市场营销手段和策略，在全面满足消费者需要的基础上，促成产品的最终销售。以上三个阶段在时间上继续，在空间上并存，既紧密联系，又相互制约，从而实现和保证市场营销过程的循环往复，连续不断。

2. 市场营销是以消费者需求为基点和中心的企业经营行为

与传统的经营活动相比，现代市场营销的一个显著特点是以消费者需求为中心，需求成为左右企业一切生产经营活动的出发点。从事市场营销的企业仍以盈利为基本目标，但这一目标的实现，必须以满足消费者需要为基础，获取利润的手段必须有利于消费需求的满足。因此，在营销活动中，企业追求的首先是商品或服务对满足消费需求的功效，然后根据需求的被满足程度来确定企业的盈利，而不是相反。事实上，满足需求与获取盈利并非相互对立，而是彼此依存、相辅相成的。消费者需求被满足的程度越高，企业的盈利随之越多；反之，需求被满足的程度越低，企业的盈利也只能减少。基于上述认识，企业在市场营销中，无论从事市场调研、产品开发，还是确定价格、广告宣传，都强调以消费者的需求为出发点，不仅满足已有的现实需求，还要激发、转化各种潜在需求，进而引导和创造新的需求；不仅满足消费者的近期个别需要，还要顾及消费者的长远需要，维护社会公众的整体利益。

3. 市场营销是以整体营销组合作为运行手段和方法的有机系统

传统的经营活动中，企业往往集中运用一种或几种经营手段达成预定目标，例

如仅借助产品本身来扩大市场，只依靠推销手段来促进销售。与传统方式不同，市场营销不主张采用单一手段从事经营活动，而认为应在产品设计、包装、商标、定价、财务、销售、服务、公关、分销渠道、仓储运输等各个环节和方面都要制定相应的市场营销策略，以综合性的策略组合进行整体营销。这些策略和手段又归结为几个方面，即商品策略、定价策略、分销渠道策略、促销策略，以及近年来迅速发展的公共关系策略和财务控制策略等。整体营销组合即由这些策略组合而成。不仅如此，在每种策略中又包含了一系列具体手段，如产品策略中包含产品组合、产品寿命周期、新产品开发、包装、商标等手段。关系策略中包含政府关系、新闻界关系、社区关系、顾客关系、经销商关系等。这些具体手段又构成该策略的下一层次的组合。整体营销组合与各个策略组合相互联系，共同作用，构成市场营销手段和方法的完整系统。

三、研究市场对企业营销的作用

在市场经济条件下，市场是配置社会资源的基础。企业作为资源配置与运用的基本单位和经济活动的主体，必然要被推向市场，在复杂的商品交换关系和市场体系构成的经济环境中运行。市场营销是企业根据市场需求组织生产经营，通过满足消费者而满足自身追求的行为过程。作为市场经济条件下企业的一种管理职能，市场营销要解决的是企业生产与消费者需求之间的适应、企业的产品与消费者货币之间的交换问题。因此，在市场环境中，企业市场营销活动的能力，势必对企业的生存和发展产生举足轻重的影响。概括而言，研究市场对企业营销的作用主要表现在以下几方面。

（一）有助于企业树立市场导向型的现代经营思想

经营思想所反映的是一定条件下企业对其自身与市场关系的一种理性认识。在市场营销中首先需要解决的核心问题是市场与生产的关系，需求与产品的关系，顾客与企业的关系。明确市场需要什么就生产什么，产品以需求为中心，顾客是企业的上帝。上述关系的明确，为树立以市场为导向的现代经营思想奠定了基础，并通过营销活动使这一思想得以贯彻实现。

（二）有助于企业建立环境决定型的科学决策模式

决策是企业经营管理的首要职能，采用何种决策模式，直接影响着决策的科学性和有效性，在市场营销中，强调遵循市场环境作为决策的出发点和基本依据。首先对企业所处的政治、经济、法律、社会等环境进行分析，从中发现企业的市场机会，然后根据机会选择决定企业的经营目标，并对实现目标的策略、组织、制度等作出抉择。这种决策模式为企业灵活适应市场环境变化，制定最佳决策方案提供了保证。

（三）有助于企业正确选择目标市场、扩大市场规模、提高竞争能力

现代市场范围广阔，消费需求复杂多样，任何企业都不可能独占全部市场，满足所有消费者的各种需求，只能选择部分市场作为目标市场，在目标市场领域中求得发展。在市场营销中，运用市场细分理论，可以帮助企业正确选择目标市场，把市场机会转变为企业机会，集中人、财、物力从事生产和市场营销，提高产品竞争

能力，使自己在整体市场上的劣势变为局部市场上的优势；运用市场发展理论，可以帮助企业选择适宜的市场发展战略，通过密集化、一体化、多元化和扩展、维持、收缩等战略选择，扩大企业的市场规模，提高市场占有率；运用市场竞争理论，可以帮助企业掌握制定市场竞争战略的原则和对竞争战略的组合运用，根据企业与市场的相对位置选择和采用进攻型、防守型、渗透型、低成本、产品差异、优势经营等战略，从而大大提高企业的竞争能力。

（四）有助于企业建立需求管理型的市场营销管理体制

在市场营销中，企业要直接面对市场，以适应需求作为一切活动的中心。为此，需要建立相应的管理体制，从组织和制度上明确市场营销职能与其他经营管理职能，市场营销部门与其他职能部门之间的关系。发达国家的企业实践表明，建立需求管理型的营销管理体制，使整个企业成为一个市场营销组织，是企业主动适应和有效驾驭市场的理想体制模式。这一体制可以保证以承担市场营销职责的部门为纽带，直接建立企业与市场的联系；可以确立市场营销职能的核心地位，以市场营销为中心，协调与计划、生产、财务、人事等各职能部门的关系；可以按照营销活动的内在联系，建立从市场调研、确定目标市场、制定市场营销战略、运用市场营销组合，到对市场营销过程进行信息反馈和控制等一整套科学系统的管理程序。因此，需求型营销管理体制的建立，对于企业适应市场经济的要求，提高管理现代化水平具有重要意义。

⏏探讨与应用

宝洁公司和一次性尿布

宝洁（P&G）公司以其寻求和明确表达顾客潜在需求的优良传统，被誉为在面向市场方面做得最好的美国公司之一。其婴儿尿布的开发就是一个例子。1956 年，该公司开发部主任维克·米尔斯在照看其出生不久的孙子时，深切感受到一篮篮脏尿布给家庭主妇带来的烦恼。洗尿布的责任给了他灵感。于是，米尔斯就让手下几个最有才华的人研究开发一次性尿布。一次性尿布的想法并不新鲜。事实上，当时美国市场上已经有好几种牌子了。但市场调研显示：多年来这种尿布只占美国市场的 1%。原因首先是价格太高；其次是父母们认为这种尿布不好用，只适合在旅行或不便于正常换尿布时使用。调研结果还表明，一次性尿布的市场潜力巨大。美国和世界许多国家正处于"二战"后婴儿出生高峰期，将婴儿数量乘以每日平均需换尿布次数，可以得出一个大得惊人的潜在销量。

宝洁公司产品开发人员用了一年的时间，力图研制出一种既好用又对父母有吸引力的产品。产品的最初样品是在塑料裤衩里装上一块打了褶的吸水垫子。但 1958 年夏天现场试验结果，除了父母们的否定意见和婴儿身上的痱子以外，一无所获。于是又回到图纸阶段。

1959 年 3 月，宝洁公司重新设计了它的一次性尿布，并在实验室生产了 37 000 个，样子相似于现在的产品，拿到纽约州去做现场试验。这一次，有三分之二的试用者认为该产品胜过布尿布。行了！然而，接踵而来的问题是如何降低成本和提高新产品质量。为此要进行的工序革新，比产品本身的开发难度更大。一位工程师说它是"公司遇到的最复杂的工作"，生产方法和设备必须从头搞起。不过，到1961年12月，这个项目进入了能通过验收的生产工序和产品试销阶段。

公司选择地处美国最中部的城市皮奥里亚试销这个后来被定名为"娇娃"（Pampers）的产品。发现皮奥里亚的妈妈们喜欢用"娇娃"，但不喜欢10美分一片尿布的价格。因此，价格必须降下来。降多少呢？在6个地方进行的试销进一步表明，定价为6美分一片，就能使这类新产品畅销，使其销售量达到零售商的要求。宝洁公司的几位制造工程师找到了解决办法，成本进一步降低，并把生产能力提高到使公司能以该价格在全国销售娇娃尿布的水平。

娇娃尿布终于成功推出，直至今天仍然是宝洁公司的拳头产品之一。它表明，企业对市场真正需求的把握需要通过直接的市场调研来论证。通过潜在用户的反映来指导和改进新产品开发工作。企业各职能部门必须通力合作，不断进行产品试用和调整定价。最后，公司做成了一桩全赢的生意：一种减轻了每个做父母的最头疼的一件家务的产品，一个为宝洁公司带来收入和利润的重要新财源。

（资料来源：吴健安．市场营销学．北京：高等教育出版社，2011）

试分析：

1. 宝洁公司开发一次性尿布的决策是在什么基础上进行的？
2. 其开发过程是否体现了现代市场营销的基本精神？

第二节　营销管理与营销哲学

一、市场营销的核心概念

要想完全理解市场营销的定义，就必须了解市场营销所包含的相互联系的核心概念。菲利普·科特勒曾对市场营销核心概念用图1-1来表示。

图1-1　市场营销核心概念

（一）需要、欲望和需求

知识链接

需要：没有得到某些基本满足的感受状态。

欲望：对具体满足物的愿望。

需求：有购买能力的对某个产品的欲望。

需要、欲望和需求是市场营销思想的出发点，也是市场交换活动的基本动因。理解人类的需要、欲望和需求的区别与联系，必须掌握以下几个要点。

1. 对需要、欲望和需求要加以必要的区分

人类为了生存和发展，需要各类食品、衣服、住所及精神产品。由于消费者所处的地理条件等社会环境不同，所接受的文化教育、价值观念不同，因而他们对商品的品种、数量、价格等方面的要求有所不同，任何一个企业都不可能生产出满足所有这些需求的商品。为此，根据一定的标准把消费者的需求、欲望和需要加以区分是十分必要的。

2. 需要、欲望和需求是分层次的

美国心理学家马斯洛认为，人们的需求是多层次的，由低级到高级按一定的顺序排列（见图 1-2）。

第五层	自我需要	想要取得事业上的成功，实现自我发展目标	心理需要
第四层	被尊重需要	要求受到尊重，获取名誉	
第三层	社会需要	希望得到友谊	
第二层	安全需要	从长远生存利益考虑希望有安全、稳定环境	生理需要
第一层	生存需要	满足起码的生存条件	

图 1-2　马斯洛需求层次模式

马斯洛认为，人们随着收入和环境的变化，需求也会发生变化，只有当较低层次的需要得到部分满足后才会向往高一级的需要。但当较低级的需求受到威胁时，也会向相反的方向发展，如当遇到灾荒时，就可能牺牲较高级的需要去追求衣食等。

3. 需要、欲望和需求是动态的

在经济不发达阶段，生理需要占主要地位。当人们生活水平提高后，由于衣食和安全一般已不成问题，人们就追求满足更高级的需要。

（二）产品（商品、服务、品牌）

一个产品由三个因素组成：实体商品、服务与品牌。例如，一家快餐店供应商品（汉堡包、软饮料、鸡块）、服务（环境、安全、清洁）及品牌（麦当劳或肯德基）。其中，商品实体不仅仅指形态、式样、品质等，更主要在于它能提供基本效能与益处：买自行车是为了代步，买洗衣粉是为了去污，买微波炉是为了更方便地煮食。因而，实体商品只是基本效能与益处的载体和具体物质外形。当然，商品实体也很重要，一件商品的基本效能与益处只有通过实体才能体现出来，这两者相辅相成，缺一不可。

理解产品整体概念，仅仅从以上两个层次来认识是不够的，还必须提供售前、售中、售后服务，注重树立品牌形象。

（三）价值、成本和满意

当一组可能满足消费者某一特定需要的产品被制造出来后，是不是就会被消费者所接受呢？消费者是如何选择，选择时消费者要考虑哪些因素呢？

小王是某高校的走读生，每天上学需要行走 10 公里，他可以通过下列措施来解决这个难题：自行车、助动车、摩托车、出租车和公共汽车。自行车最经济，但不安全也太累；公共汽车经济又安全，但时间得不到保证；出租车安全、舒服，时间

上有保证，但花费太贵；助动车和摩托车快捷，可是成本过于昂贵。

显然，价值、满意、成本是消费者进行选择时必须考虑的因素，即消费者会综合这三方面因素，选择"最低成本之下的最大限度的满意"。

为了科学地比较、反映这三者关系，专家们归纳出"顾客让渡价值"理论（见图1-3）。

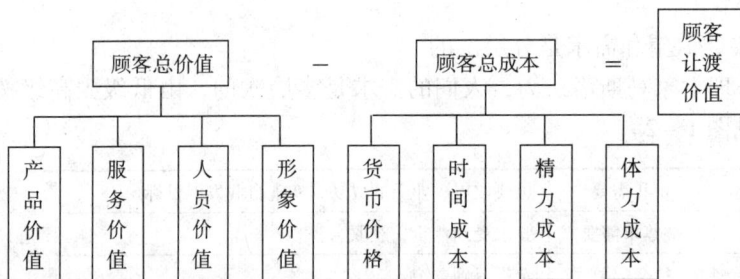

图1-3　顾客让渡价值决定因素

"顾客让渡价值"理论表明：

（1）销售者必须在总顾客价值和总顾客成本之间估算并考虑它们与竞争者的差别。企业的竞争优势就在于扩大总价值，减少顾客总成本，八个因素中任何一个都可能增加企业的市场优势。前者要求强化或扩大应该提供的产品功能、产品服务、人员和形象利益；后者则要求降低价格，简化订购和送货程序，或者提供担保减少顾客风险等。

（2）不同的消费者对八个因素的重视程度是不同的，企业应针对不同顾客有针对性地设计营销方案。

（3）对于一般企业来说，扩大总顾客价值，减少总顾客成本的结果，可能会导致企业无利可图。其实，企业完全可以找到两者的结合点。

使顾客满意有多种类型，最基本的是诸如彩电工厂通过扩大规模、提高质量，降低了生产成本，使顾客价值扩大，顾客成本减小，顾客当然会满意。同样，公交车加上空调，顾客付费更多了，但他们也享受到空调车的舒适、干净等价值，权衡价值与成本，也许他们仍然会满意。在大热天或大冷天，不少顾客非空调车不乘，就是这个原因。一些消费者愿意坐假日列车外出旅游，晚上住在列车上，白天则到有关景点游玩。比起住旅馆，晚上住宿在列车上有诸多不便，但假日列车收费较低，因此不少游客对此情有独钟。一些企业在商品促销中，去掉原商品的外包装，以低价销售吸引顾客，也是根据这样的道理。

（四）交换和交易

交换和交易是两个既有联系又有区别的概念，前者是以提供某物作回报而与他人换取所需产品的行为，而后者是指买卖双方在自愿让渡的前提下，比较双方彼此提供的让渡的商品或货币，并在双方达成完全一致意见的基础上进行的交换活动。

在市场经济条件下，人们要获得产品，主要通过交换方式。为此，交换成了市场营销的核心，研究需求、开发产品都是为了促使市场潜在交换的实现。为了促使交换成功，营销者必须分析参与交换各方各自希望给予什么和得到什么，而交易则是通过谈判寻找一个各方均满意的方案。

知识链接

交换理论已经成为定义市场营销行为的一个重要框架。科特勒和列维等人认为，市场营销理论主要涉及两个问题：（1）为什么个人或组织要进行交换？（2）交换是如何产生、完成和被避免的？市场营销包括的领域十分宽泛，它涉及所有与交换有关的活动及交换现象的因果关系。正如社会科学与自然科学那样，市场营销学的定义也是在长期不同学派的相互争辩和竞争中产生发展而来的。这一过程被库恩（Kuhn）喻为"科学的革命"。虽然，至今辩论远未结束，但有一点似乎大家已逐渐达成了共识，那就是对交换的研究已经成为市场营销学研究的核心内容。

（资料来源：理查德·P. 巴哥蔡. 市场营销学的交换问题，营销学经典权威论文集. 大连：东北财经大学出版社，2000：39－40）

（五）关系和网络

在现代市场活动中，交换和交易是复杂的，往往涉及制造商、供应商、中间商、顾客以及社区、广告商、政府、大众传媒等等。市场营销活动实际上就是在这样的关系网络中进行的，能否建立一个和谐、长期、稳定的关系网络，对企业是至关重要的。

（六）市场

交易活动客观上需要一个场所和载体，同时容纳商品交易过程中的各种经济关系，这就是市场。

现代营销活动离不开完备的市场体系：从纵向看，包括地方市场、国内市场和国际市场；从横向看，既包括消费资料市场、生产资料市场等有形商品市场，又包括技术市场、劳动力市场、资金市场、信息市场、房地产市场等生产要素市场和服务市场；从形式看，还包括现货市场、期货市场、批发市场、拍卖市场、零售市场、电子商务市场等。这为市场营销活动提供了广阔的领域。在现代市场经济条件下，营销行为和经济关系都直接或间接地处于市场关系之中，市场机制是推动生产要素流动和资源优化配置的基本运行机制。

（七）营销者与预期顾客

市场营销是一种积极的市场交易活动，在交易中一方是市场营销者，而另一方则是营销者的目标市场（预期顾客）。

传统的市场营销理论认为，在市场交易中，营销者往往是主动的、积极的，而相对被动的一面则是营销者的目标市场。可是，现代市场交易实践却表明，顾客变得越来越主动，尤其进入电子商务时代，消费者可以直接通过因特网对所需商品款式、价格、功能等提出要求，并在网上进行讨价还价。正因如此，人们称电子商务是直接经济，营销者也通过这种途径更容易掌握市场需求。

因此，市场营销者应该采取积极有效的策略与手段来促进市场交换的实现。营销活动的有效性既取决于营销人员的素质，也取决于营销的组织与管理。

二、营销管理的实质

市场营销管理是指为创造达到个人和机构目标的交换，而规划和实施理念、产品和服务的构思、定价、分销和促销的过程。市场营销管理是一个过程，包括分析、规划、执行和控制。其管理的对象包含理念、产品和服务。市场营销管理的基础是交换，目的是满足各方需要。

市场营销管理的主要任务是刺激消费者对产品的需求，但不能局限于此。它还帮助公司在实现其营销目标的过程中，影响需求水平、需求时间和需求构成。因此，市场营销管理的任务是刺激、创造、适应及影响消费者的需求。从此意义上说，市场营销管理的本质是需求管理。企业在开展市场营销的过程中，一般要设定一个在目标市场上预期要实现的交易水平，然而，实际需求水平可能低于、等于或高于这个预期的需求水平。换言之，在目标市场上，可能没有需求、需求很小或超量需求。市场营销管理就是要对付这些不同的需求情况。

根据需求水平、时间和性质的不同，可归纳出八种不同的需求状况。

（一）负需求

负需求是指绝大多数人对某个产品感到厌恶，甚至愿意出钱回避它的一种需求状况。在负需求情况下，应分析市场为什么不喜欢这种产品，是否可以通过产品重新设计、降低价格等积极营销方案，来改变市场的信念和态度，将负需求转变为正需求。例如，欧美人对动物内脏很反感，不喜欢吃动物内脏。怎样把这个负需求变为正需求呢？专家做了个实验：他们找来了40个家庭主妇，将之分为两个小组。专家告诉第一小组的20个人，运用传统的方式怎样把动物的内脏做成菜，怎样做才好吃。而他们则和第二小组的20个家庭主妇围坐在一块座谈，在聊天中告诉她们动物内脏富含哪些矿物质，对人体有哪些好处，并赠送了相应的菜谱。一个月后，第一小组只有3%的家庭妇女开始食用动物内脏，第二小组有30%的妇女开始食用动物内脏。

（二）无需求

无需求是指目标市场对产品毫无兴趣或漠不关心的一种需求状况。通常，市场对产品无需求由下列原因引起：（1）人们一般认为对个人无价值的东西；（2）人们一般认为有价值，但在特定的市场无价值的东西；（3）新产品或人们不熟悉的物品等。无需求时应刺激市场营销，即通过大力促销及其他市场营销措施，努力将产品所能提供的利益与人的自然需要和兴趣联合起来。

（三）潜伏需求

潜伏需求是指相当一部分消费者对某物有强烈的需求，而现有产品或服务又无法满足的一种需求状况。在潜伏需求状况下主要工作是开发市场营销，即开展市场营销研究和潜在的市场范围测量，进而开发有效的物品和服务来满足这些需求，将潜伏需求变为现实需求。

（四）下降需求

下降需求是指市场对一个产品或几个产品的需求呈下降趋势的一种需求状况。

在下降需求状况时的主要工作为重振市场营销，即分析衰退的原因，进而开拓新的目标市场，改进产品特点和外观，或采用更有效的沟通手段来重新刺激市场需求，使老产品开始新的生命周期，并通过创造性的产品再营销来扭转需求下降趋势。

（五）不规则需求

不规则需求是指某些物品或服务的市场需求在一年不同季节，或一周不同的日子，甚至一天的不同时间上下波动很大的一种需求状况。在不规则需求情况下的工作是协调市场营销，即通过灵活的定价、大力促销及其他刺激手段来改变需求的时间模式，使物品或服务的市场供给与需求在时间上协调一致。例如，酒店有着明显的淡旺季，客人的需求不规则，一般4月、5月、9月、10月为最高峰，12月、1月为低峰（淡季）。饭店管理者必须通过灵活的价格及其他方法来调整供求关系，实施与不规则的淡旺季同步的营销方案，比如实行淡季价格与旺季价格；冬季养客，夏季吃客。

（六）充分需求

充分需求是指某个物品或服务的目前需求水平和时间等于预期的需求水平和时间的一种需求状况。这是企业最理想的一种需求状况。但是，在动态市场上，消费者偏好会不断发生变化，竞争也会日益激烈。因此，在充分需求状况下应做好维持市场营销的工作，即努力保持产品质量，经常测量消费者满意程度，通过降低成本来保持合理的价格，并激励推销人员和经销商大力推销，千方百计维持目前需求水平。

（七）过量需求

过量需求是指市场需求超过了企业所能供给或所供给的水平的一种需求状况。在过量需求情况下应降低市场营销，即通过提高价格、合理分销产品、减少服务和减少促销等措施，暂时或永久地降低市场需求水平，或者是设法降低来自盈利较少或服务需要不大的市场的需求水平。需要强调的是，降低市场营销并不是杜绝需求，而是降低需求水平。

（八）有害需求

这一需求是指市场对某些有害物品或服务的需求。对于有害需求的情况，应做好反市场营销工作，即劝说喜欢有害产品或服务的消费者放弃这种爱好和需求，大力宣传有害产品或服务的严重危害性，大幅度提高价格，以及停止生产供应等。降低市场营销和反市场营销的区别在于：前者是采取措施减少需求，后者是采取措施消灭需求。

三、营销哲学观的发展演变

市场营销观念，也称营销导向、营销理念、营销管理哲学等，是企业制定营销战略、实施营销策略、组织开展营销活动所遵循的一系列指导思想的总称。企业的市场营销活动是在特定的经营观念（或称营销管理哲学）指导下进行的。一种经营观念一旦形成，就会成为全社会在一定时期经营活动的行为准则。企业营销管理的指导思想是否符合形势，对企业营销管理能否成功和企业的兴衰成败关系极大。

随着商品交换日益向深度和广度发展，经营观念也不断地演变和充实。纵观西方企业经营观念发展演变的历史，大致经历了生产观念、产品观念、推销观念、市场营销观念和社会市场营销观念五个阶段。

（一）生产观念

生产观念是指导企业市场经营行为的最古老的观念之一。这种营销观念产生于20世纪20年代前，其考虑问题的出发点是企业的生产能力与技术优势；其观念前提是"物以稀为贵，只要能生产出来，就不愁卖不出去"；其指导思想是"我能生产什么，就销售什么，我销售什么，顾客就购买什么"；企业主要任务是"提高生产效率，降低产品成本，以量取胜"。

生产观念认为，消费者喜欢那些可以随处买得到而且价格低廉的产品，企业应致力于提高生产效率和分销效率，扩大生产，降低成本以扩展市场。显然，生产观念是一种重生产管理，轻市场营销的企业经营观念。原因主要有两个：一是产品供不应求，因而消费者更看重或最紧迫的需求是从无到有的满足；二是产品成本和售价太高，只有提高生产效率，降低成本，从而降低售价，方能扩大销路。在产品供不应求和产品成本高，必须增产来降低成本时，企业的中心任务是组织资源、增加产量、降低成本和提高销售效率。

（二）产品观念

产品观念，也是一种较古老的企业市场营销观念。其出发点仍是企业生产能力与技术优势；其观念前提是"物因优为贵，只要产品质量好，就不愁卖不出去"；其指导思想仍沿袭生产观念的指导思想；企业的主要任务是"提高产品质量，以质取胜"。

产品观念认为，消费者最喜欢高质量、多功能和具有某种特色的产品，企业应致力于生产高价值产品，并不断加以改进。它产生在市场产品供不应求的卖方市场形势下。最容易滋生产品观念的时机，莫过于当企业发明一项新产品时。这种观念必然导致市场营销近视症，即不适当地把注意力放在产品上，而不是放在市场需要上，在市场营销管理中缺乏远见，只看到自己的产品质量好，看不到市场需求在变化，致使企业经营陷入困境。

（三）推销观念

这一经营观念产生于20世纪20年代末至50年代前。当时，社会生产力有了巨大发展，市场趋势由卖方市场向买方市场过渡，尤其在1929—1933年的特大经济危机期间，大量产品销售不出去，迫使企业重视广告术与推销术的应用研究。这种观念认为，消费者通常表现出一种购买惰性或抗衡心理，企业必须进行大量推销和促销努力。但其实质仍然是以生产为中心的。

推销观念认为，消费者不会自觉地购买足够用的产品，因而，企业应加强生产后的推销工作，以引导消费者购买其产品。在这个时期，科学技术有很大发展，生产的产品增加升速，供求状况发生了变化，虽然买方市场未最后形成，但卖主之间竞争日趋激烈，销售问题暴露出来，使企业感到仅有物美价廉的商品是不够的，要在竞争中获取更多利润，还必须重视和加强产品的推销工作。于是，企业逐渐重视广告术、推销术和市场调查，逐渐关心产品销售状况，而不像过去那样仅仅关心产品的产量。如20世纪30年代，美国汽车开始供过于求，每当顾客走进商店汽车陈列室，推销人员会笑脸相迎，主动介绍种种汽车的特色，有的基至使用带有强迫性的推销手段促成交易。

这种营销观念的出发点仍然是企业的生产与技术优势；其观念前提是"只要有足够的销售（推销或促销）力度，就没有卖不出去的东西"；其指导思想是"我能生产什么，就销售什么，我销售什么，顾客就购买什么，货物出门概不负责"；遵循这种营销观念的企业，其主要任务是"加大销售力度，想方设法（不择手段）将产品销售出去"。这种观念被大量用于销售那些非渴求物品，即购买者一般不会想到要去购买的产品或服务。许多企业在产品过剩时，也常常奉行推销观念。

（四）市场营销观念

市场营销观念认为，实现企业目标、获取最大利润的关键在于，以市场需求为中心组织企业营销活动，有效地满足消费者的需求和欲望。即要求企业一切计划与策略应以消费者为中心，正确确定目标市场的需要与欲望，比竞争者更有效地满足目标市场的要求。

市场营销观念是一种新型的企业经营哲学。这种观念是以满足顾客需求为出发点的，其指导思想是"顾客需要什么，企业就销售什么，市场能销售什么，企业就生产什么"或"生产消费者需求的"。简言之，市场营销观念是"发现需要并设法满足它们"，而不是"制造产品并设法推销出去"；是"制造能够销售出去的产品"，而不是"推销已经生产出来的产品"。因此，"顾客至上"、"顾客就是上帝"、"顾客永远是正确的"、"爱你的顾客而非产品"、"顾客才是企业的真正主人"等口号，成为现代企业家的座右铭。企业的主要任务是需求管理，即"发现顾客需求，设法满足顾客需求，通过满足顾客需要，实现企业盈利的目的"。

20世纪50年代以后，随着科学技术的飞速进步和生产的不断发展，买方市场已经形成。第二次世界大战后，欧美各国的军事工业很快转向民用工业，工业品和消费品生产的总量剧增，导致了市场上的激烈竞争。并且，由于个人收入和消费水平的提高，消费者需要和欲望也发生了改变，企业为适应市场竞争的需要开始从以生产管理为中心，转向了消费者需求为中心，从此结束了企业以产定销的局面，许多企业认识到，必须转变经营观念，才能求得生存和发展。

市场营销观念的出现，使企业经营观念发生了根本性变化，也使市场营销学发生了一次革命。西奥多·莱维特曾对推销观念和市场营销观念作过深刻的比较，指出：推销观念注重卖方需要，市场营销观念则注重买方需要。推销观念以卖主需要为出发点，考虑如何把产品变成现金；而市场营销观念则考虑如何通过制造、传送产品以及与最终消费产品有关的所有事务，来满足顾客的需要。从本质上说，市场营销观念是一种以顾客需要和欲望为导向的哲学，是消费者主权论在企业市场营销管理中的体现。

（五）社会市场营销观念

社会市场营销观念，就是不仅要满足消费者的需要和欲望并由此获得企业利益，而且要符合消费者自身和整个社会的长远利益，要正确处理消费者欲望、企业利润和社会整体利益之间的矛盾，统筹兼顾，求得三者之间的平衡与协调。这显然有别于单纯的市场营销：一是不仅要迎合消费者已有的需要和欲望，而且还要发掘潜在需要，兼顾长远利益；二是要考虑社会的整体利益。这是对市场营销观念的修改和补充。

社会市场营销观念产生于20世纪70年代西方资本主义出现能源短缺、通货膨胀、失业增加、环境污染严重、消费者保护运动盛行的新形势下。这是因为市场营销观念回避了消费者需要、消费者利益和长期社会福利之间隐含着冲突的现实。由于市场营销的发展，一方面给社会及广大消费者带来巨大的利益，另一方面造成了环境污染，破坏了社会生态平衡，出现了假冒伪劣产品及欺骗性广告等，从而引起了广大消费者不满，并掀起了保护消费者权益运动及保护生态平衡运动，迫使企业营销活动必须考虑消费者及社会长远利益。

社会市场营销观念提出，企业的任务是确定各个目标市场的需要、欲望和利益，并以保护或提高消费者和社会福利的方式，比竞争者更有效、更有利地满足目标市场。在市场营销观念的基础上，强调要兼顾消费者、企业、社会三个方面的利益，要求企业在追求经济效益的同时，应兼顾社会效益，求得三者之间的平衡与协调，因而是符合社会可持续发展要求的营销观念，应当大力提倡。

现实生活中，有的企业只考虑自己盈利的目的，丝毫不考虑社会利益、消费者需求满足与长远利益。如一次性筷子及饭盒的大量生产与使用、塑料包装袋的泛滥成灾、野生动物的捕捉与食用等行为无不以国家、社会、环保、生态利益的损害为代价。

表1-1　　　　　　　　　　新旧两种营销观念比较

	营销观念	营销程序	重点	手段	营销目标
传统观念	生产观念	产品→市场	产品	提高生产效率	通过扩大产量降低成本取得利润
	产品观念	产品→市场	产品	生产优质产品	通过提高质量扩大销量取得利润
	推销观念	产品→市场	产品	促进销售策略	加强销售促进活动，扩大销量取得利润
现代观念	市场营销观念	市场→产品→市场	消费者需求	整体市场营销活动	通过满足消费者需求和欲望，取得利润
	社会市场营销观念	市场→产品→市场	消费者需求、社会长期利益	协调性市场营销活动	通过满足消费者的欲望和需求，增进社会长期利益，企业取得利润

☒探讨与应用

公司应该坚持什么样的营销观念

有四家公司，其经营决策如下：

A公司生产手表，认为只要生产走时准确、造型优美、价格适中的名牌产品，即能获得经营成功；

B公司生产汽车，致力于扩大汽车生产规模，加强管理力度力图降低成本扩大销售；

C公司生产电子仪器，认为自己的产品不会主动变成现金，因此只要派出人员大力推销就能取得经营成功；

　　D公司生产汉堡包，其宗旨是顾客是上帝，要尽量努力使顾客购买汉堡包的每一块钱都能买到十足的价值、质量和满意。

　　请您按市场营销学观点，分析上述四家公司分别属于哪种经营观点，各观点具体内容是什么？你认为在现代市场营销中应坚持哪一观点？

第三节　市场营销学概述

一、市场营销学的概念及特点

（一）市场营销学的概念

　　市场营销就是商品或服务从生产者手中移交到消费者手中的一种过程，是企业或其他组织以满足消费者需要为中心进行的一系列营销活动，市场营销学是系统地研究市场营销活动规律性的一门科学。

　　菲利普·科特勒指出："市场营销学是一门建立在经济科学、行为科学、现代管理理论之上的应用科学。"因为"经济科学提醒我们，市场营销是用有限的资源通过仔细分配来满足竞争的需要；行为科学提醒我们，市场营销学是涉及谁购买、谁组织，因此，必须了解消费者的需求、动机、态度和行为；管理理论提醒我们，如何组织才能更好地管理其营销活动，以便为顾客、社会及自己创造效用"。

　　其实，菲利普·科特勒以上这段话已清楚地阐明了市场营销学的性质、特点，以及它与其他学科的关系。

　　从历史上看，市场营销学是从西方经济学中分化出来的一门独立的学科，它建立在经济科学、行为科学、管理学等理论基础上，并且大量运用了这些学科的研究成果，然而，它本身不是一门经济科学，而只是一门经济方面的应用科学；是一门具有综合性、边缘性特点的应用科学；是一门研究经营管理的"软科学"。在某种意义上，它不仅是一门科学，而且是一门艺术。市场营销学虽然与上述学科以及社会学、心理学、数学等学科都有密切联系，但它不能代替其他学科，也不应与其他学科的研究对象相混淆，市场营销学有其特定的研究对象。

（二）市场营销学的特点

　　市场营销学是建立在经济科学、行为科学和现代经营管理理论基础之上的一门交叉学科、应用学与原理性学科。从科学性质方面分析，它具有以下几个方面的特点。

　　1. 综合性与交叉性

　　市场营销学的研究内容主要涉及经济学、人口学、社会学、心理学、组织行为学、管理学、决策学、商品学、价格学、法学、广告学、公共关系学、审计学、会计学、金融学以及美学等学科的理论与知识。因此，它具有综合性与交叉性的特点。

　　2. 实践性与应用性

　　市场营销学是一门能够直接指导企业市场经营实践的应用性学科，具有较强的实践性与可操作性。

3. 管理性与经营性

从科学归属上来说，市场营销学属于广义的管理类学科，准确地说，它属于经营学的范畴。它与偏重于企业内部管理的狭义的管理学最本质的区别是其市场经营性。

4. 基础性与原理性

市场营销学中所介绍的内容，主要是一些反映一般规律，解决一般问题，具有普遍指导意义的基本知识、基本概念与基本方法。可以说，只要产生交换关系的领域，就会有市场营销学的运用。市场营销学的应用领域十分广泛，目前在不同的领域，逐步又建立起一些以市场营销学为基础的专业市场营销分支学科，如服务市场营销学、旅游市场营销学、铁路运输市场营销学、房地产市场营销学、保险市场营销学、医药市场营销学、电子产品市场营销学、地点营销学、高校营销学、政府市场营销学以及其他非营利组织市场营销学等。因此，学市场营销学，在解决一些具体的专业性问题时，还需要进一步深入学习一些专业的市场营销理论。

5. 科学性与艺术性

从市场营销的实践应用来说，市场营销具有科学性、艺术性、技术性的特点。也就是说，市场营销是有规律可以遵循的，是可以熟练掌握与操作的，但是，它又具有很强的艺术性，即使把营销知识背诵得"滚瓜烂熟"，也未必一定能够取得很好的营销业绩。

二、市场营销学的产生与发展

（一）市场营销学在西方国家的产生和发展

市场营销学（Marketing）是适应市场经济高度发展而发展起来的一门多学科交叉渗透、实用性很强的新学科。市场营销学的产生和发展大体可划分为四个阶段。

第一个阶段，从19世纪末到20世纪初，是市场营销学的初创阶段。从1902年开始，美国的几所大学正式开设了市场营销学课程，1912年哈佛大学教授赫杰特齐（J. E. Hegerty）调查研究了一些大企业主的经营活动，总结了他们的经验，写出了第一本以"Marketing"命名的教科书。一般认为，这是市场营销学作为一门独立学科出现的标志。但这只是市场营销学的萌芽时期，当时的市场营销学仅局限于产品推销和广告方面的研究，尚未形成自己的理论体系。

第二个阶段，从20世纪20年代起到第二次世界大战爆发前，为市场营销学的发展阶段。在20世纪30年代的经济大萧条之后，市场营销学有了很大的发展，学术著作日渐增多，学术团体纷纷成立，特别是1937年在美国组成了全国性的组织——美国市场营销协会（AMA），有力地推动了市场营销学的发展。但是真正的现代市场营销学是第二次世界大战后在美国形成的。因为，美国在战时损失最少，在战后，50年代初最先结束了恢复时期，大量军事工业转为民用工业，加上新技术革命的深入发展，经济迅速增长，供给日益超过需求，绝大部分市场形成买方市场，买方对产品和服务质量的要求愈来愈高，使得卖方竞争空前激烈，原来的营销理论和方法已不能适应新的市场竞争需要。于是，在市场营销学理论上发生了重大变革，市场营销学的研究突破了流通领域而日益与企业生产经营的整体活动密切结合起来，形成了以市场为中心的现代营销观念及其指导下的一系列现代企业经营的战略和方法，并且得到广泛运用，取得显著成效。

第三个阶段，从第二次世界大战后至 20 世纪 70 年代，为市场营销学的传播阶段。从 20 世纪 50 年代到 60 年代，发源和成长于美国的市场营销学在全世界得到广泛传播，先后传入日本、西欧国家、中国台湾、中国香港，以至东欧和前苏联等国家和地区，可以说商品经济愈发达，市场竞争愈激烈的地方，市场营销也就愈兴旺。50 年代以来，在美国等发达国家，市场营销学著作如雨后春笋般大量出版，对商品经济的发展起了积极地促进作用。可以说，市场营销学是一门为商品经济即市场经济发展和企业市场竞争服务的科学，是一门现代企业不可或缺的科学。日本一家公司的经理曾说过：在日本，企业如果没有市场营销学思想，就很难生存下去。

第四个阶段，从 20 世纪 70 年代以后，是市场营销学的繁荣阶段。随着生产迅速发展，科技不断进步，市场营销学进一步与现代管理理论相结合，同时融进了经济学、社会学、心理学、统计学等内容，发展成为一门新兴的综合性学科，并被世界各国所普遍接受。现在，就世界范围来看，在市场营销理论方面美国仍处于领先地位，但在市场营销实践的绩效方面则首推日本，日本许多著名企业在经营管理上的独到之处，为全世界的企业家和学者们（包括美国的专家）所瞩目。

（二）市场营销学在中国的发展过程

从 1979 年至今，三十多年间中国市场营销匆匆走完了西方国家用了上百年时间才走过的路。中国市场营销的发展是与整个国家的改革开放，特别是与市场经济发展的脉搏一起跳动的，中国市场营销历史实际上是一段由计划经济向市场经济转化和过渡的发展史。市场营销理论从 20 世纪 70 年代末 80 年代初经由各种途径引入中国，最初仅局限于大学课堂和学术界的交流。菲利普·科特勒所著的《市场营销学原理》成为市场营销入门的必读书，其理论对传播营销理论和概念起到了重要的"科普"作用。如今，国内有关市场营销的论著、译著和教材已达 240 多种。经过约 30 年的风风雨雨，中国市场营销学的教育与实践已从单纯的理论学习阶段步入需要全面创新和拓展的时代。中国市场营销学的"研究、应用和发展"大体上可划分为四个阶段。

1. 引进阶段（1978 —1982 年）

主要通过翻译、考察及邀请专家的形式，系统介绍和引进了国外的市场营销理论。这是营销中国化非常重要的基础性工作，但由于当时社会条件的限制，参与研究者少，研究比较局限，人们对西方营销理论的认识也相对肤浅。

2. 传播阶段（1983 —1985 年）

1984 年 1 月，全国高等综合性大学、财贸院校的"市场学教学研究会"成立，大大促进了营销理论全国范围内的传播，营销学开始得到高校教学的重视，有关营销学的著作、教材和论文在数量和质量上都有很大的提高。

3. 应用阶段（1985 —1992 年）

中国经济体制改革步伐的加快，市场环境的改善为企业应用现代营销原理指导自身经营创造了条件，但在应用过程中出现了较大的不均衡：不同地区、行业及机制中的企业在应用营销原理的自觉性和水平上表现出较大的差距，同时应用本身也存在一定的片面性。

4. 扩展阶段（1992 年以后）

在此期间，无论是市场营销的研究队伍，还是市场营销教学、研究和应用的内容，都有了极大的发展。研究重点也从过去的单纯教学与研究，改变为结合企业营销实践的研究，且取得了一定的成果。

然而，由于企业界缺乏对西方营销理论应用于中国实践的充分探索，缺乏中国营销理论创新的尝试，营销学依然没有实现和中国具体国情的有效整合，营销学最权威的指南仍然是"科特勒"、"麦卡锡"等。大多数人只不过是在介绍他们的理论与观念。实践中的营销更多的是广告、促销，甚至不顾道德的束缚，操纵消费者的欲望，背离了时代特征。由于中国市场属于转型市场，一方面，中国本土企业的营销水平不高，必须学习和走向国际化；另一方面，成熟市场中的营销理论、策略和方法尽管具有指导作用，也不能完全照搬，因为 100 多年形成的西方营销理论基本建立在相对稳定的成熟市场之上，主要针对市场机制完善环境中的西方企业和西方文化背景下的消费者，因此，如何将国际成熟的营销理论与方法和中国转型市场完成对接，是当前摆在我国营销学界和企业界面前的一个重大课题。

三、市场营销学的研究对象

关于市场营销学的研究对象，中外学者有不同的表述。美国市场营销协会定义委员会的定义：市场营销学是研究"引导商品和劳务从生产者流转到消费者和使用者中所实行的一切企业活动"的科学。日本学者认为："在满足消费者利益的基础上，研究如何适应市场需求而提供商品和劳务的整个企业活动，这就是市场营销学"。菲利普·科特勒认为：市场营销学的研究对象是企业的这样一种职能，即识别目前未满足的需求与欲望，估量和确定需求量的大小，选择本企业能最好地为它服务的目标市场，并且决定适当的产品、服务和计划，以便为目标市场服务。我国学者也有多种不同的表述。有人认为，市场营销学是以商品供求关系为研究对象，揭示市场营销活动及其规律性的经济学科；也有人认为，市场营销学是从市场需求出发研究产品营销活动全过程的科学。

上述各种表述，虽然强调的角度和具体表达方法不同，但本质上还是一致的，即直接或间接地共同强调了以消费者为中心，来实施企业的营销活动过程。

可见，市场营销学的研究对象是市场营销活动及其规律，即研究企业如何识别、分析评价、选择和利用市场机会，从满足目标市场顾客需求出发，有计划地组织企业的整体活动，通过交换，将产品从生产者手中转向消费者手中，以实现企业营销目标。

四、市场营销学的研究方法

20 世纪以来，从不同的需求出发，人们曾从不同角度、不同层次研究企业的市场营销活动，于是市场营销学的研究方法也就多种多样，概括起来，主要有以下几种。

（一）产品研究法

产品研究法对各类产品或各种产品的市场营销分别进行分析研究，如农产品的市场营销、工业产品的市场营销、服装产品的市场营销等。这种研究方法是针对不同产品的市场营销特征，研究问题比较具体深入，特点突出，由此产生了各种专业市场营销学。企业人员往往采用这种方法研究本企业的市场营销活动，科学研究中则很少采用这种研究方法。这是因为，如果对各类或各种产品逐一地分析研究，不仅很麻烦，要花很多时间，而且不可避免地要重复劳动。

（二）机构研究法

机构研究法着重分析研究营销渠道系统中各个环节和各种类型的营销机构（如大小厂商、代理商、批发商、零售商以及各种辅助机构）的市场营销问题，如研究百货商店的演变过程及发展前途等。西方的大学，主要是在某些高级市场营销学课程（如批发学、零售学等）中，采取机构研究法。同时，这一专业研究方法也受到不同行业、不同类型企业的青睐。

（三）职能研究法

职能研究法通过分析研究采购、销售、运输、仓储、融资、促销等各种市场营销职能和执行这些职能过程中所遇到的问题，来探讨和认识市场营销问题。这种方法主要是研究各个营销环节的活动和不同的产品市场如何执行这些职能。在西方国家，多数大学的市场营销学课程都重视采用职能研究法，但并不把它作为唯一的研究方法。

（四）历史研究法

历史研究法从事物的产生、成长、衰亡的发展变化或演变的角度来分析研究市场营销问题。例如，分析研究市场营销这一概念的含义的发展变化，近百年来西方工商企业的市场营销观念的演变，市场营销战略思想的发展变化等等，找出其发展变化或演变的原因，掌握其发展变化或演变的规律性。西方市场营销学者一般都很重视历史研究法，但是也不把它作为唯一的研究方法。

（五）管理研究法

管理研究法也叫决策研究，即从管理决策的角度来研究市场营销问题。这种方法特别重视市场营销分析、计划、组织、执行和控制。从管理决策的角度看，影响企业市场营销活动的各种因素（变数）可以分为两大类：一是企业不可控因素，即营销者本身不可控制的市场，营销环境，包括微观环境和宏观环境；二是可控因素，即营销者自己可以控制的产品、商标、品牌、价格、广告、渠道等等。1960 年，美国著名市场营销学家尤金·麦卡锡把各种可控因素归纳、简化为四个基本变数——4P's。企业营销管理的工作任务是，善于安排 4P's 最佳组合，善于作市场营销组合决策，使企业的市场营销管理决策与外界不断变化的营销环境相适应。这关系到企业经营的成败。企业按照目标市场的需求，分析研究外界不可控的环境因素，同时考虑到企业本身的资源和目标，权衡利弊，选择最佳的市场营销组合，以满足目标市场的需要，扩大销售，提高市场占有率，增加企业盈利，这就是从管理决策的角度研究企业的市场营销问题。目前，西方市场营销学主要是运用这种管理决策法进行研究。本书所采用的就是这种方法。

（六）管理科学研究法

管理科学研究法是指不仅要用文字来分析与阐述问题，还应采用数学方法来建立市场营销的数学模型，并用统计数字来检验模型的科学性。这是一种偏重定量研究的方法，值得重视，但一般都与上述的研究方法结合起来使用。

（七）系统研究法

系统研究法是指企业营销管理者做市场营销管理决策时，把企业的有关环境和市场营销活动过程看做是一个系统，统筹兼顾其市场营销系统中的各个相互影响、相互作用的组成部分，千方百计使各个部分协同活动，从而产生增效作用，提高企业经营效益，西方市场营销学者和企业营销管理人员从管理决策的角度分析研究企业的市场营销问题时，通常还配合采用这种系统研究方法。

（八）社会研究法

社会研究法主要是指研究各种市场营销活动和市场营销机构对社会的贡献及其所付出的成本。这种方法提出的课题有市场效率、产品更新换代、广告真实性及市场营销对生态系统的影响，等等。

探讨与应用

为什么要以消费者为研究的中心内容

这是因为消费者是社会再生产的终点，是实现企业生产和经营目的的关键。企业生产和经营的目的是为了获取利润，但利润能否实现，不取决于企业的主观愿望，而取决于消费者是否购买他们的商品。所以，美国企业家提出：消费者是市场的主人。日本企业家则宣称："顾客第一"、"顾客是皇帝"。一个企业要能够在市场上生存和发展，就必须使自己的生产和经营适应消费者的需要。市场营销学必须要围绕消费者及其需要这一中心展开对市场活动的研究。

（资料来源：www. doc88. com/p – 950296717613. html）

试分析：为什么要以消费者为研究的中心内容？

☆ 同步测试

◇ 单项选择

1. 市场营销学作为系统研究市场营销问题的一门独立的经济学科，是在（　　　）才出现的。

　　A. 第二次世界大战以后　　　　　B. 资本主义工业革命以前

　　C. 资本主义工业革命以后　　　　D. 买方市场出现以后

2. 市场营销学以（　　　）为研究的中心内容。

　　A. 产品　　　　B. 定价　　　　C. 促销　　　　D. 消费者

3. 只要产品质量好就不愁卖不出去，这是（　　　）观念的体现。

　　A. 生产观念　　　B. 产品观念　　　C. 市场营销观念　　D. 推销观念

4. 社会市场营销观念的出发点是（　　　）。

A. 增加产量　　　　　　　　B. 扩大销售

C. 顾客需求　　　　　　　　D. 消费者和社会长远利益

5. 被西方称之为引起"市场学革命"的是（　　）。

A. 推销观念　　B. 市场营销观念　C. 生态营销观念　D. 大市场营销观念

6. 要求市场营销者在制定市场营销政策时，要统筹兼顾三方面的利益，即企业利润、消费者需要的满足和社会利益的营销管理哲学是（　　）。

A. 推销观念　　B. 市场营销观念　C. 生产观念　　D. 社会市场营销观念

7. 市场营销的核心是（　　）。

A. 生产　　　　B. 分配　　　　　C. 交换　　　　D. 促销

8. 从营销理论的角度而言，企业市场营销的最终目标是（　　）。

A. 满足消费者的需求和欲望　　　B. 获取利润

C. 求得生存和发展　　　　　　　D. 把商品推销给消费者

9. 从市场营销的角度看，市场就是（　　）。

A. 买卖的场所　　　　　　　　B. 商品交换关系的总和

C. 交换过程本身　　　　　　　D. 具有购买欲望和支付能力的消费者

10. 为了适应社会对于环境保护的要求，许多企业主动采取绿色包装以降低白色污染。这种做法反映了企业的（　　）。

A. 生产观念　　B. 销售观念　　C. 市场观念　　D. 社会市场营销观念

◇ **多项选择**

1. 按照菲利普·科特勒的定义，我们可将市场营销的概念归纳为以下要点（　　）。

A. 市场营销的最终目标是满足需求和欲望

B. 交换是市场营销的核心

C. 交换过程是一个满足双方需求和欲望的社会过程和管理过程

D. 交换过程能否顺利进行取决于企业对交换过程的管理水平和企业产品满足顾客需求的程度

2. 以企业为中心的市场营销观念包括（　　）。

A. 生产观念　　B. 推销观念　　C. 市场营销观念

D. 社会市场营销观念　　E. 促销观念

3. 社会市场营销观念的核心是正确处理（　　）之间的利益关系。

A. 企业　　　　B. 供应商　　　C. 顾客

D. 中间商　　　E. 社会

4. 根据购买者及购买目的不同，市场可划分为（　　）。

A. 消费者市场　　B. 生产者市场　　C. 中间商市场

D. 政府市场　　　E. 国际市场

5. 市场包括以下几个要素（　　）。

A. 销售者　　　B. 购买者　　　C. 购买力

D. 市场营销机构　　　E. 购买欲望

◇ 判断

1. 在组成市场的双方中，买方的需求是决定性的。 （   ）
2. 市场营销就是推销和广告。 （   ）
3. "酒好不怕巷子深"，体现了企业的推销观念。 （   ）
4. 市场营销观念和社会市场营销观念的最大区别在于后者强调了社会和消费者的长远利益。 （   ）
5. 从企业实际的营销经验看，维系老顾客要比吸引新顾客花费更高的成本。
（   ）

◇ 简答

1. 什么是市场？根据市场客体分各有哪些？
2. 什么是市场营销？市场营销的任务是什么？
3. 现代市场营销有哪些观念？你是如何理解营销观念变化的原因的？
4. 比较传统与现代观念的根本区别。
5. 市场营销学为什么要以消费者为研究的中心内容呢？

☆ 实训项目

走访企业了解其经营理念、营销策略及其运作

［训练目标］通过深入实地认知与体验市场营销，加深对本任务内容的理解。

［训练组织］学生每6人分为一组，选择不同的企业调查。

［训练提示］教师提出活动前准备及注意事项，同时随队指导。

［训练成果］各组汇报，教师讲评。

☆ 案例分析

海尔进入洗衣机市场

20世纪90年代中期的中国市场，彩电、冰箱、洗衣机等大件耐用电器由于经历了十多年激烈竞争，市场呈现供大于求、商品积压的局面。中国冰箱之王海尔在做大了以后，走上了众所周知的多元化经营之路，于1996年开始把触角伸向了本已竞争十分激烈的洗衣机领域。1996年10月，海尔集团推出迷你型小小神童"即时洗"，该洗衣机一面市，就出现了少有的热销现象。

"小小神童"的问世，源自一位上海女顾客给海尔的一封信。她抱怨说，现有市场上的众多品牌洗衣机几乎千篇一律都是4千克至6千克的大容量洗衣机，而一般城市家庭大都是三口之家，平时洗小件衣物，用大容量洗衣机，耗水、耗电、费时、不划算；而用手搓吧，时间和精力顾不上，她希望海尔这样实力和技术都雄厚的企业能开发一种适合现代人洗衣频率高，易搬动，不占地方和省水、省电、节约时间的小洗衣机。

这是一个市场信号！海尔人敏锐地抓住这一信息，并对市场进行了大量的调查

研究，发现城市家庭普遍存在对洗衣机的不满意，有对小型即时洗洗衣机的需求。在对洗衣机市场进行总体细分的基础上，他们明确这是洗衣机市场的一个空白点，是一个很有发展潜力的潜在市场。为此，他们确定这种洗衣机的定位是小容量、即时洗、方便搬运、功能先进，并投入千万元开发费用，开始了迷你型洗衣机紧张有序的研制开发。4个月以后，海尔第一台开创洗衣机新风尚的迷你型即时洗洗衣机问世了。之后，海尔人不断利用先进的技术完善产品，不仅增加了甩干功能，而且运用了电脑全自动技术。仅一年多时间，产销量突破了100万台。以后，海尔集团更是不断努力，开发出一个又一个新产品。如占据世界领先地位的顶开式小丽人全自动洗衣机、仿搓式洗衣机，及专供农民用的地瓜机。为市场填补了一项项空白，也使海尔集团在洗衣机市场占据了显赫的地位。

（资料来源：www.doc88.com/p-678169078840.html）

阅读以上材料，回答问题：

1. 海尔的小小神童迷你型洗衣机火暴市场的原因是什么？

2. 海尔集团占领洗衣机市场给我们什么启示？

第二章
市场营销战略规划

◆ 本章学习目标
☞ 应用知识目标：
1. 掌握从企业决策者的角度研究企业规划公司总体战略；
2. 了解管理市场营销过程的理论；
3. 能够划分企业业务单位。
☞ 应用技能目标：
1. 把握营销战略的内涵；
2. 理解企业战略规划。

📖 营销情景故事

柯达黯然离场的警示

2012年1月19日，伊士曼柯达，这个拥有131年历史的老牌摄影器材企业，正式向法院递交破产保护申请。虽然申请破产保护并不代表破产清算，柯达仍有重生希望，但市场竞争的残酷性，已经让其很难有机会"咸鱼翻身"。

从表面上看，柯达申请破产保护是因为该公司连年亏损，资不抵债。但更深层次原因在于其战略决策失误，未能适应市场变化及时转型升级。

事实上，早在20世纪80年代末，就有人敏锐地指出，摄影业的未来在数码，传统的胶片摄影最终将被时代所抛弃。当时还有不少人天真地以为，柯达将是其中的赢家，因为当时柯达不仅是当时业内毫无争议的龙头老大，而且还是尚不成熟的数码摄影技术的"首创者"：1975年，第一台数码相机就是柯达开发生产的。

然而，现实开了一个天大的玩笑。由于公司决策层缺乏前瞻眼光，固守传统胶片市场，柯达不仅被一个个对手轻松超越，也被投资者无情抛弃。2011年，柯达股价下跌了80%，全球员工由14.5万人缩减至1.9万人，陷入即将摘牌险境。

如果柯达当初能审时度势，及时将自己的数码相机推向市场，很可能就不是现在的命运。从这个角度来看，分析柯达衰亡的过程，似乎比挽救柯达更为重要。因为在市场经济时代，柯达不是从顶峰跌下的第一个，更不会是最后一个。对于某些行业，明知要转型，还不加快步伐，就会像柯达一样，只能给时代留下一个"忧伤"的背影。

柯达在市场大潮中的轰然坍塌再一次告诉我们，战略决定成败。成功的企业要能科学判断自己经营产品的技术发展方向及其市场前景，根据需要及时作出战略调整，才能使企业保持旺盛的生命力。

　　企业发展战略是企业竞争与成长的导航器，营销管理层和营销执行层的具体营销战略与企业决策层的企业发展战略密切相关。美国未来学者托夫勒指出："对没有战略的企业来说，就像在险恶气候中飞行的飞机，始终在气流中颠簸，在暴风雨中沉浮，最后很可能迷失方向。如果对未来没有一个长期的明确方向，对本企业未来模式没有一个实在的指导方针，不管企业的规模多大，地位多稳定，都将在新技术革命和经济大变革中失去生存条件。"

　　企业发展战略的制定虽是高层决策者的职能，但与企业的营销密切相关，是企业营销中必须遵循的总方针和总方向。在企业发展战略的制定和实施过程中，营销部门起着无可替代的作用。规划企业战略，就是必须分析、研究企业内外部各方面因素的影响，即一方面重视外部环境中动态变化的不可控因素，另一方面如实评价企业现有的资源能力和潜在能力。没有战略的企业是没有前途的。早在1938年，美国管理学家切斯特·巴纳德就在其代表作《经理的职能》一书中，开始引进战略的思想内容，并运用战略思想分析企业诸因素及其相互之间的影响。时至今日，竞争和对抗早已成为当今世界经济发展的主潮流。伴随着这股汹涌而至的大潮，企业进入了战略经营、战略管理的时代，激烈的市场竞争需要企业建立完善的市场营销战略系统。

第一节　企业战略规划

一、企业战略特征

　　"战略"一词原为军事用语，指"指导战争全局的计划和策略"。而市场是交换关系的总和，市场营销概念的核心要素就是"交换"。在商品经济条件下，企业为了有效地开展市场营销活动，就必须在如同战场的市场中，根据企业长远发展的需要制定有效地市场营销战略。

　　企业战略是设立远景目标并对实现目标的轨迹进行的总体性、指导性谋划，属宏观管理范畴，具有指导性、全局性、长远性、竞争性、系统性、风险性六大主要特征。

（一）指导性

　　企业战略界定了企业的经营方向、远景目标，明确了企业的经营方针和行动指南，并筹划了实现目标的发展轨迹及指导性的措施、对策，在企业经营管理活动中起着导向的作用。

（二）全局性

　　企业战略立足于未来，通过对国际和国家的政治、经济、文化及行业等经营环境的深入分析，结合自身资源，站在系统管理高度，对企业的远景发展轨迹进行了全面的规划。

（三）长远性

"今天的努力是为明天的收获"，"人无远虑、必有近忧"。兼顾短期利益，企业战略着眼于长期生存和长远发展的思考，首先确立远景目标，并谋划实现远景目标的发展轨迹及宏观管理的措施、对策。其次，围绕远景目标，企业战略必须经历一个持续、长远的奋斗过程，除根据市场变化进行必要的调整外，制定的战略通常不能朝夕令改，具有长期稳定性。

（四）竞争性

竞争是市场经济不可回避的现实，也正是因为有了竞争才确立了"战略"在经营管理中的主导地位。面对竞争，企业战略需要进行内外环境分析，明确自身的资源优势，通过设计适体的经营模式，形成特色经营，增强企业的对抗性和战斗力，推动企业长远、健康的发展。

（五）系统性

立足长远发展，企业战略确立了远景目标，并需围绕远景目标设立阶段目标及各阶段目标实现的经营策略，以构成一个环环相扣的战略目标体系。同时，根据组织关系，企业战略需由决策层战略、事业单位战略、职能部门战略三个层级构成一体。决策层战略是企业总体的指导性战略，决定企业经营方针、投资规模、经营方向和远景目标等战略要素，是战略的核心，本书讲解的企业战略主要属于决策层战略；事业单位战略是企业独立核算经营单位或相对独立的经营单位，遵照决策层的战略指导思想，通过竞争环境分析，侧重市场与产品，对自身生存和发展轨迹进行的长远谋划；职能部门战略是企业各职能部门，遵照决策层的战略指导思想，结合事业单位战略，侧重分工协作，对本部门的长远目标、资源调配等战略支持保障体系进行的总体性谋划，比如，策划部战略、采购部战略等。

（六）风险性

企业作出任何一项决策都存在风险，战略决策也不例外。市场研究深入，行业发展趋势预测准确，设立的远景目标客观，各战略阶段人、财、物等资源调配得当，战略形态选择科学，制定的战略就能引导企业健康、快速的发展。反之，仅凭个人主观判断市场，设立目标过于理想或对行业的发展趋势预测偏差，制定的战略就会产生管理误导，甚至给企业带来破产的风险。

探讨与应用

最响亮的企业愿景

当前，叫得最响的企业愿景是杰克·韦尔奇为通用电气公司所设定的在所经营的各个领域都成为数一数二的战略愿景。

1981 年，韦尔奇当上了世界一流企业——通用电气公司的 CEO。他在第一次面对华尔街的金融分析家时，没有谈到大企业家都要谈论的盈利目标、对股东的回报等看起来实实在在的问题，而是描述了未来商战的赢家。他说："我们要能够洞察到那些真正有前途的行业并加入其中，要在自己进入的每一个行业里做到数一数二的位置——无论是在精干、高效，还是成本控制、全球化经营方面。不这样做，20

世纪 80 年代的公司将不再会出现在人们面前。我们必须做到数一数二，因为，如果我们对一项业务的长期竞争力没有有效的解决方案，那么终将有一天业务会陷入困境，这只不过是时间早晚的问题。"

追求数一数二，这正是通用电气的新战略愿景。在此后的 20 年里，这一愿景就像一面旗帜，指引通用电气从当年的美国十强之一，变成世界第一；从当年的大而有些僵化的"超级油轮"，变成最具活力的企业——"会跳舞的大象"。

（资料来源：http：//qg. onjobedu. com/zlgl/21397_ 14. html）

试分析：通用电气的新战略愿景有何特别之处？

二、企业战略的层次结构

企业战略可以划分为三个层次：公司战略、业务单位（竞争）战略和职能战略。一般而言，在竞争领域的三个层面上，公司战略指导和影响业务战略，业务战略则统领和整合职能战略。

（一）总体战略

总体战略（公司战略）指针对企业整体的，由最高管理层制定的，用于指导企业一切行为的纲领。总体战略规定企业的使命和目标，定义企业的价值；关注全部商业机遇，决定主要的业务范围和发展方向；确定需要获取的资源和形成的能力，在不同业务之间分配资源；确定各种业务之间的配合，保证企业总体的优化；确定公司的组织结构，保证业务层战略符合股东财富最大化的要求。总体战略是由公司最高管理层制定的战略。目前越来越突出公司董事会在战略制定中的作用，总经理更多的在于执行。

（二）业务单位战略

业务单位战略（竞争战略）是在总体战略指导下，一个业务单位进行竞争的战略。决定一个特定市场的产品如何创造价值，包括决定与竞争对手产品的区分、机器的现代化程度、新产品推出和老产品退出、是否成为技术先导企业、如何向顾客传达信息等。具体作用：开发或调整适应战略的资源和能力，同时也为制定战略奠定基础和条件。业务单位战略由业务单位负责人制定，它应当与总体战略保持一致，支持总体战略的实现。

（三）职能战略

职能战略是以贯彻、实施和支持总体战略与业务单位战略而在企业特定职能管理领域内制定的战略，包括人力资源战略、财务战略、信息战略和技术战略等。职能战略由职能管理的负责人领导制定，应与总体战略和业务单位战略保持一致。

三、战略规划的一般过程

战略规划的一般过程分为五步：第一，判断问题。通常经过三种基本的信息来源，判定在企业运行中即将发生的战略问题：企业外部环境的变化趋势，内部条件的演变趋势，经济效益的发展趋势。企业可以从相互依存、彼此影响的环境因素与各个职能领域之间的变化上寻找问题，并分析它对整个发展的影响程度。第二，评估问题的重要性。就是将战略问题整理、分类，依据轻重缓急的不同加以排序。最重要的战略问题，应由企业最高层详尽分析；一般重要的战略问题，可由战略经营单位研究分析；而一般性问题，只需加以注意，不一定详加分析。第三，分析问题。排序以后，应对重要问题进行分析。例如从过去、现在和将来等多个方面，分析问题的发展趋势，全面、综合地描述较大的问题；将战略问题逐层分解，针对性更强的收集有助于作出判断的数据，研究各个层次的问题以及它们对企业战略的影响，系统、深入地掌握战略问题；从相关利益群体的角度，对战略问题从正反方面提出种种假设，评定假设的重要性和可靠程度，将注意力集中在最为重要、可靠的假设上，供制定战略时参考。第四，提出与问题相关的战略。第五，发展战略计划和形成行动方案。

第二节　企业总体战略

一、认识和界定企业使命

（一）企业的使命

企业的使命描述企业肩负的任务，说明企业存在的理由，反映企业的目的、特征和性质。企业使命的设定，要以市场导向为宗旨，通过对竞争者的分析，明确自身的竞争优势，确定企业将"干什么"、"为哪些市场服务"、"所要满足的需求有哪些"以及"企业将如何满足这些需求"等。切忌以产品为导向，仅仅规定企业是"经营什么产品"的，从而陷入"营销近视症"困境。如经营洗衣机的企业必须以"为消费者提供更加方便、快捷的清洁衣物的工具，比竞争对手更好地帮助消费者解决清洗衣物的困难"作为企业的使命。

随着时间和环境的变化，企业的使命也可能发生变化。企业新使命的提出，必须考虑以下几个方面的因素。

1. 企业的历史和文化

新使命的提出是在以往企业使命的基础上的开拓创新，必须兼顾历史以及作为历史沉淀的企业文化，注意将历史和文化的延续与新的发展方向结合起来。

2. 环境要素

新使命的提出必须顺应环境要素为企业带来的机会，避免环境要素可能带来的风险和威胁。

3. 企业的资源和能力优势

企业新使命的提出必须发挥企业在资源和能力方面的竞争优势，力求扬长避短，与竞争对手相比，具有自身的特长和特色。

4. 企业的社会责任

企业新使命的提出必须顺应社会的发展、科技的进步、人类生活质量的提高，而不能仅仅注重企业自身的利益。

（二）企业的目标

1. 企业目标的构成

企业任务制定以后，必须分解为各个部门、各个层次的具体目标。企业的目标包括以下几种。

（1）贡献目标。即企业提供给市场的产品数量、质量，计划期间的资源节约、能源节约、生态环境保护及利税情况。

（2）市场目标。即新市场的开发、老市场的渗透、市场占有率和销售额的提高等。

（3）竞争目标。行业中竞争地位的提高等。

（4）利润目标。企业的毛利率、净利润及其增长情况。

（5）发展目标。企业资源的扩充、生产规模的扩大、经营方向与经营形式的发展等。

2. 制定企业目标的原则

企业目标的制定，必须遵循以下几个原则。

（1）层次性。企业目标必须进行分解，由企业总目标和长远发展目标逐层分解为各个部门、各个人的具体目标。

（2）协调性。总目标与各个分目标之间、长远目标与近期目标之间应协调一致，形成一个目标体系。

（3）可行性。目标必须根据市场机会和资源条件，适应企业的发展水平，具有可行性。

（4）激励性。企业目标必须具有一定的鼓舞和激励作用，通过努力方能完成。

（5）定量化。企业目标必须用数据来表示，便于评价和检查。

二、区分战略经营单位

大多数企业，包括规模较小的企业，都有可能同时或准备经营若干项业务。界定企业的活动领域，只是在大范围上说明了企业经营的总体范围。为了便于从战略上进行管理，有必要对组成企业活动领域的各项业务，从性质上区别开来，划分为若干个战略经营单位。战略经营单位就是企业值得为其专门制定一种经营战略的最小经营单位。有的时候，一个战略经营单位会是企业的一个部门，或一个部门中的某类产品，甚至某种产品；有的时候，又可能包括几个部门、几类产品。战略经营单位通常具有这样一些特征：

（1）有自己的业务。可能是一项独立的业务；也可能是一组互相联系，但在性质上可与企业其他业务分开的业务。因为它们有着共同的任务，所以有必要作为一个单位进行管理。

（2）有共同的性质和要求。不论是一项业务还是一组业务，都有他们共同的经营性质和要求，否则无法为其专门制定经营战略。

（3）掌握一定的资源，能够相对独立或有区别地开展业务活动。

（4）有竞争对手。这样的战略经营单位才有其存在的意义。

（5）有相应的管理班子从事经营战略管理工作。否则，这样的战略经营单位便形同虚设，没有实际作用。

区分战略经营单位的主要依据，是各项业务之间是否存在共同的经营主线。所谓"共同的经营主线",是指目前的产品、市场与未来的产品、市场之间的一种内在联系。

三、规划投资组合

如何把有限的人力、物力,尤其是财力资源,合理分配给现状、前景不同的各个战略经营单位,是总体战略必须考虑的主要内容。企业高层必须对各个经营单位及其业务进行评估和分类,确认它们的发展潜力,决定投资结构。在规划投资组合方面,两种模式广为应用。

(一)波士顿矩阵——"市场增长率/市场占有率"矩阵

1. 矩阵分析

该矩阵是美国管理咨询服务企业波士顿咨询公司提供的一种分析模式(见图2-1)。

在矩阵中,纵坐标代表市场增长率,可以以年为单位。增长率高低可以视具体情况而定。假设以10%为分界线,高于10%的则为高增长率,低于则为低增长率。横坐标为相对市场占有率,表示各经营单位与其最大的竞争者之间,在市场占有率方面的相对差异。某个经营单位的相对市场占有率为0.4,说明它的市场占有率为最大竞争者的40%;相对市场占有率为2.0,说明比最大的竞争对数的市场占有率多一倍,自己才是市场的"老大"。矩阵中的圆圈,代表企业所有的战略经营单位。圆圈的位置表示各单位在市场增长率及相对占有率方面的现状。圆圈的面积,表示各单位销售额的大小。该矩阵有四个象限,经营单位因而可划分为不同类型。

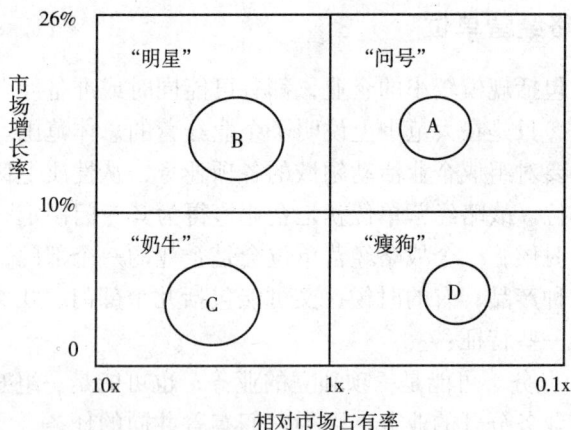

图2-1 波士顿矩阵

一般来说,市场占有率越高,这个单位的盈利能力就越强,利润水平似乎与市场占有率同向增长;另一方面,市场增长率越高,经营单位的资源需要量也越大,因为它要继续发展和巩固市场地位。

(1)问号类。问号类单位是指具有较高增长率、较低占有率的经营单位或业务。大多数经营单位最初都处于这一象限。这一类经营单位需要较多的资源投入,以赶上最大的竞争者和适应迅速增长的市场。但是它们又都前程未卜,难以确定远景。企业必须考虑，继续增加投入还是维持现状，或减少投入，精简、淘汰。企业应该集中向一两个单位投入资源。

（2）明星类。明星类单位是指市场增长率和市场占有率都很高，需要大量投入资源，以保证跟上市场的扩大，并击退竞争者，因此短时期内未必给企业带来可观的收益。但是，它们是企业未来的"财源"。企业一般应该有两个或两个以上的明星类业务，如果一个没有，则将是危险的信号。

（3）奶牛类。由于市场增长率降低，经营单位不再需要大量资源投入，又由于相对市场占有率较高，这些经营单位可以产生较高的收益，支援问号类、明星类或瘦狗类单位。如果企业只有一个奶牛类单位，说明它的财务状况比较脆弱。如果该单位的市场占有率突然下降，企业就不得不从其他单位抽回资源，以帮助其巩固市场领先地位；要是把它的收益全部用于支持其他单位，这个强壮的奶牛就会日趋瘦弱。

（4）瘦狗类。瘦狗类单位指市场增长率和市场占有率都较低的经营单位。它们或许还能提供一些收益，但盈利甚少或有亏损，一般难以再度称为"财源"。

2. 战略

企业要看到现状，又要分析前景，将目前的矩阵与未来的矩阵两相比较，考虑主要的战略行动，并依据资源有效分配的原则，决定各单位将来应该扮演的角色，从整体角度规划投入的适当比例和数量并采取如下战略：

（1）发展。以提高经营单位的相对市场占有率为目标，甚至不惜放弃短期收益。比如对问号类单位，使其尽快成为"明星"，就要增加投入。

（2）保持。维持经营单位的相对市场占有率。比如对奶牛类单位，可使它们提供更多的收益。

（3）收割。这种战略以获取短期收益为目标，不顾长期效益。比如较弱小的奶牛类单位，也可用于"问号"及"瘦狗"。

（4）放弃。目标是清理、撤销某些经营单位，减轻负担，以便把有限的资源用于效益较高的业务。这种战略尤其适合于没有前途或妨碍企业盈利的单位。

（二）"多因素投资组合"矩阵——通用电气公司方法

"多因素投资组合"矩阵，较"市场增长率/市场占有率"矩阵有所发展（见图2-2）。依据这种方法，企业对每个战略业务单位，都从市场吸引力和竞争能力两个方面进行评估。企业只有进入有吸引力的市场，又拥有竞争的相对优势，业务才能成功。市场吸引力取决于市场的大小、年市场增长率、历史的利润率等一系列因素，竞争能力由该单位的市场占有率、产品质量、分销能力等一系列因素决定。对每个因素，分别依据等级打分（最低分1分，最高分5分），并依据权数计算其加权值。将加权值累计起来，得出该单位的市场吸引力及竞争能力总分。每个战略经营单位，都可以两个分数提供的坐标为圆心，画出与其市场成正比的圆圈，并勾出其市场占有率。其中，图中圆圈的大小表示市场规模而非公司业务的大小。圆圈阴影部分代表公司业务的绝对市场份额。

多因素投资组合矩阵依据市场吸引力的大、中、小，竞争能力的强、中、弱，分为九个区域。它们组成了不同的战略地带。具体战略见图2-2。

竞争能力

	强	中	弱
大	1	1	2
中	1	2	3
小	2	3	3

市场吸引力

图2-2　多因素投资组合矩阵

1. 由左上角的大强、大中、中强三个区域组成

这个地带的市场吸引力和经营单位的竞争能力都最为有利，经营单位要"开绿灯"，采取增加资源投入和发展扩大的战略。

2. 由左下角至右上角对角线贯穿的三个区域，即由小强、中中、大弱组成

这个地带的市场吸引力和经营单位的竞争能力，总的说来都是中等水平。一般来说，这个地带的经营单位应当"开黄灯"，即采取维持原投入水平和市场占有率的战略。

3. 由右下角的小弱、小中、中弱三个区域组成

这里的市场吸引力偏小，经营单位的竞争能力偏弱。因此，企业多是"开红灯"，采用收割或放弃战略。

四、规划成长战略

投资组合战略决定的是哪些经营单位需要发展、扩大，哪些应当收割、放弃。企业需要建立一些新的业务，代替被淘汰的旧业务，否则就不能实现预定的利润目标。

一般可以遵循这样一种系统的思路规划新增业务。首先，在现有业务范围内，寻找进一步发展的机会；然后，分析建立和从事某些与目前业务有关的新业务的可能性；最后，考虑开发与目前业务无关，但是有较强吸引力的业务。这样就形成了三种成长战略。

（一）专业化发展战略

专业化发展战略是指在现有市场上发展现有业务，以达到扩大化经营目的的战略。它主要包括市场渗透战略、市场开发战略和产品开发战略三种形式。

1. 市场渗透战略

市场渗透战略是通过加强调研和宣传，利用现有产品，在现有的市场上争取扩大市场份额、增加销售数量，以达到扩大企业业务为目的的战略。扩大市场份额、增加销售数量的方法主要有以下几种。

（1）鼓励现有顾客增多购买数量以提高使用频率。通过宣传、引导，促使现有顾客提高现有产品的使用频率，增加产品的购买数量，达到多用、多买的目的。例如，宣传早晚都要刷牙，既有利于引导消费者养成良好的卫生习惯，又有利于促使消费者将使用牙膏、牙刷的次数增加一倍，从而促进牙膏、牙刷的销售。运用这种方法来扩大业务，不仅对本企业有利，而且对同行业和相关的竞争者有利，从而得到他们的支持和协助，形成强大的宣传阵式。但是，这种方法只能有针对性地选用，且不宜滥用。

（2）争取竞争对手的顾客。密切注视市场动态，抓住有利时机适时地采取市场攻势，占领竞争者的市场，以扩大企业的市场份额。北京日化二厂生产的"金鱼洗涤灵"，正是运用这种方法一举占领了上海"白猫洗洁精"的市场。上海"白猫洗洁精"的问世，结束了北京人用面碱洗碗的历史，占领了北京市场。而与上海同时开发，但晚一步投产的北京日化二厂的"金鱼洗涤灵"却瞄准"白猫洗洁精"脱销的机会，利用价格（每瓶便宜一两角钱）、质量和促销等攻势，一举夺取了上海人开辟的北京市场，达到年销量800万瓶的效果，将那些用惯了洗洁精而一时又买不到"白猫洗洁精"的顾客吸引过来，成为"金鱼洗涤灵"的顾客。运用这种方法来扩大业务，有时会引起竞争者的反感，加剧市场竞争。但是，如果时机合适、方法合理，也可能像"金鱼洗涤灵"一样，起到满足市场需求、填补市场空缺的积极作用，达到事半功倍的效果。

（3）争取尚未购买的潜在顾客。通过调查研究，分析潜在顾客尚未购买的原因，有针对性地采取相应的营销措施，促使潜在顾客尽快地成为本企业的现实顾客。潜在顾客尚未购买的原因很多，可能是经济方面的原因，如手头现金不足等；可能是心理方面的原因，如对产品的外形或色彩不满意，或等待新的换代品的问世，或对产品本身性能、用途不了解等。企业只有通过充分调查，才能抓住关键，有的放矢地运用营销攻势去争取这部分潜在顾客。这种扩大业务的方法，虽然难度较大，需要通过深入、细致的调查研究才能取得成效，但却是一种行之有效的方法，可以避免竞争，取得较好的营销效果。

2. 市场开发战略

市场开发战略是通过增加市场开发费用和促销费用，利用现有产品，以现有市场为基础不断向外扩张，开辟新的市场，以达到扩大业务目的的营销战略。市场开发的方式主要有以下几种。

（1）在原有销售地区内增加新的目标市场。通过社会舆论和广泛宣传，引导新的目标顾客购买和使用企业产品。例如，用"不修边幅的男子汉不再流行"，"当今流行文明的、带着淡淡的香水味的男子汉"的舆论，将以往属于妇女专用的美容产品、化妆品推向男士市场，从而扩大了化妆品的销售范围。

（2）增加新的销售渠道。改变由商业部门独家销售的单一渠道，增加企业直销、工商联销、集团代销等销售方式，以灵活的方式来扩大销售业务。

（3）增加新的销售地区。将单一的内销产品打入国际市场，用外销产品占领国内市场，将城镇市场的成熟期产品销往农村市场等方式增加新的销售地区，通过增加新的销售地区，扩大产品市场，使产品掀起一个新的销售高潮。

3. 产品开发战略

产品开发战略是通过增加产品开发费用，对现有产品进行改进，使现有产品以新的姿态投放到现有市场以增强竞争力，扩大销售业务。产品开发的方式主要有以下几种。

（1）增加新的特色。根据目标顾客的需要对原有产品的功能、外观、色彩等方面进行改进，以体现自身的特色，激发潜在顾客的需求。例如，海尔集团生产的"小小神童"洗衣机，几年来一直畅销不衰，成为单身家庭和一般家庭夏天洗衣的宠物。

（2）增加新的档次。根据目标顾客的需要生产高、中、低档兼备的系列产品，以满足不同消费者的需要。如家具城既有一般家具，又有豪华型家具；服装城既有中、低档次的服装，又有价格昂贵的精品服装等。

（3）增加新的换代品。随着科技的进步，新的产品层出不穷，从单缸洗衣机，再到全自动洗衣机、带升温装置的洗衣机、带烘干装置的洗衣机等，洗衣机这一产品不断完善，为消费者带来更大方便。各行各业都应不断地了解消费者对现有的业务有哪些不足之感，发起一个"了解消费者需要什么"的运动，根据消费者的需要，提供一代又一代新的产品来满足市场的需要。

（二）一体化发展战略

一体化发展战略是在现有业务基础上，通过收购、联合、参股和控股等方式，向现有业务的上游或下游方向发展，形成产、供、销一体化，以扩大现有业务的营销战略。一体化发展战略包括后向一体化、前向一体化和水平一体化三种形式。

后向一体化是在现有业务基础上，向上游的业务发展，即通过收买、兼并、联合等形式，拥有或控制企业的原材料、零部件及其他供应系统，实行供、产一体化。例如，汽车公司将汽车零配件生产厂家兼并为一体；化工厂与化工原料厂联合为一体等。后向一体化不仅扩大了现有业务，而且有利于保证原材料、零部件的供应及质量，因而也促进了现有业务的发展。

前向一体化是在现有业务基础上，向下游的业务发展，即通过收买、兼并、联合等形式形成产、销一体化，或者是由现有的原材料生产企业向成品生产发展，形成产品生产一体化，进而达到产、供、销一体化。

水平一体化是通过收买、兼并、联合同行业的其他企业，形成一体化经营的战略。对于大型企业、名牌产品，运用水平一体化战略，可以利用其他企业的场地、设备、人力、资金等资源，扩大自己的业务；对于中、小型企业，运用水平一体化战略，可以利用其他企业的技术、知名度等，提高本企业的业务素质，提高产品的声誉。

（三）多角化发展战略

多角化发展战略是指企业利用现有资源和优势，运用资本营运的各种方式，投资发展同行业的其他业务的营销战略。根据所利用的资源不同，多角化战略可分为技术关系多角化、市场关系多角化和复合关系多角化三种类型。

技术关系多角化是指以现有业务领域为基础，利用现有的产品线、技术、设备、经验、特长等，增加产品的种类，向行业的边缘业务发展的战略。例如，医药（或食品、茶叶）公司经营花旗参糖、花旗参茶等保健食品、饮料，拖拉机厂增加小型货车的生产，电扇厂增加各种小型家用电器的生产，彩电、洗衣机等生产厂家向全面家电产品发展等。这种战略能充分发挥原有的技术优势，而且投资少、风险小、见效快，容易取得成功。

市场关系多角化是针对现有目标市场上顾客的潜在需求，发展其他行业的有关业务的战略。例如，民航机场、火车站或汽车站增加为旅客服务的商店、旅社、餐馆及金融机构等。这种战略的目标顾客相对集中，可以充分利用企业的声誉，使现有业务与新业务相辅相成、相互促进。

复合关系多角化是利用企业的人才优势、资金优势或根据联合经营的需要，投资发展与原有业务无明显关系的新业务的战略。

多角化经营使企业分散了风险，提高了经营的安全性，有利于企业向着有发展前途的新兴行业转移，在促进新兴行业发展的同时，也可能带动原有业务的发展，形成以老带新、以新促老的格局，使企业得到不断发展。

然而，多角化发展战略又是一种高风险发展战略，企业必须谨慎从事。一方面，要把握实施多角化经营的内、外部条件。其内部条件为：企业资源未能充分利用，企业本身具有拓展该业务的能力，企业决策者具有开拓精神。其外部条件为：社会需求的发展变化给企业带来了新的发展机会；新技术革命提供了新的技术基础，为新业务的发展创造了条件；竞争局势的不断变化，要求企业以变应变，拓展新的业务。另一方面，在调查研究的基础上，经过科学分析和可行性认证，确定企业的投资目标、投资方向，并要把握好多角化发展的"度"，避免因盲目投资、盲目扩张而带来的失误和风险。

专业化发展战略、一体化发展战略和多角化发展战略各有利弊，企业在营运过程中，必须根据自身的条件和外部环境的变化权衡利弊、进行选择，以规避投资风险、促进企业的发展。

🔲 探讨与应用

联想的创业历程

联想获得了巨大的成功，让我们关注联想的近 30 年发展，探索联想的创业历程。

1984 年，联想集团的前身——中国科学院计算所新技术发展公司成立，从一间小平房里起家，仅有 11 个人，创业资本 20 万元。

2000 年，联想首次提出国际化的愿景。联想集团的业务涉及个人电脑、服务器、主板、外设、信息家电等因特网（Internet）接入端产品、信息服务、软件、系统集成以及以电子商务为核心的网络终端产品等多方面。联想拥有已经申请和正在申请的上百项技术和产品的国家专利，开发出包括奔月商用电脑和天禧家用电脑在内的多个系列、百余种型号的个人电脑产品，以及自有品牌激光打印机、MODEM

和其他网络产品，LOGOEASY 和 SECURITYEASY 等多项 EASY 技术的主板产品，基于 ACE 和 POWERLINK 技术的集成解决方案，联想还在积极研制开发满足家庭和个人需求的消费类信息产品。联想集团是国家 120 家试点大型企业集团之一，国家技术创新试点企业集团之一，成为国内最具影响力的高科技公司。

作为因特网全面技术与服务的提供者，联想将以因特网为核心，以全面客户导向为原则，满足家庭、个人、中小企业、大行业大企业四类客户的需求，为其提供针对性的信息产品和服务。为此，联想集团组成了六大业务群组，即为个人和家庭客户提供各种接入端设备和 ISP、ICP 信息服务的消费 IT、手持设备、信息运营业务群组；为企业和大行业客户同样提供针对性的产品和服务的企业 IT 业务群组和 IT 服务业务群组；在 QDI 主板业务的基础上构筑部件/合同制造业务群组，以期发展更大规模的制造业。

为实现战略目标，更好地迎接各种挑战，提高企业的竞争力，联想集团制定了完整的战略路线：（1）立足国内市场，积极备战海外；（2）以客户为中心发展业务并设立组织结构；（3）以服务促进产品增值，拓宽市场，以产品带动服务成长；（4）积极采用联盟和投资的方式进行业务拓展；（5）建立竞争力保障体系，实施矩阵式管理；（6）建立科学、系统的人力资源体系；（7）加大研发投入，建设研发体系，提升研发能力。

十年间，联想实现了从本土企业到国际化企业的跨越。从换标、签约奥运，到成功收购 IBM PCD、NEC PC、Medion，联想一路凯歌高奏。双拳战略的有力执行，让联想的全球市场份额节节攀升，并积极把握着移动互联的重大产业机遇。2011 年，联想以 216 亿美元的年营业额重返《财富》全球 500 强。作为中国企业走出去的标杆，联想在国际化进程中积累了无数宝贵经验，上演了许多耐人寻味的故事。国际化，也为联想品牌美誉度的提升带来了巨大助推。

（资料来源：百度文库）

试分析：

1. 企业战略规划对于联想的重要性。
2. 联想如何实现"从本土企业到国际化企业的跨越"？

第三节　营销战略

菲利普·科特勒指出，企业的市场营销过程不只是一些广告和推销活动，而是企业与它的最佳市场机会相适应的全过程。企业营销管理的目的就在于使企业的营销活动与复杂多变的市场环境相适应，这对于企业经营的成败具有重大意义。

企业在选择了完成企业任务的最好途径（战略）之后，还需要将其在时间和空间上展开，即具体规定由谁，在什么时候，做什么，怎么做，实现什么样的阶段目标，其核心就是如何对企业市场营销进行有效的管理，使企业的经营活动与不断变化的市场营销环境相适应，从而提高企业经济效益。

一、分析市场机会

市场机会是指市场上存在的未被满足的消费需求。在当今的时代，没有一家公司可以依赖目前的市场和产品而长盛不衰。所以，任何企业都必须不断地寻找、发现和分析新的市场机会，每个企业都必须善于发现和抓住新的市场机会，靠新的产品和服务满足市场上那些尚未满足的消费需求，为企业的生存和发展寻找出路。寻找和分析评价市场机会，是企业市场营销管理人员的重要任务，也是企业市场营销管理过程的首要步骤。

企业寻找新的市场机会有正规和非正规两种方法。非正规的方法是偶然的、无计划的，如通过阅读报刊、参加展览会、研究竞争者的产品等方式，发现和识别未满足的需求，提出新的构思。许多企业都是用非正规的方法去发现新的市场机会的。企业在发现市场机会后，还必须进行评价，看这种市场机会是否与企业的目标一致，企业是否具备利用这种机会的资源（资金、技术、设备等），还要看企业是否能比潜在竞争者有更大的优势等。企业应不失时机地抓住有利的市场机会，充分发挥自己的优势，使企业营销取得成功。

（一）发掘市场机会

企业可以通过系统化或非正式化的方法来随时注意获取市场情报，寻找新的市场机会，以产生许多市场开发的新构想。

发现市场机会，一是可以在现有市场上挖掘潜力，指导现有的产品进一步渗透到现有的目标市场上去，扩大销售量；二是可以在现有的产品无潜力可挖的情况下，以现有的产品开发新的市场；三是在市场开发无潜力可挖时，考虑进行新产品开发；四是当产品开发也已潜力不大时，可根据自身资源条件考虑多角化经营，在多种经营中寻求新的市场机会。目前美国的烟草跨国公司菲利浦莫里斯公司的非烟产业实现的利润已占到利润总额的60%以上。

（二）评估市场机会

在发掘市场机会后，进行市场机会的鉴别是营销成功的重要前提。要使市场机会变成企业的机会，市场机会必须与企业的目标相一致，同时企业还必须具有利用该市场机会的能力。如果市场机会与企业目标不一致，或企业暂时无能力开发，则是不适宜的市场机会。因此评估好与企业目标相匹配的市场机会，是正确制定企业经营战略的一个关键环节。上海烟草集团公司成立几年来，注重"以烟为主，多种经营"的市场开发，他们建立并注重发挥多种经营评估机构的作用，大大减少了烟外产业的经营决策的失误，烟外产业及商业环节实现利润已接近全部利润的50%。

二、选择目标市场

在发现和评估市场机会中，往往会产生出许多新的市场开发构想。企业要做的文章是如何从若干好的构想意见中遴选出最能符合企业目标与开发能力的一项作为开发任务。这需要经常做四个步骤的事情。

（一）市场需要衡量与预测

企业需对市场开发的现状与未来的前景做严密的估计。每个企业都希望进入前景良好的市场。由于影响未来市场的因素很多，所以这种预测相当困难。这对企业是很大的挑战，必须做好。

（二）市场细分

假若企业对市场开发的预测很一致，企业还必须进行市场细分的工作。经营者要通过"地理变数"、"人口变数"、"心理变数"、"行为变数"来细分市场。

（三）选择目标市场

细分后的市场各有不同的需求，企业要选择其中的一个或几个目标进行经营。所谓目标，是在某一特定时期内希望完成的预期成果。它是经由战略行动而实现战略计划的纲要，是企业目的和使命的具体化。

市场营销目标，是企业在市场环境分析和市场调查预测的基础上，把企业的外部条件与内部条件相互协调起来，充分利用现有资源，促使企业达到为长期发展而制定的营销目标。企业主要的营销目标有市场占有率、销售增长率、销售额和利润等。

市场营销目标必须和企业的市场营销能力相一致。这就要求企业在制定市场营销目标时，要正确评价自己。任何市场营销战略不可避免地会遇到企业目标和企业能力之间的冲突，目标过高，可能造成资源浪费，目标过低，无异于自我挫败。因此，企业在确定目标时，至少要满足以下几个条件：一是目标必须有利于企业使命的实现，必须符合企业内外的价值观、社会伦理道德标准。二是目标能够产生激励，大凡上下级共同制定的目标，只要能够量化和具体化，就能产生指导和激励的力量。三是目标应当是可行的。四是在目标群中，同一层次上的目标之间或主从目标之间必须相互协同、互相助长，不能彼此矛盾、相互冲突。

（四）市场定位

企业一旦选定目标市场，就要研究如何在目标市场上进行产品的市场定位，即勾画产品形象，为自己的产品确定一个合适的市场位置。企业在确定市场营销战略目标后，还要确定产品方向和市场活动范围。由于任何产品的市场都有许多顾客群，他们各有不同的需要，并且分散在不同的地区，因此任何企业（即使是大公司）也不可能很好地满足所有顾客群的不同需要。所以，企业在市场环境分析和调查预测及制定营销目标过程中，发现和选择了有吸引力的市场机会后，就要进行市场细分，根据自己的营销目标和优势，决定进入哪个或哪些市场，选择目标市场，从而有效地进入目标市场，完成营销目标，提高经营效益。

三、确定市场营销组合

企业制定出产品开发定位的计划后，便可开始策划市场营销组合的细节。

市场营销组合是企业针对确定的目标市场，综合运用各种可能的营销手段，组合成一个系统化的整体策略，以便达到企业的经营目标。市场营销的手段有几十种之多，麦卡锡把这些手段归为4个因素，简称4P's，即产品、价格、分销和促销。

（一）产品

代表企业提供给目标市场的货物或服务的组合，包括产品的品牌、包装、品质、服务以及产品组合等内容。

（二）价格

代表消费者为获得该产品所付出的金额，包括制定零售价、批发价、折扣和信用条件等。

（三）分销

代表企业为使产品送达目标顾客手中所采取的各种活动，包括发挥批发商和零售商的作用等。

（四）促销

代表企业为宣传其产品优点及说服目标顾客购买所采取的各种活动，包括广告、人员推销、营业推广及公共关系等。

探讨与应用

花旗银行的全球营销战略

美国花旗银行（Citibank）距今已有200年历史，可谓是华尔街上最古老的商业银行之一，在成立之初，它的注册资本为200万美元，实收资本仅80万美元；然而，如今已发展成为世界上最大的全能金融集团——花旗集团（Citigroup）。2000年，花旗集团资产规模已达9 022亿美元，一级资本545亿美元，被2001年《银行家》杂志列为2001年全球1 000家大银行的第一位。2001年4月，美国《福布斯》杂志公布了全美500强企业，花旗集团取代通用公司，登上了2000年全美500强榜首。2001年7月30日出版的美国《商业周刊》首次推出了全球最有价值的100个品牌排行榜，花旗银行被列为金融行业第一位。

纵观花旗银行的发展历程，其超前的全球化营销战略是花旗领先于其他银行的一个重要因素，花旗在世界各地广设分支机构，建立起了庞大的金融营销网络，这一网络被认为是花旗在国际金融界唯一拥有的真正具有竞争力的优势所在。

花旗银行海外银行业务的出现最早可以追溯到1897年。20世纪60年代以来，花旗的海外贷款、存款和利润增长率指标等均超过其国内业务。此后，经过里斯顿（Wriston）对花旗的"体制再造"改革后，到1984年花旗银行的海外分行已增加到231家。1983年，花旗银行在历经30多年之后第三次回到中国，其北京、上海代表处和深圳分行相继开业。

花旗银行市场战略的另一个特点是，即使所在国家出现了经济衰退甚至是经济危机，也决不轻易撤出，而是从危机中努力寻找商机。例如在发生金融危机的印度尼西亚，当许多外资银行纷纷撤离的时候，花旗银行却反其道而行之，追加投资开设新的分支机构，结果自身不但未受损失，并且业务量和利润都有了大幅的提高；同时还赢得了当地政府和民众的信任。

花旗银行在亚太地区的海外发展因受各国各地区政府的政策限制和当地经济发展及开放度的差异影响而有较大不同。传统上多数国家都对金融市场进入进行限制，还有的国家则对进入市场后的实际经营活动进行限制。尽管如此，花旗的决策者们似乎从未放弃过在这一地区进行业务扩张的努力，其主要策略之一是市场抢先战略，即一旦有机会，就会抢在其他竞争者之前首先进入该市场，并迅速进行业务扩张。

例如，在韩国、马来西亚、越南等国花旗银行都是抢先进入者。抢先战略通过积极分设经营机构、不断扩展业务领域等手段，不仅能够迅速占领市场、扩大企业影响，同时还能对后进入竞争者制造进入障碍，从而确保竞争优势。

花旗银行的市场开发战略还针对不同国家发展阶段的不同而有所区别。如对越南这样的不发达市场地区，主要业务方向是为美国跨国公司和当地企业提供现金管理、短期融资和外汇交易服务（在越南，每一家企业都必须在两个不同的银行分别设立本币账户和美元账户）。对于印度等国家，则还开办银团贷款、项目融资以及债券和零售业务。而在经济发展迅速的国家如马来西亚、新加坡，则提供更为复杂的证券业务、金融衍生品等项目的服务。至于像日本这样的处于成熟阶段的国家，花旗银行提供的服务就更全面了，举凡金融、信托、证券、租赁、期货，几乎无所不有。

花旗银行在其稳健和安全经营的基础上，作为市场拓展的微观组成部分，还精心制定其客户发展战略，并且取得显著成效。例如，长期以来，日本的主银行体制和银企相互持股政策使得日本企业非常忠实于本国银行，大多数外国银行在日本的经营都比较困难，然而花旗银行却成功地在日本市场上占有一席之地。特别是近年来，一些日本银行因不良资产增加出现经营亏损甚至倒闭，使得有更多的客户基于安全考虑纷纷投向了可信度高、安全性强的花旗银行的怀抱。

花旗的客户战略首先是对客户群进行细分，在公司业务方面，采取特别服务的市场体制，专门设立全球关联银行（Globe Relationship Banking）业务部门，为全球跨国公司及其子公司提供各种商务结算服务。如在其选定的享受特别服务的 220 家大公司中，有三分之一的企业来自亚太地区的日、韩等国。在零售业务方面，花旗银行把目标瞄准了亚洲新兴的中产阶级，认为随着他们财富的增加，他们对个人金融服务的需求也在增加。例如在中国台湾，花旗把具有较高收入的中层管理人员作为自己的特殊顾客，为他们提供支票账户、周转卡、晚餐卡以及特别服务花旗金卡等一揽子金融服务。

此外，花旗银行还采取客户服务差别化战略，依据客户收入、消费习惯的不同，提供各种不同的服务组合。同时，还积极发展多品种交易客户，不仅为其提供存贷款、信用卡、消费贷款服务，还提供投资信托、年金以及保险类金融商品的综合服务。

为了争取更多的客户，花旗的营销手段层出不穷，除了积极利用广告媒体和各种宣传资料外，还注重市场调查和信息的搜集工作。例如在印度，花旗的工作人员通过查阅电话号簿把信用卡发放给那些安装电话的人，因为除了个别例外，只有富裕人士能装得起电话。而在印度尼西亚，花旗的目标则是那些拥有卫星电视接收器的家庭。成功的营销策略使花旗的信用卡业务在亚太地区赢得了广泛的客户群。花旗另一个获取客户的办法是战略性公司收购。例如，20 世纪 80 年代末花旗通过收购澳大利亚信用卡服务公司，从而一举获得了 40 万名新客户群。

（资料来源：http：//blog. sina. com. cn/s/blog_ 4a5fbb88010004kq. html）

试分析：花旗银行的市场营销战略是什么？

第四节　市场营销管理过程

一、营销的计划

（一）市场营销计划的作用与类型

市场营销计划是企业营销战略的重要职能之一，也是企业营销战略的最终体现。在现代市场经济条件下，企业必须致力于建立先进的计划系统，实施战略计划，加强市场营销。市场营销计划是关于一项业务、产品或品牌在营销方面的具体安排和规划。其内容涉及两个基本问题：一是企业的营销目标是什么，二是如何实现营销目标，正是市场营销计划的特殊地位，决定了它在营销管理中的特殊作用。首先，营销计划使企业内部各部门、各层次、各方面之间保持协调一致，使众人的努力形成一种合力，从而促使营销目标的实现。其次，营销计划使企业在利用机会的同时，最大限度地减少风险。再次，营销计划使营销活动变得经济合理。营销计划有利于企业实现对营销活动的有效控制。

1. 按计划时期长短，可将市场营销计划分为长期计划、中期计划和短期计划三大类。

2. 按计划的层次，可将市场营销计划分为战略计划、策略计划和作业计划。

3. 按计划涉及的范围，可将市场营销计划分为总体营销计划和专项营销计划。

（二）市场营销计划的制定与实施

1. 制定市场营销计划的原则

（1）系统性原则。企业是一个由营销、生产、财务、人事等众多子系统构成的大系统。这些子系统相互联系、市场营销相互影响，对营销目标的实现起着促进和制约作用。

（2）灵活性原则。市场营销计划是关于未来营销活动的行动方案，而未来充满着事先难以预料的不确定因素。因此，在编制营销计划时，一定要留有一定的余地，保持一定的灵活性。

（3）连续性原则。所谓连续性，是指市场营销计划要前后衔接，相互配套。为了保持计划的连续性，中期计划的制定必须以长期计划为指导，与长期计划相衔接；短期计划的制定必须以中、长期计划为指导，与中、长期计划相衔接。

2. 市场营销计划的要素和制定步骤

（1）经营摘要。市场营销计划首先要有一个内容提要，即对主要营销目标和措施进行简要概括和说明，它可使最高管理层迅速抓住计划的要点。

（2）当前市场营销状况分析。它提供与市场、产品、竞争、分销以及宏观环境、微观环境等有关背景材料，并且分析企业外部的主要机会与威胁、企业内部的优势与劣势，在计划中对必须注意的主要问题等进行分析。

（3）市场营销目标。市场营销目标是市场营销计划最基本的要素。它确定计划中要达到的最终结果，包括销售量、销售额、市场占有率、市场增长率、销售利润率等指标。

(4) 市场营销策略。它描述为实现计划目标而采用的主要市场营销策略。为企业的营销工作提供总的指导思想和行动框架。

(5) 市场营销行动方案。它回答应该做什么、谁来做、何时做、需要多少成本等问题，是对营销活动中某项工作的先后顺序和应遵循的具体步骤的规定。

(6) 市场营销规则。市场营销规则是对营销工作中某些较为具体的事项所做的规定，是企业营销人员和营销工作的行为准则。

(7) 预算损益表。它是一个关于市场营销预算盈利或亏损的报告，是计划期内企业营销活动预期成果的数字表现，包括销售收入预算、销售费用预算、利润预算等内容。通常以报表的形式概括地勾画出了企业在计划期内总收入和总支出的内容和数量，表明企业的营销活动在经济上的可行性，同时为营销管理人员控制各项营销活动提供了标准。

(8) 市场营销实施与控制，市场营销控制是市场营销计划的最后一部分，它说明应如何监控计划。其典型的做法是将计划规定的目标和预算按月分解，以便于企业高层管理者进行有效的监督、检查和调整，督促未完成计划的部门改进工作，确保市场营销计划的完成。

二、营销组织

企业要贯彻执行市场营销计划，有效地管理营销活动，首先必须建立和发展市场营销组织，使企业营销系统中各级人员保持协调一致。其次，营销部门还必须与生产、人事、财务、采购等其他部门密切配合。企业要善于调动内外部积极因素，使各个部门密切合作，实现企业的任务和目标。

营销计划的执行情况，不仅取决于它的组织机构，而且取决于对人员的挑选、培训、指导、激励和评估。每个工作人员都应获得与其能力和贡献相适应的报酬，并且都有平等的晋升机会。企业应使每一个人明确自己的职责、权利和前途，使每个人都有足够的前进动力，要使每一个营销人员都知道，企业对他们的要求和希望是什么，他们的表现将如何被考查和衡量。实践证明，激发了工作人员的热情，可以大大提高其工作效率。

为了更好地执行计划，企业应将计划落实到个人，即指派专人负责在规定时间内完成计划任务，如把销售指标分解为若干份，合理地分配到各个岗位及个人，切实落实计划任务，保证计划的贯彻执行。

三、营销控制

控制计划是管理营销活动的一个重要内容。在市场营销计划落实中，常常会发生许多意想不到的情况，企业需要以控制行动来保证市场营销目标的实现。市场营销控制有三种类型：

1. 年度计划控制

年度计划控制的任务是确保企业能完成年度计划所规定的销售额、利润和其他目标。为此，第一，必须在营销年度计划中设定每月、每季的明确目标；第二，必须采用能衡量市场实际成效和进度的方法；第三，必须找出执行计划中存在严重偏差的原因；第四，必须及时解决问题，消除目标与成效间的差距。执行计划过程中可能需要改进计划执行方式，甚至改变原定的目标。

2. 利润控制

企业必须定期分析企业的各类产品在不同地区、不同市场，通过不同分销渠道出售的实际获利能力。这一分析结果能帮助主管人员决定哪些产品或哪些市场应予以扩大，哪些则应缩减，直至放弃，想尽办法完成和超额完成利润计划任务。

3. 策略控制

策略控制是最高层次的控制。由于市场营销的内外环境是不断变化的，企业的目标、计划和策略有极易过时的可能性，很多企业都因没有注意瞬息万变的市场变化而招致困境。因此，企业需定期检查市场营销环境、策略、系统运行、组织功能等情况，以加强实施控制。为此需要通过企业营销四大系统——营销情报、营销策划、营销组织和营销控制系统的彼此关联、密切合作的工作，来实行计划执行过程中的及时控制。

☆ 同步测试

◇ 单项选择

1. 总体战略是企业（　　）层次的战略。

A. 总体　　　　　　B. 局部　　　　　　C. 最高　　　　　　D. 较强

2. 职能战略是各个职能部门的（　　）战略。

A. 长期性　　　　　B. 中期性　　　　　C. 短期性　　　　　D. 中长期

3. 具有较高增长率和较高市场占有率的经营单位是（　　）。

A. 问号类　　　　　B. 明星类　　　　　C. 奶牛类　　　　　D. 瘦狗类

4. 问号类经营单位是具有较高增长率和（　　）的经营单位或业务。

A. 较高占有率　　　B. 一般占有率　　　C. 较低占有率　　　D. 没有占有率

5. 市场增长率和相对市场占有率都较低的经营单位是（　　）。

A. 问号类　　　　　B. 明星类　　　　　C. 奶牛类　　　　　D. 瘦狗类

6. （　　）是指企业利用多种信息载体，与目标市场进行沟通的传播活动，包括广告、人员推销、营业推广与公共关系等等。

A. 产品　　　　　　B. 定价　　　　　　C. 促销　　　　　　D. 分销

◇ 多项选择

1. "市场增长率/市场占有率"矩阵将经营单位划分为（　　）几种类型。

A. 明星类　　　　　B. 金马类　　　　　C. 奶牛类

D. 问号类　　　　　　　　　　　　　　E. 瘦狗类

2. 规划企业成长战略的方式有（　　）。

A. 松散式成长战略　B. 密集式成长战略　C. 统一式成长战略

D. 一体化成长战略　　　　　　　　　　E. 多角化成长战略

3. 企业一体化成长战略包括（　　）。

A. 后向一体化　　　B. 向上一体化　　　C. 水平一体化

D. 向下一体化   E. 前向一体化

4. 企业多角化成长战略包括（   ）。

A. 纵向多角化   B. 垂直多角化   C. 同心多角化

D. 水平多角化   E. 综合多角化

5. 市场营销组合因素包括（   ）。

A. 产品   B. 竞争   C. 定价

D. 分销   E. 促销

◇ **判断**

1. 职能战略是企业多个职能部门的长期性战略。   （   ）

2. 企业使命反映企业的目的、特征和性质。   （   ）

3. 问号类是较高增长率、较低占有率的经营单位或业务。   （   ）

4. 市场增长率和市场占有率都较低的经营单位或业务属于问题类。   （   ）

5. 产品、价格、分销和促销是市场营销过程中不可以控制的因素。   （   ）

◇ **简答**

1. 简答企业战略具有的特征。

2. 简答战略规划的一般过程。

3. 市场营销组合的特点是什么？

☆ 实训项目

走访本地知名企业，搜集相关信息，了解其战略规划

［训练目标］通过实地走访、资料收集，加深对本任务内容的理解。

［训练组织］学生每 6 人分为一组，选择不同的企业调查。

［训练提示］教师提出活动前准备及注意事项，同时随队指导。

［训练成果］各组汇报，教师讲评。

☆ 案例分析

格兰仕微波炉的战略

    经过激烈的竞争，格兰仕攻占国内市场 60% 以上的份额，成为中国微波炉市场的代名词。在国家质量检测部门历次全国质量抽查中，格兰仕几乎是唯一全部合格的品牌，与众多洋品牌频频在抽检中不合格被曝光形成鲜明对比。去年，格兰仕投入上亿元技术开发费用，获得了几十项国家专利和专有技术；今年，将继续加大投入，使技术水平始终保持世界前列。

    由于格兰仕的价格挤压，近几年微波炉的利润空间降到了低谷。今年春节前夕，甚至出现个别韩国品牌售价低于 300 元的情况，堪称世界微波炉最低价格。国内品牌的主要竞争对手一直是韩国产品，它们由于起步早曾经一度占据先机。在近几年的竞争中，韩国品牌落在了下风。韩国公司在我国的微波炉生产企业，屡次在一些

重要指标上被查出不符合标准，并且屡遭投诉，这在注重质量管理的韩国公司是不多见的。业内人士认为，200多元的价格水平不正常，是一种明显的倾销行为。它有两种可能：一是韩国受金融危机影响，急需扩大出口，向外转嫁经济危机；二是抛库套现，做退出前的准备。

面对洋品牌可能的大退却，格兰仕不是进攻而是选择了暂时退却。日前，格兰仕总部发出指令，有秩序地减少东北地区的市场宣传，巩固和发展其他市场。这一决策直接导致了春节前后一批中小企业进军东北，争夺沈阳及天津市场。这些地区已经平息的微波炉大战有重新开始的趋势。

格兰仕经理层在解释这种战略性退让时指出，其目的在于让出部分市场，培养民族品牌，使它们能够利用目前韩国个别品牌由于质量问题引起信誉危机的有利时机，在某一区域获得跟洋品牌直接对抗的实力，形成相对的针对洋品牌的统一战线，消除那些搞不正当竞争的进口品牌。

从长远看，格兰仕保持一些竞争对手，也是对自己今后的鼓励和鞭策。格兰仕的目标是打出国门。1998年，格兰仕微波炉出口额5 000万美元，比上年增长两倍，在国内家电行业名列前茅，其国际市场价格平均高于韩国同类产品25%。前不久，在世界最高水平的德国科隆家电展中，第二次参展的格兰仕不仅获得大批订单，而且赢得了世界微波炉经销商的广泛关注。今年格兰仕的出口目标是再翻一番。

为继续扩大规模，格兰仕将有选择地在国内微波炉企业中展开收购工作。1998年收购安宝路未果后，公司总结了经验教训，今年将重点联合政府部门实现新的目标。鉴于亚洲金融危机的影响短期内可能不会消除，格兰仕表示，并购工作对海外品牌企业一视同仁。

（资料来源：杨明刚．市场营销100个案与点析．上海：华东理工大学出版社，2004）

阅读以上材料，回答问题：

企业营销战略如何在规划、实施、控制各阶段与总体战略规划相配合？

第三章

市场营销环境

◆ **本章学习目标**

☞ 应用知识目标：

1. 掌握营销环境的概念；
2. 认识营销环境和企业营销行为的关系；
3. 了解营销环境分析的基本方法。

☞ 应用技能目标：

1. 对特定企业环境进行 SWOT 分析；
2. 以营销环境的知识对企业进行机会威胁分析。

📖 **营销情景故事**

店址的选择

　　某个服装店老板在确定开店地址时，就面临这样两个选择：是开在还没有服装店的街上，还是开在已经有许多服装店的街上。如果是前者，其有利之处是没有同行的竞争者，"独此一家，别无分店"。由于没有竞争者，所以到这条街上购买服装的顾客都会光临这个店。但同时存在的问题是：由于服装店太少，给顾客选择的余地就少，顾客很可能在一家店中买不到他所需要的服装，所以他就有可能不来这条街上来买服装，而转向其他选择余地多的街上购买。所以，尽管没有竞争者，但来的顾客也会比较少。如果开在服装店较多的街上，尽管顾客可能会在任何一家店购买，其他的同行店会抢走许多生意。但由于来这条街买服装的顾客多，即使只有其中一部分光临该店，但业务量也会不少。在这个案例中，服装店老板实际上面临着竞争者多少这个营销环境问题。"店多拢市"和"店多对手多"是同时存在的。

　　（资料来源：http://jpkc.zjiet.edu.cn/sheng/2008/scyxych/kc/dzjc_02.asp）

　　环境通常是指影响和制约某一事物生存和发展的外部因素的总和。企业是一个不断为社会提供商品和劳务的经济系统，具有独立性，它要求系统内的各要素必须协调一致，组合最优，从而实现系统功能的最大化。同时，企业又是一个开放系统，它必须不断与外界发生物质、能量和信息转换，受到外界因素的影响和制约。企业的市场营销活动是在一定的外界条件下进行的，也就要适应一定的营销环境。而企业的市场营销环境是不断变化的，这种变化一方面给企业造成新的市场机会，另一方面也会给企业带来威胁。因此，企业应该经常监视和预测其周围的市场营销环境的发展变化，并要善于分析和识别由于环境变化而造成的主要机会和威胁，及时采取适当对策，使其经营管理迅速适应其市场营销环境的发展变化。

第一节　企业营销与营销环境

一、市场营销环境的含义

（一）市场营销环境的概念

菲利普·科特勒对市场营销环境的含义有如下的解释："市场营销环境是指影响企业的市场和营销活动的不可控制的参与者和影响力。"也就是说，市场营销环境是指直接或间接影响企业营销活动的所有外部力量和相关因素的集合，它是影响企业生存和发展的各种外部条件。认识和分析企业的营销环境是企业的经营管理活动必不可少的环节。

（二）市场营销环境的构成要素

市场营销环境内容比较广泛，可以根据不同标志加以分类。在这里，我们借鉴美国著名市场营销学家菲利普·科特勒划分市场营销环境的方法，从宏观环境和微观环境来分析市场营销环境的构成要素。

宏观市场营销环境又称间接营销环境，是指所有与企业的市场营销活动有联系的环境因素，包括人口环境、经济环境、自然环境、科技环境、政法环境和文化环境等。这些因素涉及广泛的领域，主要从宏观方面对企业的市场营销活动产生影响。这些因素又可派生出若干次级因素，它们之间既相互制约，又相互影响，形成极为复杂的因果关系。

微观市场营销环境又称直接营销环境，它是指与本企业市场营销活动有密切关系的环境因素，包括企业、供应商、营销中介、顾客、竞争者和社会公众等。微观市场营销环境体现了宏观市场营销环境因素在某一领域里的综合作用，对于企业当前和今后的经营活动产生直接的影响。

宏观市场营销环境与微观市场营销环境两者之间并不是并列关系，而是主从关系。微观市场营销环境要受制于宏观市场营销环境，宏观市场营销环境一般以微观市场营销环境为媒介去影响与制约企业的营销活动，在某些场合，也可以直接影响企业的营销活动。

营销环境对企业营销活动的影响如图3-1所示。

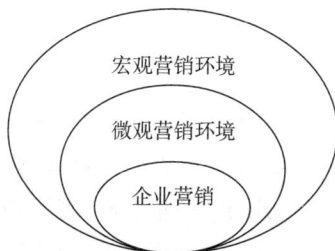

图3-1　市场营销环境构成图

企业外部环境是外在于企业的客观存在，它是不以人们的意志为转移的，对企业来说属于不可控因素，企业无力改变。但是，企业可以通过对内部因素的优化组合，去适应外部环境的变化，保持企业内部因素与外部环境的动态平衡，使企业不断充满生机和活力。也就是说，企业面对外部环境并不是无所作为，被动顺从的，它能够通过加强对环境变化趋势的分析研究，掌握其变化规律，主动适应环境变化的要求。企业主动适应外部环境，与外部环境保持动态平衡，不仅具有可能性，而且非常必要，这是企业生存和发展的客观要求。

二、市场营销环境的特点

市场营销环境是一个多因素、多层次而且不断变化的综合体。概括地说，市场营销环境具有以下特点：

（一）客观性

环境作为营销部门外在的不以营销者意志为转移的因素，对企业营销活动的影响具有强制性和不可控性的特点。一般说来，营销部门无法摆脱和控制营销环境，特别是宏观环境，企业难以按自身的要求和意愿随意改变它，如企业不能改变人口因素、政治法律因素、社会文化因素等。但企业可以主动适应环境的变化和要求，制定并不断调整市场营销策略。事物发展与环境变化的关系，适者生存，不适者淘汰，就企业与环境的关系而言，也完全适用。有的企业善于适应环境就能生存和发展，有的企业不能适应环境的变化，就难免被淘汰。

（二）多变性

构成企业营销环境的因素是多方面的，每一个因素都随社会经济的发展而不断变化。市场营销的多变性主要包括三个方面：一是某一环境因素的变化会引起另一环境的变化；二是每个环境内部的子因素变化会导致环境因素的变化；三是各因素在不同的形势下，对企业活动影响大小不一样。这就要求企业根据环境因素和条件的变化，不断调整其营销策略。

（三）差异性

市场营销环境的差异性不仅表现在不同企业受不同环境的影响，而且表现在同样一种环境因素的变化对不同的企业的影响也不相同。例如，中国加入世界贸易组织，意味着大多数中国企业进入国际市场，进行"国际性较量"，而这一经济环境的变化，对不同行业所造成的冲击并不相同。企业应根据环境变化的趋势和行业的特点，采取相应的营销策略。

（四）相关性

市场营销环境不是由某一个单一的因素决定的，它要受到一系列相关因素的影响。例如，价格不但受市场供求关系的影响，而且还受到科技进步及财政税收政策的影响。市场营销环境因素相互影响的程度是不同的，有的可以进行评估，有的则难以估计和预测。

由于市场营销环境对企业营销活动的影响具有以上特点，使之复杂多变，难以捉摸。因此，企业才需要采取相应的对策。

探讨与应用

政治风云导致"米沙"的失败

1977年，洛杉矶的斯坦福·布卢姆以25万美元买下西半球公司一项专利，生产一种名叫"米沙"的小玩具熊，用做1980年莫斯科奥运会的吉祥物。此后的两年里，布卢姆先生和他的伊美治体育用品公司致力于"米沙"的推销工作，并把"米沙"商标的使用权出让给58家公司。成千上万的"米沙"被制造出来，分销到全国的玩具商店和百货商店，十几家杂志上出现了这种带四种色彩的小熊形象。开始，"米沙"的销路很好，布卢姆预计这项业务的营业收入可达到5000万到1亿美元。不料在奥运会开幕前，由于前苏联拒绝从阿富汗撤军，美国总统宣布不参加在莫斯科举行的奥运会。骤然间，"米沙"变成了被人深恶痛绝的象征，布卢姆的盈利计划成了泡影。

（资料来源：杨明刚．市场营销100个案与点析．上海：华东理工大学出版社，2004）

试分析："米沙"的失败受到了哪些因素的影响？

第二节 企业营销环境分析

一、市场营销宏观环境

企业的营销活动是在宏观环境中进行的，因而会受宏观环境的因素，如人口、经济、自然、科学技术、政治法律和社会文化等间接影响。企业必须对这些宏观环境因素变化带给企业的营销活动的挑战与机会作出正确的分析评估，制定和实施相应的营销决策。

图3-2 市场营销宏观环境

（一）人口环境

人口环境包括人口规模、人口增长、人口结构、人口地理分布等因素。市场营销是围绕市场中心展开的，而市场又是由具有购买欲望和购买力的人组成的。因此，人口环境就成为企业营销首要分析评估的宏观环境因素。

1. 人口规模

一般来说，在经济发展和收入水平相等的条件下，一国人口规模越大，则市场规模就越大。人口规模对市场规模的决定影响，通常表现在对基本生活资料市场的需求量方面。因此，人口规模尤其成为企业营销活动考察基本生活资料市场预测，根据联合国统计，2011 年，全世界的人口总数突破 70 亿人，到 2050 年，世界人口将突破 100 亿人，而我国人口已经超过 13 亿人。随着世界及我国人口规模扩大，世界及我国市场规模也会不断扩大。

2. 人口增长

对企业营销来说，不仅要通过了解人口现状来了解现有市场规模，更需要关注人口发展的趋势。因为，人口增长与否或速度快慢，直接影响未来市场需求增长与否或变化方向。目前，全世界人口增长率为 1.7%，发展中国家或地区人口增长率平均达 2.1%，其中，撒哈拉以南非洲人口增长率平均高达 3.2%，而发达国家则为 0.6%，有些西欧、北欧国家人口增长率为负。这就意味着发展中国家或地区的消费需求会不断增长，市场潜力很大；相反，有些西欧、北欧国家或地区人口出生率下降，则可能会造成这些国家儿童用品消费需求总量的相对减少，对营销儿童用品的企业是一种"环境威胁"，但对另一些行业，如旅游业、交通运输业、餐饮业等行业来说，却是增加了市场机会。

但是，我们也要意识到，人口的增长一方面可以给企业营销带来更多的机会，另一方面也会给企业乃至整个社会带来深刻的影响。例如，无限制的人口增长会造成地球资源的缺乏、环境污染日益严重、教育资源短缺、住宅交通拥挤等社会问题。人口各项指标的变化与企业的营销活动有重大关系，既有威胁，又有新的机会，所以说，会给市场带来整体性和长远性的影响。

3. 人口结构

企业营销者除了要了解并掌握人口规模、人口增长以外，还应分析人口的结构。因为不同的人口结构对商品有着不同的需求，分析不同的人口结构，可为企业寻找目标市场提供依据。人口结构主要包括人口的年龄结构、性别结构、学历结构、家庭结构、社会结构以及民族结构等。

（1）年龄结构。人口年龄通常可以分为六个阶段：学龄前儿童、学龄儿童、青少年、25～40 岁青年人、40～60 岁中年人和 60 岁以上的老年人。不同年龄人群对商品的需求不一样。目前，世界人口呈老龄化上升趋势，而我国人口已经转变为老年型人口。预计到 2050 年，我国老年人口比例将达 27%，这将意味着在今后 20 年内，世界及我国"银发市场"，诸如保健用品、营养品、老年医疗卫生将会发达起来。

（2）性别结构。不同性别的人口，会给市场需求带来性别上的差异。例如，女性比男性更喜欢打扮、逛商场，上街采购日用品、化妆品、女性服装等等，而男子则在购买大件物品方面表现出积极性。企业营销者有必要掌握人口性别的差异给企业产品营销带来的差异影响，以便顺利实现营销目标。

（3）学历结构。人口学历结构反映人口受教育程度的高低。不同学历等级的人口，会表现出不同的消费偏差。通常，高学历等级的人口，更多倾向于购买有知识品位的商品；低学历等级的人口，则较多讲究所购商品价廉、实用。随着我国九年义务教育的普及和高等教育机会增加，人口的学历层次普遍提高，这给电脑等知识商品市场营销带来机遇，甚至文化礼品市场业在我国逐渐兴起，成为市场的一个重要组成部分。

（4）家庭结构。家庭是市场需求的基本单位。不同的家庭结构类型会有不同的购买行为，从而影响企业的市场营销行为。目前，世界上家庭规模普遍呈现由扩大型向核心型转化的趋势。欧美国家的家庭规模基本上户均3人，亚非拉等发展中国家户均5人左右。在我国，独生子女的小家庭已经逐步由城市向乡镇普及发展。家庭结构的核心型，必然引起家庭数量的剧增，这对住房、家具、家用电器等需求会有助长作用。

（5）社会结构。我国的人口绝大多数部分在农村，农村人口约占总人口的80%左右。因此，农村是个广阔的市场，有着巨大的潜力。这一社会结构的客观因素决定了我国企业在国内市场营销中，应当以农民为主要营销对象，市场开拓的重点也应放在农村。尤其是一些中小型企业，更应注意开发价廉物美的商品以满足广大农民的需要。

（6）民族结构。世界各国的民族结构有单一的，也有多元的。像日本，几乎所有的人都是属于一个民族，即大和民族。而在我国，除了占人口大多数的汉族以外，还有55个少数民族，他们在饮食、服饰、居住、婚丧、节日等物质和文化生活各方面各有特点。例如，回族居民不食猪肉，信仰佛教的居民不食荤菜，傣族居民要过泼水节，藏族居民要欢度藏历新年等等。这些不同的消费者需求与风俗习惯影响了消费者需求的构成和购买行为。因此，企业营销者要注意民族市场的营销，重视开发适合各民族特性，受其欢迎的商品。

4. 人口的地理分布

人口的地理分布是指人口在不同地区的密集程度。由于自然地理条件以及经济发展程度等多方面因素的影响，人口的分布绝不会是均匀的。世界人口正在加速城市化，在许多国家和地区，人口往往集中在几个大城市里。从我国来看，人口主要集中在东南沿海一带，西北地区人口稀少。另外，城市的人口比较集中，尤其是大城市人口密度很大，例如中国的上海、北京、重庆和广州等，而农村人口相对分散。人口的这种地理分布表现在市场上，就是城市市场集中程度高，销售周转快；农村市场广，但运输成本大。

随着经济的活跃和发展，人口的区域流动性也越来越大。在发达国家，除了国家之间、地区之间、城市之间的人口流动外，还有一个突出的现象就是城市人口向农村流动。我国自改革开放以来，人口的区域流动表现为农村人口向城市或工矿地区流动，内地人口向沿海经济开放地区流动，从而增加了人口流入较多地区的基本需求量，给当地企业带来较多的市场份额和营销机会。

（二）经济环境

经济环境指企业营销活动所面临的外部经济因素，这些因素包括消费者收入、消费者支出、消费者储蓄和信贷以及社会经济发展水平等。经济运行状况及发展趋势会直接或间接地对企业营销活动产生影响。

1. 消费者收入

购买力是市场形成并影响其规模大小的决定因素，它也是影响企业营销活动的直接经济因素。消费者的购买力来自消费者的收入，但消费者并不是把全部收入都用来购买商品或劳务，购买力只是收入的一部分。因此，在研究消费收入时，要注意以下几点：

（1）国民生产总值。国民生产总值是衡量一个国家经济实力与购买力的重要指标。从国民生产总值的增长幅度，可以了解一个国家经济发展的状况和速度。国民生产总值增长越快，对商品的需求和购买力就越大，反之，就越小。

（2）人均国民收入。人均国民收入是用国民收入总量除以总人口的比值。这个指标大体反映了一个国家人民生活水平的高低，也在一定程度上决定商品需求的构成。一般来说，人均收入增长，对商品的需求和购买力就大，反之就小。

（3）个人可支配收入。个人可支配收入是在个人收入中扣除税款和非税性负担后所得余额，它是个人收入中可以用于消费支出或储蓄的部分，它构成了实际的购买力。

（4）个人可任意支配收入。个人可任意支配收入是在个人可支配收入中减去用于维持个人与家庭生存不可缺少的费用（如房租、水电、食物、衣着等项开支）后剩余的部分。这部分收入是消费需求变化中最活跃的因素，也是企业开展营销活动时所需要考虑的主要对象。因为这部分收入主要用于满足人们基本生活需要之外的开支，一般用于购买高档耐用消费品、旅游、储蓄等，它是影响非生活必需品和服务销售的主要因素。

2. 消费者支出

随着消费者收入的变化，消费者支出模式会发生相应的变化，进而影响到消费结构。经济学家常用恩格尔系数来反映这种变化。

消费结构是指消费过程中人们所消耗的各种消费品及服务的构成，即各种消费支出占总支出的比例关系。优化的消费结构是优化产业结构和产品结构的客观依据，也是企业开展营销活动的基本立足点。我国目前经济发展水平与发达国家相比还有很大的差距，特别在广大的农村现行消费中衣食等必要消费所占比例还相当大，随着社会主义市场经济的进一步发展以及国家在住房、医疗等制度方面改革的深入，人们的消费模式和消费结构都会发生明显的变化。

知识链接

恩格尔系数

恩格尔系数即食物支出占家庭收入的比例，计算公式为：恩格尔系数＝食物支出变动百分比/收入变动百分比。恩格尔系数是衡量一个国家、地区、城市、家庭生活水平高低的重要参数。食物开支占总消费量的比重越大，恩格尔系数越高，生活水平越低；反之，食物开支所占比重越小，恩格尔系数越小，生活水平越高。

3. 消费者储蓄和信贷

消费者的购买力还要受储蓄和信贷的直接影响。当收入一定时，储蓄越多，现实消费越少，而潜在的消费量就越大；反之，储蓄越少，现实消费量就越大，而潜在消费量越小。另外，储蓄的目的不同，也往往会影响到潜在需求量、消费模式、消费内容和消费发展方向的不同。这就要求企业营销人员在调查、了解储蓄动机与目的的基础上，制定不同的营销策略，为消费者提供有效的产品和劳务。

消费者信贷对购买力的影响也很大。消费者信贷，指消费者凭信用先取得商品使用权，然后按期归还贷款，以购买商品。信贷消费允许人们购买超过自己现实购买力的商品，创造了更多的需求。我国现阶段的信贷消费还处在初级阶段，信贷商品基本上局限于住房、汽车等，但较以前已有了较大的发展。

4. 社会经济发展水平

企业的市场营销活动还要受到整个国家或地区的经济发展水平的制约。经济发展阶段不同，居民的收入不同，顾客对产品的需求也不一样，从而会在一定程度上影响企业的营销。如在经济发展水平比较高的地区，消费者更注重产品的款式、性能及特色，品质竞争多于价格竞争。而在经济发展水平比较低的地区，消费者往往更注重产品的功能及实用性，价格因素显得比产品质量更为重要。因此，对于不同的经济发展水平的地区，企业应采取不同的市场营销策略。

另外，经济发展阶段、经济体制、地区与行业发展状况、城市化程度都会给企业的营销活动带来一定的影响。

探讨与应用

后来居上的日本汽车行业

美国的汽车制造业一度在世界上占霸主地位，而日本的汽车工业则是20世纪50年代学习美国发展起来的。但是，时隔30年，日本汽车制造业突飞猛进，充斥欧美市场及世界各地，为此美日之间引起了"汽车摩擦"。美国的汽车工业何以会落到这种地步呢？

在20世纪60年代，当时有两个因素影响汽车工业，一是第三世界的石油生产被工业发达国家所控制，石油价格低廉；二是轿车制造业发展很快，多座位的豪华车、大型车盛极一时。

但是擅长于搞市场调查和预测的日本汽车制造商，首先通过表面的经济繁荣，看到产油国与跨国公司之间暗中正在酝酿和发展着斗争，以及工业发达国家耗能量的增加，预测出即将要发生世界性的能源危机，石油价格会很快上涨，因此，必须改产耗油量小的轿车来适应能源奇缺的环境。其次，日本估计：随着汽车数量的增多，马路上的车流量增加，停车场的收费会提高，因此，只有造小型车才能适应拥挤的马路和停车场。再次，日本制造商分析了工业发达国家家庭成员的用车状况，主妇要上超级市场，主人要上班，孩子要上学，一个家庭只有一部汽车显然不能满足需要。这样，小巧玲珑的轿车就能得到消费者的宠爱。通过调查分析，他们掌握了经济环境的变化趋势，进而作出了正确的决策。于是日本物美价廉的小型节油轿车在70年代的世界石油危机中，横扫欧美市场，市场占有率不断提高，而欧美各国生产的传统豪华型轿车，却因耗油大，成本高，而销路大受影响。

（资料来源：杨明刚．市场营销100个案与点析．上海：华东理工大学出版社，2004）

试分析：日本汽车行业运用了哪些市场营销的环境因素？

（三）自然环境

自然环境是指作为生产投入或受营销活动影响的自然资源，包括物质自然资源和地理环境等。一个国家或地区的自然地理环境包括自然资源、地形地貌和气候条件，这些因素都会不同程度的影响企业的营销活动，有时这种影响对企业的生存和发展起决定作用。企业要避免由自然地理环境带来的威胁，最大限度地利用环境变化可能带来的市场营销机会，就应不断的分析和认识自然地理环境变化的趋势，根据不同的自然地理环境变化的情况来设计、生产和销售产品。

1. 物质自然环境

物质自然资源是指自然界提供给人类各种形式的物质财富，如矿产资源、森林资源、土地资源、水力资源等。这些资源分为三类：一是无限资源，如空气、水等；二是有限但可以更新的资源，如森林、粮食等；三是有限但不可再生的资源，如石油、锡、煤、锌等矿物。自然资源是进行商品生产和实现经济繁荣的基础，与人类社会的经济活动息息相关。由于自然资源在地理分布上的不均衡性，企业到某地投资或从事营销必须了解该地的自然资源情况。如果该地对本企业产品需求量大，但缺乏必要的生产资源，那么，企业就适宜向该地输送销售产品；但是如果该地有丰富的生产资源，企业就应该在该地投资建厂，在当地生产，就地销售。资源短缺将使企业生产成本大幅度上升，企业必须积极从事研究和开发，尽力寻求新的资源替代品。而各国政府对环境污染问题进行控制，限制了某些行业的发展，也为企业造成了两种营销机会：一是为治理污染的技术和设备提供了一个大市场，二是为不破坏生态环境的新的生产技术和包装方法创造了营销机会。因此，企业经营者要了解政府对资源使用的限制和对污染治理的措施，力争做到既能减少环境污染，又能保证企业发展，提高经济效益。

2. 地理环境

一个国家或地区的地形地貌和气候，是企业开展市场营销所必须考虑的地理环境因素，这些地理特征对市场营销有一系列影响。例如，气候（温度、湿度等）与地形地貌（山地、丘陵等）特点，都会影响产品设备的性能和使用。在沿海地区运转良好的设备到了内陆沙漠地区就有可能发生性能的急剧变化。有些国家地域辽阔、南北跨度大，各种地形地貌复杂，气候多变，企业必须根据各地的自然地理条件生产与之相适应的产品。可见气候、地形地貌不仅直接影响企业的经营、运输、通信、分销等活动，而且还会影响到一个地区的经济、文化、人口分布状况。因此，企业开展营销活动，必须考虑当地的气候与地形地貌，使营销策略能适应当地的地理环境。

（四）科技环境

科技环境可能是目前影响人类命运的最引人注目的因素。科学技术创造了如抗生素、器官移植和笔记本电脑等这样的奇迹，但也带来了像原子弹、神经毒气和半自动武器这样恐怖的东西。它还带来了一些好坏参半的事物，如汽车、电视和信用卡。我们对科技的态度取决于我们是对它的奇迹印象更深还是错误印象更深。

科技发展速度快慢对市场经营起着显著的、多方面的影响。人类历史上每一次技术革命，都会改变社会经济生活。每一种新技术的产生和新成果的出现，也都给企业造成新的市场营销机会。同时，产生的新兴技术与行业，必然给旧技术与行业带来巨大的环境威胁，使其受到冲击，甚至被淘汰。例如，晶体管的出现损害了真空管业，复印技术损害了复写纸业，光盘损害了唱片行业。所以，企业营销应及时观察到科技环境的发展变化，及时采取新技术、新工艺，由旧行业转入新行业，才能求得生存与发展。

营销人员应注意下列的技术发展趋势：

1. 技术的高速发展

当今，科学家们正致力于广泛的新技术的研究，这些研究将革新我们的产品和生产方式。在生物技术、微电子、机器人和材料科学等领域已出现了令人振奋的成果。例如，科学家们对实用太阳能技术、癌症的治疗、精神健康的药物控制、商用航天飞机、能做饭和打扫卫生的家庭机器人、电子汽车以及声音和手势能控制的计算机等项目都取得了一定的成就。科学家还对能飞的汽车、三维电视、空间移民、无性繁殖等项目大感兴趣。每个项目所遇到的挑战不仅来自于技术，也来自商业，那就是要使这些产品实用，而人们又能买得起，这就需要企业营销人员提供市场环境的分析和导向。

2. 研究与开发的高预算

美国在全世界属于研究与开发开支最高的国家。美国近一半的研究与开发资金来自于联邦政府，许多新产品和服务构想来自政府研究成果。许多公司在研究与开发上的投资也很高，例如，通用汽车、IBM 和 AT&T 公司每年的研究与开发支出有几十亿美元。研究与开发的高预算，使得研发公司在研究的同时要注重市场的导向，所以，公司要经常向研究与开发部门派入营销人员，使其研究主要以市场为导向。

3. 管制的加强

由于产品越来越复杂，公众需要了解这些产品是否安全，因此，政府机构会对有不安全因素的产品进行调查，进而禁止销售。在美国，联邦食品和药物管理局颁布了关于新药试验的复杂规定。消费产品安全委员会制定了关于消费品的安全标准，并对没有达标的公司进行处罚。这些管制使公司研究成本增加，并使产品从研制到面市的周期变长。营销人员在研究开发新产品时应对这些管制有所了解。

（五）政法环境

政法环境指企业市场营销活动的外部政治形势和法律制度。政府和法律机构会为公众的利益制定有关的法律法规，以调节企业的运作。因此，从事市场营销的人员，必须要及时了解国内、国际重大的政治事件，懂得和遵守国家的方针政策和法令。因为在任何社会制度下，企业的营销活动都必定要受到政治与法律环境的强制和约束，这对营销决策的影响是相当重要的。

1. 政治环境

政治环境是指企业市场营销活动的外部政治形势和状况，以及国家方针政策的变化对市场营销活动带来的或可能带来的影响。这些政治环境包括政治局势、方针政策和国际贸易中相应的政策等。

（1）政治局势。一个国家的政局稳定与否，会给企业营销活动带来重大的影响。如果政局稳定，人民安居乐业，就会给企业造成良好的营销环境。相反，政局不稳，社会矛盾尖锐，秩序混乱，就会影响经济发展和人民的购买力。所以，企业特别是在对外营销活动中，一定要考虑东道国政局变动和社会稳定情况可能造成的影响。

（2）方针政策。国家政府所制定的方针政策，如人口政策、能源政策、物价政策、财政政策、金融与货币政策等等，都会对企业的营销活动带来影响。例如，国家通过降低利率来鼓励消费，通过征收个人收入调节税调节消费者收入，从而影响消费者的购买力来影响消费者需求，通过增加产品税如香烟、酒等来抑制消费者的消费需求。

（3）国际贸易中的相应政策。在国际贸易中，不同的国家也会制定一些相应的政策来干预外国企业在本国的营销活动。主要措施有以下几个方面：一是进口限制，包括限制进口数量的各项措施和限制外国产品在本国市场上销售的措施，主要目的在于保护本国工业，确保本国企业在市场上的竞争优势；二是税收政策，比如对某些产品征收特别税或高额税，则会使这些产品的竞争力减弱，给经营这些产品的企业效益带来一定影响；三是价格管制，即当一个国家发生了经济问题时，如经济危机、通货膨胀等，政府就会对某些重要物资，甚至所有产品采取价格管制措施，直接干预企业的定价决策，影响企业的营销活动；四是外汇管制，即政府对外汇买卖及一切外汇经营业务所实行的管制，使企业生产所需的原料、设备和零部件不能自由地从国外进口，企业的利润和资金也不能或不能随意汇回母国。

2. 法律环境

随着我国经济改革开放的发展和社会主义市场经济建设的逐步完善，法律对企业的影响日益增加。相对于方针政策而言，法律、法令、法规具有相对的稳定性。法律详细规定了企业的运作方式，限定了交易履行的方式，规定了交易各方的权利和义务，给营销活动带来制约、机会和影响。因此，一个国家的法律环境对企业的营销活动是极为重要的。

企业一方面可以凭借法律维护自己的正当权益，另一方面也应依据法律进行生产和营销活动。营销人员要了解一些重要的经济法规，如《公司法》、《企业法》、《反不正当竞争法》、《商标法》、《票据法》、《广告法》、《专利法》等等，同时还要留意与消费者密切相关的法律条例，如版权法例、度量衡条例、售卖货品条例、不良医药广告条例等等。了解这些法律法规对市场营销活动具有重要的作用。

（六）文化环境

文化环境包括影响一个社会的基本价值、观念、偏好和行为的风俗习惯和其他因素。社会文化是指一个社会的民族特征、价值观念、生活方式、风俗习惯、伦理道德、教育水平、语言文字、社会结构等的总和。社会文化内容十分广泛，主要由两部分组成：一是全体社会成员所共有的基本核心文化，二是随时间变化和外界因素影响而容易改变的社会次文化或亚文化。人类在某种社会中生活，必然会形成某种特定的文化，不同国家、不同地区的人民，不同的社会与文化，代表着不同的生活模式。这种差异对企业营销的影响极为复杂，有时甚至可能成为某次营销活动成功或失败的关键。因此，对于市场营销人员来说，社会文化环境是又一个不可忽视的重要因素。

1. 语言文字

语言是人类重要的交际工具，也是不同文化间最明显的标志。要想进入某个市场，就必须掌握市场所在地区的语言，通过用当地语言交流，向顾客介绍自己的产品和服务，了解顾客的需求，来刺激顾客的购买欲望。不懂当地语言并不能作出正确的翻译，就会影响营销活动，这在国际营销中尤为重要。例如，美国百事可乐公司著名的广告" Come alive with Pepsi "被译成德文后是"从坟墓中复活"。美国通用汽车公司的雪弗兰品牌车"神枪手"的英文" NOVA "译成西班牙语成了"跑不动"的意思，结果在使用西班牙语的国家营销受到了很大影响。事实证明，语言文字对营销成败的影响是很重要的。

2. 价值观念

价值观念的不同，对人们的消费行为、消费方式也会产生重大影响。如在西方国家中，许多人的价值观念是"能挣会花"，用明天的钱追求今天的享受。因此，分期付款、赊销等形式在西方国家非常盛行，人们普遍习惯于借债消费；而中国多数崇尚节俭，消费原则是"量入为出"，不习惯于借债消费。当然，价值观除了与传统文化有关，还要受到社会发展程度的影响，但不论怎样，价值观念影响着消费者的目标选择和购买决策。因此，企业营销活动过程中，如在产品的设计、造型、颜色、广告、推销方式等方面都应充分考虑不同的价值观念的重要影响，采取不同的策略。

3. 宗教信仰

不同的宗教信仰有不同的文化倾向和戒律，影响着人们处世的方式、价值观念和行为准则，从而影响人们的消费行为，带来特殊的市场需求，与企业的营销活动有密切的关系。特别是在一些信奉宗教的国家和地区，宗教信仰对市场营销的影响力更大。据统计，全世界信奉基督教的教徒有 10 亿多人，信奉伊斯兰教的教徒有 8 亿人，印度教徒有 6 亿人，佛教徒有 2.8 亿人，泛灵论者有 3 亿人。教徒信教不一样，信仰和禁忌也不一样，这些信仰和禁忌限制了教徒的消费行为，如印度教徒视牛为圣物，不吃牛肉，伊斯兰教忌食猪肉和含酒精的饮料，佛教徒不沾荤腥。这些都是企业营销时必须注意的因素。

某些国家和地区的宗教组织在教徒购买决策中有重大影响。一种新产品出现，宗教组织有时会提出限制和禁止使用，认为该商品与该宗教信仰相冲突；相反，有的新产品出现，得到宗教组织的赞同和支持，它就会号召教徒购买、使用，起一种特殊的推广作用。因此，企业应充分了解不同地区、不同民族及不同消费者的宗教信仰，提供适合其要求的产品，制定适合其特点的营销策略，否则，会触犯宗教禁忌，失去市场机会。这说明，了解和尊重消费者的宗教信仰，对企业营销活动具有重要意义。

4. 风俗习惯

风俗习惯是人们根据自己的生活内容、生活方式和自然环境，在一定的社会物质生产条件下长期形成，并世代相袭而成的一种风尚和由于重复、练习而巩固下来并变成需要的行动方式等的总称。它在饮食、服饰、居住、婚丧、信仰、节日、人际关系等方面，都表现出独特的心理特征、伦理道德、行为方式和生活习惯。不同的国家、不同的民族有不同的风俗习惯，它对消费者的消费嗜好、消费模式、消费行为等具有重要的影响。例如，不同的国家、民族，对图案、颜色、数字、动植物等都有不同的使用习惯，像中东地区严禁带六角形的包装；英国忌用大象、山羊做商品装饰图案；中国人以红色表示喜庆，白色表示丧事，而西方人的结婚礼服则用白色，表示爱情的纯洁；日本人在数字上忌用"4"，因在日语发音中，"4"与死相近；我国是个多民族国家，各族人民都有着自己的风俗习惯，如蒙古人喜欢穿蒙袍、住帐篷、饮奶茶、吃牛羊肉、喝烈性酒，朝鲜人喜食狗肉、辣椒，穿色彩鲜艳的衣服，食物上偏重素食，群体感强，男子地位突出。企业营销者应了注意不同国家、民族的消费习惯和爱好，做到"入境随俗"。可以说，这是企业做好市场营销尤其是国际营销的重要条件，如果不重视各个国家、各个民族之间的文化和风俗习惯的差异，就可能造成难以挽回的损失。

二、市场营销微观环境

企业营销管理的任务，就是要不断向目标市场提供对其有吸引力的产品或服务。要想成功地做到这一点，企业的营销管理者就不仅要注视目标市场的需求，而且要了解企业营销活动的所有微观环境因素。微观环境因素包括企业内部、供应商、营销中介、顾客、竞争者和社会公众等。每个企业的营销目标都是在盈利的前提下为目标顾客服务，满足目标市场的特定需求。要实现这个任务，企业必须把自己与供应者和营销中介联系起来，以接近目标顾客，如图3-3所示。供应者—企业—营销中介—顾客，形成企业的基本营销系统。此外，企业营销的成败还要受另外两个因素的影响：一是竞争者，二是公众。

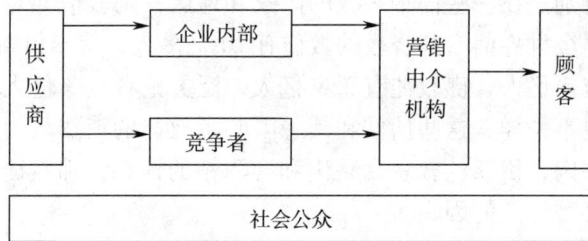

图3-3 市场营销微观环境

（一）供应商

供应商是指向企业及其竞争者提供生产上所需要的资源的企业和个人，包括提供原材料、设备、能源、劳务和资金等等。企业要选择在质量、价格以及在运输、信贷、承担风险等方面条件最好的供应者。

供应商这一环境因素对企业营销的影响很大，所提供资源的价格和数量，直接影响企业产品的价格、销量和利润。供应短缺、工人罢工或其他事故，都可影响企业按期完成交货任务。从短期来看，这些事件会导致销售额的损失；从长期来看，则会损害企业在顾客中的信誉。如果企业过分倚重于单一的供应者，往往容易受其控制，并且若单一供应者遇到意外情况而致使其供应能力受到影响，也会直接波及企业的生产和销售。因此，企业应尽量从多方面获得供应，以降低供应风险。

（二）企业内部

企业内部环境是指内部各部门对营销工作所产生的影响。企业的市场营销部门不是孤立的，它面对着企业的许多其他职能部门，如高层管理者（董事会、总裁等）、财务、研究与开发、采购、制造和会计等部门。营销部门在制定和实施营销计划时，必须考虑其他部门的意见，处理好同其他部门的关系。

1. 高层管理者

高层管理者是企业的最高领导核心，负责规定企业的任务、目标、战略和政策，营销管理者只有在高层管理者规定的范围内作出各项决策，并得到上层的批准后才能实施。

2. 企业各职能部门

营销管理者还必须同其他职能部门发生各种联系，如财务部门、生产部门、采购部门、制造部门等。在营销计划的实施过程中资金的有效运用、资金在制造和营销之间的合理分配、可能实现的资金回收率、销售预测和营销计划的风险程度等，都同财务管理有关；新产品的设计和生产方法是研究与开发部门集中考虑的问题；生产所需的原材料能否得到充分的供应，是由采购部门负责的；制造部门负责生产指标的完成；会计部门则通过对收入和支出的计算，协助营销部门了解其计划目标实现的程度。所有这些部门，都同营销部门的计划和活动发生密切的关系。

（三）营销中介

营销中介是指在促销、分销以及把产品送到最终购买者方面给企业以帮助的那些机构，包括中间商、实体分配机构、营销服务机构（调研公司、广告公司、咨询公司等）、金融机构（银行、信托公司、保险公司等）。

1. 中间商

中间商指把产品从生产商流向消费者的中间环节或渠道，它主要包括批发商和零售商两大类。中间商对企业营销具有极其重要的影响，它能帮助企业寻找目标顾客，为产品打开销路，为顾客创造地点效用和时间效用。一般企业都需要与中间商合作，来完成企业营销目标。为此，企业需要选择适合自己营销的合格中间商，必须与中间商建立良好的合作关系，必须了解和分析其经营活动，并采取一些激励性措施来推动其业务活动的开展。

2. 实体分配机构

实体分配机构指帮助企业进行保管、储存、运输的物流机构，包括仓储公司、运输公司等。实体分配机构主要任务是协助企业将产品实体运往销售目的地，完成产品空间位置的移动。到达目的地之后，还有一段待售时间，还要协助保管和储存。这些物流机构是否安全、便利、经济直接影响企业营销效果。因此，在营销活动中，企业必须了解和研究物资分销机构及其业务变化动态。

3. 营销服务机构

营销服务机构指企业营销中提供专业服务的机构，包括广告公司、广告媒介经营公司、市场调研公司、营销咨询公司、财务公司等等。这些机构对企业的营销活动会产生直接的影响，它们主要任务是协助企业确立市场定位，进行市场推广，提供活动方便。一些大企业或公司往往有自己的广告和市场调研部门，但大多数企业则以合同方式委托这些专业公司来办理有关事务。为此，企业需要关注、分析这些服务机构，选择最能为本企业提供有效服务的机构。

4. 金融机构

金融机构指企业营销活动中进行资金融通的机构，包括银行、信托公司、保险公司等。金融机构的主要功能是为企业营销活动提供融资及保险服务。在现代化社会中，任何企业都要通过金融机构开展经营业务往来。金融机构业务活动的变化还会影响企业的营销活动，比如银行贷款利率上升，会使企业成本增加；信贷资金来源受到限制，会使企业经营陷入困境。为此，企业应与这些公司保持良好的关系，以保证融资及信贷业务的稳定和渠道的畅通。

以上这些都是市场营销不可缺少的中间环节，大多数企业的营销活动，都需要有它们的协助才能顺利进行。如生产集中和消费分散的矛盾，必须通过中间商的分销来解决；资金周转不灵，则须求助于银行或信托公司等等。商品经济愈发达，社会分工愈细，这些中介机构的作用愈大。企业在营销过程中，必须处理好同这些中介机构的合作关系，以便更好地进行市场营销活动。

（四）顾客

企业需要仔细地了解它的顾客市场。市场营销学通常按顾客及其购买目的的不同来划分市场，这样，可具体深入了解不同市场的特点，更好地贯彻以顾客为中心的经营思想。一般包括五种市场：消费者市场、生产者市场、中间商市场、政府市场和国际市场。每种市场都有各自的特点，销售人员需要对此进行仔细研究。

1. 消费者市场

消费者市场是由个人和家庭组成，他们仅为自身消费而购买商品和服务。

2. 生产者市场

企业市场购买产品和服务是为了进一步深加工，或在生产过程中使用。

3. 中间商市场

中间商市场购买产品和服务是为了再次销售，以获取利润。

4. 政府市场

政府市场由政府机构构成，购买产品和服务用以服务公众，或作为救济转移支付。

5. 国际市场

国际市场则是由其他国家的购买者构成，包括消费者、生产商、经销商和政府。

（五）竞争者

企业在经营过程中会面对许多竞争者。它要想成功，就必须充分了解自己的竞争者，努力做到较其竞争者更好地满足市场的需要。从购买者的角度来观察，每个企业在其营销活动中，都面临四种类型的竞争者：愿望竞争者、平行竞争者、产品形式竞争者和品牌竞争者。

1. 愿望竞争者

愿望竞争者指满足购买者当前存在的各种愿望的竞争者。

2. 平行竞争者

平行竞争者指能满足同一需要的各种产品的竞争，如满足交通工具的需要可买汽车、两轮摩托车、三轮摩托车等，它们之间是平行的竞争者。

3. 产品形式竞争者

产品形式竞争者指满足同一需要的同类产品不同形式间的竞争，如汽车有各种型号、式样，其功能各有不同特点。

4. 品牌竞争者

品牌竞争者指满足同一需要的同种形式产品的各种品牌之间的竞争，如汽车有"奔驰"、"丰田"、"福特"等牌子，这种品牌之间的竞争，即同行业者之间的竞争是要着重研究的。每个企业都应当充分了解：目标市场上谁是自己的竞争者；竞争者的策略是什么；自己同竞争者的力量对比如何，以及他们在市场上的竞争地位和反应类型等等。在竞争中取胜的关键在于知己知彼，扬长避短，发挥优势。但是，一个企业如果仅仅注意品牌竞争，仅仅致力于在一定的市场上争夺较大的占有率，而忽略了抓住有利时机开辟新的市场或防止其产品的衰退，那就犯了"营销近视症"。

（六）社会公众

企业的营销环境还包括各种公众。公众是指对一个组织实现其目标的能力，具有实际或潜在利害关系和影响力的一切团体和个人。企业所面临的公众包括金融公众、媒体公众、政府公众、群众团体、当地公众、一般公众和内部公众七大类。

1. 金融公众

金融公众指关心并可能影响企业获得资金的能力的团体，如银行、投资公司、证券交易所和保险公司等。

2. 媒体公众

媒体公众主要是指报社、杂志社、广播电台和电视台等大众传播媒体，这些组织对企业的声誉具有举足轻重的作用。

3. 政府公众

政府公众指有关的政府部门。营销管理者在制定营销计划时必须充分考虑政府的政策。企业必须向律师咨询有关产品安全卫生、广告真实性、商人权利等方面可能出现的问题，以便同有关政府部门处理好关系。

4. 群众团体

群众团体指消费者组织、环境保护组织及其他群众团体，如玩具公司可能遇到关心子女安全的家长对产品安全性的质询。国际上日益盛行的消费者保护运动是不可忽视的力量。

5. 当地公众

当地公众指企业所在地附近的居民和社区组织。企业在它的营销活动中，要避免与周围公众利益发生冲突，应指派专人负责处理这方面的问题，同时还应注意对公益事业作出贡献。

6. 一般公众

一般公众指社会上的一般公众。企业需要了解一般公众对它的产品和活动的态度。企业形象，即在一般公众心目中的形象的好坏，对企业的经营和发展有重要意义，要力争在一般公众心目中建立良好的企业形象。

7. 内部公众

内部公众指企业内部的公众，包括董事会、经理、白领员工、蓝领员工等。近几年，许多公司提出了"内部营销"这一新概念，这是营销理论在企业内部的运用。内部营销观念强调企业内每一员工都有其内部供应者和内部客户，每一员工都要通过自身的努力与内部供应者搞好关系，协调运作；同时尽力满足内部客户的各种需要，共同实现企业的战略目标。大企业通常发行内部通讯，对员工起沟通和激励作用，以加强内部交流，提高工作效率。内部公众的态度还会影响企业与外部公众的关系。

所有以上这些公众，都与企业的营销活动有直接或间接的关系。现代企业是一个开放的系统，在经营活动中必然与各方面发生联系，处理好与各方面公众的关系，是企业管理中一项极其重要的任务。因此，当代许多公司都设有公共关系部门，专门负责处理与公众的关系，这也是现代商品经济高度发展的一个产物。

第三节　企业营销机会与威胁

市场营销环境变化给企业营销带来的影响，集中地表现为威胁与机会两种情况。威胁是市场营销环境变化给企业带来的不利局面和压力，造成消极影响；机会是市场营销环境变化给企业营销带来的有利条件和新的机会，发生积极影响。威胁和机遇是同时存在的，企业不仅要看到市场营销环境变化带给企业营销威胁的一面，还要发掘它所给予企业营销机遇的一面。要具体分析环境威胁是什么，有哪些表现；环境机会是什么，有哪些表现；哪个是主要的，哪个是次要的；是威胁大于机遇还是机遇大于威胁，或是机遇与威胁等同。只有全面分析市场营销环境因素，才能对企业营销所处的市场营销环境作出准确的判断。

企业常用的市场营销环境分析方法有：PEST 分析方法、五种竞争力模型分析方法、机会威胁分析矩阵法和 SWOT 分析法。其中机会威胁分析矩阵法和 SWOT 分析法是企业营销分析比较实用的方法，我们这里主要介绍这两种分析法。

一、机会威胁分析矩阵法

（一）环境威胁分析

研究市场营销环境对企业的威胁，一般分析两方面：一是分析威胁对企业影响的严重性，二是分析威胁出现的可能性。我们可以通过"威胁分析矩阵图"来表示，如图 3-4 所示。

按照威胁对企业影响的严重性高低和出现的概率的高低，我们可以分为以下四类：

1. 威胁严重性高，出现的概率也高（第 I 象限）。

这表明企业面临着严重的环境危机，面对危机企业应处于高度戒备状态，积极采取相应的对策，避免威胁造成的损失。例如，污水排放量很大的造纸厂在国家政府提倡环境保护而限制排污量的时候，企业面临的环境威胁就很大了，甚至面临着倒闭的危险。对此，企业就需要转变经营策略，或者把污水治理外包给污水处理公司，或者工厂自己加大其治污力度。

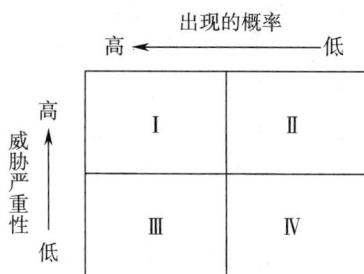

图 3-4　威胁分析矩阵图

2. 威胁严重性高，但出现的概率低（第Ⅱ象限）。

这种情况企业不可忽视，必须密切注意其发展方向，也应制定相应的措施准备面对，力争将危害降低。例如，流行性病毒对于餐饮行业的打击是惨重的，像 SARS 这样的病毒出现的时候，这时餐饮行业只能选择加大消毒和宣传力度或者是创新，否则只能关门。但是，这种情况出现的概率是很低的。

3. 威胁严重性低，但出现的概率高（第Ⅲ象限）。

虽然企业面临的威胁不大，但是，由于出现的可能性大，企业也必须充分重视，这样的情况也经常见到。

4. 威胁严重性低，出现的概率也低（第Ⅳ象限）。

在这种情况下，企业不必担心，但应注意其发展动向。这样的情况很多，也有很大一部分情况是随机的，所以企业也不能一有什么风吹草动就草木皆兵，这样不仅使企业员工和消费者无所适从，也会使得企业丧失很多机会。

（二）市场机会分析

研究营销环境机会应考虑潜在的吸引力和成功的可能性两方面。我们可以通过"机会分析矩阵图"来表示，如图 3-5 所示。

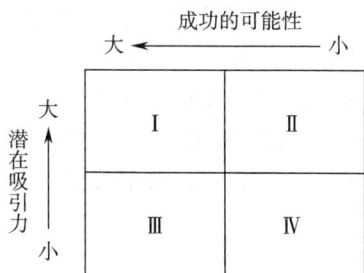

图 3-5　机会分析矩阵图

按照机会潜在的吸引力大小和机会成功可能性的大小，我们可以分为以下四种类型：

1. 机会潜在吸引力大，成功的可能性也大（第Ⅰ象限）。

这表明营销机会对企业发展有利，同时，企业有能力利用营销机会，企业应采取积极的态度，分析把握市场机会。比如说，当 SARS 来临时，导致板蓝根、84 消毒液和纱布都供不应求，则很多销售板蓝根、84 消毒液、纱布的商家就面临着很大的机遇，而且成功的把握很大。企业就可以利用这次机会实现短期利润的增长。

2. 机会潜在吸引力很大，但是成功的可能性很小（第Ⅱ象限）。

这说明企业暂时还不具备利用这些机会的条件，应当放弃。比如说，面临着国人对健康的追求和渴望，企业可以开发出保健功能的产品，这对企业无疑是有很大潜在吸引力的，但对有的企业来说实现的可能性太小。这时，企业就应该好好分析当前的形势。

3. 机会潜在吸引力很小，成功的可能性大（第Ⅲ象限）。

虽然企业拥有利用机会的优势，但不值得企业去开拓。这样的情况很多，比如说更换或改进产品的包装会对消费者形成新的刺激，但这种刺激的程度往往是有限的，虽然说成功的可能性很大，但要考虑成本和收益的比较。

4. 机会潜在吸引力很小，成功可能性也小（第Ⅳ象限）。

这种情况下企业应当有所取舍，或者主动放弃。

探讨与应用

怎样寻找市场机会

××家化厂以生产化妆品为主业。在买方市场形成、厂商都喊生意难做时，该厂对国内市场作了冷静的分析。经过调查，他们认为我国市场供求形势虽已发生了很大的变化，商品较"短缺经济"时代大大地丰富了，但就经营品种而言，一家大型百货商店，商品也不过三五万种，同发达国家消费品达20万种相比，存在明显的差距，消费者还有很多未满足的需求。何况在改革开放20多年后，居民收入大幅度增加，仅居民储蓄存款就达5万多亿元，潜在的购买力相当大。这家家化厂学习了同行业上海家化厂成功的经验。上海家化厂在20世纪80年代曾根据消费者对化妆品需求多样化、高档化的趋势，不断缩短产品更新周期，多年中每年平均产品更新率达到25%，不断推出新产品，抢先占领市场，尾随者难以与之竞争。以国内首创"美加净摩丝"为例，推向市场即引起轰动。尽管有数十家企业起而仿效，形成全国性的"摩丝大战"，而上海家化厂已形成规模经济优势，销售经久不衰，1990年销售1 000万管以上，产值超过5 000万元。××家化厂在技术装备、资金和管理方面，具备与上海家化厂相当的实力，因而力图借鉴上海家化厂的经验，寻找有利的市场机会。

（资料来源：百度文库）

试分析：××家化工是怎样寻找市场机会的？

（三）环境威胁—机会综合分析

营销环境给企业带来的威胁和机会是并存的，威胁中有机会，机会中也有挑战。企业还可以运用"威胁—机会综合分析矩阵图"进行综合分析，能更清楚认识企业在环境中的位置，如图3-6所示。

按照营销环境对企业威胁水平的大小和机会水平的大小，我们可以把企业的业务分为以下四种类型：

1. 冒险业务（第Ⅰ象限）

这类业务机会水平高，威胁水平也高，也就是说在环境中机会与挑战并存，成功和风险同在。因此，这类情况企业应抓住机会充分利用，同时制定避免风险的对策。

2. 理想业务（第Ⅱ象限）

这类业务机会水平高，威胁水平低，有非常好的发展前景，但是这样的业务是很少的。比如说面对全球环境保护呼声的提高，绿色企业就成为了理想企业，它们前期在人力物力方面投入很大，就可以在有这种门槛出现的时候最先满足条件从而进入市场，占取先机。针对这样的要求，企业就应该往这方面发展，这样就会迎来比较宽松的环境和广阔的前景。

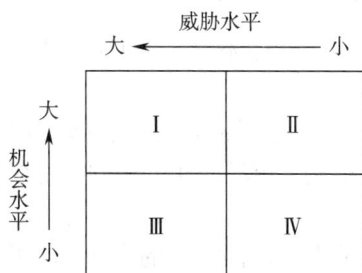

图 3-6　威胁—机会综合分析矩阵图

3. 成熟业务（第Ⅲ象限）

这类业务机会水平低，威胁水平也低，市场相对稳定，企业处于成熟环境中。这样的企业有很大一部分集中在大企业身上，比如我国的服务行业、服装行业、工艺品行业等劳动密集型行业，都已经形成了比较完备的格局了，一般情况下，不会面临很大的威胁和机会。这种情况下，企业可以把其作为企业常规性业务维持正常的运转。

4. 困难企业（第Ⅳ象限）

这类业务机会水平低，威胁水平也低，企业会面临较大的环境威胁，而营销机会很少，这种企业如果不能减少环境威胁将陷入经营困难的境地。譬如说在绿色经济的呼声中，污染大的企业就很可能成为困难企业。

二、SWOT 分析法

（一）SWOT 分析法的概念

SWOT 分析法是一种综合考虑企业内部条件和外部环境的各种因素而进行选择最佳营销战略的方法。S 是指企业内部的优势（Strength），W 是指企业内部的劣势（Weakness），O 是指企业外部环境的机会（Opportunity），T 是指企业外部环境的威胁（Threat）。使用 SWOT 分析法，清楚确定公司的资源优势和缺陷，了解公司所面临的机会和挑战，对于制定公司未来的发展战略有着至关重要的意义。

（二）SWOT 分析法的主要内容

1. 竞争优势（S）

竞争优势是指一个企业超越其竞争对手的能力，或者指公司所特有的能提高公司竞争力的东西。例如，当两个企业处在同一市场或者说它们都有能力向同一顾客群体提供产品和服务时，如果其中一个企业有更高的盈利率或盈利潜力，那么，我们就认为这个企业比另外一个企业更具有竞争优势。竞争优势可以包括以下几个方面：

（1）技术优势。独特而先进的生产技术，低成本生产方法，完善的质量管理体制与丰富的营销经验等。

（2）资产优势。先进的生产流水线，现代化工作间和设备，自然资源储存丰富，充足的资金来源，优秀的品牌形象，先进的企业文化等。

（3）人力优势。拥有关键领域专长的职员，积极上进的职员，他们拥有丰富的工作经验与很强的组织学习能力。

（4）组织优势。高质量的控制体系，完善的信息管理系统，忠诚的客户群，强大的融资能力。

（5）竞争能力优势。产品开发周期短，强大的营销网络，与供应商良好的伙伴关系，对市场环境变化反应迅速，市场份额处于领导地位。

2. 竞争劣势（W）

竞争劣势是指某种公司缺少或做得不好的东西，或指某种会使公司处于劣势的条件。可能导致企业内部劣势的因素有三种：一是缺乏具有竞争意义的技能技术，二是缺乏具有竞争力的资产资源、人力资源与组织资源，三是关键领域里的竞争能力正在丧失。

3. 公司面临的潜在机会（O）

市场机会是影响公司战略的重大因素。公司管理者应当确认每一个机会，评价每一个机会的成长和利润前景，选取那些可与公司财务和组织资源匹配、使公司获得的竞争优势的潜力最大的最佳机会。

潜在的发展机会可能是：客户群的扩大趋势或产品细分市场；技能技术向新产品新业务转移，为更大客户群服务；市场进入壁垒降低；获得并购竞争对手的能力；出现向其他地理区域扩张，扩大市场份额的机会。

4. 危及公司的外部威胁（T）

在公司的外部环境中，总是存在某些对公司的盈利能力和市场地位构成威胁的因素。公司管理者应当及时确认危及公司未来利益的威胁，作出评价并采取相应的战略行动来抵消或减轻它们所产生的影响。

公司的外部威胁可能是：出现强大的新竞争对手；替代品抢占公司销售额；主要产品市场增长率下降；汇率和外贸政策的不利变动；人口特征，社会消费方式的不利变动；客户或供应商的谈判能力提高；市场需求减少；容易受到经济萧条的影响。

由于企业的整体性和竞争优势来源的广泛性，在做优劣势分析时，必须从整个价值链的每个环节上，将企业与竞争对手做详细的对比。如产品是否新颖，制造工艺是否复杂，销售渠道是否畅通，价格是否具有竞争性等。同时，衡量一个企业及其产品是否具有竞争优势，是从客户角度出发，而不是从企业的角度来进行分析。

企业在维持竞争优势过程中，必须深刻认识自身的资源和能力，采取适当措施。因为一个企业一旦在某方面具有竞争优势，势必会吸引到竞争对手的注意。一般地说，企业经过一段时期的努力，建立起某种竞争优势，然后就处于维持这种竞争优势的态势，竞争对手开始逐渐作出反应，而后，如果竞争对手直接进攻企业的优势所在，或采取其他更为有力的策略，就会使这种优势受到削弱，所以企业应保证其资源的持久竞争优势。影响企业竞争优势持续时间的主要因素有三个：一是建立这种优势要多长时间，二是能够获得的优势有多大，三是竞争对手作出有力反应需要多长时间，如果企业分析清楚了这三个因素，就可以明确自己在建立和维持竞争优势中的地位。

对于企业而言，竞争对手的竞争优势，就是企业自身的竞争劣势。企业内部优势和劣势是将企业自身的实力和竞争对手的实力相比较而言的。当两个企业处于同一市场或向同一客户群体提供产品或服务时，其中一个企业更盈利或更具有潜力，则该企业更具竞争优势。企业应不断改进其劣势，发扬其优势作用以更好地获取市场机会，实现企业经营目标。企业不应去纠正它的所有劣势，主要应该认真研究在企业已拥有的机会中，有多少是本企业占有的绝对优势。

（三）SWOT分析的步骤

1. 列出企业的优势和劣势，可能的机会与威胁。

2. 优势、劣势与机会、威胁相组合，形成 SO、ST、WO、WT 策略。

3. 对 SO、ST、WO、WT 策略进行甄别和选择，确定企业目前应该采取的具体战略与策略。

表 3-1 给出了 SWOT 分析。

表 3-1　　　　　　　　　　　　　SWOT 分析

S/W 　 O/T	内部优势 S	内部劣势 W
市场机会 O	SO 战略（增长型） 发展优势，利用机会	WO 战略（扭转型） 利用机会，克服弱点
环境威胁 T	ST 战略（多样型） 利用优势，回避威胁	WT 战略（防御型） 减少劣势，回避威胁

明确企业的优势与劣势，就能了解企业能够做什么，而机会与威胁是企业外部环境可能产生的影响，把握企业外部环境带来的机会与威胁，也就了解企业应该做什么。当然 SWOT 分析法不是仅仅列出四项清单，最重要的是通过评价公司的强势、弱势、机会、威胁，最终得出以下结论：在公司现有的内外部环境下，如何最优地运用自己的资源，如何建立公司的未来资源。

三、根据环境因素制定营销对策

市场营销环境变化给企业营销带来的影响是多样、复杂的。企业应持全面、具体的评价原则，运用机会威胁分析矩阵法和 SWOT 分析法，对影响企业营销的相关环境作出准确估析，并在环境分析与评价的基础上，企业对威胁与机会水平不等的营销业务，分别采取不同对策。

（一）应付环境威胁的对策

1. 促变

促变的对策就是企业采取措施抑制或扭转不利因素的发展，化不利为有利，促进环境因素转变。例如，因木材资源减少，威胁到木器加工企业的生产，企业可主动与林业部门联营，实现林业生产—木材供应—木器生产一条龙。木器加工企业扶植林业生产，增加木材资源供应，就是一种促变对策。

2. 减轻

减轻的对策就是企业主动调整营销计划，改变经营战略，适应市场环境变化，减轻环境威胁的严重程度。如面临木材资源短缺的企业，还可以改进木材加工工艺，增用辅料或代用材料，减少木材消耗；也可以开展综合利用，提高木材利用率，以减轻资源短缺带来的困难。

3. 转移

转移的对策就是企业抽出部分资金转移到其他部门，实行多元化经营；也可以全部转产，或者全部采用新材料代替木材作原材料等等。

（二）把握市场机会的对策

1. 准确把握时机选择

如果看准了市场环境趋势，就应当机立断，尽早作出决策，不能等到停工待料时再去寻找市场机遇。

2. 慎重行事

美国著名市场学学者西奥多·李维特曾告诫企业家们，要小心地评价市场营销机会。他说："这里可能是一种需要，但是没有市场；或者这里可能是一个市场，但是没有顾客；或者这里可能有一个，但没有推销员。"他的告诫说明，机会决策必须准确地预测市场需要和估价企业的能力，不然，从表象出发，难免导致决策失误。

3. 逐步到位

实施决策应分步骤，边试验、边总结，以进一步摸清市场环境，然后全面实施。

☆ 同步测试

◇ 单项选择

1. 影响消费需求变化的最活跃的因素是（   ）。

A. 人均国内生产总值　　　　　　　　B. 可任意支配收入

C. 个人收入　　　　　　　　　　　　D. 个人可支配收入

2. 恩格尔定律表明，随着消费者收入的提高，恩格尔系数将（   ）。

A. 越来越小　　　B. 保持不变　　　C. 越来越大　　　D. 近于零

3. （   ）主要指一个国家或地区的民族特征、价值观念、生活方式、风俗习惯、宗教信仰、伦理道德、教育水平、语言文字等的总和。

A. 社会文化　　　B. 政治法律　　　C. 科学技术　　　D. 自然资源

4. 对市场机会的分析认为，企业最好的市场机会是（   ）。

A. 成功的可能性大

B. 潜在的吸引力大

C. 成功的可能性和潜在的吸引力都大

D. 潜在的吸引力大，但成功的可能性小

5. 威胁水平高而机会水平低的业务是（　　）。

A. 理想业务　　　　B. 冒险业务　　　　C. 成熟业务　　　　D. 困难业务

6. 企业的营销活动不可能脱离周围环境而孤立地进行，企业营销活动要主动地去（　　）。

A. 控制环境　　　　B. 征服环境　　　　C. 改造环境　　　　D. 适应环境

7. 政府颁布有关禁烟的一些法令，对烟草企业来说是（　　）。

A. 威胁　　　　　　B. 机遇　　　　　　C. 无影响　　　　　D. 无法判断

8. 人口老龄化对（　　）企业来说是一种机会。

A. 通信　　　　　　B. 娱乐　　　　　　C. 保健品　　　　　D. 休闲服装

9. 在经济发展水平比较低的地区，消费者往往更注重产品的（　　）。

A. 品牌　　　　　　B. 服务　　　　　　C. 价格　　　　　　D. 品质

10. 保险公司、证券交易所属于企业的（　　）。

A. 政府公众　　　　B. 媒介公众　　　　C. 融资公众　　　　D. 群众团体

◇ **多项选择**

1. 市场营销环境（　　）。

A. 是企业能够控制的因素　　　　　　B. 是企业不可控制的因素

C. 可能形成机会，也可能造成威胁　　D. 是可以了解和预测的

E. 通过企业的营销努力是可以在一定程度上被改变的

2. 微观环境指与企业紧密相连，直接影响企业营销能力的各种参与者，包括（　　）。

A. 企业本身　　　　B. 营销中介　　　　C. 顾客

D. 竞争者　　　　　　　　　　　　　　E. 社会公众

3. 营销部门在制定和实施营销目标与计划时，要（　　）。

A. 注意考虑企业外部环境力量　　　　B. 注意考虑企业内部环境力量

C. 争取高层管理部门的理解和支持　　D. 争取得到政府的支持

E. 得到其他职能部门的理解和支持

4. 营销中间商主要指协助企业促销、销售和经销其产品给最终购买者的机构，包括（　　）。

A. 中间商　　　　　B. 实体分配公司　　C. 营销服务公司

D. 财务中介机构　　　　　　　　　　　E. 证券交易机构

5. 在社会文化环境中，宗教信仰影响着人们的（　　）等方方面面。

A. 生活态度　　　　B. 生活方式　　　　C. 购买动机

D. 消费倾向　　　　　　　　　　　　　E. 个性特征

◇ **判断**

1. 微观环境与宏观环境之间是一种并列关系，微观营销环境并不受制于宏观营

销环境，各自独立地影响企业的营销活动。　　　　　　　　　　　　（　　）

2. 在一定条件下，企业可以运用自身的资源，积极影响和改变环境因素，创造更有利于企业营销活动的空间。　　　　　　　　　　　　　　　　（　　）

3. 自从我国计划生育政策实施以来，人口出生率下降，新生婴儿和学龄前儿童减少，一方面给儿童食品、童装、玩具等生产经营者带来威胁；另一方面由于家庭小孩数的减少，又给高级益智玩具、儿童食品带来机会。　　　　　　　（　　）

4. 恩格尔系数越小，生活水平越低；反之，恩格尔系数越大，生活水平越高。
　　　　　　　　　　　　　　　　　　　　　　　　　　　　　　（　　）

5. 许多国家政府对自然资源管理的干预有日益加强的趋势，这意味着市场营销活动将受到一定程度的限制。　　　　　　　　　　　　　　　　　　（　　）

◇ 简答

1. 市场营销环境包括哪些内容？
2. 简要分析营销宏观环境及其对营销的影响。
3. 简要分析营销微观环境及其对营销的影响。
4. 应对环境威胁时有哪些对策？
5. 把握市场机会时有哪些对策？

☆ 实训项目

模拟各公司对市场营销及其影响因素的认识

[训练目标] 通过对不同的消费者群进行调查，加深对市场营销重要性的认识及对营销观念的初步了解。

[训练组织] 将一个班的同学分成 4～6 个模拟公司，各模拟公司选择一个消费者群体进行调查。

[训练提示] 教师提出活动前准备及注意事项，同时随队指导。

[训练成果] 各组汇报，并将结果在班级中讨论，教师讲评。

☆ 案例分析

都是 PPA 惹的祸

中国国家药品不良反应检测中心 2000 年花了几个月的时间对国内含 PPA 药品的临床试用情况进行统计，在结合一些药品生产厂家提交的用药安全记录上，发现服用含 PPA 的药品制剂（主要是感冒药）后出现严重的不良反应，如过敏、心律失调、高血压、急性肾衰、失眠等症状；一些急于减轻体重的肥胖者（一般是年轻女性），由于盲目加大含 PPA 的减肥药的剂量还出现了胸痛、恶心、呕吐和剧烈头痛。这表明这类药品制剂存在不安全的问题，要紧急停药。虽然停药涉及一些常用的感冒药，会对生产厂家不利，但市面上可供选择的感冒药还有很多，对患者不会造成任何影响。

2000 年 11 月 17 日，天津中美史克制药有限公司的电话几乎被打爆了，总机小姐一遍遍跟打电话的媒体记者解释，"公司没人，都在紧急开会"，仍有不甘心的人将电话打进公司办公室，还真有人接听——一位河南的个体运输司机证实：确实没人。这是国家药品监督管理局发布暂停使用和销售含 PPA 的药品制剂通知的第二天。

这次名列"暂停使用"名单的有 15 种药，但大家只记住了康泰克，原因是"早一粒，晚一粒"的广告非常有名。作为向媒体广泛询问的一种回应，中美史克公司 2000 年 11 月 20 日在北京召开了记者恳谈会，总经理杨伟强先生宣读了该公司的声明，并请消费者暂停服用这两种药品，能否退货，还要依据国家药监局为此事件作的最后论断再定。他们的这两种产品已经进入了停产程序，但他们并没有收到有关康泰克能引起脑中风的副反应报告。对于两种感冒药——康泰克和康得被禁，杨伟强的回答是：中美史克在中国的土地上生活，一切听中国政府的安排。为了方便回答消费者的各种疑问，我们为此专设了一条服务热线。另据分析，康泰克与康得退出的市场份额每年高达 6 亿元。不过，杨伟强豪言："我可以丢了一个产品，但不能丢了一个企业。"这句豪言多少显得悲怆，6 亿元的市场，没了！紧接着，中美史克未来会不会裁员，又是难题。

6 亿元的市场，康泰克差不多占了中国感冒药市场的一半，太大了！生产不含 PPA 感冒药的药厂，同时面临了天降的机会和诱惑。它们的兴奋形成了新的潮流。由于含 PPA 的感冒药被撤下货架，中药感冒药出现热销景象。

中美史克"失意"，三九"得意"，三九医药集团的老总赵新先想借此机会作一个得意的明星，他在接受央视采访时称：三九有意在感冒药市场上大展拳脚。赵新先的概念是："化学药物的毒害性和对人体的副作用已越来越引起人们的重视。无论在国内还是国外，中药市场前景非常被看好。"三九生产的正是中药感冒药。三九结合中药优势的舆论，不失时机地推出广告用语"关键时刻，表现出色"颇为引人注目。

也想抓住这次机会的还有一家中美合资企业——上海施贵宝，借此机会大量推出广告，宣称自己的药物不含 PPA。

在这些大牌药厂匆匆推出自己的最新市场营销策略时，一种并不特别引人注意的中药感冒药——板蓝根，销量大增，供不应求。

2000 年 11 月发生了 PPA 事件后，谁能引领感冒药市场主流曾被众多业内人士关注。经过一年多的角逐，感冒药市场重新洗牌，新的主流品牌格局已经形成。调查显示，"白加黑"、"感康"、"新康泰克"、"泰诺"、"百服宁"等品牌在消费者中的知名度仍居前列。

（资料来源：李文国. 市场营销，上海：上海交通大学出版社，2005）

阅读以上材料，回答问题：

1. 中美史克公司面对哪些环境威胁？公司是否采取了相应的对策？

2. 给中国感冒药市场带来哪些市场机会？我国国内制药公司是怎样对待市场机会的？

第四章
市场营销调研

◆ **本章学习目标**

☞ 应用知识目标：

1. 掌握市场营销调查研究的含义；

2. 了解市场营销调研的内容；

3. 掌握市场营销调研的步骤和方法。

☞ 应用技能目标：

1. 把握市场营销调研的方法；

2. 能够应用市场调研的知识进行市场调查和预测。

📖 营销情景故事

市场调研助孩子宝公司成功打入中国市场

美国的孩子宝公司为了在中国市场上推销孩子宝变形金刚，在中国进行了长达一年多的市场调研，然后得出结论：变形金刚这种玩具虽然价格高，但中国的独生子女令父母舍得投资，这种玩具在中国的大城市会有广阔的市场。于是，孩子宝公司先将一套《变形金刚》动画系列片无偿送给广州、上海、北京等大城市的电视台播放。电视片便成了不花钱的广告系列片。一集、两集……《变形金刚》的内容充满工业社会的智慧、热情和幻想，给孩子们带来了启迪和乐趣，在众多孩子的脑海里打上了深深的烙印。之后，变形金刚从荧屏上"下来了"。孩子宝公司将变形金刚投向了中国市场，孩子们简直像着了魔一样扑向商场和摊贩处购买。

（资料来源：徐育斐. 推销技巧. 北京：中国商业出版社，2003）

在现代市场经济活动中，市场调研已经成为企业进行市场经营活动的前提和基础，成为企业开展营销策划活动、获取市场信息的有效工具。在开发某一市场之前，市场调研能帮助企业决策者识别和选择最有利可图的市场机会；进入市场之后，市场调研又是市场信息反馈系统的重要组成部分。在现实生活中，市场调研就在我们周围。通过市场调研，经营者可以及时了解市场环境的变化，及时了解市场策略的市场反应，并适时调整市场操作。随着世界经济的不断发展，国际上一些著名企业更是把精确而有效的市场调研作为企业经营、发展的必修课。

第一节　市场调研的类型与原则

一、市场调研的含义及特征

（一）市场调研的概念

市场调研是指根据市场营销的需要，运用科学的方法，对企业营销活动的有关信息、资料有目的地进行收集、整理与分析，提出调研报告，为企业营销管理者正确决策提供科学依据的活动。市场调研是企业开展经营活动的前提，是企业有效利用和调动市场情报、信息的主要手段。市场调研是一个过程。

菲利普·科特勒对市场调研的定义为：市场调研是系统地设计、搜集、分析和提出数据资料，以及提出与公司所面临的特定的营销状况有关的调研结果。

根据市场信息的范围不同，市场调研有狭义与广义之分：狭义市场调研是将市场调研的领域锁在对顾客或消费者需求研究方面，广义的市场调研是将市场调研的领域扩展到一切与市场营销活动有关的方面。可以从两方面理解广义市场调研：从纵向看，市场调研贯穿于市场营销活动全过程，从市场研发开始，到营销战略与策略的制定，直至产品销售与售后服务，市场调研活动一直伴随始终；从横向看，市场调研领域不仅涵盖对消费者购买行为的调研，而且涉及以市场为导向的企业经营环境研究、竞争对手研究、市场营销组合要素研究等方面。

（二）市场调研的特征

市场调研作为企业获取信息的一种主要方法，具有如下特征：

1. 普遍性

在市场经济条件下，任何活动都离不开调研。市场调研存在于企业经营活动的各个环节和各个方面，是企业经营活动中不可或缺的一部分。企业要想在激烈的市场竞争中获取相对的竞争优势，就必须进行全方位地市场调研，同时还要根据市场变化调整策略，进行经常性的市场调研，有助于企业发现新的市场机会，开拓新的市场领域。

2. 科学性

市场调研运用科学的方法设计方案、定义问题、采集数据与分析数据，从中提取有效的信息，不是主观臆造的；市场调研结果的分析，也是在科学原理指导下进行的，并且被实践证明是行之有效的。

3. 不确定性

市场是由众多因素影响和控制的，调研虽然具有针对性，但是由于市场是不断发展变化的，市场调研应针对不同调研者采用不同的调研方法，而被调研者反映的信息又不一定很全面，有可能是现实情况的一个侧面，市场调研的结果往往就具有不确定性。作为决策者，在运用调研资料时，要坚持定性分析与定量分析相结合的原则与审慎的态度，充分利用自己的技能、创造力去判断分析，以降低调研结果的不确定性。

4. 应用性

每一次市场调研都是为一项营销活动做准备的，能用来解决特定的营销问题，市场调研是一种具有使用目的的应用性调研。

二、市场调研的类型

（一）按照资料来源不同分类

按资料来源不同，将市场调研分为文案调研、实地调研和网络调研。

1. 文案调研

文案调研是收集、分析历史和现实已有的各种信息和情报资料，获取与调研目的相关信息的一种调研方法。它具有获取信息快、方法简单、节省资金等特点。同时，文案调研还可以与实地调研结合使用，例如，调研分析汽油价格变化对消费者购车的影响，就可以通过文案调研对过去的资料进行收集，现在的资料则采用实地和网络调研的方式获得。

2. 实地调研

对市场现象进行实地观察，是市场调研最基本的收集资料的方法之一。实地调研包括访问法、观察法，实验法等。访问法是将调研的事项，以面谈、电话、书面等形式向被调研者提出询问，获得调研资料的方法；观察法是凭借自己或借助仪器，观察市场，并进行现场记录，用以收集资料的方法；实验法是在模拟环境中小规模地进行实验，判断相关量之间关系的调研方法。

3. 网络调研

网络调研是借助网络直接收集一手资料或间接收集二手资料的市场调研。随着信息技术的突飞猛进，信息爆炸使个体与社会发生了根本性的变革，个体通过一种结成网状的电信设备进行网络层面的物质活动、精神活动和话语交流。这使得网络调研具有巨大的技术优势和发展潜力，网络调研跨越了时空限制，不仅节省了人力、物力和财力，而且将彻底改变传统的调研模式，是一次根本性的变革。但网络调研也存在着弊端，其中最主要的问题就是网络调研结果的可靠性和客观性。

（二）按照调研样本产生的方式不同分类

按调研样本产生的方式不同，市场调研可以分为市场普查、重点调研、抽样调研、典型调研等。

1. 市场普查

市场普查就是对市场调研指标总体进行调研，也就是对所要认识的研究对象全体进行全方位的调研。它是获得较为完整的信息资料的调研方法。

探讨与应用

人口普查分析发现新市场

日本西尼公司原是一个仅有30多人的生产雨衣的小公司，因产品滞销，公司准备转产。有一次，公司董事长多川博偶尔看到一份人口普查资料，得知日本每年出生婴儿250万名。他想，每个婴儿一年用两条尿布，一年就需要500万条。如果再销往国外，市场就更加广阔了。于是，他果断决策：转产尿布。

结果，几年工夫，该公司生产的尿布就占据了日本市场，并占了世界销售总量的30%。多川博由此成为世界著名的"尿布大王"。

（资料来源：赵伯庄，张梦霞.市场调研.北京：北京邮电大学出版社，2004）

2. 重点调研

重点调研是指从调研对象总体中选出一部分重点单位进行调研。这种方法的优点是节省人力，节省开支，同时能较快掌握调研对象的基本情况。

3. 抽样调研

抽样调研是指在调研对象总体中抽取一部分子体作为样本进行调研，再根据样本信息，推算出市场总体情况的方法。这是市场调研中最常使用的方法。

4. 典型调研

典型调研是指从调研对象总体中有意识地选择一些具有典型意义或具有代表性的单位进行专门调研。

（三）按照调研的目的分类

按调研的目的不同，市场调研可分为探索性调研、描述性调研、因果性调研和预测性调研。

1. 探索性调研

探索性调研是指在情况不明的条件下，为了找出问题的症结，明确进一步深入调研的具体内容和重点而进行的调研，又称为非正式调研或试探性调研。

探索性调研的主要功能是"探测"，即帮助调研主体识别和了解：公司的市场机会可能在哪里，公司的市场问题可能在哪里？并寻找那些与之有关的影响变量，以便确定下一步市场调研或市场营销努力的方向，即发现问题，寻找市场机会。例如，某超市近几个月来金龙鱼色拉油销量大幅度下降，是市场环境变化了，是新的竞争者加入了，还是市场上出现了功能强大的替代品，原因很多，到底是哪一种？为了找到可能的原因，又不可能进行一一调研，这就需要进行探索性调研。探索性调研一般在新产品开发过程中或在一项大型市场调研活动的开始阶段使用，其主要解决的问题是"可以做什么"。

但是，探索性调研只能是将市场存在的机会与问题呈现出来，它既不能回答市场机会与问题存在的原因，也不能回答市场机会与问题将导致的结果，后两个问题常常依靠更加深入的市场研究才能解决，如是否存在市场机会。

2. 描述性调研

描述性调研是指描述市场状况，经过周密计划，正式地、全面地对特定的市场情报和市场数据进行系统地收集与汇总，以达到对市场情况准确、客观地反映与描述（探索性调研是基础）。它比探索性调研更深入仔细，通常不涉及事物的本质与事物发展的内在原因，而是说明要调研市场的状况特征，是市场现象的具体化。常见的描述性调研有市场分析调研、产品分析调研、销售分析调研、价格分析调研、渠道分析调研、广告分析调研和形象分析研究等。描述性调研是市场调研的重要组成部分，它主要解决"是什么"的问题。通常用6w描述：

哪些人构成了市场	who——购买者
他们购买什么	what——购买对象
他们为何购买	why——购买目的
他们怎样购买	how——购买方式
他们何时购买	when——购买时间
他们在哪购买	where——购买地点

一般来说，描述性市场调研要求具有比较规范的市场调研方案，比较精确的抽样与问卷、设计，以及对调研过程的有效控制。描述性市场调研的结果常常可以通过各种类型的统计表或统计图来表示；同样，描述性调研也不能回答市场现象产生的原因，及其可能导致的后果。但是，由于描述性调研的结果有助于识别市场各要素之间的关联与关系，因此，对进行下一步的因果研究提供了重要的分析基础，比如，如果存在市场机会，市场将会有多大。

3. 因果性调研

因果性调研是以解释市场变量之间的因果关系为目的的调研，又称为解释性市场调研，它的目的在于对市场现象发生的因果关系进行解释说明。主要功能是在描述市场调研的基础上，对调研数据进行加工与计算，再结合市场环境要素的影响，对市场信息进行解释和说明。进一步分析何者为因，何者为果；顾客为什么不满意；如何才能提高客户的满意度和忠诚度；售后服务对客户满意度的影响；这些都需要进行因果性调研。

探索性调研和描述性调研侧重于市场调研，因果性调研侧重于市场分析与研究，是更高一级的市场调研方式。通过因果分析，市场调研人员能够解释一个市场变量的变化是如何导致或引起另一个市场变量的变化。

4. 预测性调研

预测性调研是以预测未来市场变化趋势为目的的调研。市场预测调研是在市场描述性调研和因果调研的基础之上，依据过去和现在的市场经验和科学的预测技术，对市场未来的趋势进行测算和判断，以便得出与客观事实相吻合的结论。

它主要通过了解现有市场状况，结合过去情况，总结市场变化趋势与规律，运用类推或数学模型方法对未来市场变化作出预测。

预测性调研的目的在于对某些市场变量未来的前景和趋势进行科学的估计和推断，回答"将来的市场将怎样"。

（四）按照调研时间分类

按照调研时间分类，市场调研可分为经常性市场调研、一次性市场调研和定期性市场调研。

1. 经常性市场调研

经常性市场调研是对市场现象的发展变化过程进行连续的观察。

2. 一次性市场调研

一次性市场调研则是为了解决某种市场问题而专门组织的调研。

3. 定期性市场调研

定期性市场调研是对市场现象每隔一段时间就进行一次的调研。它们分别研究不同的市场现象，满足市场宏观、微观管理的需要。

（五）按照调研主体分类

按照调研主体分类，市场调研可分为企业市场调研、政府部门市场调研、社会组织市场调研以及个人市场调研。

1. 企业市场调研

企业在经营过程中，为了更好地发现市场机会，就要进行市场调研。企业是市场调研的主体。

2. 政府部门市场调研

政府部门是社会经济的主要调节者，需要经常开展市场调研活动，但政府部门的市场调研一般都是较大范围的调研，如经济普查。

3. 社会组织市场调研

社会组织市场调研是指各种协会、学会、中介组织、事业单位、群众组织等为了学术研究、工作研究、提供咨询等需要，组织开展专业性较强的市场调研活动。

4. 个人市场调研

个人市场调研主要指个人、个体经营者和研究人员为研究需要而进行的市场调研。

（六）按照商品用途分类

按照商品用途分类，市场调研可分为消费品市场调研、生产资料市场调研和服务市场调研。

1. 消费品市场调研

消费品市场调研是直接面向最终消费者的物质产品市场的调研，如个人生活用品。

2. 生产资料市场调研

生产资料市场调研是指购进产品不用于消费，而用于再生产的产品市场调研，如配件。

3. 服务市场调研

服务市场调研是指不以实物形式，而是以劳务或服务形式表现的无形商品市场的调研，如金融、保险、咨询等。

（七）按照调研空间范围分类

按照调研空间范围分类，市场调研可分为国际市场调研、全国性市场调研以及区域性市场调研。

1. 国际市场调研

国际市场调研是指其他国家或地区的商品或劳务营销环境所进行的市场调研，是一些企业开拓海外市场、进行国际贸易时必须进行的市场调研。

2. 全国性市场调研

全国性市场调研是针对国内市场开展的全国性大规模市场调研。

3. 区域性市场调研

区域性市场调研是针对国内某个相对较小的区域市场进行的市场调研。

三、市场调研的原则

（一）客观性原则

客观性原则就是从客观实际出发，在正确理论指导下，对已有的资料进行科学分析，找出事物发展的客观规律性，并用于指导行动。市场调研收集到的资料，必须体现出客观性原则，对调研资料的分析必须实事求是，尊重客观事实，切忌以主观臆造代替科学分析。

（二）系统性原则

市场调研与分析是一项系统性的工作，它是由市场调研主体、客体、程序、方法、设备、资金与信息资料等因素构成的。在市场调研与分析过程中，必须综合考虑各种因素。以系统思想为指导，注意全面考虑问题，既要了解本企业的实际情况，又要了解竞争对手的有关情况；既要认识到内部环境的影响，又要调研社会环境对企业与消费者的影响程度。绝不能犯以偏概全的错误。

（三）经济性原则

进行市场调研要考虑经济效益问题。市场调研需要投入一定的人力、物力与财力，必须在保证质量的前提下，节约费用开支。一般情况下，对产出市场信息的数量、质量要求越高，花费的人力、财力和物力也越高。但是，从市场信息实际使用效果来看，高的投入并不总是能产生高的产出。为此，必须进行投入与产出的比较，寻找一个最佳结合点。只有当信息的预期价值大于获得这些信息的成本时，调研才应当进行。通常要考虑以下三个问题：一是收益多大，是否值得投资；二是调研的成果能否提高决策的质量；三是调研支出预算方案是否最佳。

（四）科学性原则

市场调研为企业决策提供依据，必须具有科学性。不论是市场调研方式与方法的选择，还是调研过程的组织都必须按照严格的程序，调研人员要具备专门的调研技术和科学的态度，还要规定科学合理的工作标准。只有这样，才能保证市场调研与分析工作的高质高效。

（五）准确性原则

准确性原则要求对市场信息的收集、加工、处理、分析和提供必须做到两点：一是真实，二要准确。真实是定性的要求，即要求收集、处理、分析和提供的市场信息资料必须是真实的，而不是虚假的；精确是定量的要求，即收集、处理、分析和提供的信息资料应尽量减少误差与迷糊度。

第二节　市场调研的内容

市场调研的内容相当广泛，从广义上讲，与企业营销活动有关的所有因素，都是市场调研的对象。但由于市场调研主要是围绕企业营销活动展开的，因而市场调研包括市场需求调研、营销环境调研、市场竞争调研和营销要素调研等。

一、市场需求调研

市场需求调研在企业营销调研中是最重要的内容，它主要包括生产者需求调研与消费者需求调研，进行市场需求调研的主要目的是更好地满足消费者需求，及时调整企业经营管理决策来适应不断变化的市场。

企业可以根据市场需求水平、技术发展、竞争态势、政治法律状况与企业自身经营目标、战略、政策、采购程序、组织结构和制度体系等对生产者需求进行调研。

企业的一切活动都是围绕着消费者进行的。消费者需求调研在企业营销调研中是最重要的内容。消费者需求调研包括目标市场选择调研、顾客购买动机调研、顾客购买影响因素调研、顾客购买决策过程调研、消费者需求量调研、消费者需求结构调研、消费者需求时间调研、消费者购买力调研、消费者支出结构调研、消费者行为调研与消费者满意度调研等。

🔲探讨与应用

日清智取美国快餐市场

日本日清食品企业集团的日清食品公司，从人们的口感差异性出发，不惜人力、物力和财力在食品的口味上下工夫，终于改变了美国人"不吃汤面"的饮食习惯，使日清公司的方便面成为美国人的首选快餐食品。

日本派出专家组到美国进行实地考察，经过调研问卷和家庭访问，专家组得出结论：美国人的饮食习惯虽呈现出"汤面分食，绝不混用"的特点，但是随着世界各地不同种族移民的大量增加，这种饮食习惯正在悄悄发生着变化。专家组还发现美国人在饮食中越来越注重口感和营养，只要在口味和营养上投其所好，方便面就有可能迅速占领美国食品市场。

基于这样的市场调研结论，日清食品公司从美国食品市场动态和消费者饮食需求出发，确定了"系列组合拳"的营销策略。"第一拳"——针对美国人热衷于减肥运动的生理与心理需求，巧妙地把自己生产的方便面定位于"最佳减肥食品"，配有适当的广告宣传，挑起了美国人的购买欲望。"第二拳"——针对美国人习惯用叉子用餐，果断推出短面条——适合美国人的又硬又筋道的美式方便面。"第三拳"——由于美国人"爱用杯子不爱用碗"，日清公司别出心裁地把方便面命名为"杯面"，美式副名——"装在杯子里的热牛奶"。

日清食品公司果敢地挑战美国人的饮食习惯和就餐要求，轻而易举地打入了美国快餐食品市场，开拓出一片新天地。其中的奥秘是什么？

（资料来源：马连福. 现代市场调查与预测. 北京：首都经济贸易大学出版社，2002）

试分析：日清是如何通过调研智取美国快餐市场的？

二、营销环境调研

任何企业的营销活动都是在一定的环境中进行的，环境的变化，既可以给企业带来市场机会，也可以形成某种威胁。因此，对市场营销环境的调研是企业营销活动管理的一项重要工作，对环境因素的调研有助于企业认识、利用和适应环境。

企业的营销环境包括微观环境与宏观环境，它们通过直接或间接的方式给企业的营销活动带来影响与制约。微观环境主要包括企业内部、营销渠道、顾客、竞争者和社会公众等，宏观环境主要包括人口、经济、自然、技术、政治、法律及社会文化等。企业要时刻认识和把握自己所处的生存与发展环境，同时还要能动地影响环境。

三、市场竞争调研

市场经济充满了竞争，任何企业、任何产品在市场上都会遇到竞争。当产品进入销售旺季时，竞争对手就会增加，竞争可以是直接竞争，如生产或经营同类产品的厂家；也可以是间接竞争，即产品不同，但用途相同或相似的产品，如矿泉水制造厂商对生产果汁、汽水的厂商来说就构成了间接竞争。不论何种竞争，不论竞争对手的实力如何，要想使自己处于有利地位，首先要对竞争对手进行调研，以确定企业的竞争策略。

企业要出色地完成组织目标必须能比竞争者更好地满足目标市场的需求。因此，企业不但要全面了解目标市场的需求，还要时刻掌握竞争者的动向，分析竞争者的优势与劣势，以便制定恰当的竞争战略和策略。市场竞争调研主要侧重于企业与竞争对手的对比研究，包括两个方面：第一，对竞争形势的一般性调研，如不同企业或企业群体的市场占有率、经营特征、竞争方式、行业的竞争结构及变化趋势等。第二，针对某个竞争对手的调研，如企业与竞争对手在产品品种、质量、价格、销售渠道、促销方式和服务项目等方面态势的调研。调研的主要目的就是做到在竞争中知己知彼、百战不殆。

四、营销要素调研

市场营销组合要素调研，其主要目的是帮助企业能正确地使用这些市场营销组合工具，更好地满足顾客要求，达到企业经营的目的。市场营销要素调研主要包括产品或服务调研、价格调研、分销渠道调研与促销调研等。

产品或服务调研是市场营销组合调研的重要组成部分，也是其他营销调研的基础。产品或服务调研主要包括顾客追求的产品核心利益的调研，新产品设计、开发与试验的调研，产品生命周期的调研与产品包装的调研等。

价格是市场营销组合中最敏感、最活跃的要素，也是市场竞争的重要手段。注重产品的价格调研对于企业制定正确的价格策略具有重要作用。价格调研一般包括市场供求情况及变化趋势的调研，影响价格变化的各种因素的调研，替代品价格的调研与新产品定价策略的调研等。

分销渠道是产品从生产者向消费者转移过程中经过的通道。分销渠道策略是营销活动的重要组成部分之一，合理的分销渠道能够使产品及时、安全、经济地通过必要的环节。以最低的成本、最短的时间实现最大的价值。因此，分销渠道调研是市场调研的重要组成部分。主要包括选择各类中间商的调研和对影响分销渠道选择各个因素的调研等。

促销是营销者与购买者之间的信息沟通与传递活动。促销的目的就是激发消费者的欲望，影响消费者的购买行为，扩大产品的销售，增加企业的效益。促销调研的内容一般包括促销手段的调研与促销策略的可行性调研等。

除了以上列举的主要范围之外，市场调研可以应用在更多、更广泛的方面。如美国总统选举，要通过市场调研来了解民意，制定施政纲要；国外陪审团成员的选择，很多也是借助市场调研及其工具来完成的。

第三节　市场调研问卷的设计

调查问卷又称调查表或询问表，它是社会调查的一种重要工具，用以记载和反映调查内容和调查项目。

一、调查问卷的组成部分

正式的调查问卷一般包括以下三个组成部分：

第一部分，前言。主要说明调查的主题、调查的目的、调查的意义，以及向被调查者表示感谢。

第二部分，正文。这是调查问卷的主体部分，一般设计若干问题要求被调查者回答。

第三部分，附录。这一部分可以将被调查者的有关情况加以登记，为进一步的统计分析收集资料。

二、调查问卷设计的原则与要求

（一）调查问卷设计的原则

1. 问卷上所列问题都是必要的

问卷上所列问题应该都是必要的，可要可不要的问题不要列入。

2. 所问问题是被调查者所了解的

所问问题不应是被调查者不了解或难以答复的问题，使人感到困惑的问题会让你得到的是"我不知道"的答案。在"是"或"否"的答案后应有一个"为什么"，回答问题所用时间最多不超过半小时。

3. 在询问问题时不要转弯抹角

如果想知道顾客为什么选择你的店铺买东西，就不要问："你为什么不去张三的店铺购买？"你这时得到的答案是他们为什么不喜欢张三的店铺，但你想了解的是他们为什么喜欢你的店铺。根据顾客对张三店铺的看法来了解顾客为什么喜欢你的店铺可能会导致错误的推测。

4. 注意询问语句的措辞和语气

在语句的措辞和语气方面，一般应注意以下几点：

（1）问题要提的清楚、明确、具体。

（2）要明确问题的界限与范围，问句的字义（词义）要清楚，否则容易误解，影响调查结果。

（3）避免用引导性问题或带有暗示性的问题，诱导人们按某种方式回答问题使你得到的是你自己提供的答案。

（4）避免提问使人尴尬的问题。

（5）对调查的目的要有真实的说明，不要说假话。

（6）需要理解他们所说的一切。利用问卷做面对面访问时，要注意给回答问题的人足够的时间，让人们讲完他们要讲的话。为了保证答案的准确性，将答案向调查对象重念一遍。听说过你的产品，那说明他们一定没听说过。这正是你为什么要做调查的原因。

（二）调查问卷设计的要求

在设计调查问卷时，设计者应该注意遵循以下基本要求：

1. 问卷不宜过长，问题不能过多，一般控制在 20 分钟左右回答完毕。

2. 能够得到被调查者的密切合作，充分考虑被调查者的身份背景，不要提出对方不感兴趣的问题。

3. 要有利于使被调查者作出真实的选择，因此答案切忌模棱两可，使对方难以选择。

4. 不能使用专业术语，也不能将两个问题合并为一个，以至于得不到明确的答案。

5. 问题的排列顺序要合理，一般先提出概括性的问题，逐步启发被调查者，做到循序渐进。

6. 将比较难回答的问题和涉及被调查者个人隐私的问题放在最后。

7. 提问不能有任何暗示，措词要恰当。

8. 为了有利于数据统计和处理，调查问卷最好能直接被计算机读入，以节省时间，提高统计的准确性。

三、调查问卷的设计与制作

问卷的设计与制作并不存在严格的必须遵守的程序，一般遵循以下工作流程：

（一）明确调研主题

在进行问卷设计之前，必须要明确调研的主题以及问卷调研的目的与调查主题的关系。调研主题是市场调研的关键，也是市场调研的目的所在。

（二）拟定调研项目

问卷设计之前，问卷设计人员应该根据问卷调研主题拟定一份问卷调研基本内容的纲要。这些调研的项目必须符合调研的主题，具有客观性、科学性和可操作性，同时要包含市场调查问卷的相关内容。

（三）设计问句与问句排序

问句设计一方面要考虑是否反映了调研者的基本意图，另一方面要考虑被调研者能否正确理解问句，最后对设计好的问句进行合理排序。

问句是一份调研问卷的基本构成要素，问卷的目的与调研的项目基本是靠问句来反映。因此，问卷设计的核心内容是问句设计。问句的分类方法很多，主要有如下几种类型：

1. 按问卷中问句形式的不同，问句主要分为封闭式问句与开放式问句。

2. 按说明问题的深度的不同，问句主要分为事实性问句、态度性问句与原因性问句。

3. 按问句答案内容的不同，问句主要分为系统性问句与非系统性问句。

4. 按解决问题的功能的不同，问句主要分为过滤性问句、提问式问句、探求式问句、强度式问句与核实式问句。

问句设计应坚持如下几个基本原则：定义清楚，语句简洁，避免引导，注意过滤，数量适中和不问隐私。

（四）问卷评估、测试与修订

当一份问卷的雏形形成后，需要进行评估，并选择有典型意义的少量样本进行测试，测试的主要目的是被调研者对问卷的理解与调研目标之间是否存在偏差，最后进行修订。

（五）印刷

在资金、时间、设备等资源条件允许的条件下，市场调研人员应该为自己的调研对象准备好一份最具吸引力的、便于阅读、易于回答的调研问卷。

第四节　市场调研方法和步骤

一、市场调研的方法

（一）问卷调研法

问卷调研是企业进行实地调研、搜集第一手市场资料最基本的工具。在现实的市场调研活动中，市场调研的内容非常丰富，人们不仅要了解市场潜量、市场需求规模等方面的市场调研总体的数量特征，而且还要了解关于市场需求的行为特征，以及产生各种行为的动机、态度等方面的心理特征信息。问卷调研法为有效地搜集这些信息提供了良好的技术手段，所以，在市场调研活动中广泛地运用。

问卷调研是根据统一设计好的问卷，向被调研者调研搜集关于市场需求方面的事实、意见、动机、行为等情况的一种间接的、书面的、标准化的调研方法。问卷调研的程序包括调研方案设计，确定调研问卷对象，问卷的设计与制作，问卷的发放，问卷的回收、整理与分析，撰写问卷调研报告六个步骤，如图 4 - 1 所示。

（二）抽样调研法

抽样调研法是市场调研中一种常见的方法，是指在调研对象的总体中，抽取一部分样本，并对其进行观察，然后根据对样本单位的观察结果来推测调研总体一般特征的方法。在这类调研中，一般将与调研主题相关的所有假设调研对象称为调研的母体，也称总体；将从中抽选出的一部分被调研者称为样本或子样。

1. 抽样调研的方法

在市场调研过程中，抽样调研的方法大体可以分为两类：随机抽样和非随机抽样，如表 4 - 1 所示。

市场调查程序　　　　　　　　　　　　问卷调查程序

确定问题和调查目标 → 制定市场调查计划 → 现场调查、收集信息 → 分析信息、解释结果 → 提交研究报告

现场调查、收集信息 — 二手资料搜集

实地调查

问卷调查

调研方案设计 → 确定调研问卷对象 → 问卷的设计与制作 → 问卷的发放 → 问卷回收、整理与分析 → 撰写问卷调研报告

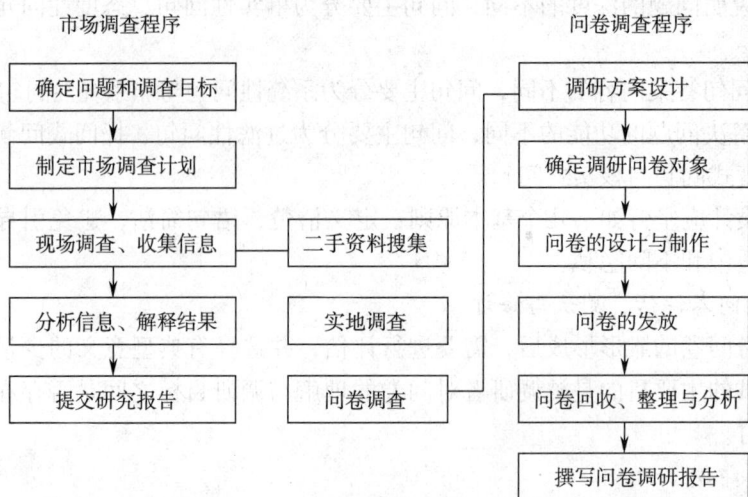

图4-1　问卷调研的基本程序

表4-1　　　　　　　　　　抽样调研方法

随机抽样	简单随机抽样	总体的每个成员都有已知的、均等的被抽中的机会（如将总体编号后，任选其中的几个号码）
	分层抽样	将总体分成不重叠的组（如年龄组），在每组内随机抽样
	等距抽样	将总体各单位按某标志排列后，依一个固定顺序和间隔来抽样
	分群抽样	将总体分成不重叠的组（如街区组），随机抽取若干组进行调研
非随机抽样	随意抽样	调研员选择总体中最易接触的成员来获取信息
	估计抽样	调研员按自己的估计选择总体中可能提供准确信息的成员（如要了解中高层收入人的消费习惯，可选择在高档小区进行）
	定额抽样	按若干分类标准确定每类规模，然后按比例在每类中选择特定数量的成员进行调研（如男30个、女20个）

2. 抽样调研的基本程序

抽样调研是市场调研整体方案的一个组成部分，科学的抽样调研方案和可操作性的抽样调研方案一般有六个基本步骤，如图4-2所示。

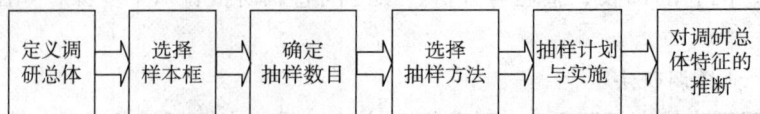

定义调研总体 → 选择样本框 → 确定抽样数目 → 选择抽样方法 → 抽样计划与实施 → 对调研总体特征的推断

图4-2　抽样调研的基本程序

（1）定义调研总体。根据市场调研主题与市场调研提纲的要求，确定抽样调研基本对象的范围。

（2）选择样本框。市场调研人员可以通过各种方式获得样本框，如从公司内部的客户信息库中获得基本用户的抽样调研样本框；对城镇居民的调研，可以通过居民委员会或派出所来获得样本框。

（3）确定抽样数目。在市场调研中，抽样数目是一个非常重要的问题。若样本数目不够多，缺乏代表性，还会造成抽样过程中不必要的人力与财力资源浪费。

（4）选择抽样方法。一般来说，选择哪种抽样方法，取决于调研技术的要求、调研总体的分布特征以及调研成本的限制。

（5）抽样计划与实施。采用不同抽样方法，抽样计划的设计就不同。在随机抽样中，分类抽样、等距抽样和分阶段抽样的抽样设计较为复杂；在非随机抽样中，配额抽样的设计相对复杂。

（6）对调研总体特征的推断。抽样调研的最终目的是通过对样本的观察，达到对调研总体的一般认识。因此，抽样调研的最后阶段是用样本数据对调研总体数据进行估计或推断。

（三）态度测量表

在问卷调研设计中，大量的问句表现为对市场的特征，消费者购买行为、态度、心理与动机等方面的测量。由于消费者与市场的特征非常复杂，在问卷调研中往往采用各种不同的测量尺度与测量表。

1. 测量尺度

问卷调研中常用的态度测量尺度有四种，即定类尺度、定序尺度、定距尺度和定比尺度。其中定类尺度是基础，后一种都是前一种的升级。一般来说，定类、定序尺度多用于态度测量；定距尺度可用于态度测量，也可用于客观指标的测量；定比尺度多用于客观指标的测量。定类与定序测量尺度的级别较低，应用广泛。

2. 直接量表

态度量表是对被调研者的行为、态度、心理进行测量的基本形式。具体又分为直接量表与间接量表。直接量表是指由调研者设计各种不同类型的问题，直接向被调研者进行询问，被调研者根据自己的行为、态度对问句直接作出回答的一种方法，其具体形式主要有是否型量表、选择型量表、标度式量表与配对比较型量表。

3. 间接量表

间接量表是由调研者根据市场调研目的的要求，涉及一系列调研问句，由被调研者根据自己对问题的态度来决定语句选择的一种态度测量表。常见的有沙斯通量表、赖克梯量表与哥提曼量表。

（四）访问调研法

1. 访问调研方式

访问的调研方式有很多，主要有入户访问、街上阻截、客户走访、座谈会、电话访问和深度访问等。

2. 访问调研的实施过程

（1）访问前的准备。访问之前要做好大量的准备工作，以便访问更好地进行，也可以保证访问的结果更加真实可靠。访问前的准备主要包括熟悉调研提纲、学习相关知识、选择被访问者、安排访问时间与访问地点以及集体访问前的准备。

（2）访问进行。访问进行也是访问调研的一个重要环节，它由三个步骤构成：约访、开场白与访问进行。约访与开场白是一种铺垫，访问是核心部分，访问进行的是否顺利，访问完成的效果会直接影响到市场调研的成败。

（3）访问记录。访问过程中，访问者要对访问内容进行记录，通常采用录音记录，录音记录一般要征求被访问者的同意，记录之后进行笔记整理。

（4）访问结束及结束后的工作。访问结束时应向被访问者致谢，同时也可以与被访问者建立某种联系，说明必要时可能还要来访等，访问结束后整理访问材料，必要时可以向被访问者发出致谢信。

其他访问法主要有实验调研法、直接观察法和专家调研法等。实验调研法是指用自然科学中的实验求证的原理来研究和解决市场调研中的一种较为常用的方法；直接观察法是调研者根据调研目的的要求，深入调研现场，通过对调研对象进行直接的察看或测量，例如通过调研人员的感官，眼看、鼻嗅、耳闻、手摸、品尝来观察；专家调研法是一种依靠专家的知识、经验和市场观察能力，来搜集和分析市场情况的方法。

二、市场调研的步骤

市场调研是一个过程，它包含以下几个步骤：一是确定问题及调研目标，二是制定调研计划，三是现场调研和收集信息，四是分析信息和解释结果，五是提交研究报告。如图4-3所示。

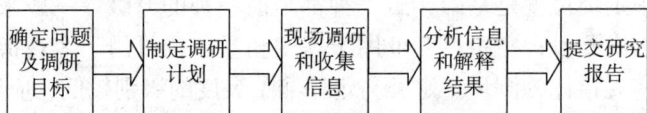

图4-3 市场调研程序

（一）确定问题和调研目标

调研的第一步要求营销经理和营销研究人员认真确定问题和调研目标。正确定义问题等于解决一半问题，确定问题和调研目标是市场调研很重要的一个步骤。所要调研的问题，既不可过于宽泛，也不宜过于狭窄，要进行明确界定，并充分考虑调研成果的时效性。调研问题与目标的表述将指导整个调研过程，营销经理和调研人员将这些描述做成书面材料，以确保他们对调研的目的和预期结果看法一致。

探讨与应用

可口可乐的口味测试

20世纪80年代，尽管可口可乐仍是软饮料中的领先者，但其市场份额却正慢慢地被百事可乐占领。多年来，"百事"成功地发动了"百事挑战"，一系列口感测验表明消费者更喜欢甜一点的百事可乐。可口可乐公司开始了其历史上最大的新产品调研计划，它花了两年时间，耗资400万美元进行调研，以确定新配方。在无商标测试中，60%的消费者认为新可口可乐比原来的好，52%的人认为新可口可乐比百事好。调研结果表明，新可口可乐一定会赢，所以公司很自信地用新可口可乐作为替代老可口可乐的主打产品，向市场推出。

结果发生了什么？新产品推出后，每天公司都会收到消费者成袋的信件投诉和
1 500 个左右电话投诉。问题出在哪了呢？问题就在于可口可乐将调研目标仅仅限于
"口味"测试，而忽略了它的支持者们对可口可乐代表的文化及精神意义的认同。

（资料来源：连漪. 市场营销学. 北京：北京理工大学出版社，2007）

试分析：可口可乐的测试说明了什么问题？

（二）制定调研计划

营销调研中，确定所需要的信息，制定有效收集信息的计划，并向营销经理提
出该计划是非常关键的一步。此计划需要决定资料来源、调研人员收集信息的方法、
调研工具的选择、抽样计划、接触方法。营销经理在批准计划以前需要预测该调研
计划的成本，并依据此项活动的目标加以规范。在调研中二手信息的收集因其特性
备受关注。

（三）现场调研和收集信息

调研中的信息收集是花费最大而又容易失误的工作，尤其是现场调研，涉及很
多方面，同时信息的收集又直接影响调研结果，收集的实地调研数据有时纷繁杂乱，
调研者必须仔细甄别收集到的原始信息，把收集到的信息加以整理，通过科学的方
法加以甄别，以使所使用的数据准确无误。收集的原始数据经整理和使用适当的话，
可以成为后继营销活动的有力支持。

（四）分析信息和解释结果

在收集信息之后，要对收集来的信息进行分析处理，并通过相应的方法将分析
的结果加以解释，分析信息和解释结果，这也是一门艺术。现代营销人员可采用计
算机辅助方式，应用专业系统软件，利用模型进行数据分析，以便发现有助于营销
管理决策的信息，为市场营销的战略和决策的提出提供较准确的数据。

（五）提交研究报告

在对收集的信息加以解释之后，还要把结果形成一份研究报告，调研报告的形
成是营销调研的最后一步，也是很关键的一步。调研报告不只是计算机分析汇总的
一系列数据和统计图表，更应包含调研人员依据数据得出的结论及给出的营销建议，
这些建议与结论才是对营销决策最具意义的调研结果。

第五节　市场预测方法和步骤

一、市场预测的概念

预测是指根据已经获得的资料，运用科学的方法，对事物未来的发展趋势作出
客观估计和判断的过程。预测理论作为通用的方法论，既可以应用于研究自然现象，
如气象预测，也可以应用于研究社会现象，如经济发展预测。市场预测是预测在营
销领域的运用。

市场预测是指在市场调研的基础上，根据市场的历史和现状，凭借经验并运用
一定的预测理论和技术，对市场未来发展的趋势进行预算和判断的活动和过程。

市场预测并非毫无根据的胡乱估计，首先，它的根据是市场调研所获得的资料和信息，必须依据这一基础测算和判断；其次，这种判断要运用一定的预测理论或技术，即运用科学的方法。由此也可以看出市场预测具有科学性，这一性质保证了市场预测的结果具有相当的准确性，能够帮助企业活动决策者作出科学的决策。但由于所获得的调研信息有限，决策者进行决策时不能完全依赖预测结果。

二、市场预测的方法

（一）经验判断预测法

1. 对比分析法

对比分析法是指将预测目标与其同类的或相似的事物加以对比分析，来推断预测目标未来的发展取向与可能水平的一种预测方法。这种方法实际上是运用类比的原则，对预测目标进行推断的一种方法。主要类型有由点推算面、由局部类推整体、由相近产品类推新产品或同类产品、由相似的国外市场类推国内市场等。

对比分析法一般适用于开拓新市场，预测潜在购买力和需求量，预测新产品长期的销售变化规律等，比较适合中长期的预测。

2. 集合意见法

集合意见法是指集合企业内部经营管理人员、业务人员等的意见，凭他们的经验和判断共同讨论市场趋势而进行市场预测的方法。由于经营管理人员、业务人员等比较熟悉市场需求及其变化动向，他们的判断往往能反映市场的真实趋向，因此是进行短期市场预测常用的方法。根据参与预测人员的不同，这种方法又可分为两种：经理判断法和销售人员判断法。经理判断法是由企业的经理或厂长召集各业务部门的主管人员，共同讨论市场趋势，并作出预测结果的一种预测方法；销售人员判断法是指企业负责人召集销售人员讨论市场发展趋势，预测市场结果的一种预测方法。

3. 专家意见法

专家意见法是指企业邀请内部或外部的具有某一方面专业知识和丰富经验的专业人员（专家），根据市场预测的目标和要求，综合专家意见进行市场预测的一种方法。由于专家在某方面具有权威性，预测结果较准确，同时这种预测方法组织较方便，预测时间短，已成为重要的定性预测方法。

按照征求专家意见的方式不同，专家意见预测法可以分为专家会议法、头脑风暴法和德尔菲法。

4. 顾客意见法

顾客意见法即预测人员直接调研顾客或用户的购买意向，在分析市场需求变化的趋势和竞争情况之后，作出对本企业产品需求的预测。此法适用于用户数量不太多或用户与本企业有固定协作关系的企业，主要是制造生产资料类产品的企业。如果用户量大，调研起来就很困难。该方法的优点是直接了解用户的意见，使调研结果更加真实；缺点是调研数据在实际购买时会受各种因素的影响而发生改变，预测者要提前充分考虑。另外，对潜在客户的调研预测比较困难。

（二）时间序列预测法

时间序列预测法是一种定量预测的方法。它是将预测目标的历史数据按时间的顺序排列成为时间序列，然后分析它随时间变化的发展趋势，是预测目标的未来值的一种预测方法，也叫历史延伸法或外推法。也就是说，时间序列预测法将影响预测目标的一切因素都由时间综合起来加以描述。因此，时间序列预测法主要用于分析影响事物的主要因素比较困难或相关变量资料难以得到的情况，预测时先要进行时间序列的模式分析。

时间序列预测法的基本特点是：假定事物的过去趋势会延伸到未来，预测所依据的数据具有不规则性，撇开了市场发展之间的因果关系。

时间序列预测法包含多种方法：简单平均法、移动平均法、指数平滑法、季节指数法、趋势外推法以及生命周期法等。

（三）因果分析法

客观事物之间总是相互联系的，而且常常是通过因果关系进行着某种联系。在经济现象中这种因果关系更加普遍。例如人们的收入水平提高了，市场就会繁荣；广告的投入增加了，产品的销售量就会增加等。因此，对于有些市场预测可以通过寻找和分析经济现象中的因果关系进行，回归分析就是这样一种分析方法。

所谓回归分析就是研究某一个因变量与其他自变量之间的数量变动关系，由回归分析求出的关系式叫做回归模型。回归分析预测法就是从各种经济现象之间的相互关系出发，通过对与预测对象有联系的现象变动趋势的分析，推算预测对象未来状态的一种预测方法。回归分析根据自变量的多少，可分为一元回归分析和多元回归分析；根据因变量与自变量是否线性相关，可分为线性回归和非线性回归，线性回归是指因变量与自变量的关系是直线形的，而非线形回归是指因变量与自变量的关系是非直线形的，如呈曲线形的。

需要说明的是，需求预测是一项非常复杂的工作，随着环境的不断变化，市场需求与企业需求也是不断变化的，不稳定的，需求越不稳定，就越要求精确的预测，这就要求把市场调研与预测作为一项长期的工作来抓。

知识链接

传统的市场预测的方法分为定性预测法和定量预测法。

定性预测法也称为直观判断法，是市场预测中经常使用的方法。定性分析法主要是依靠预测人员所掌握的信息、经验和综合判断能力，来预测市场未来的状况和发展趋势。这类预测方法简单易行，特别适用于那些难以获取全面的资料进行统计分析的问题。因此，定性预测法在市场预测中得到广泛的应用。定性预测法主要包括个人经验判断法、集体经验判断法和专家调查法（又称德尔菲法）。个人经验判断法是指预测者依据个人的经验和知识，通过对影响市场变化的各种因素进行分析、判断和推理来预测市场的发展趋势；集体经验判断法是指预测人员邀请生产、财务、市场销售等各部门负责人进行集体讨论，广泛交换意见，再作出预测的方法；德尔菲法本质上是一种反馈匿名函询法，它是在对所要预测的问题征得专家的意见后，进行整理、归纳、统计，再匿名反馈给各专家，然后再次征求意见，再次归纳、统计，再反馈给各专家，直至得到稳定的意见。

定量预测法是利用比较完备的历史资料，运用数学模型和计量方法，来预测未来的市场需求。定量预测法主要包括简单平均法、加权平均法、平滑预测法、一元回归预测法。简单平均法是通过计算预测目标在各个时期的实际值平均数，作为下期预测值的方法；加权平均法是根据不同时期的实际值对预测值影响程度的差异，分别给予不同的权数，再进行加权平均，所得的加权平均数作为下一期的预测值的方法；平滑预测法是采用指数加权的方法进行预测；一元回归预测法用以分析一个自变量与一个应变量之间的关系。

三、市场预测的步骤

市场预测是在市场调研的基础上，明确预测目标，收集资料，分析判断并运用预测方法，作出预测结论的复杂过程。这一过程具体包括以下步骤：

（一）确定预测目标

确定预测目标，是进行市场预测首先要解决的问题。要完成一项市场预测，首先要明确预测的目的是什么，预测的对象是什么，只有预测目标与对象明确了，才能根据预测目标有意识地去收集各种资料，采用恰当的预测方法进行预测。

确定了预测目标，就使整个市场预测工作有了明确的方向和内容。例如，某地区为制订小轿车生产行业长远规划，开展了该地区 2010 年家庭小轿车需求预测。该项预测目标明确，预测对象是小轿车，预测项目涉及居民家庭小轿车的需求量预测和影响居民小轿车需求的各种因素（如收入水平）的预测，该项预测属于长期的市场预测。对企业而言，预测目标的确定，应根据企业生产经营管理的需要，服从企业经营决策的要求，要开展目标分析，也就是运用系统观点，逐步把握目标和外部环境之间的依存关系。

（二）收集分析有关资料

科学的市场预测，必须建立在掌握充分的市场资料的基础上。预测目标确定后，就要围绕预测目标，广泛收集各种历史和现实资料。市场预测所需的资料有两类：一类是关于预测对象本身的历史和现实资料，如上例中某地区家庭私人近年来购买小轿车的统计资料；另一类是影响预测对象发展过程的各种因素的历史和现实的资料，如影响居民家庭购买小轿车的因素有收入状况、小轿车价格变动资料和城市道路发展变化资料等。

（三）进行分析判断

分析判断是指对收集的历史和现实资料进行综合分析，对市场未来的发展变化趋势作出判断，为选择预测方法，建立预测模型提供依据。进行分析判断就是要分析各种市场影响因素对市场未来需求的影响；要分析预测期内产、供、销售关系及其变化；要分析消费心理、消费倾向等对市场未来需求的影响，主要分析消费者的消费心理、消费倾向、消费行为和价值观念等变化对市场未来需求的影响，如随着我国进入小康社会，人们对健康日益重视，可以预测各种健身用品需求量将越来越大。

（四）选择预测方法

市场预测要依赖预测方法。根据预测目标，在对有关资料进行分析判断后，就要选择预测方法。预测方法选择是否适当，将直接影响预测结果的可靠性。预测方法很多，有定性预测法和定量预测法两大类。第一类中又有许多具体方法，而每一种方法对不同的预测对象、目标的有效性是不同的。

选择预测方法一般应从以下方面考虑：一方面，要根据预测目标和要求来选择预测方法；另一方面，要根据预测对象本身的特点来选择预测方法，预测模型与预测方法是紧密联系在一起的。确定了预测方法，也就确定了预测模型，建立预测模型，就是指依据预测目标，应用预测方法建立起来的数学模型。

（五）得出预测结论

这是市场预测工作的最后一个阶段，包括两个环节：一是利用预测模型计算出预测值，就是根据具体的数学模型，输入有关数据资料，经过运算，求出预测值。二是评价预测值的合理性，最后确定预测结论。

利用预测模型计算出来的预测值，只是初步预测的结果。由于种种原因，预测值和实际情况总是存在一定偏差，这就是预测误差。因此，在确定最后预测结论时，一般需要对预测的误差作出估计，预测值误差实质上是对预测模型精确度的直接评价，决定着对模型是否认可，是否需要作出修正。如果预测误差较小，符合预测要求，最后就可以确定预测结论，即确定最终的预测值。

需要指出的是，为了保证预测值的准确性，在市场预测中，常常要同时采用不同的预测方法与预测模型，并对它们的预测结果进行比较分析，进而对预测值的可信度作出评价，以确定最符合实际的预测值。

☆ **同步测试**

◇ 单项选择

1. （　　）是企业开展经营活动的前提，是企业有效利用和调动市场情报、信息的主要手段。

　　A. 市场调研　　　B. 市场预测　　　C. 市场分析　　　D. 市场探索

2. 以解释市场变量之间的因果关系为目的的调研是（　　）。

　　A. 探索性调研　　B. 描述性调研　　C. 因果性调研　　D. 预测性调研

3. （　　）是收集、分析历史和现实已有的各种信息和情报资料，获取与调研目的相关信息的一种调研方法。

　　A. 文案调研　　　B. 实地调研　　　C. 网络调研　　　D. 探索性调研

4. 每一次市场调研都是为一项营销活动做准备的，能用其解决特定的营销问题，市场调研是一种具有使用目的的（　　）调研。

　　A. 普遍性　　　　B. 科学性　　　　C. 应用性　　　　D. 不确定性

5. 对市场调研指标总体进行调研，也就是对所要认识的研究对象全体进行全方位的调研是（　　）。

　　A. 市场普查　　　B. 重点调研　　　C. 抽样调研　　　D. 典型调研

6. 市场调研要从客观实际出发，在正确理论指导下，对已有的资料进行科学分析，找出事物发展的客观规律性，并用于指导行动，这体现了市场调查的（　　）原则。

A. 客观性　　　　B. 经济性　　　　C. 科学性　　　　D. 全面性

7. 德尔菲法属于（　　）中的一种。

A. 对比分析法　　B. 意见集合法　　C. 专家意见法　　D. 顾客意见法

8. 下列不符合市场调查问卷的设计原则的一项是（　　）。

A. 问卷不宜过长　　　　　　　　B. 问题多多益善

C. 不能使用专业术语　　　　　　D. 提问不能有任何暗示

9. 市场调查的最后一个步骤是（　　）。

A. 分析信息　　B. 解释结果　　C. 提交研究报告　　D. 问卷调查

10. （　　）是将预测目标的历史数据按时间的顺序排列成为时间顺序，然后分析它随时间变化的发展趋势。

A. 因果分析法　　B. 时间序列预测法　C. 专家意见法　　D. 对比分析法

◇ 多项选择

1. 市场调研的主要特征有（　　）。

A. 普遍性　　　　B. 科学性　　　　C. 不确定性

D. 应用性　　　　E. 确定性

2. 市场调研按照资料来源的不同可以分为（　　）。

A. 文案调研　　　B. 实地调研　　　C. 网络调研

D. 探索性调研　　　　　　　　E. 预测性调研

3. 市场调研按照空间范围可以分为（　　）。

A. 消费品市场调研　B. 生产市场调研　C. 国际市场调研

D. 国内区域市场调研　　　　　E. 全国市场调研

4. 态度测量表是市场调研中的一个重要的方法，包括（　　）。

A. 测量尺度　　　B. 直接量表　　　C. 间接量表

D. 定性量表　　　　　　　　　E. 定量量表

5. 下列属于专家意见预测法的是（　　）。

A. 集合意见法　　B. 对比分析法　　C. 专家会议法

D. 头脑风暴法　　　　　　　　E. 德尔菲法

◇ 判断

1. 市场调查首先开始的工作是收集信息资料。　　　　　　　　（　　）

2. 预测性调研就是企业为了推断和测量市场的未来变化而进行的研究。（　　）

3. 市场调研的最后一个程序是撰写和提交调查报告。　　　　　（　　）

4. 市场调查问卷中的问句按照形式的不同分为封闭式问句和开放式问句。

（　　）

5. 抽样调研的方法分为随机抽样和非随机抽样。　　　　　　　（　　）

◇ 简答

1. 简述市场调研的内容和步骤。

2. 简述市场调研问卷的设计与制作。

3. 市场调研的主要方法有哪些？

4. 简述市场预测的主要步骤。

5. 简述市场预测的主要方法。

☆ 实训项目

各模拟公司针对本地牛奶产品进行市场调研

[训练目标] 通过对牛奶产品的调研与分析，使学生把握市场调研的基本方法与技巧。

[训练组织] 将一个班的同学分成 3～4 个模拟公司，每组成员以 10 个人为宜，各模拟公司对本地牛奶市场的购买信息与购买行为进行调查。

[训练提示] 教师提出活动前准备及注意事项，可以提示学生要了解牛奶的市场占有率，分析消费者对牛奶产品的需求等问题，同时随队指导。

[训练成果] 各组汇报，并将结果在班级中讨论，评出最优方案，教师讲评。

☆ 案例分析

美国关于速溶咖啡的市场调研

美国关于速溶咖啡的市场调研，体现了市场调研的创造性。20 世纪 40 年代，当速溶咖啡这个新产品刚刚投放市场时，厂家自信它会很快取代传统的豆制咖啡而获得成功。因为它的味道和营养成分与豆制咖啡相同而饮用方便，不必再花长时间去煮，也不要再为刷洗煮咖啡的器具而费很大的力气。厂家为了推销速溶咖啡，就在广告上着力宣传它的这些优点。出乎意料的是，购买者寥寥无几。

市场调研人员对消费者进行了问卷调研，请被试者回答不喜欢速溶咖啡的原因和理由。很多人一致回答是因为不喜欢它的味道，这显然不是真正的原因。

为了深入了解消费者拒绝使用速溶咖啡的潜在动机，市场调研人员改用了间接的方法对消费者真实的动机进行了调研和研究。他们编制了两种购物单，见表 4-2 所示，这两种购物单上的项目，除一张上写的是速溶咖啡，另一张上写的是新鲜咖啡这一项不同之外，其他各项均相同。把两种购物单分别发给两组妇女，请他们描写按购物单买东西的家庭主妇是什么样的妇女。

表 4-2　　　　　　　　　　两张不一样的购物单

类别	产品名称		
购物单一	1 听发酵粉	2 块面包、1 串胡萝卜	1 磅速溶咖啡
	1.5 磅碎牛肉	2 磅桃子	5 磅土豆
购物单二	1 听发酵粉	2 块面包、1 串胡萝卜	1 磅新鲜咖啡
	1.5 磅碎牛肉	2 磅桃子	5 磅土豆

　　结果表明，两组妇女所描写的想象中的两个家庭主妇的形象是截然不同的。看速溶咖啡购货单的那组妇女几乎有一半人说，按照这张购货单购物的家庭主妇是个懒惰的、邋遢的和生活没有计划的女人；有12%的人把她说成是个挥霍浪费的女人；还有10%的人说她不是一位好妻子。另一组妇女则把按新鲜咖啡购货的妇女，描写成勤俭的、讲究生活的、有经验的和喜欢烹调的主妇。这说明，当时的美国妇女有一种带有偏见的自我意识：作为家庭主妇，担负繁重的家务劳动是一种天职，而逃避家务劳动则是偷懒的、值得谴责的行为。速溶咖啡的广告强调的正是省时、省力的特点，因而并没有给人以好的印象，反而被理解为帮助了懒人。

　　由此可见，速溶咖啡开始时被拒绝，并不是由于它本身，而是由于人们的动机，即都希望做一名勤劳的、称职的家庭主妇，而不愿做被别人和自己所谴责的懒惰、失职的主妇。这就是当时人们的一种潜在的购买动机，这也正是速溶咖啡被拒绝的真正原因。谜底揭开之后，厂家对产品的包装作了相应的修改，除去了使人产生消极心理的因素。广告不再宣传又快又方便的特点，而是宣传它具有新鲜咖啡所具有的美味、芳香和质地醇厚等特点；在包装上，使产品密封十分牢固，开启时十分费力，这就在一定程度上打消了顾客因用新产品省力而造成的心理压力。结果，速溶咖啡的销路大增，很快成为西方世界最受欢迎的咖啡。

　　（资料来源：赵伯庄，张梦霞. 市场调研. 北京：北京邮电大学出版社，2004）
　　阅读以上材料，回答问题：
　　1. 为什么速溶咖啡能成为西方世界最受欢迎的咖啡？
　　2. 联系实际谈谈市场调研的重要作用。

第五章

消费者市场和组织市场购买行为研究

◆ **本章学习目标**

☞ 应用知识目标：

1. 理解消费者市场和组织市场的基本特征和购买行为等主要内容；

2. 掌握影响购买者购买行为的主要因素；

3. 了解组织市场的基本特征和购买者行为分析等内容。

☞ 应用技能目标：

1. 对消费者市场购买行为进行分析；

2. 对组织市场购买行为进行分析。

📖营销情景故事

大宝的营销故事

大宝是北京三露厂生产的护肤品，在国内化妆品市场竞争激烈的情况下，大宝不仅没有被击垮，而且逐渐发展成为国产名牌。在日益增长的国内化妆品市场上，大宝选择了普通工薪阶层作为销售对象。一般说，工薪阶层的收入不高，很少选择价格较高的化妆品，而他们对产品的质量也很看重，并喜欢固定使用一种品牌的产品。因此，大宝在注重质量的同时，坚持按普通工薪阶层能接受的价格定价。其主要产品"大宝 SOD 蜜"，市场零售价不超过 10 元，日霜和晚霜的价格也不过是 20元。价格同市场上的同类化妆品相比占据了很大的优势，本身的质量也不错，再加上人们对国内品牌的信任，大宝很快赢得了顾客。许多顾客不但自己使用，也带动家庭其他成员使用大宝产品。大宝公司还了解到，使用大宝护肤品的消费者年龄在35 岁以上者居多，这一类消费者群体性格成熟，接受一种产品后一般很少更换。这种群体向别人推荐时，又具有可信度，而化妆品的口碑好坏对销售起着重要作用。大宝正是靠走群众路线获得了市场。

在销售渠道上，大宝公司认为如果继续依赖商业部门的订货会和各省市的百货批发站，必然会造成渠道越来越窄，于是，三露厂采取主动出击，开辟新的销售网点的办法，在全国大中城市有影响的百货商场设置专柜，直接销售自己的产品。零售与批发同时进行，使大宝的销售覆盖面更加广泛，在许多偏僻的地区也能见到大宝的产品。在广告宣传上，大宝强调广告传媒的选择一定要经济而且恰到好处。因而选择了中央电视台二套节目播出，理由是二套的广告价格较一套便宜得多，还可以套播。大宝赞助了大宝国际影院和大宝剧场两个栏目。这样加起来，每日在电视上能见到七八次大宝的广告，如此高密度、轰炸式的广告，为大宝带来了较高的知名度。广告的成功还在于广告定位与目标市场吻合。大宝公司选用了戏剧演员、教师、工人、摄影师等实实在在的普通工薪阶层，"大宝挺好的"、"要想皮肤好，早晚用大宝"、"大宝明天见，大宝天天见"等广告语深深植入老百姓的心中。

（资料来源：杨明刚．市场营销100个案与点析．上海：华东理工大学出版社，2004）

第一节 消费者市场特点及类型

一、消费者市场的含义

市场指有购买力、有购买愿望的顾客群体。按照顾客购买目的或用途的不同，市场可分为组织市场和消费者市场两大类。组织市场指以某种组织为购买单位的购买者所构成的市场，购买目的是为了满足生产、再一次销售、维持组织运作或履行组织职能。消费者市场是个人或家庭为了满足生活消费而购买产品和服务的市场，是组织市场乃至整个经济活动为之服务的最终市场。

二、消费者市场的特点

（一）广泛性

生活中的每一个人都不可避免地发生消费行为或消费品购买行为，成为消费者市场的一员，因此，消费者市场人数众多，范围广泛。

（二）分散性

消费者的购买单位是个人或家庭，一般而言，家庭商品储藏地点小、设备少，买大量商品不易存放，同时家庭人口较少，商品消耗量不大。再者，现代市场商品供应丰富，购买方便，随时需要，随时购买，不必大量储存，导致消费者每次购买数量零星，购买次数频繁，易耗的非耐用消费品更是如此。

（三）复杂性

消费者受到年龄、性别、身体状况、性格、习惯、文化、职业、收入、教育程度和市场环境等多种因素的影响而具有不同的消费需求和消费行为，所购商品的品种、规格、质量、花色和价格千差万别。

（四）易变性

消费需求具有求新求异的特性，要求商品的品种、款式不断翻新，有新奇感，不喜爱一成不变的老面孔。许多消费者对某个新品种、新款式的共同偏好就形成了消费风潮，这与科学技术的进步并无必然联系，只是反映消费心理的变化。商品的更新并不表示质量和性能有所改进，只是反映结构和款式等形式上的变化。随着市场商品供应的丰富和企业竞争的加剧，消费者对商品的挑选性增强，消费风潮的变化速度加快，商品的流行周期缩短，并且千变万化，往往令人难以把握。

（五）发展性

人类社会的生产力和科学技术总是在不断进步，新产品不断出现，消费者收入水平不断提高，消费需求也就呈现出由少到多、由粗到精、由低级到高级的发展趋势。

（六）情感性

消费品有千千万万，消费者对所购买的商品大多缺乏专门的甚至是必要的知识，对质量、性能、使用、维修、保管、价格乃至市场行情都不太了解，只能根据个人好恶和感觉作出购买决策，多属非专家购买，受情感因素影响大，受企业广告宣传和推销活动的影响大。

（七）伸缩性

消费需求受消费者收入、生活方式、商品价格和储蓄利率影响较大，在购买数量和品种选择上表现出较大的需求弹性或伸缩性。收入多则增加购买，收入少则减少购买。商品价格高或储蓄利率高的时候减少消费，商品价格低或储蓄利率低的时候增加消费。

（八）替代性

消费品种类繁多，不同品牌甚至不同品种之间往往可以互相替代。如"白猫"牌洗衣粉和"碧浪"牌洗衣粉可互相替代，毛衣与皮衣虽属不同种类也可互相替代。由于消费品具有替代性，消费者在有限购买力的约束下，对满足哪些需要以及选择哪些品牌来满足需要，必然会很慎重地进行决策并且会出现经常变换的可能，导致购买力在不同产品、品牌和企业之间流动。

（九）地区性

同一地区的消费者在生活习惯、收入水平、购买特点和商品需求等方面有较大的相似之处，而不同地区消费者的消费行为则表现出较大的差异性。

（十）季节性

季节性特点分为三种情况：一是季节性气候变化引起的季节性消费，如冬天穿棉衣，夏天穿单衣，热天买冰箱，冷天买电热毯等。二是季节性生产而引起的季节性消费，如春夏季是蔬菜集中生产的季节，也是蔬菜集中消费的季节。三是风俗习惯和传统节日引起的季节性消费，如端午节吃粽子，中秋节吃月饼等。

三、消费者购买对象的分类

（一）消费者的购买对象

消费者的购买对象是满足个人和家庭生活需要的产品和服务，即消费品。消费品是为了满足个人和家庭生活的需要。

（二）消费者购买对象的分类

1. 根据消费者的购买习惯和行为分类

根据消费者的购买习惯和行为分类，消费者的购买对象（消费品）分为日常商品、选购商品、特殊商品和寻购商品。

（1）日常商品。日常商品范围广阔，包括粮食、副食品、饮料、日用百货、旅游纪念品以及突发急需商品等。这些商品有些是消费者经常需要的，随时购买，很少考虑如何挑选，有些是凭一时冲动才购买的，有些是消费者产生急需时购买的，因此，企业要采用密集分销渠道，尽量做到品种齐全，方便消费者。

（2）选购商品。选购商品又分为同质商品选购和异质商品选购。对于这种消费品，购买者一般要从质量、价格、款式、服务等方面反复比较挑选，然后才决定购买。当商品的质量款式规格等方面没有任何大的差异时，人们主要以品牌的知名度为选购商品的依据。当商品的花色、品种、款式以及色彩等方面差异很大时，人们选购商品就会用自身的爱好为选购导向，如服装鞋帽等。

（3）特殊商品。特殊品是消费者偏爱的独特商品、名牌消费品以及一些商标品牌独特、性能用途独特、量身打造的高贵用品和服务，如古董、手工艺品、名贵字画和珍宝玉器等。这类商品不是消费者普遍需要的，因此，对于这些商品出售点不在多，而在于知名度高，服务水平高。

（4）寻购商品。寻购商品是指具有特殊用途的商品，如某些特殊药品、登山潜水物品、残疾人用品等等。一般消费者不了解这些商品或是需要后不知何处购买。这类商品销售点不宜多，但应注意在网上宣传公布购买点，以便消费者在需要时前去购买。

知识链接

昂贵之首

2005 年 6 月，在上海召开的世界贵重商品的展销会上，被邀请的均是身家千万的人，一块表的价值就达百万元。2006 年 12 月，在广州召开的"世界奢侈品展"上，一幅画达到 1 200 万元，而更昂贵的商品莫过于法国的"laBonnotte"土豆，每千克的价格居然高达 500 欧元。阿联酋迪拜的 Burj Al Arab 旅馆，最便宜的房间要价一晚 770 欧元，总统套间一晚达 7 700 欧元，创世界之最。

2. 根据产品的有形与否分类

根据产品的有形与否分类，消费者的购买对象（消费品）分为有形产品和服务两类。

（1）有形产品。有形产品是指使用价值必须借助有形物品才能发挥其效用，且该有形部分必须进入流通和消费过程的产品。

（2）服务。服务也称无形产品，是指一方向另一方提供一种无形的并且不导致任何所有权产生的活动或利益。服务具有无形、生产和消费不可分离、可变和易消逝的特点。

3. 根据商品的耐用程度和使用频率分类

根据商品的耐用程度和使用频率分类，消费品分为耐用消费品和易耗消费品。

（1）耐用消费品。耐用消费品使用寿命较长，可以多次使用，如房屋、汽车、家具和家用电器等。因为消费者购买次数较少，价钱相对昂贵，因此，购买时考虑比较慎重。

（2）易耗消费品。易耗品使用寿命短，只能使用一次或几次，如各类食品、易耗学习用品和日用小商品等，购买者大多随机购买。

第二节　消费者购买行为与决策过程

一、消费者购买行为

（一）消费者购买行为的含义

消费者购买行为是指消费者为获取、购买、使用、评估和处置预期能满足其需要的产品和服务所采取的各种行为。

（二）消费者购买行为的模式

关于如何分析消费者的购买行为，市场营销学家归纳出以下七个主要问题：

消费者市场由谁构成（Who）	购买者（Occupants）
消费者购买什么（What）	购买对象（Objects）
消费者为什么购买（Why）	购买目的（Objectives）
消费者市场的购买活动有谁参与（Who）	购买组织（Organizations）
消费者什么时间购买（When）	购买时间（Occasions）
消费者在何地购买（Where）	购买地点（Outlets）
消费者怎样购买（How）	购买方式（Operations）

以上七个问题都以英文字母"O"开头，西方市场营销学家将这些决策称为7"O"研究法。在市场营销过程中，对于谁购买、买了什么、为什么购买、什么时间购买、通过什么方式购买等问题，营销人员很容易通过市场调查得到答案，但是要了解真正的原因却需要企业有针对性地制定营销策略。

为研究消费者购买行为，专家们建立了一个"刺激——反应模式"来说明营销环境刺激与消费者反应之间的关系（见图5－1）。

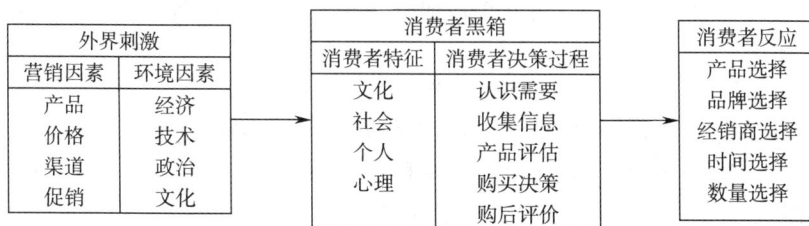

外界刺激		消费者黑箱		消费者反应
营销因素	环境因素	消费者特征	消费者决策过程	产品选择
产品	经济	文化	认识需要	品牌选择
价格	技术	社会	收集信息	经销商选择
渠道	政治	个人	产品评估	时间选择
促销	文化	心理	购买决策	数量选择
			购后评价	

图5－1　消费者购买行为模式

从这一模式中我们可以看到，具有一定潜在需要的消费者首先是受到企业营销活动的刺激和各种外部环境因素的影响而产生购买意向的，而不同特征的消费者对于外界的各种刺激和影响又会基于其特定的内在因素和决策方式作出不同的反应，从而形成不同的购买意向和购买行为。这就是消费者购买行为的一般规律。

🗂 探讨与应用

黑色的冰箱

20 世纪 80 年代初期，日本曾经有一段时间突然流行黑色的冰箱。据说，这种冰箱是由生产厂商调色时调错了颜色，结果数以万计的冰箱变成了黑色，若不上市将会给厂家造成巨大的损失。不得已之际，厂家只得碰运气地推向市场，但没想到一下子造成了轰动，市场上这种黑色冰箱居然出现供不应求的情况。顾客在好奇、反传统、追求新奇的心理作用下，竟然开始抢购，商店门前排起长队，似乎不买一台这种黑色冰箱，就大大落伍了。

黑色冰箱大发利市之后，是不是代表其他只要是黑色的家电用品都可以卖得火暴呢？厂商趁顾客一窝蜂地购买黑色的商品之际，陆续推出了各种各样的黑色家电：黑色风扇、黑色电话、黑色空调等等，但结果出现了严重的滞销。为什么会出现这种情况呢？

原来是顾客的热潮已经冷却退去了。作为一种反叛的象征，黑色的冰箱恰好呼应了顾客的那种反传统、求新求奇的心态，对公司而言，它们也是恰好与顾客内心的想法相符合，所以成功了。但实际上，这样的潮流年年都有，顾客随时都会有新的想法，若企业不能适应这种变化，势必难以长久地经营下去。

（资料来源：车慈慧. 市场营销. 北京：高等教育出版社，2009）

试分析：黑色冰箱出现时日本消费者购买行为。

二、消费者购买决策过程

消费者购买过程是消费者购买动机转化为购买活动的过程。不同消费者的购买过程有特殊性，也有一般性，对此加以研究可以更有针对性地开展营销活动，满足需求，扩大销售。

（一）消费者购买决策过程的参与者

消费者在购买活动中可能扮演下列五种角色中的一种或几种：

发起者。第一个提议或想到去购买某种产品的人。

影响者。有形或无形地影响最后购买决策的人。

决定者。最后决定整个购买意向的人。比如买不买、买什么、买多少、怎么买、何时与何地买等等。

购买者。实际执行购买决策的人。比如与卖方商谈交易条件，带上现金去商店选购等等。

使用者。实际使用或消费商品的人。

消费者以个人为单位购买时，五种角色可能同时由一人担任；以家庭为购买单位时，五种角色往往由家庭不同成员分别担任。例如，一个家庭要购买一台电脑，发起者可能是孩子，他认为有助于提高自己学习英语的效率。影响者可能是爷爷，他表示赞成。决定者可能是母亲，她认为孩子确实需要，根据家庭目前经济状况也有能力购买。购买者可能是父亲，他有些电器知识，带上现金去各商店选购。使用者是孩子。

在以上五种角色中，营销人员最关心决定者是谁。

（二）消费者购买行为的类型

在日常生活中，消费者的购买行为多种多样，究其原因，是受诸多因素影响，其中最主要的是购买介入程度和品牌差异大小。

购买介入程度指消费者购买风险大小或消费者对购买活动的关注程度。如果产品价格昂贵，消费者缺乏产品知识和购买经验，购买具有较大的风险性和高度的自我表现性，这类购买行为称为高度介入购买行为，这类消费者称为高度介入购买者；如果产品价格低或消费者有产品知识和购买经验，购买无风险或无自我表现性，则称为低度介入购买行为，这类消费者称为低度介入购买者。同类产品不同品牌之间的差异大小也决定着消费者购买行为的复杂性，差异小，无须在不同品牌之间精心选择，购买行为就简单。因此，同类产品不同品牌之间的差异越大，产品价格越昂贵，消费者越是缺乏产品知识和购买经验，感受的风险越大，购买过程就越复杂。阿萨尔（Assael）根据购买者的购买介入程度和产品品牌差异程度区分出四种复杂程度不同的购买类型，见表5-1。

表5-1　　　　　　　　　　　　　购买行为的四种类型

品牌差异程度＼购买介入程度	高	低
大	复杂的购买行为	多样性的购买行为
小	减少失调感的购买行为	习惯性的购买行为

1. 复杂的购买行为

如果消费者属于高度介入，并且了解现有各品牌、品种和规格之间具有显著差异，则会产生复杂的购买行为。复杂的购买行为指消费者购买过程完整，要经历大量的信息收集、全面的产品评估、慎重的购买决策和认真的购后评价等各个阶段。

对于复杂的购买行为，营销者应制定策略帮助购买者掌握产品知识，运用印刷媒介和销售人员宣传本品牌的优点，发动商店的营业员和购买者的亲朋好友影响最终购买决定，简化购买过程。

2. 减少失调感的购买行为

如果消费者属于高度介入，但是并不认为各品牌之间有显著差异，则会产生减少失调感的购买行为。减少失调感的购买行为指消费者并不广泛收集产品信息，并不精心挑选品牌，购买过程迅速而简单，但是在购买后会认为自己所买产品具有某些缺陷或其他产品有更多的优点而产生失调感，怀疑原先购买决策的正确性。服装、首饰、家具和某些家用电器等商品的购买大多属于减少失调感的购买行为。此类产品价值高，不常购买，但是消费者看不出或不认为某一价格范围内的不同品牌有什么差别，不须在不同品牌之间精心比较和选择，购买过程迅速，可能会受到与产品质量和功能无关的其他因素的影响，如因价格便宜、销售地点近而决定购买。购买之后，会因使用过程中发现产品的缺陷或听到其他同类产品的优点而产生失调感。

对于这类购买行为，营销要提供完整的售后服务，通过各种途径经常提供有利于本企业和产品的信息，使顾客相信自己的购买决定是正确的。

3. 习惯性的购买行为

如果消费者属于低度介入并认为各品牌之间没有什么显著差异，就会产生习惯性购买行为，习惯于购买自己熟悉的品牌，在购买后可能评价也可能不评价。

对习惯性购买行为的主要营销策略有以下三种：

（1）利用价格与销售促进吸引消费者试用。由于产品本身与同类其他品牌相比难以找出独特优点以引起顾客的兴趣，就只能依靠合理价格与优惠、展销、示范、赠送、有奖销售等销售促进手段吸引顾客试用。一旦顾客了解和熟悉产品，就可能经常购买以至形成购买习惯。

（2）开展大量重复性广告加深消费者印象。在低度介入和品牌差异小的情况下，消费者并不主动收集品牌信息，也不评估品牌，只是被动地接受包括广告在内的各种途径传播的信息，根据这些信息所形成的对不同品牌的熟悉程度来决定选择。

（3）增加购买介入程度和品牌差异。在习惯性购买行为中，消费者只购买自己熟悉的品牌而较少考虑品牌转换，如果竞争者通过技术进步和产品更新将低度介入的产品转换为高度介入并扩大与同类产品的差距，将促使消费者改变原先的习惯性购买行为，寻求新的品牌。提高介入程度的主要途径是在不重要的产品中增加较为重要的功能和用途，并在价格和档次上与同类竞争性产品拉开差距。比如，洗发水若仅仅有去除头发污渍的作用，则属于低度介入产品，与同类产品也没有什么差别，只能以低价展开竞争；若增加去除头皮屑的功能，则介入程度提高，提高价格也能吸引购买，扩大销售；若再增加营养头发的功能，则介入程度和品牌差异都进一步提高。

4. 多样性的购买行为

如果消费者属于低度介入并了解现有各品牌和品种之间具有显著差异，则会产生多样性的购买行为。多样性的购买行为指消费者购买产品有很大的随意性，并不深入收集信息和评估比较就决定购买某一品牌，在消费时才加以评估，但是在下次购买时又转换其他品牌。转换的原因是厌倦原口味或想试试新口味，是寻求产品的多样性而不一定有不满意之处。

对于寻求多样性的购买行为，市场领导者和挑战者的营销策略是不同的。市场领导者力图通过占有货架、避免脱销和提醒购买的广告来鼓励消费者形成习惯性购买行为。而挑战者则以较低的价格、折扣、赠券、免费赠送样品和强调试用新品牌的广告来鼓励消费者改变原习惯性购买行为。

（三）消费者购买决策过程的主要步骤

不同购买类型反映了消费者购买过程的差异性或特殊性，但是消费者的购买过程也有其共同性或一般性，西方营销学者对消费者购买决策的一般过程作了深入研究，提出若干模式，采用较多的是五阶段模式（见图5-2）。

这个购买过程模式适用于分析复杂的购买行为。因为复杂的购买行为是最完整、最有代表性的购买类型，其他几种购买类型是越过其中某些阶段后形成的，是复杂购买行为的简化形式。模式表明，消费者的购买过程早在实际购买以前就已开始，

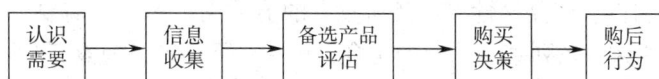

图 5 - 2 购买过程的五阶段模式

并延伸到实际购买以后，这就要求营销人员注意购买过程的各个阶段而不是仅仅注意销售。

1. 认识需要

认识需要指消费者确认自己的需要是什么。需要是购买活动的起点，升高到一定程度时就变成一种驱力，驱使人们采取行动去予以满足。需要可由内在刺激或外在刺激唤起。内在刺激是人体内的驱使力，如饥、渴、冷等等。人们由从前的经验学会如何应付这种驱力，并受到激励去寻找能满足这种驱力的物品，如食品、饮料和服装。外在刺激是外界的触发诱因。食物的香味，衣服的款式等都可以成为触发诱因，形成刺激，导致对某种需要的确认。但是需要被唤起后可能逐步增强，最终驱使人们采取购买行动，也可能逐步减弱以至消失。

营销人员在这个阶段的任务如下：

（1）了解与本企业产品有关的现实的和潜在的需要。在价格和质量等因素既定的条件下，一种产品如果能够满足消费者多种需要或多层次需要就能吸引更多的购买。

（2）了解消费者需要随时间推移以及外界刺激强弱而波动的规律性，设计诱因，增强刺激，唤起需要，最终唤起人们采取购买行动。

2. 信息收集

（1）了解消费者信息来源。

一是经验来源，指直接使用产品得到的信息。

二是个人来源，指家庭成员、朋友、邻居、同事和其他熟人所提供的信息。

三是公共来源，指社会公众传播的信息，如消费者权益组织、政府部门、新闻媒介、消费者和大众传播的信息等。

四是商业来源，指营销企业提供的信息，如广告、推销员介绍、商品包装的说明和商品展销会等。

（2）了解不同信息来源对消费者的影响程度。一般来说，消费者经由商业来源获得的信息最多，其次为公共来源和个人来源，最后是经验来源。但是从消费者对信息的信任程度看，经验来源和个人来源最高，其次是公共来源，最后是商业来源。研究认为，商业来源的信息在影响消费者购买决定时只起告知作用，而个人来源则起评价作用。

（3）设计信息传播策略。在利用商业来源传播信息外，还要设法利用和刺激公共来源、个人来源和经验来源，也可多种渠道同时使用，以加强信息的影响力或有效性。

3. 产品评估

消费者在获得全面的信息后就会根据这些信息和一定的评价方法对同类产品的不同品牌加以评价并决定选择。一般而言，消费者的评价行为涉及四个方面。

（1）产品属性。产品属性指产品所具有的能够满足消费者需要的特性。产品在消费者心中表现为一系列基本属性的集合，例如，下列产品应具备如下属性。

冰箱：制冷效率高，耗电少，噪音低，经久耐用。

电脑：信息储存量大，运行速度快，图像清晰，软件适用性强。

药品：迅速消除病痛，安全可靠，无副作用，价格低。

宾馆：洁净，舒适，用品齐全，服务周到，交通方便，收费合理。

在价格不变的条件下，一个产品有更多的属性将更能吸引顾客购买。

（2）品牌信念。品牌信念指消费者对某品牌优劣程度的总的看法。

（3）效用要求。效用要求指消费者对该品牌每一属性的效用功能应当达到何种水准的要求。或者说，该品牌每一属性的效用功能必须达到何种水准他才会接受。

（4）评价模式。明确了上述三个问题以后，消费者会有意或无意地运用一些评价方法对不同的品牌进行评价和选择。比如，某人打算购买电视机，收集了A、B、C……I等九种品牌的资料，他要求价格不超过5 000元，则A、C、E等三种超过此价的品牌被淘汰；他要求画面清晰度要超过9分（按主观标准打分），B、D、P、G等四种未达到9分的品牌被淘汰，还剩下两种品牌供选择。

4. 购买决策

消费者经过产品评估后会形成一种购买意向，但是不一定导致实际购买，从购买意向到实际购买还有一些因素介入，一般包括他人的态度和意外因素等。

（1）他人态度。他人态度的影响力取决于三个因素：一是他人否定态度的强度，否定态度越强烈，影响力越大；二是他人与消费者的关系，关系越密切，影响力越大；三是他人的权威性，他人对此类产品的专业水准越高，则影响力越大。比如，某人想买一辆摩托车，但是家人不同意，他的购买意向就会降低。

（2）意外因素。消费者购买意向是以一些预期条件为基础形成的，如预期收入、预期价格、预期质量、预期服务等，如果这些预期条件受到一些意外因素的影响而发生变化，购买意向就可能改变。比如，预期的奖金收入没有得到，原定的商品价格突然提高，购买时销售人员态度恶劣等都可能导致顾客购买意向改变。

5. 购后行为

消费者购买了商品并不意味着购买行为过程的结束，消费者的购后行为将影响消费者今后的行动，也会对相关的群体产生影响。因此，现代的企业应该高度重视消费者购买后的行为。消费者购买后的行为一般包括购买后评价和购买后对商品的使用和处置。

（1）购后评价。消费者购买商品以后会通过商品使用过程检验自己购买决策的正确性，确认满意程度，作为以后类似购买活动的参考。

企业应当采取有效措施减少或消除消费者的购后失调感。比如，有的电脑销售部门在产品售出以后，请顾客留下姓名、地址、电话等，定期与顾客联系，寄贺信，祝贺他们买了一台理想电脑，通报本企业电脑的质量、服务和获奖情况，提供适用软件，指导顾客正确使用产品，征询改进意见等，还建立良好的沟通渠道处理消费者意见并迅速赔偿消费者所遭受的不公平损失。事实证明，与消费者进行购后沟通可减少退货和取消订货的情况，如果让消费者的不满发展到向有关部门投诉或抵制产品的程度，企业将遭受更大的损失。

（2）购后使用和处置。消费者购买以后如何使用和处置该产品也应引起营销者注意。如果消费者经常使用甚至为产品找到新用途，则对企业有利。如果消费者将产品闲置不用甚至丢弃，则说明产品无用或不能令人满意。如果消费者把产品转卖他人或用于交换其他物品，将会影响企业产品的销售量。

凸探讨与应用

阿雯选车的故事

阿雯是上海购车潮中的一位普通的上班族，35岁，月收入万元。以下真实地记录了在2004年4月至7月间，她在购车决策过程中如何受到各种信息的影响。

阿雯周边的朋友与同事纷纷加入了购车者的队伍，看他们在私家车里享受音乐而不必用力抗拒公交车的拥挤与嘈杂，阿雯不觉开始动心。另外，她工作地点离家较远，加上交通拥挤，来回花在路上的时间要近三个小时，她的购车动机越来越强烈。只是这时候的阿雯对车一无所知，除了坐车的体验，除了直觉上喜欢漂亮的白色、流畅的车型和几盏大而亮的灯。

初识爱车

阿雯是在上司的鼓动下上驾校学车的。在驾校学车时，未来将购什么样的车不知不觉成为几位学车者的共同话题。

"我拿到驾照，就去买一部1.4自排的波罗。"一位MBA同学对波罗情有独钟。虽然阿雯也蛮喜欢这一款小车的外形，但她怎么也接受不了自己会同样购一款波罗，因为阿雯有坐波罗1.4的体验，那一次是4个女生（在读MBA同学）上完课，一起坐辆小波罗出去吃中午饭，回校时车从徐家汇的地下车库开出，上坡时不得不关闭了空调才爬上高高的坡，想起爬个坡便要关上空调实实在在地阻碍了阿雯对波罗的热情，虽然有不少人认为波罗是女性的首选车型。

问问驾校的师傅吧。师傅总归是驾车方面的专家，"宝来，是不错的车"，问周边人的用车体会，包括朋友的朋友，都反馈过来这样的信息：在差不多的价位上，开一段时间，还是德国车不错，宝来好。但后排的拥挤却已先入为主了。如果有别的合适的车，宝来仅会成为候选吧。

不久，一位与阿雯差不多年龄的女邻居，在小区门口新开的一家海南马自达专卖店里买了一辆福美来，便自然地向阿雯做了详细介绍。阿雯很快去了家门口的专卖店，她被展厅里的车所吸引，销售员热情有加，特别是有这么一句话深深地打动了她："福美来各个方面都很周全，反正在这个价位里别的车有的配置福美来都会有，只会更多。"

亲密接触

阿雯回家征求先生的意见。先生说，为什么放着那么多上海大众和通用公司的品牌不买，偏偏要买"海南货"？它在上海的维修和服务网点是否完善？两个问题马上动摇了阿雯当初的方案。

阿雯不死心，便想问问周边驾车的同事对福美来的看法。"福美来还可以，但是日本车的车壳太薄",宝来车主因其自身多年的驾车经验,他的一番话还是对阿雯有说服力的。阿雯有无所适从的感觉。阿雯关心起了精致的汽车杂志,随着阅读的试车报告越来越多,阿雯开始明确自己的目标了,8万元至15万元的价位,众多品牌的车都开始进入阿雯的视野。经过反复比较,阿雯开始锁定别克凯越和本田飞度。

但不幸的是,随着对别克凯越论坛的熟悉,阿雯很快发现,费油是别克凯越的最大缺陷,想着几乎是飞度两倍的油耗,在将来拥有车的时时刻刻要为这油耗花钱,阿雯的心思便又活了。还有飞度呢,精巧、独特、省油,新推出活灵活现的试车报告。

到此时,阿雯对电视里各种煽情的汽车广告却没有多少印象。由于工作、读书和家务的关系,她实在没有多少时间坐在电视机前。而地铁里的各式广告,按道理是天天看得到,但受上下班拥挤的人群的影响,阿雯实在是没有心情去欣赏。

纸上得来终觉浅,所以周边各款车的直接用车体验对阿雯有着一言九鼎的说服力,阿雯开始致电各款车的车主了。

花落谁家?

阿雯的梦中有一辆车,漂亮的白色,流畅的车型,大而亮的灯,安静地立在阿雯的面前,等着阿雯坐进去。但究竟花落谁家呢?阿雯自己的心里知道,她已有了一个缩小了的备选品牌范围。但究竟要买哪一辆车,这个"谜底"不再遥远……

(资料来源:杨明刚.市场营销100个案与点析.上海:华东理工大学出版社,2004)

试分析:

1. 根据消费者介入度与购买决策分类理论,阿雯选车是属于哪一类购买决策,为什么?

2. 试运用消费者决策过程的五阶段模型分析阿雯选车所经历的相关阶段。

第三节　影响消费者购买行为的因素

消费者生活在纷繁复杂的社会之中,购买行为受到诸多因素的影响。要透彻地把握消费者购买行为,有效地开展市场营销活动,必须分析影响消费者购买行为的有关因素。

消费者的购买行为深受社会、文化、个人和心理因素的影响(见图5-3),且每种因素对消费者购买行为的影响程度都有所不同。

下面分别阐述这四方面因素的具体内容及其对消费者购买行为的影响。

一、文化因素

(一)文化

文化指人类从生活实践中建立起来的价值观念、道德、理想和其他有意义的象征的综合体。每一个人都在一定的社会文化环境中成长,通过家庭和其他主要机构的社会化过程学到和形成了基本的文化观念。文化是决定人类欲望和行为的基本因

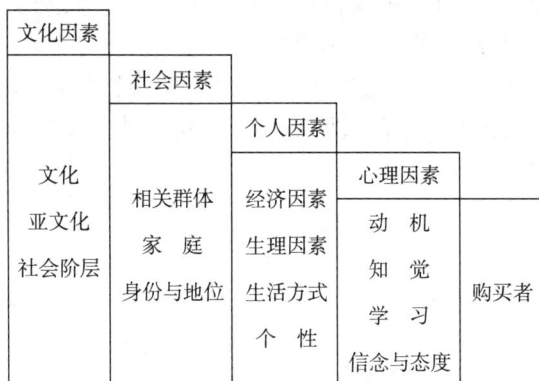

图 5 – 3 影响消费者行为的因素

素，文化的差异引起消费行为的差异，表现为婚丧、服饰、饮食起居、建筑风格、节日、礼仪等物资和文化生活各个方面的不同特点，比如中国的文化传统是仁爱、礼貌、智慧、诚实、上进、敬老爱幼和尊师重教等等。

（二）亚文化

每一个国家的文化中又包含若干不同的亚文化群，主要有以下四种。

1. 民族亚文化群

每个国家都存在不同的民族，每个民族都在漫长的历史发展过程中形成了独特的风俗习惯和文化传统。

2. 宗教亚文化群

每个国家都存在不同的宗教，每种宗教都有自己的教规或戒律。

3. 种族亚文化群

一个国家可能有不同的种族，不同的种族有不同的生活习惯和文化传统。比如，美国的黑人与白人相比，购买的衣服、个人用品、家具和香水较多，食品、运输和娱乐较少。虽然他们更重视价格，但是也会被商品的质量所吸引并进行挑选，不会随便购买。他们更重视商品的品牌，更具有品牌忠诚性。美国的许多大公司如西尔斯公司、麦当劳公司、宝洁公司和可口可乐公司等非常重视通过多种途径开发黑人市场，还有的公司专门为黑人开发特殊的产品和包装。

4. 地理亚文化群

世界上处于不同地理位置的各个国家，同一国家内处于不同地理位置的各个省份和市县都有着不同的文化和生活习惯。

（三）社会阶层

社会阶层是社会学家根据职业、收入来源、教育水平、价值观和居住区域对人们进行的一种社会分类，是按层次排列的、具有同质性和持久性的社会群体。社会阶层具有以下特点：

1. 同一阶层的成员具有类似的价值观、兴趣和行为，在消费行为上相互影响并趋于一致。

2. 人们以自己所处的社会阶层来判断各自在社会中占有的高低地位。

3. 一个人的社会阶层归属不仅仅由某一变量决定，而是受到职业、收入、教育、价值观和居住区域等多种因素的制约。

4. 人们能够在一生中改变自己的社会阶层归属，既可以迈向高阶层，也可以跌至低阶层，这种升降变化的程度随着所处社会的社会层次森严程度的不同而不同。

二、社会因素

（一）相关群体

相关群体指能够影响消费者购买行为的个人或集体。换言之，只要某一群体在消费行为上存在相互影响，就构成一个相关群体，不论他们是否相识或有无组织。某种相关群体的有影响力的人物称为"意见领袖"或"意见领导者"，他们的行为会引起群体内追随者、崇拜者的仿效。

1. 按照对消费者的影响强度分类

按照对消费者的影响强度分类，相关群体可分为基本群体、次要群体和其他群体。

（1）基本群体。基本群体也称为主要群体，指那些关系密切经常发生相互作用的非正式群体，如家庭成员、亲朋好友、邻居和同事等。这类群体对消费者影响最强。

（2）次要群体。次要群体指较为正式但日常接触较少的群体，如宗教、专业协会和同业组织等。这类群体对消费者的影响强度次于主要群体。

（3）其他群体。其他群体也称为渴望群体，指有共同志趣的群体，即由各界名人如文艺明星、体育明星、影视明星和政府要员及其追随者构成的群体。这类群体影响面广，但对每个人的影响强度逊于主要群体和次要群体。

2. 按照对消费者影响的性质分类

按照对消费者影响的性质分类，相关群体可分为准则群体、比较群体和否定群体。

（1）准则群体。准则群体是指人们同意和赞赏其行为并乐意加以仿效的群体。

（2）比较群体。比较群体指的是人们以其行为作为判断自己身份和行为的依据，而且他们并不加以仿效的群体。

（3）否定群体。否定群体指的是那些行为被人们厌恶的群体。消费者通常不会买那些与否定群体有关的产品。

（二）家庭

消费者以个人或家庭为单位购买产品，家庭成员和其他有关人员在购买活动中往往起着不同作用并且相互影响，构成了消费者的购买组织。分析这个问题，有助于企业抓住关键人物开展营销活动，提高营销效率。家庭不同成员对购买决策的影响往往由家庭特点决定，家庭特点可以从家庭权威中心点、家庭成员的文化与社会阶层等方面分析。

1. 家庭权威中心点

社会学家根据家庭权威中心点不同，把所有家庭分为四种类型：一是各自做主型，亦称自治型，指每个家庭成员对自己所需的商品可独立作出购买决策，其他人不加干涉；二是丈夫支配型，指家庭购买决策权掌握在丈夫手中；三是妻子支配型，指家庭购买决策权掌握在妻子手中；四是共同支配型，指大部分购买决策由家庭成员共同协商作出。家庭权威中心点会随着社会政治经济状况的变化而变化。由于社会教育水平增高和妇女就业增多，妻子在购买决策中的作用越来越大，许多家庭由丈夫支配型转变为妻子支配型或共同支配型。

2. 家庭成员的文化与社会阶层

家庭主要成员的职业、文化及家庭分工不同，在购买决策中的作用也不同。据国外学者调查，在教育程度较低的蓝领家庭，日用品的购买决策一般由妻子作出，耐用消费品的购买决策由丈夫作出。在科学家和教授的家庭里，贵重商品的购买决策由妻子作出，日用品的购买普通家庭成员就能决定。

（三）身份和地位

每个人的一生会参加许多群体，如家庭、公司、俱乐部及各类组织，一个人在群体中的位置可用身份和地位来确定。身份是周围的人对一个人的要求或一个人在各种不同场合应起的作用，比如，某人在女儿面前是父亲，在妻子面前是丈夫，在公司是经理。每种身份都伴随着一种地位，反映了社会对他的总评价。消费者作出购买选择时会考虑自己的身份和地位，企业把自己的产品或品牌变成某种身份或地位的标志或象征，将会吸引特定目标市场的顾客。当然，人们以何种产品或品牌来表明身份和地位会因社会阶层和地理区域的不同而不同。

三、个人因素

个人因素指消费者的经济条件、生理、个性和生活方式等对购买行为的影响。

（一）经济因素

经济因素指消费者可支配收入、储蓄、资产和借贷的能力。经济因素是决定购买行为的首要因素，决定着能否发生购买行为以及发生何种规模的购买行为，决定着购买商品的种类和档次。比如，我国中等收入的家庭不会选择购买汽车，低收入家庭只能购买基本生活必需品以维持温饱。

世界各国消费者的储蓄、债务和信贷倾向不同。比如，日本人的储蓄倾向强，结果日本银行有更多的钱和更低的利息贷给日本企业，日本企业有较便宜的资本以加快发展。美国人的消费倾向强，储蓄就少，贷款利率高。营销人员应密切注意居民收入、支出、利息、储蓄和借款的变化，这点对价格敏感型产品更为重要。

（二）生理因素

生理因素指年龄、性别、体征（高矮胖瘦）、健康状况和嗜好（比如饮食口味）等生理特征的差别。生理因素决定着对产品款式、构造和细微功能有不同需求，比如，儿童和老人的服装要宽松，穿脱方便；身材高大的人要穿特大号鞋；江浙人嗜甜食，四川人嗜麻辣；病人需要药品和易于吸收的食物。

（三）个性

个性指一个人的心理特征，包括能力、气质和性格。个性导致对自身所处环境相对一致和连续不断的反应。个性特征有若干类型，如外向与内向、细腻与粗犷、谨慎与急躁、乐观与悲观、领导与追随、独立性与依赖性等。一个人的个性影响着消费需求和对市场营销因素的反应。比如,外向的人爱穿浅色衣服和时髦的衣服,内向的人爱穿深色衣服和庄重的衣服;追随性或依赖性强的人对市场营销因素敏感度高,易于相信广告宣传,易于建立品牌信赖和渠道忠诚,独立性强的人对市场营销因素敏感度低,不轻信广告宣传;家用电器的早期购买者大都具有极强的自信心、控制欲和自主意识。

（四）生活方式

生活方式指一个人在生活中表现出来的活动、兴趣和看法的模式。不同的生活方式群体对产品和品牌有不同的需求。营销人员应设法从多种角度区分不同生活方式的群体,如节俭者、奢华者、守旧者、革新者、高成就者、自我主义者、有社会意识者等等。再比如,保龄球馆不会向节俭者群体推广保龄球运动,名贵手表制造商应研究高成就者群体的特点以及如何开展有效的营销活动,环保产品的目标市场是社会意识强的消费者。

> **知识链接**
>
> ### 气质和性格对购物的影响
>
> 巴甫洛夫认为,属于多血质的人好动、灵敏,对某一事物的注意和兴趣容易产生,但也容易消失,一般喜欢时兴商品,且易受宣传影响;属于胆汁质的人直率、热情、精力充沛,购买商品时愿意花时间选择比较;黏液质的人冷静,善于思考,自制力强,讲究实用,不易受宣传影响;抑郁质消费者多虑谨慎,对新兴的商品反应迟钝,购买决策迟缓。
>
> 据考证,在购物中,理智型的消费者善于思考,作决策时要反复权衡各种因素;情绪型的消费者反应比较强烈,容易冲动,购买商品时往往带有浓厚的感情色彩;意志型的消费者购买目的明确,行为积极主动,决策坚决果断。

四、心理因素

消费者的购买行为受到动机、知觉、学习以及信念和态度等主要心理因素的影响。

（一）动机

消费者购买某种商品的原因十分复杂,难以一一分析,应着重了解关于人们行为和动机的一些基本理论。

1. 需要层次论

马斯洛的需要层次论是把人的需要分为五个层次,由低到高分别为生理需要、安全需要、爱与归属的需要、尊重需要以及自我实现需要,最初应用于美国的企业管理中,分析如何满足企业员工的多层次需要以调动其工作积极性,以后被用于市场营销中分析多层次的消费需要并提供相应的产品来予以满足。例如,对于满足低层次需要的购买者要提供经济实惠的商品,对于满足高层次需要的购买者应提供能显示其身份地位的高档消费品,还要注意需要层次随着经济发展而由低级向高级的发展变化。

2. 精神分析论

精神分析论的创立者为弗洛伊德,他把人的心理比作冰山,露在水面上的小部分为意识领域,水下的大部分为无意识领域,造成人类行为的真正心理力量大部分是无意识的,这个无意识由冲动、热情、被压抑的愿望和情感构成。

把弗洛伊德精神分析学说用于购买行为研究的主要代表人物是恩纳斯特·狄希特(Ernest Dichter),他认为研究消费者购买行为必须深入到无意识水平,并设计了多种投射调查法如语言联想法、语句完成法、图画故事法和角色扮演法等调查无意识动机与购买情景和产品选择的关系。狄希特认为,消费者把自己投射在各个商品上,购买商品实际是买进自己人格的延伸部分,比如,皮大衣是地位的象征,树木是生命的象征等。根据无意识动机理论,人们并不完全了解自己的动机,比如,某人要购买一台家用电脑,自述其动机为爱好或扩展事业,若深究一步,可能是用购买电脑来加深他人印象;再深究下去,可能是电脑有助于显示他的社会归属。消费者购买产品时,不仅会对产品功能和质量有所反应,对于与产品有关的其他事项也都有反应,如产品的大小、形态、重量、材料、颜色和购物环境都能引发某些情绪。生产企业设计产品时应了解视觉、听觉和触觉对激发消费者情绪的影响,以刺激或抑制消费者购买行为。

3. 双因素理论

弗雷德里克·赫茨伯格(Frederick Herzberg)于1959年创立了这个理论,也称为动机保健理论,首先应用于行为科学。其要点是把动机与工作满足联系起来,提出工作满足与不满足两类因素,前者称为动机需要,后者称为保健需要。动机需要包括成绩、承认、工作本身、个人发展和提升,这些可推动职工努力工作,从工作中获得满足。保健需要包括与工作性质无关的一些因素,如工作条件、福利待遇、管理条例、公司的经营和政策等。二者的区别在于:如果保健需要得不到满足,就会导致工作不满足,但是仅仅满足保健需要却不一定能产生工作满足,只有动机需要得到满足时才能产生工作满足。

赫茨伯格双因素理论也可用于分析消费者行为。企业用于吸引消费者购买商品的市场营销的因素可分为保健因素和动机因素两类,保健因素是消费者购买的必要条件,动机因素是魅力条件,在有选择余地的情况下,如果消费者对保健因素不满意,就肯定不会购买;但是仅仅对保健因素满意,也不一定购买,只有对动机因素也满意才会购买。必要条件和魅力条件随着时代、消费动向和产品寿命周期的不同而变化。在电冰箱问世的初期,制冷功能和耐用性是必要条件,而耗电少是魅力条件。随着产品的普及和更新,耗电少成为必要条件,款式成为魅力条件。分析消费者购买动机必须注意分析特定时期的保健因素和动机因素,一般而言,质量、性能和价格等属于保健因素,情感和设计等大多属于动机因素。

(二) 知觉

营销实践中往往有这种情况:企业的产品质量和性能优于同类品牌却未受到消费者注意,企业花费大量广告资金传达的品牌信息却被消费者曲解,令营销人员十分困惑。剖析这种现象产生的原因必须了解知觉与知觉的选择性。

知觉指个人选择、组织并解释信息的投入，以便创造一个有意义的外界事物图像的过程。不同的人对同一刺激物会产生不同的知觉，是因为知觉会经历三种过程，即选择性注意、选择性扭曲和选择性保留。

1. 选择性注意

选择性注意指在众多信息中，人们易于接受对自己有意义的信息以及与其他信息相比有明显差别的信息，比如，一个打算购买摩托车的人会十分留意摩托车信息而对电视机信息并不在意，消费者会注意构思新奇的广告而忽视那些平淡的广告。

2. 选择性扭曲

选择性扭曲指人们将信息加以扭曲使之符合自己原有的认识，然后加以接受。由于存在选择性扭曲，消费者所接受的信息不一定与信息的本来面貌相一致，比如，某人偏爱长虹电视机，当别人向他介绍其他品牌电视机的优点时，他总是设法挑出毛病或加以贬低，以维持自己固有的"长虹电视机最好"这种认识。

3. 选择性保留

选择性保留指人们易于记住与自己的态度和信念一致的信息，忘记与自己的态度和信念不一致的信息，比如，某人对自己家中使用的荣事达洗衣机非常欣赏，听到别人谈论荣事达洗衣机的优点时会记得非常清楚，而当别人谈论他不欣赏的其他品牌洗衣机的优点时则容易忘记。

（三）学习

学习是指人们经过实践和经历而获得的，能够对行为产生相对永久性改变的过程。学习论者认为，消费者的学习是通过驱动力、刺激物、提示物（诱因）、反应和强化的相互影响而产生的，消费者的学习模式如图5-4所示。

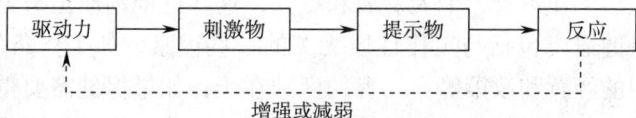

图5-4 学习模式

（四）信念和态度

1. 信念

信念是指一个人对某些事物所持有的描述性思想，例如，某顾客可能认为当地百货公司信誉卓著，商品货真价实，服务热情周到。信念的形成可以基于知识，也可以基于信仰或情感等。顾客的信念决定了企业和产品在顾客心目中的形象，决定了顾客的购买行为。营销人员应当高度重视顾客对本企业或本品牌的信念，如果发现顾客的信念是错误的并阻碍了他的购买行为，就应运用有效的促销活动去予以纠正以促进产品销售。

2. 态度

态度是指一个人对某些事物或观念长期持有的好与坏的认识评价、情感感受和行动倾向。态度导致人们对某一事物产生或好或坏，或亲近或疏远的感情。态度使人对相似的事物产生相当一致的行为，因为人们通常不会对每一事物都建立新的态度或作出新的解释和反应，按照已有态度对所接触到的事物作出反应和解释能够节省时间和精力。

第四节　组织市场购买行为研究

一、组织市场的特点及类型

（一）组织市场的含义

同消费者市场相对应的是生产者市场，生产者市场亦称产业市场或工业市场，原指除商业以外的一切生产性行业。近年来以菲利普·科特勒为代表的市场营销学者认为，一切商业转售者市场及其购买行为和生产者市场及其购买行为具有相同的特点，所以在分析时，应该把它们视为同一种类型，另外还包括一些非营利性组织和政府市场，我们把这些市场的集合总称为组织市场。组织市场由于其主体的性质和购买的目的与消费者市场有很大的不同，所以对其购买行为有必要进行特定的分析和研究。

（二）组织市场的特点

组织市场与消费者市场相比，具有一些鲜明的特征。

1. 购买者少，购买规模大

组织市场上的购买者比消费者市场上的购买者要少得多，例如美国固特异轮胎公司的订单主要来自通用、福特、克莱斯勒三大汽车制造商，但当固特异公司出售更新的轮胎给消费者时，它就要面对全美 1.71 亿汽车用户组成的巨大市场了。组织市场不仅买主人数少而且其购买次数也少，一家生产企业的主要设备要若干年才购买一次，原材料与零配件也大都只签订长期合同，而文具纸张等日用品也常常是八个月集中购买一次。购买次数少就决定了每次采购量将十分巨大，特别在生产比较集中的行业里更为明显，通常少数几家大企业的采购量就占该产品总销售量的大部分。

2. 购买者在地域上相对集中

由于资源和区位条件等原因，各种产业在地理位置的分布上都有相对的集聚性，所以组织市场的购买者往往在地域上也是相对集中的，例如中国的重工产业大多集中在东北地区，石油化工企业云集在东北、华北以及西北的一些油田附近，金融保险业在上海相对集中，而广东、江苏、浙江等沿海地区集聚着大量轻纺和电子产品的加工业。这种地理区域集中有助于降低产品的销售成本，这也使得组织市场在地域上形成了相对的集中。

3. 注重人员销售

由于仅存在少数大批量购买的客户，企业营销部门往往倾向于通过人员销售，宣传其优惠政策而不是通过广告。一个好的销售代理可以演示并说明不同产品的特性、用途以吸引买方的注意力，根据及时得到的反馈，立即调整原有的政策。当然这种快速反馈是不可能通过广告获得的。

4. 进行直接销售

消费品的销售通常都经过中间商，但组织材料的购买者大多直接向生产者购买。

这是因为购买者数量有限，而且大多属于大规模购买，直接购买的成本显然低得多。其次组织市场的购买活动在售前售后都需要由生产者提供技术服务。因此，直接销售是组织市场常见的销售方式。

5. 实行专业购买

组织机构通常比个人消费者更加系统地购买所需要的商品，其采购过程往往是由具有专门知识的专业人员负责，例如采购代理商，这些代理商将其一生的工作时间都花在学习如何更好地采购方面。他们的专业方法和对技术信息评估能力导致他们的购买建立在对商品价格质量比、售后服务及交货期的逻辑分析基础之上的。这意味着组织营销者必须具有完备的技术知识，并能提供大量的有关自身及竞争者的数据。

6. 衍生需求波动大

对组织市场上的购买需求最终来源于对消费品的需求，企业所以需要购买生产资料，归根到底是为了用来作为劳动对象和劳动资料以生产出消费资料。例如，由于消费者购买皮包、皮鞋，才导致生产企业需要购买皮革、钉子、切割刀具和缝纫机等等生产资料，因此消费者市场需求的变化将直接影响组织市场的需求。有时消费品需求仅上升10%，就可导致生产这些消费品的企业对有关生产资料的需求增长200%；而若需求下降10%，则可导致有关生产资料需求的全面暴跌。这种现象在经济学上被称为加速原理，这导致许多企业营销人员促使其产品线和市场多样化，以便在商业波动周期中实现某种平衡。

7. 需求缺乏弹性

组织市场的需求受价格变化的影响不大。皮鞋制造商在皮革价格下降时，不会打算采购大量皮革，同样，皮革价格上升时，他们也不会因此而大量减少对皮革的采购，除非他们发现了某些稳定的皮革替代品。需求在短期内特别无弹性，因为厂商不能对其生产方式作许多变动。对占项目总成本比例很小的业务用品来说，其需求也是无弹性的，例如，皮鞋上的金属鞋孔价格上涨，几乎不会影响其需求水平。

8. 互惠购买原则

另外一种在消费营销过程中不会发生但在组织营销过程中常见的现象是互惠现象，也就是"你买我的产品，那么我也就买你的产品"，更通俗地讲，叫互相帮忙。由于生产资料的购买者本身总是某种产品的出售者，因此，当企业在采购时就会考虑为其自身产品的销售创造条件。但这种互惠购买的适用范围是比较狭窄的，一旦出现甲企业需要乙企业的产品，而乙企业并不想购买甲企业的产品时，就无法实现互惠购买了。这样互惠购买会演进为三角互惠或多角互惠。例如，甲企业向乙企业提出，如果乙企业购买丙企业的产品，则甲企业就购买乙企业的产品，因为丙企业以甲企业推销其产品作为购买甲企业的产品的条件，这就是三角互惠。虽然这类现象极为常见，但大多数经营者和代理商却反对互惠原则，并视其为不良习俗。

9. 租售现象

一些组织购买者乐于租借大型设备，并不愿意全盘购买。租借对于承租方和出租方有诸多好处。对于出租方，当客户不能支付购买其产品的费用时，他们的优惠出租制度为其产品找到了用武之地；对承租方，租借为他们省下了大量资金，又获得了最新型的设备，租期满后可以购买折价的设备。这种方式目前在工业发达的国家有日益扩大的趋势，特别适用于电子计算机、包装设备、重型工程机械、运货卡车、机械工具等价格昂贵或并不经常使用的设备。在美国，租赁方式已扩大到小型次要设备，甚至连办公室家具、设备也都可以租赁。

10. 谈判和投标

组织机构在购买或出售商品时，往往会在价格和技术性能指标上斤斤计较，如果营销人员能预先获知客户正在研究之中的新产品的有关信息，他们就可在谈判开始之前修改某些技术参数。卖方得知买方愿意接受耐用性较差和服务亦一般的商品时，就会提出一个较低的价格。当双方在价格上都有较大的回旋余地时，并且此次交易对双方都是至关重要的，谈判就成为双方交涉中最重要的部分。谈判的风格或对抗或合作，但绝大多数买方倾向于后者。

有远见的买方通常在诸多投标卖方间进行精挑细选。美国联邦政府将它所有买卖40%建立在投标的基础上。在公开投标的基础上，可以参阅其他投标商的标书。然而在保密投标的情况下，标书的条款是不公开的，所以供方会尽量提供好的设备和较低的价格。政府购买设备往往用保密投标的方式。

在研究组织市场购买行为一般特征的基础上，在具体的营销活动中还应当注意对特定时点上特定购买者行为特点的研究和分析。这是由于相对数量众多的个人消费者而言，数量有限的组织购买者行为特征的个性更为明显。

（三）组织市场的类型

正因为我们把众多的不同购买者集合在一起统称为组织市场，所以有必要对其进行一下分类（见图5-5），以作进一步的分析与比较。

1. 生产者市场

在某些场合，它亦可称作产业市场或工业市场，生产者市场主要由这样的一些个体和组织构成：它们采购商品和劳务的目的是为了加工生产出其他产品以供出售、出租，以从中谋利，而不是为了个人消费，这部分市场是组织市场的主要组成部分。它主要由以下产业构成：农、林、牧、渔业，采矿业，制造业，建筑业，运输业，通讯业，银行、金融、保险业，服务业。以生产者市场为服务目标的企业，必须深入研究这个市场的特点，并分析其购买行为，从而才能取得营销成功。

2. 中间商市场

中间商市场亦称转卖者市场，它是由所有以盈利为目的而从事转卖或租赁业务的个体和组织构成，包括批发和零售两大部分。在比较发达的商品经济条件下，大多数商品是由中间商经营的，只有少数商品采取了直销形式。

3. 非营利性组织

非营利性组织也称机构市场，主要是指一些由学校、医院、疗养院、监狱和其他为公众提供商品和服务的部门所组成的市场，它们往往是以低预算和受到一定的控制为特征的，而且一般都是非营利性的。

4. 政府采购市场

在大多数国家里，政府也是产品和劳务的主要购买者。由于政府的采购决策要受到公众的监督，因此它们经常会要求供应商准备大量的书面材料，此外政府市场

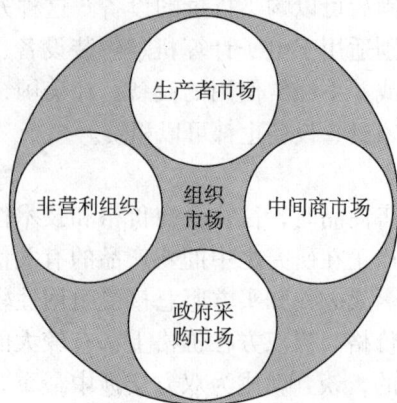

图5-5 组织市场的主要构成

还有一些如以竞价投标为主，喜欢向国内供应商采购等特点。但这些特点都不会影响到把它也纳入组织市场这个大概念里来分析，事实上，把它纳入之后将会使我们的分析研究更有意义。

以上，就是我们在平常可能会接触到的一些构成组织市场的不同类型，在大多数场合里，它们被分开阐述，各自说明特点或进行购买行为分析。但实际上我们不难看出，在各自不同类型的市场特征背后，却有着很多的共性特征。

二、组织市场的购买行为与决策过程

（一）组织市场的购买行为

1. 组织市场购买对象的分类

组织市场购买对象一般分为进入成品的物品、间接进入成品的物品和服务三种。

（1）进入成品的物品。包括原材料，如农产品、矿产品等；加工过的材料，如水泥、钢板等；零部件，如轮胎、集成电路等。

（2）间接进入成品的物品。包括建筑物及土地权，如厂房、办公室、土地使用权等；重型设备，如机床、发动机等；轻型设备，如模具、小工具等；维修和经营用品，如润滑油、办公用品等。

（3）服务。包括售前、售中和售后服务。技术含量高的产品对服务需求高，需要制造企业为购买者提供培训操作、维修工人的服务，因此加强服务人员技术能力培养，强化责任，是制造业营销的一个关键环节。

2. 组织市场购买行为的类型

组织购买者行为的复杂程度和采购决策项目的多少，取决于采购业务的类型。我们把它分为三种类型：直接再采购、修正再采购和新购。

（1）直接再采购。直接再采购指的是采购方按既定方案不作任何修订直接进行的采购业务。这是一种重复性的采购活动，按一定程序办理即可，基本上不用作新的决策。在这种情况下，采购人员的工作只是从以前有过购销关系的供应商中，选取那些供货能满足本企业的需要和能使本企业满意的供应商，向他们继续订货。入选的供应商应该尽最大的努力，保持产品和服务的质量，以巩固和老客户的关系，落选的供应商则应努力作一些新的工作，消除买方的不满，设法争取新的订单。

（2）修正再采购。修正再采购指的是组织购买者对以前已采购过的产品通过修订其规格、价格、交货条件或其他事项之后的购买。这类购买较直接再购买要复杂，购销双方需重新谈判，因而双方会有更多的人参与决策。在"名单"中的供应商压力会很大，为了保持交易将加倍努力。而对"名单"之外的供应商来说是一次机会，他们将会提供更好的条件以争取新的业务。

（3）新购。新购指的是组织购买者第一次购买货品的购买行为。新购的成本费用越高，风险越大，参加决策的人数就越多，所需信息量也越多，制定决策的时间也越长。新购对一切供货方来说都是好的机会。他们应设法接触主要的采购影响者，并向他们提供有用的信息和协助。许多公司设立专门的机构负责对新客户的营销，它们称其为"访问使用推销队伍"，它由最好的推销人员组成。

在直接再采购的情况下，组织购买者所作的决策数量最少。而在新购条件下，他们所作的决策数量最多。购买者必须决定产品规格、价格限度、交货条件与时间、服务条件、支付条件、订购数量、可接受的供应商以及可供选择的供应商。

（二）组织购买决策过程

正如个人消费者一样，组织消费者在作出购买决策之前，也经历几个步骤，心理过程在这之中也充当了一个重要的角色。两者不同的是，组织购买更正规化、专业化、系统化。

1. 组织购买决策的主要参与者

谁在从事为组织市场所需要的价值达数千亿美元的商品和服务的采购呢？在直接再采购时，采购代理人起的作用较大；而在新任务采购时，其他组织人员所起作用较大。我们把采购组织的决策单位叫作采购中心（Buying Center），并定义为所有参与购买决策过程的个人和集体。他们具有某种共同目标并一起承担由决策所引发的各种风险。采购中心包括购买组织中的全体成员，他们在购买决策过程中可能会形成五种不同的角色（见图5-6）。

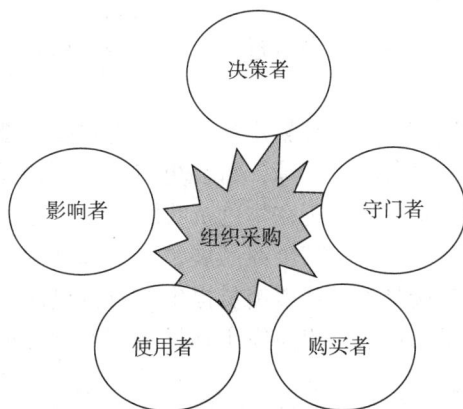

图5-6　组织购买决策的主要参与者

（1）使用者（Users）。使用者指的是组织中将使用产品或服务的成员。在许多场合中，使用者首先提出购买建议，并协助确定产品规格。

（2）影响者（Influencers）。影响者指的是影响购买决策的人，他们协助确定产品规格，并提供方案评价的情报信息，作为影响者，技术人员尤为重要。

（3）决策者（Deciders）。决策者指的是一些有权决定产品需求和供应商的人，在重要的采购活动中，有时还涉及主管部门或上级部门的批准，构成多层决策的状况。

（4）购买者（Buyers）。购买者指的是正式有权选择供应商并安排购买条件的人，购买者可以帮助制定产品规格，但主要任务是选择卖主和交易谈判。在较复杂的购买过程中，购买者中或许也包括高层管理人员一起参加交易谈判。

（5）守门者（Gatekeepers）。守门者是有权阻止销售员或信息员与采购中心成员接触的人。主要是为了控制采购组织的一些信息不外露。例如，采购代理人、接待员和电话接线员都可以阻止推销员与用户或决策者接触。

任何组织内，采购中心会随各个不同类别产品的大小及构成发生变化。显然，参与购买一台重要机器设备的决策人数肯定会比参与购买办公文具的人数要多。作为产品营销人只要知道的是如下内容：谁是主要决策的参与者，其影响决策的程度如何？对哪些决策他们具有影响力？摸清客户的这些情况，然后才能有针对性地采取促销措施。

2. 组织购买决策的过程

组织购买者作出采购决策的过程与消费者有相似之处，但又有其特殊性。当然，不是所有的组织会作出一模一样的选择，正如没有两个消费者作出无差别的选择一样。一般认为，组织购买者的采购决策过程可分为八个购买阶段（见图 5-7）。

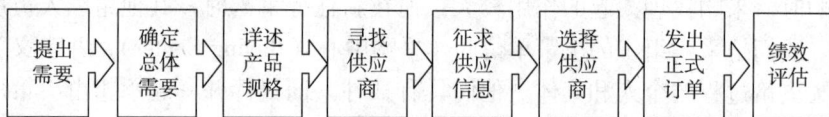

提出需要 → 确定总体需要 → 详述产品规格 → 寻找供应商 → 征求供应信息 → 选择供应商 → 发出正式订单 → 绩效评估

图 5-7　组织购买者采购决策过程

（1）提出需要。当公司中有人认识到了某个问题或某种需要可以通过得到某一产品或服务得到解决时，便开始了采购过程。提出需要由内部刺激和外部刺激两种刺激引起的。

内部刺激，如企业决定推出一种新产品，于是需要购置新设备或原材料来生产这种新产品；企业原有的设备发生故障，需要更新或需要购买新的零部件；或者已采购的原材料不能令人满意，企业正在物色新的供应商关系。

外部刺激，主要指采购人员在某个商品展销会引起新的采购主意，或者接受了广告宣传中的推荐，或者接受了某些推销员提出的可以供应质量更好、价格更低的产品的建议。可见，组织市场的供应商应主动推销，经常开展广告宣传，派人访问用户，以发掘潜在需求。

（2）确定总体需要。提出了某种需要之后，采购者便着手确定所需项目的总特征和需要的数量。如果是简单的采购任务，这不是大问题，由采购人员直接决定，而对复杂的任务而言，采购人员要会同其他部门人员，如工程师、使用者等共同来决定所需项目的总特征，并按照产品的可靠性、耐用性、价格及其他属性的重要程度来加以排列。在此阶段，组织营销者可通过向购买者描述产品特征的方式向他们提供某种帮助，协助他们确定其所属公司的需求。

（3）详述产品规格。采购组织为了确定产品的技术规格，可能要专门组建一个产品价值分析技术组。价值分析的目的在于降低成本，它主要是通过仔细研究一个部件，看是否需要重新设计，是否可以实行标准化，是否存在更廉价的生产方法。该小组还要检查出那些零件寿命比产品本身寿命还长的超标准设计的零部件。最后，该小组要确定最佳产品的特征，并把它写进商品说明书中，它就成为采购人员拒绝那些不合标准的商品的根据。同样，供应商尽早地参与产品价值分析，这样可以影响采购者所确定的产品规格，以获得中选的机会。

（4）寻找供应商。采购者现在要开始寻找最佳供应商。为此，他们会从多处着手，可以咨询商业指导机构；查询电脑信息；打电话给其他公司，要求推荐好的供应商；或者观看商业广告；参加展览会。供应商此时应大作广告，并到各种商业指导或指南宣传机构中登记自己的公司名字，争取在市场上树立起良好的信誉。组织购买者通常是会拒绝那些生产能力不足、声誉不好的供应商，而对合格的供应商，则会登门拜访，查看他们的生产设备，了解其人员配置。最后，采购者会归纳出一份合格供应商的名单。

（5）征求供应信息。此时采购者会邀请合格的供应商提交申请书。有些供应商只寄送一份价目表或只派一名销售代表。但是，当所需产品复杂而昂贵时，采购者就会要求待选供应商提交内容详尽的申请书。他们会再进行一轮筛选比较，选中其中最佳者，要求其提交正式的协议书。因此组织营销人员必须善于调研、写作，精于申请书的展示内容。申请书不仅仅是技术文件，而且也是营销文件。在口头表示意见时，要能取信于人，他们必须始终强调公司的生产能力和资源优势，以在竞争中立于不败之地。

（6）选择供应商。采购中心在作出最后选择之前，还可能与选中的供应商就价格或其他条款进行谈判。营销人员可以从好几个方面来抵制对方的压力。如当他们所能提供的服务优于竞争对手时，营销人员可以坚持目前的价格；当他们的价格高于竞争对手的价格时，则可以强调使用其产品的生命周期成本比竞争对手的产品生命周期成本低。同时，还可以举出更多的花样来抵制价格竞争。

此外，采购中心还必须确定供应商的数目。许多采购者喜欢多种渠道进货，这样一方面可以避免自己过分地依赖于一个供应商，另一方面也使自己可以对各供应商的价格和业绩进行比较。当然，在一般情况下，采购者会把大部分订单集中在一家供应商身上，而把少量订单安排给其他供应商。这样，主供应商会全力以赴保证自己的地位，而次要供应商会通过多种途径来争得立足之地，以图自身的发展。

（7）发出正式订单。采购者选定供应商之后，就会发出正式订货单，写明所需产品的规格、数目、预期交货时间、退货政策和保修条件等项目。通常情况下，如果双方都有着良好信誉的话，一份长期有效合同将建立一种长期的关系，而避免重复签约的麻烦。在这种合同关系下，供应商答应在一特定的时间之内，根据需要按协议的价格条件继续供应产品给买方，存货由卖方保存，因此，它也被称作无存货采购计划。这种长期有效合同是导致买方更多地向一个来源采购，并从该来源购买更多的项目,这就使得供应商和采购者的关系十分紧密,外界的供应商就很难加入。

(8)绩效评估。在此阶段,采购者对各供应商的绩效进行评估。他们可以通过三种途径:一是直接接触最终用户,征求他们意见;二是应用不同的标准加权计算来评价供应商;三是把绩效不理想的开支加总,以修正包括价格在内的采购成本。通过绩效评价,采购者将决定延续、修正或停止向该供应商采购。供应商则应该密切关注采购者使用的相同变量,以便确信为买主提供了预期的满足。

购买阶段指的是一个组织在购买前所进行的、从组织产生需要到对即将购买的商品进行评估的一系列过程。但并非每次采购都要经过这八个阶段,这要依据采购业务的不同类型而定,表5-2说明了各阶段对各类采购业务是否有必要。

表5-2　　　　　　　　　不同采购任务采购决策过程的比较

购买阶段 ＼ 购买类型	新购	修订再采购	直接再采购
1. 提出需要	是	可能	否
2. 确定总体需要	是	可能	否
3. 详述产品规格	是	是	是
4. 寻找供应商	是	可能	否
5. 征求供应信息	是	可能	否
6. 选择供应商	是	可能	否
7. 发出正式订单	是	可能	否
8. 绩效评估	是	是	是

从表5-2中可以看出,新购最为复杂,需要经过所有八个阶段;直接再采购最简单,只需经过两个阶段;而在修正再采购或直接再采购的情况下,其中有些阶段可能被简化、浓缩或省略。例如在直接再采购的情况下,采购者可能会有一个或一批固定的供应商而很少会考虑其他供应商,而在实际购买情况中,也有可能发现这八个阶段以外的其他情况,这要求组织营销者对每一情况分别建立模型,而每一情况都包含一个具体的工作流程。

总之,组织市场是一个富有挑战性的领域,其中最关键的问题就是要了解采购者的需要、购买参与者、购买标准以及购买步骤。了解以上各点,组织营销人员就能够因势而动,为不同的顾客设计不同的营销计划。

🗗 探讨与应用

怎样成为跨国零售巨头的供应商

据《北京青年报》报道,家乐福2001年在中国的采购额是去年的5倍,从3亿美元增加到15亿美元。沃尔玛1996年以深圳作为起点进入中国市场,虽然其在中国铺店的速度显得有点慢,但却源源不断地采购中国的商品,并输出到其全球连锁店中。据业内人士透露,沃尔玛在广东仅一年的采购额就达80亿美元,占其在中国采购商品总额的80%,并且这个采购量还将以每年20%的速度递增。对于中国企业来说，如果能成为跨国零售商的供应商，就意味着自己的产品能够通过它们的供货渠道，走出国门，得到在世界各国的舞台上展示的机会。

国内企业如何成为跨国零售企业的供应商呢？家乐福（中国）公司有关人士表示，它们主要是采取一种"政府搭台，企业唱戏"的方式，即通过政府推荐可选择的企业，在家乐福举办的大型订货会上达成交易意向。

家乐福选择供应商又有哪些标准呢？家乐福的有关人士表示，家乐福选择供应商不只看规模，更注重产品质量。如果企业规模小，但是产品具有不可替代性，那么家乐福也会把它们考虑在内。要成为家乐福全球采购供应商，必须具备以下条件：有出口权的直接生产厂商或出口公司，有价格竞争优势，有良好的质量，有大批生产的能力，有迅速的市场反应能力，有不断学习的精神，能够准时交货。企业通过家乐福公司的审核，即能加入家乐福的全球采购系统，把产品出口到全球30多个国家。

在以上条件中，家乐福尤其看中产品的质量。同时，随着人们对环保的要求越来越高，家乐福在产品品质方面也对供应商有着更详细的要求。沃尔玛新成立的全球采购办事处列举了成为沃尔玛供应商的条件。例如，提供有竞争力的价格和高质量的产品、供货及时、理解沃尔玛的诚实政策、评估自己的生产和配额能力是否能接受沃尔玛的订单（因为通常沃尔玛订单的数量都比较大）等。此外，沃尔玛需要供货商提供其公司的概括，其中包含完整的公司背景和组织材料，以及供应商工厂的资料。

零售业的采购环节都有一个不可避免的问题，即有些供应商会想方设法通过一些"灰色手段"贿赂采购员。对此，家乐福（中国）公司的人士表示，即使产品通过灰色手段进入了家乐福全球采购系统，如果没有价格上的优势，也会被自然淘汰。家乐福会尽量与供应商建立健康的联系。而沃尔玛打算引进到中国来的技术中包括一套"零售商联系"系统，这个系统使沃尔玛能够和主要的供应商实现业务信息的共享。

（资料来源：http://hi.baidu.com/yd5231/blog/item/7467163c4b8555e93d6d97dc.html）

试分析：

1. 跨国零售巨头的采购方式有哪几种？
2. 跨国零售巨头是根据哪些变量或属性来评价和选择它们的供应商？
3. 进入跨国零售巨头的全球采购系统对组织有何重要意义？

三、影响组织市场购买决策的因素

组织采购人员在作出购买决策时受到许多因素影响。我们可以把影响组织购买者的因素归为四类：环境因素、组织因素、人际因素和个人因素，如图5-8所示。

（一）环境因素

市场营销环境和经济前景对企业的发展影响甚大，也必然影响到其采购计划。这些环境因素包括经济前景、需求水平、供给状况、技术革新、政治法律情况和市

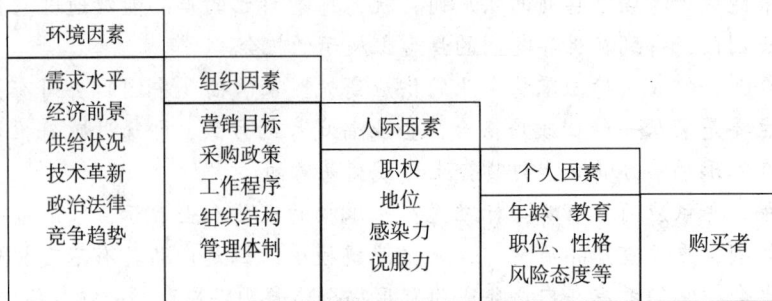

图 5 - 8 影响组织采购行为的主要因素

场竞争的趋势等。例如，在经济衰退时期组织购买者会减少对厂房设备的投资，并设法减少存货。组织营销人员在这种环境下刺激采购是无能为力的，他们只能在增加或维护其需求份额上作艰苦的努力。原材料的供给状况是否紧张，也是影响组织用户采购的一个重要环境因素。一般企业都愿购买并储存较多的紧缺物资，因为保证供应不中断是采购部门的主要职责。同样，采购者也受到技术因素、政治因素以及经济环境中各种发展因素的影响。他们必须密切注视所有这些环境作用力，测定这些力量将如何影响采购的有效性和经济性，并设法使问题转化为机会。

（二）组织因素

每一采购组织都有其具体目标、政策、程序、组织结构及系统，营销人员必须尽量了解这些问题。例如，有的地方规定只许采购本地区的原材料；有的国家规定只许买本国货，不许买进口货，或者相反；有的购买金额超过一定限度就需要上级主管部门审批等。组织内部采购制度的变化也会对采购决策带来很大影响，如对于大型百货商厦来说，是采用集中采购的进货方式还是将进货权下放给各商品部或柜组，采购行为就会有很大差别；一些组织会用长期合同的方式来确定供应渠道，另一些组织则会采用临时招标的方式来选择其供应商。

（三）人际因素

采购中心通常包括一些具有不同地位、职权、兴趣和说服诱导力的参与者。一些决策行为会在这些参与者中产生不同的反应，意见是否容易取得一致，参与者之间的关系是否融洽，是否会在某些决策中形成对抗，这些人际因素会对组织市场的营销活动产生很大影响。组织市场营销人员若能掌握这些情况并有的放矢地施加影响，将有助于消除各种不利因素，获得订单。

（四）个人因素

购买决策过程中每一个参与者都带有个人动机、直觉和偏好，这些因素取决参与者的年龄、收入、教育、专业文化、个性以及对风险意识的态度的影响。执行组织采购任务的具体人员的个性与情感对于其作出相应的采购决策同样发挥着重要的影响。所以注意研究组织购买行为中的个人因素，并有的放矢地开展相关的营销活动是十分重要的。因此，供应商应了解客户采购决策人的个人特点，并处理好个人之间的关系，这将有利于营销业务的开展。

☆ **同步测试**

◇ **单项选择**

1. （　　）是人类欲望和行为最基本的决定因素。

A. 文化 　　　　　B. 家庭 　　　　　C. 社会阶层 　　　　D. 参照群体

2. 体育明星、歌星等一般属于（　　）。

A. 首要群体 　　　B. 次要群体 　　　C. 成员群体 　　　　D. 向往群体

3. 马斯洛认为人类最低层次的需要是（　　）。

A. 生理需要 　　　B. 安全需要 　　　C. 自尊需要 　　　　D. 社会需要

4. 参与者的介入程度高、品牌差异大的购买行为属于（　　）。

A. 习惯性购买行为 　　　　　　　　B. 多样性购买行为

C. 复杂购买行为 　　　　　　　　　D. 协调购买行为

5. 参与者的介入程度低、品牌差异不大的购买行为属于（　　）。

A. 习惯性购买行为 　　　　　　　　B. 变换购买行为

C. 复杂购买行为 　　　　　　　　　D. 协调购买行为

6. 在复杂购买行为中，购买者的决策过程一般由（　　）开始。

A. 收集信息 　　　B. 引起需要 　　　C. 评价方案 　　　　D. 决定方案

7. 产业市场上对水电气一般办公用品的购买采用（　　）。

A. 修正重购 　　　B. 新购 　　　　　C. 直接重购 　　　　D. 以上都不对

8. 在（　　）情况下，购买过程的阶段最少。

A. 修正重购 　　　B. 直接重购 　　　C. 新购 　　　　　　D. 其他

9. 消费者的购买决策会受到社会角色和地位的影响，社会角色和地位属于（　　）。

A. 文化因素 　　　B. 社会因素 　　　C. 个人因素 　　　　D. 心理因素

10. 消费者对其购买的产品是否满意，将影响到以后的（　　）。

A. 购买动机 　　　B. 购买层次 　　　C. 购买频率 　　　　D. 购买行为

◇ **多项选择**

1. 组织市场由（　　）构成。

A. 消费者市场 　　B. 生产者市场 　　C. 中间商市场

D. 政府市场 　　　　　　　　　　　E. 国外市场

2. 影响消费者购买行为的主要因素有（　　）。

A. 环境因素 　　　B. 文化因素 　　　C. 社会因素

D. 个人因素 　　　　　　　　　　　E. 心理因素

3. 参与消费者购买决策过程的角色有（　　）。

A. 生产者 　　　　B. 发起者 　　　　C. 影响者

D. 购买者 　　　　　　　　　　　　E. 决策者

4. 根据参与者介入程度和品牌差异大小，可将消费者购买行为分为（　　）。

A. 习惯性购买行为B. 复杂购买行为　C. 多样性购买行为

D. 协调购买行为 　　　　　　　　　E. 不确定型购买行为

5. 消费者的信息来源主要有（　　　）。

A. 家庭来源　　　　　B. 个人来源　　　　　C. 商业来源

D. 经验来源　　　　　　　　　　　　　E. 公共来源

◇ 判断

1. 生理需要是人类最高层次的需要。　　　　　　　　　　　　　（　　　）

2. 次要群体是对其成员影响不频繁的非正式群体。　　　　　　　（　　　）

3. 在直接购买情况下，企业要做的购买决策最多。　　　　　　　（　　　）

4. 产业市场需求受价格影响比较大。　　　　　　　　　　　　　（　　　）

5. 组织市场又叫做产业市场。　　　　　　　　　　　　　　　　（　　　）

◇ 简答

1. 产业市场与消费者市场相比存在的差异。

2. 消费者购买行为类型及企业可以采取的对策。

3. 影响消费者购买行为的因素主要有哪些？

4. 在新购情况下主要包括哪些购买阶段？

5. 产业购买者的购买行为类型有哪些？

☆ 实训项目

各模拟公司针对目标客户的购买心理及行为进行调查

[训练目标] 通过对消费者购买心理分析，充分了解消费者的购买行为特点，进一步理解并掌握分析顾客心理的理论、技巧和方法。

[训练组织] 将一个班的同学分成小组，每组成员 3~5 人。

[训练提示] 教师提出活动前准备及注意事项，并组织学生组成各个模拟公司，各模拟公司对消费者需求开展调查，对消费者的购买行为进行深入研究。

[训练成果] 各组拿出自己的购买心理与行为特点研究方案，并在全班面前进行展示，并由师生共同进行评估。

☆ 案例分析

戴尔怎样采购

戴尔采购工作最主要的任务是寻找合适的供应商，并保证产品的产量、品质及价格方面在满足订单时，有利于戴尔公司。采购经理的位置很重要。戴尔的采购部门有很多职位设计是做采购计划、预测采购需求、联络潜在的符合戴尔需要的供应商。因此，采购部门安排了较多的人。采购计划职位的作用是什么呢？就是尽量把问题在前端就解决。戴尔采购部门的主要工作是管理和整合零配件供应商，而不是把自己变成零配件的专家。戴尔有一些采购人员在做预测，确保需求与供应的平衡，在所有的问题从前端完成之后，戴尔在工厂这一阶段很少有供应问题，只是按照订单计划生产高质量的产品就可以了。所以，戴尔通过完整的结构设置，来实现高效率的采购，完成用低库存来满足供应的连续性。戴尔认为，低库存并不等于供应会有问题，但它确实意味着运作的效率必须提高。

精确预测是保持较低库存水平的关键，既要保证充分的供应，又不能使库存太多，这在戴尔内部被称为没有剩余的货底。在 IT 行业，技术日新月异，产品更新换代非常快，厂商最基本的要求是要保证精确的产品过渡，不能有剩余的货底留下来。戴尔要求采购部门做好精确预测，并把采购预测上升为购买层次进行考核，这是一个比较困难的事情。

"戴尔公司可以给你提供精确的订货信息、正确的订货信息及稳定的订单"，一位戴尔客户经理说，"条件是，你必须改变观念，要按戴尔的需求送货；要按订货量决定你的库存量；要用批量小，但频率高的方式送货；要能够做到随要随送，这样你和戴尔才有合作的基础。"事实上，在部件供应方面，戴尔利用自己的强势地位，通过互联网与全球各地优秀供应商保持着紧密的联系。这种"虚拟整合"的关系使供应商们可以从网上获取戴尔对零部件的需求信息，戴尔也能实时了解合作伙伴的供货和报价信息，并对生产进行调整，从而最大限度地实现供需平衡。给戴尔做配套，或者作为戴尔零部件的供应商，都要接受戴尔的严格考核。

戴尔的考核要点如下：

其一，供应商计分卡。在卡片明确订出标准，如瑕疵率、市场表现、生产线表现、运送表现以及做生意的容易度，戴尔要的是结果和表现，据此进行打分。

其二，综合评估。戴尔经常会评估供应商的成本、运输、科技含量、库存周转速度、对戴尔的全球支持度以及网络的利用状况等。

其三，适应性指标。戴尔要求供应商应支持自己所有的重要目标，主要是策略和战略方面的。戴尔通过确定量化指标，让供应商了解自己的期望；戴尔给供应商提供定期的进度报告，让供应商了解自己的表现。

其四，品质管理指标。戴尔对供应商有品质方面的综合考核，要求供应商应"屡创品质、效率、物流、优质的新高"。

其五，每三天出一个计划。戴尔的库存之所以比较少，主要在于其执行了强有力的规划措施，每三天出一个计划，这就保证了戴尔对市场反应的速度和准确度。供应链管理第一个动作是作什么呢？就是作计划。预测是龙头，企业的销售计划决定利润计划和库存计划，俗话说，龙头变龙尾跟着变。这也就是所谓的"长鞭效应"。

在物料库存方面，戴尔比较理想的情况是维持 4 天的库存水平，这是业界最低的库存记录。戴尔是如何实现库存管理运作效率的呢？

第一，拥有直接模式的信用优势，合作的供应商相信戴尔的实力；

第二，具有强大的订单凝聚能力，大订单可以驱使供应商按照戴尔的要求主动保障供应；

第三，供应商在戴尔工厂附近租赁或者自建仓库，能够确保及时送货。

戴尔很重视与供应商建立密切的关系。"必须与供应商无私地分享公司的策略和目标"，迈克尔说。通过结盟打造与供应商的合作关系，也是戴尔公司非常重视的基本方面。在每个季度，戴尔总要对供应商进行一次标准的评估。事实上，戴尔让供应商降低库存，它们彼此之间的忠诚度很高。从 2001 年到 2004 年，戴尔遍及全球的 400 多家供应商名单里，最大的供应商只变动了两三家。戴尔也存在供应商管理问题，并已练就出良好的供应链管理沟通技巧，在有问题出现时，可以迅速地化解。当客户需求增长时，戴尔会向长期合作的供应商确认对方是否可能增加下一次发货数量。如果问题涉及硬盘之类的通用部件，而签约供应商难以解决，就转而与后备供应商商量，所有的一切，都会在几个小时内完成。一旦穷尽了所有供应渠道也依然无法解决问题，那么就要与销售和营销人员进行磋商，立即回复客户，这样的需求无法满足。"我们不愿意用其他人的方式来作业，因为他们的方法在我们的公司行不通。"迈克尔说。戴尔通过自行创造需求的方法，并取得供应商的认同，已经取得了很好的成绩。戴尔要求供应商不光要提供配件，还要负责后面的即时配送。

供应商按戴尔的订单要求，把自己的原材料转移到第三方仓库，在这里原材料的物权还属于供应商。戴尔根据自己的订单确定生产计划，并将数据传递给本地供应商，让其根据戴尔生产要求把零配件提出来放在戴尔工厂附近的仓库，做好送货的前期准备。戴尔根据具体订单需要，通知第三方物流仓库，通知本地的供应商，让它把原材料送到戴尔的工厂，戴尔工厂在 8 小时之内把产品生产出来，然后送到客户手中。整个物料流动的速度是非常快的。

（资料来源：http://wenku.baidu.com/view/ee69207c5acfa1c7aa00cc2e.html）

阅读以上材料，回答问题：

1. 作为产业购买者，戴尔的购买行为有哪些时代特点？

2. 假设你所在的公司是一家生产液晶显示器的大型企业，现在打算将戴尔由潜在客户变为现实客户，请你为自己的公司提出一套能够实现这一目标的方案。

第六章
目标市场战略

◆ **本章学习目标**

☞ 应用知识目标:

1. 应掌握市场细分战略的产生与发展、市场细分的原理与理论依据;

2. 明确市场细分的标准、市场细分的层次和基本程序以及市场细分的原则;

3. 熟悉目标市场的概念、细分市场的评价和目标市场的选择、目标市场战略选择及条件;

4. 市场定位的含义、步骤和基本要求,市场定位战略的方法。

☞ 应用技能目标:

1. 掌握市场细分的方法,选择目标市场;

2. 分析企业市场定位战略。

📖营销情景故事

鲁人徙越

鲁国有一个人自己很会打草鞋,妻子很会织白绸。两口子想搬到越国去。有人对他说:"你到越国去必定会变穷。"那鲁国人问,"为什么呢?"这个人回答说:"做鞋是为了给人穿的呀,但是越国人却习惯于赤脚走路;织白绸子是做帽子用的,但是越国人喜欢披散着头发,不戴帽子。你们还不知道这些,跑到用不着你的国家里去,要想不穷困,哪能办得到呢?"

启示:不了解目标群体,没有相应的策略是无法获得成功的。

(资料来源:http://ydjzz.zjpdt.cn/upload/ydjzz/ktjx/jiaoan/200743153105.doc)

从市场营销观念的角度来看,市场是潜在购买者对产品或劳务的整体需求,而购买者是一个庞大而复杂的整体,由于消费心理、购买习惯、收入水平、资源条件和地理位置等等差别,不同消费者对同类产品的消费需求和消费行为具有很大的差异性。对于某一企业来说,没有能力也没有必要全都予以满足,只能通过对市场调研,将购买者细分为需求不同的若干群体,结合特定的市场营销环境和自身资源条件选择某些群体作为目标市场,并制定周密的市场营销战略满足目标市场的需求。

第一节　市场细分

一、市场细分的概念

（一）市场细分的概念

市场细分是指根据消费者需求和购买行为的差异性，把具有异质性需求的整体市场划分为若干需求大体相同的消费者群的小市场，它是一个辨别具有不同行为的消费者，并加以分类组合的过程。

细分后所形成的具有相同需求的顾客群体称为细分市场或分市场。每一个顾客群体就是一个细分市场，每一个细分市场都是由需求倾向类似的消费者构成的群体，所有细分市场之总和便是整体市场。由于在顾客群体内，大家的需求、欲望大致相同，企业可以用一种商品和营销组合策略加以满足。但在不同的顾客群体之间，其需求、欲望则各有差异，企业要以不同的商品，采取不同的营销策略加以满足。因此，市场细分实际上是一种求大同、存小异的市场分类方法，它不是对商品进行分类，而是对需求各异的消费者进行分类，是识别具有不同需求和欲望的顾客群体或用户群的活动过程。在同类产品市场上，同一细分市场的顾客需求具有较多的共同性，不同细分市场之间的需求具有较多的差异性，企业应明确有多少细分市场及各细分市场的主要特征。

（二）市场细分战略的产生与发展

市场细分是20世纪50年代中期美国市场营销学家温德尔·斯密提出的，其产生与发展经历了以下几个主要阶段。

1. 大量营销阶段

早在19世纪末20世纪初，西方经济发展的中心是速度和规模，企业市场营销的基本方式是大量营销，即大批量生产品种规格单一的产品和通过大众化的渠道推销。在当时的市场环境下，大量营销方式降低了成本和价格，获得了较丰厚的利润，企业没有必要也不可能重视市场需求的研究，市场细分战略不可能产生。

2. 产品差异化营销阶段

在20世纪30年代，发生了震撼世界的资本主义经济危机，西方企业面临产品严重过剩，市场迫使企业转变经营观念，营销方式从大量营销向产品差异化营销转变，即向市场推出许多与竞争者产品不同的，具有不同质量、外观、性能的品种各异的产品。产品差异化营销较大量营销是一种进步，但是，由于企业仅仅考虑自己现有的设计、技术能力而未研究顾客需求，缺乏明确的目标市场，产品试销的成功率仍然很低。

3. 目标营销阶段

20世纪50年代以后，在科学技术革命的推动下，生产力水平大幅度提高，产品日新月异，生产与消费的矛盾日益尖锐，以产品差异化为中心的推销体制远远不能解决西方企业所面临的市场问题。于是，市场迫使企业再次转变经营观念和经营方式，由产品差异化营销转向以市场需求为导向的目标营销，即企业在研究市场和细分市场的基础上，结合自身的资源与优势，选择其中最有吸引力和最能有效地为之提供产品和服务的细分市场作为目标市场，设计与目标市场需求特点相互匹配的营销组合等。于是，市场细分战略应运而生。

市场细分理论的产生，使传统营销观念发生根本的变革，在理论和实践中都产生极大影响，被西方理论家称之为市场营销革命。

市场细分化理论产生之后经过了一个不断完善的过程。最初人们认为把市场划分得越细越好，越能适应顾客需求，从而取得更大收益。但是，自 20 世纪 70 年代以来，由于能源危机和整个资本主义市场不景气，营销管理者深感过分地细分市场必然导致企业总成本上升过快从而减少总收益。因此，西方企业界又出现了一种市场同合化的理论，主张从成本和收益的比较出发适度细分。这是对过度细分的反思和矫正，使市场细分理论又有了新的内涵，适应了 20 世纪 90 年代全球化营销趋势的发展。

二、市场细分的作用

（一）有利于分析、发现、挖掘市场机会

在买方市场条件下，企业营销决策的起点在于发现有吸引力的市场环境机会，这种环境机会能否发展成为市场机会，取决于两点：环境机会与企业战略目标是否一致，利用这种环境机会能否比竞争者具有优势并获取显著收益。显然，这些必须以市场细分为起点。通过市场细分可以发现哪些需求已得到满足，哪些只满足了一部分，哪些仍是潜在需求。相应地可以发现哪些产品竞争激烈，哪些产品较少竞争，哪些产品亟待开发。

市场细分对中小企业尤为重要。与实力雄厚的大企业相比，中小企业资源能力有限，技术水平相对较低，缺乏竞争能力。通过市场细分，中小企业可以根据自身的经营优势，选择一些大企业不愿顾及、相对市场需求量较小的细分市场，集中力量满足该特定市场的需求，在整体竞争激烈的市场条件下，在某一局部市场取得较好的经济效益，求得生存和发展。

（二）有利于确定目标市场并掌握目标市场的特点

不进行市场细分，企业选择目标市场必定是盲目的，不认真地鉴别各个细分市场的需求特点，就不能进行有针对性的市场营销。例如，某公司出口日本的冻鸡原先主要面向消费者市场，以超级市场、专业食品商店为主要销售渠道。随着市场竞争的加剧，销售量呈下降趋势。为此，该公司对日本冻鸡市场作了进一步的调查分析，以掌握不同细分市场的需求特点。细分市场从购买者角度来区分有三种类型：一是饮食业用户，二是团体用户，三是家庭主妇。这三个细分市场对冻鸡的品种、规格、包装和价格等要求不尽相同。饮食业对鸡的品质要求较高，但对价格的敏感度低于零售市场的家庭主妇；家庭主妇对冻鸡的品质、外观、包装均有较高的要求，同时要求价格合理，购买时挑选性较强。根据这些特点，该公司重新选择了目标市场，以饮食业和团体用户为主要顾客，并据此调整了产品、渠道等营销组合策略，出口量大幅度增长。

（三）有利于制定市场营销组合策略、规划营销方案

市场营销组合是企业综合考虑产品、价格、促销形式和销售渠道等各种因素而制定的市场营销方案，就每一特定市场而言，只有一种最佳组合形式，这种最佳组合只能是市场细分的结果。前些年我国曾向欧美市场出口真丝花绸，消费者是上流社会的女性。由于我国外贸出口部门没有认真进行市场细分，没有掌握目标市场的需求特点，因而营销策略发生了较大失误：产品配色不协调、不柔和，未能赢得消费者的喜爱；低价策略与目标顾客的社会地位不相适应；销售渠道又选择了街角商店、杂货店，甚至跳蚤市场，大大降低了真丝花绸产品的"华贵"地位；广告宣传也流于一般。这个失败的营销个案，从反面说明了市场细分对于制定营销组合策略具有多么重要的作用。

（四）有利于提高企业的竞争能力

企业的竞争能力受客观因素的影响而存在差别，但通过有效的市场细分战略可以改变这种差别。市场细分以后，每一细分市场上竞争者的优势和劣势就明显地暴露出来，企业只要看准市场机会，利用竞争者的弱点，同时有效地开发本企业的资源优势，就能用较少的资源把竞争者的顾客和潜在顾客变为本企业的顾客，提高市场占有率，增强竞争能力。

三、市场细分的依据

（一）消费者市场细分的依据

一种产品的整体市场之所以能够细分，是由于用户的需求存在着明显的差异性。经过研究发现，用户需求的差异性是由多种因素造成的，这些影响因素大致包括以下几个方面。

1. 地理细分

地理细分即按照消费者所处的地理位置、自然环境来细分市场，具体变量包括国家、地区、地理方位、城市规模、不同地区的气候及人口密度等。处于不同地理位置的消费者，对同一类产品往往呈现出差别较大的需求特征，对企业营销组合的反应也存在较大的差别。例如，防暑降温、御寒保暖之类的消费品按照不同气候来细分市场是很有意义的。但是，地理因素是一种相对静态的变数，处于同一地理位置的消费者对某类产品的需求仍然会存在较大的差异，因此，还必须同时依据其他因素进行市场细分。

2. 人口细分

人口细分指按照各种人口统计变量来细分市场，包括性别、年龄、国籍、民族、婚姻、职业、收入、教育程度、宗教信仰、家庭规模、家庭构成和家庭生命周期等。譬如，不同年龄、受教育程度不同的消费者在价值观念、生活情趣、审美观念和消费方式等方面会有很大的差异。

⊞探讨与应用

细分市场见商机

中国移动作为国内专注于移动通信发展的通信运营公司，曾成功推出了"全球通"、"神州行"两大子品牌，成为中国移动通信领域的市场霸主。但市场的进一步饱和、联通的反击、小灵通的搅局，使中国移动通信市场弥漫着价格战的狼烟，如何吸引更多的客户资源、提升客户品牌忠诚度、充分挖掘客户的价值，成为运营商成功突围的关键。

麦肯锡对中国移动用户的调查资料表明，中国将超过美国成为世界上最大的无线市场，从用户绝对数量上说，到 2005 年中国的无线电话用户数量将达到 1.5 亿～2.5 亿个，其中将有 4 000 万～5 000 万用户使用无线互联网服务。从调查资料还可看出，25 岁以下的年轻新一代消费群体将成为未来移动通信市场最大的增值群体。因此，中国移动将以业务为导向的市场策略率先转向了以细分的客户群体为导向的品牌策略，在众多的消费群体中锁住 15～25 岁年龄段的学生、白领，产生新的增值市场。

锁定这一消费群体作为自己新品牌的客户，是中国移动"动感地带"成功的基础。

（1）从目前的市场状况来看，抓住新增主流消费群体：15～25 岁年龄段的目标人群正是目前预付费用户的重要组成部分，而预付费用户已经越来越成为中国移动新增用户的主流，中国移动每月新增的预付卡用户都是当月新增签约用户的 10 倍左右，抓住这部分年轻客户，也就抓住了目前移动通信市场大多数的新增用户。

（2）从长期的市场战略来看，培育明日高端客户：以大学生和公司白领为主的年轻用户，对移动数据业务的潜在需求大，且购买力会不断增长，有效锁住此部分消费群体，三五年以后这部分客户将从低端客户慢慢变成高端客户，企业便为在未来竞争中占有优势埋下了伏笔，逐步培育市场。

（3）从移动的品牌策略来看，形成市场全面覆盖：全球通定位高端市场，针对商务、成功人士，提供针对性的移动办公、商务服务功能；"神州行"满足中低市场普通客户通话需要；"动感地带"有效锁住大学生和公司白领为主的时尚用户，推出语音与数据套餐服务，全面出击移动通信市场，牵制住了竞争对手，形成预置性威胁。

2003 年 3 月，中国移动推出子品牌"动感地带"，宣布正式为年龄在 15～25 岁的年轻人提供一种特制的电信服务和区别性的资费套餐。并于同年 4 月举行"动感地带"（M—ZONE）形象代言人新闻发布会既媒体推广会，台湾新锐歌星周杰伦携手"动感地带"。同年 5～8 月，在各地市场利用报纸、电视、网络、户外、杂志、公关活动等开始了对新品牌的精彩演绎。同年 9～12 月，在全国举办"2003 动感地带 M—ZONE 中国大学生街舞挑战赛"，携 600 万大学生掀起街舞狂潮……

目前，动感地带的用户已远远超出 1 000 万，并成为移动通信中预付费用户的主流。

（资料来源：郑纪东．十大营销经典案例．中国营销传播网，2004）

试分析：中国移动是如何进行市场细分的？

3. 心理因素

因购买者所处的社会阶层、生活方式、受教育程度和职业等的不同，形成个体生活格调、个性、购买动机、价值取向以及对商品销售方式的敏感程度各异。按照买主的心理特征因素来进行市场细分，简称为心理细分，即按照消费者的心理特征细分市场。按照上述几种标准划分的处于同一群体中的消费者对同类产品的需求仍会显示出差异性，可能原因之一是心理因素发挥作用，心理因素包括个性、购买动机、价值观念、生活方式、生活格调、社会阶层等变量。比如，生活格调是指人们对消费、娱乐等特定习惯和方式的倾向性，追求不同生活格调的消费者对商品的爱好和需求有很大差异。越来越多的企业，尤其是服装、化妆品、家具、餐饮、旅游等行业的企业越来越重视按照人们的生活格调来细分市场。消费者的个性、价值观念等心理因素对需求也有一定的影响，企业可以把具有类同的个性、爱好、兴趣和价值取向相近的消费者集合成群，有针对性地制定营销策略。在有关心理因素的作用下，按人们的生活方式可以将消费群分为传统型、新潮型、奢靡型、活泼型以及社交型等群体。

4. 行为因素

企业可以按照消费者的购买行为细分市场，购买行为包括消费者进入市场的程度、追求的利益、对产品的态度、对品牌的忠诚度、购买动机、购买准备阶段、使用率和支付方式等变量。按消费者进入市场的程度，通常可以划分为常规消费者、初次消费者和潜在消费者。一般而言，资力雄厚、市场占有率较高的企业，特别注重吸引潜在购买者，争取通过营销战略，把潜在消费者变为初次消费者，进而再变为常规消费者。而一些中、小企业，特别是无力开展大规模促销活动的企业，主要吸引常规消费者。在常规消费者中，不同消费者对产品的使用频率也很悬殊，可以进一步细分为大量使用户和少量使用户。根据美国某啤酒公司的调查，某一区域有32%的人消费啤酒，其中，大量使用户与少量使用户各为16%，但前者购买了该公司啤酒销售总量的55%。因此，许多企业把大量使用者作为自己的销售对象，追求的利益是指消费者在购买过程中对产品不同效用的重视程度。消费者对品牌的忠诚度是指消费者对某品牌的喜爱程度，据此可以把消费者市场划分为四个群体：绝对品牌忠诚者、多种品牌忠诚者、变换型忠诚者和非忠诚者。在绝对品牌忠诚者占很高比重的市场上，其他品牌难以进入；在变换型忠诚者占比重较高的市场上，企业应努力分析消费者品牌忠诚转移的原因，以调整营销组合，加强品牌忠诚程度；而对于那些非品牌忠诚者占较大比重的市场，企业应审查原来的品牌定位和目标市场的确立等是否准确，随市场环境和竞争环境变化重新加以调整和定位。

5. 受益细分

根据消费者在购买产品时所追求的利益不同来进行市场细分，称为受益细分。任何产品都有消费者所追求的基本核心功能，同时又具有许多种辅助功能。几乎所有消费者在购买同种产品时，追求的核心功能都是一致的，而对辅助功能受益追求的方面则相差很大。受益细分就是抓住消费者对产品功能需求的差异而进行市场细分的。

（二）组织市场细分的依据

由于组织市场的买主及其购买目的与消费者市场不同，所以组织市场细分的依据也与之有所区别。

1. 受益细分

把具有共同受益要求的同行业同用途要求的用户群，称为一个受益细分市场。显然，这样来细分市场，便于企业针对不同的子市场去开发生产适销对路的产品。

2. 数量细分

数量细分对于组织市场尤为重要。因为组织市场上，大量用户、中量用户、小量用户的区别要比消费者市场更明显，而且他们之间用量相差更大。例如，我国的一汽、二汽的钢铁用量，是县城小型机械厂根本无法相比的。企业对于自己的大用户，宜直接联系，直接供货，最好建立长期互惠业务关系；而对于众多小用户，则适于使产品进入商业渠道，由批发商或零售商去供货。因此，数量细分对于组织市场上的企业选择目标市场和构建营销组合具有重要意义。

3. 地理细分

每个国家各个地区的特产、气候、地形、风俗和历史不同，形成了各具特色的生产力和产品特色，例如，我国江浙沪地区轻纺工业发达，两广地区制糖业发达，东北地区的钢铁、机械、森林等集中以及山西的煤炭，中原地区的粮棉，西部地区的石油、天然气丰富。地理细分市场的目的是使企业把注意力放在用户集中的地区，便于集中销售力量和组织商品运输，节约营销费用，提高企业效益。

四、市场细分原则

（一）市场细分原则

市场细分是企业选择目标市场和设计营销组合的基础与前提。长期实践经验告诉我们，要想成功、有效、实用地进行市场细分，必须遵循下列四条基本准则：

1. 可识别性和可衡量性

细分出来的市场要边界明晰，子市场内部同质且子市场之间有明显差异，市场的大小能够通过一定的调研易于得出一个数量的概念，并与其他细分市场有明显的区别。

2. 实用性和经济性

市场细分的结果要使被细分出来的子市场不仅边界明晰可辨，而且子市场的顾客群要足够大。一般讲，市场细分不是越细越好，细分市场的大小取决于该市场的用户人数与购买力。一个子市场到底有多大的需求量，它是否值得企业采取有区别的营销活动，是否能为企业带来效益，这是企业最关心的。

3. 可进入性

市场细分的各子市场，尤其是被企业选定作为目标市场的子市场，应是企业营销活动能够到达的市场，即市场应是企业能够对顾客产生影响，产品能够展现在顾客面前的市场。这主要表现在两个方面：一是企业能够通过广告媒体把产品的信息传递到该市场的消费者中去，二是产品能经过一定的销售渠道进入到该市场。考虑细分市场的可进入性，实际上就是考虑企业营销活动的可行性。

4. 可持续性（稳定性）

市场在细分时，对不稳定的同类消费者群不能认作是一个子市场。若被分出来的子市场时有时无，需求波动性很大，企业很难对之进行营销活动。所以，在进行市场细分时，要认真选择好细分变量，使细分出来的子市场不仅边界明晰、经济实用，具有可进入性，并且在相当长的一段时期内稳定性强。一旦企业选择这种子市场作为自己的目标市场，企业才能较长时间内在这种市场上开展经济活动，以达到企业目标。

（二）市场细分的步骤

办任何事情，特别是复杂、工作量巨大的事情，其工作程序是否科学合理事关重大。进行市场细分对于企业开展成功的营销活动，具有重要意义。因此市场细分的程序一定要科学合理。一般情况下，市场细分通常经过如下步骤：

1. 决定构成市场细分的基础

可以作为市场细分的基础很多，从广义上看，有消费市场的基础和工业市场的基础，我们通常可以通过地理、人口、心理与行为、用户性质与规模等变数对市场进行细分，以此确定若干细分市场。

2. 根据需求选定产品市场范围

企业一旦选择了细分基础后，接着便要考虑选定可能的产品市场范围，每个企业都有自己的任务和目标，这些任务和目标是制定发展战略的基础。产品或服务的市场范围主要取决于市场需求，比如，房地产开发商打算建造一批适合低收入家庭的住房出售。但选作投资方式的许多中、高收入的家庭也是潜在买主，需求是选定产品市场范围的重要因素。

3. 列举潜在顾客的基本需求

选择产品市场范围以后，如房地产开发商可以从地理、人口、行为和心理等变量出发，大致估算一下潜在顾客有哪些需求。房地产开发商可能发现，人们花钱买房除了满足基本需求外，如包括遮风避雨、停放车辆、安全、经济、方便、实惠等，还要满足投资需求，包括投资的保值、增值，以及转让的有关手续、费用等。

4. 分析潜在顾客的不同需求

房地产开发商可以根据人口变数做抽样调查，向不同的潜在顾客了解，上述哪些需求对他们更为重要，哪些需求更为迫切。比如，60%的人买房是为了自己居住，20%的人买房是为了投资，20%的人买房是两者兼而有之。如果进一步分析，发现为居住而买房的人又大都是低收入者，其中70%家庭年收入在15 000元左右，20%家庭年收入为10 000元，10%家庭年收入低于10 000元。这样进一步细分，对于选择企业的目标市场是很重要的。

5. 省略潜在顾客的共同需求

企业需要省略各分市场或各顾客群的共同需求。尽管这些共同需求很重要，但只能作为设计市场营销组合的参考，不能作为细分市场的基础。比如说遮风避雨、停放车辆、安全方便等，几乎是每一个潜在的商品房顾客都希望的。房地产开发商可以把它看做出售商品房决策的重要依据，但在细分市场时则要省略。

6. 为细分市场暂时取名

企业对各分市场剩下的需求，还要进一步分析，并结合分市场买主的特点，暂时安排一个名称，如高收入买主、中收入买主、低收入买主等，也可以用其他方法来给细分市场取名，如家庭住户、度假者、新婚者、遗赠者、投资者等。通过这种细分，可以掌握买主的偏好，促进市场营销。

7. 进一步认识各分市场的特点

在以上步骤的基础上，企业还要对每一个细分市场的买主需求及行为作进一步的考察，看看各细分市场的特点已被掌握了哪些，还有哪些需要深入了解，以便明确有没有必要再作细分或重新合并。例如，购买房产者中安居者和投资者的需求差异很大，应当作为两个分市场，同样的建筑设计也许能同时适合这两类顾客，但对他们的广告宣传和人员销售方式却不应相同。企业必须善于发现买主的这些差异。

8. 测量各细分市场的大小

现在各细分市场的类型已经基本确定，紧接着就应该把每个细分市场同人口变数结合起来分析，以测量各细分市场潜在顾客的数量。进行市场细分是为了寻找获利机会，而这又取决于各细分市场的销售潜力。

（三）细分市场时的注意事项

一要认真观察、了解，准确把握消费者挑选产品时，选择有关变数的顺序。例如在20世纪60年代，美国大多数购买汽车的顾客选择汽车时的顺序是生产商，然后是其某个品牌，如有个购买者喜欢通用汽车公司的汽车，对此他特别看中了其产品系列中的庞迪亚克牌（Pontiac）汽车。而现在的购买者则首先选择国家，然后再选择品牌，如首先决定买德国汽车，然后再选择德国的奥迪车等。

二要密切注意消费者选购商品属性的层次中的变化，并适应这种变化。社会是不断发展着的，市场也是处在不断变化之中。因此，消费者对商品各种属性的重要程度的排序也是不断变化的。企业如果看不到或忽视这种变化，仍然用原来的变数细分市场，会失去发展机会而造成损失。我国市场上许多商品的这种变化是十分明显的。20世纪60—70年代，居民收入水平低，购买衣服、日用品讲求的是价廉、结实和耐用（重视价格或质量型），到了20世纪80年代末，随着人们收入水平的提高，消费观念发生了很大转变。过去穿衣服是"新三年，旧三年，缝缝补补又三年"，而现在买衣服的标准是式样新、有个性、是名牌等（重视式样、个性和品牌型），不少消费者随时都在添置新衣新鞋，衣服稍一过时就被淘汰，显然注重的是其个性和时代特色。因此，企业必须善于把握时代脉搏，用动态的眼光看市场，及时发现消费者偏好的变化，甚至去引导这种变化，为企业发展开辟新路。

市场细分的程序也不是执行一次就完事大吉，而必须定期反复地进行，重新确定细分标准，重新对市场进行细分。

第二节　目标市场战略

一、目标市场的含义

目标市场是企业打算进入的细分市场，或打算满足的具有某一需求的顾客群体。也就是企业投其所好、为之提供有效产品和服务的某一个或某几个顾客群体。

市场细分与确定目标市场既有联系又有区别。市场细分化是按照消费需求与购买行为的差异划分顾客群体的过程。确定目标市场则是企业选择某一个或某几个细分市场作为营销对象的决策。选择目标市场有赖于市场细分，市场细分的目的就是为了选择目标市场，市场细分又为企业选择目标市场提供了条件。

在市场营销活动中，任何企业都应选定目标市场。因为就企业来说，并非所有的环境机会都具有同等的吸引力，或者说，并不是每一个细分市场都是企业所愿意进入和能够进入的。同时，对一个企业来说，总是无法提供市场内所有买主所需要的商品与劳务。由于资源有限，也为了提高效率，企业的营销活动必然局限在一定范围内。在制定市场营销策略时，企业必须在纷繁复杂的市场中，发现何处最适于销售它的产品，购买者是哪些人，购买者的地域分布、需要、爱好以及其他购买行为的特征是什么。这就是说，企业在营销决策之前，要确定具体的服务对象，即选定目标市场。企业在市场细分的基础之上，通过分析、评估各个细分市场，并根据企业的主、客观条件来选择目标市场，以便最终实现市场细分而给企业带来利益。

二、目标市场选择的条件

（一）目标市场选择的条件

一旦确定了市场细分机会，企业就必须依次评价各种细分市场和决定为多少个细分市场服务。然后，对各个细分市场进行价值评价，选择一个或几个最有价值的市场作为目标市场。为了选择适当的目标市场，企业必须对有关细分市场进行三个因素的考量：细分市场结构的吸引力，细分市场的规模和增长潜力，企业的目标和资源。

1. 细分市场的吸引力

细分市场的吸引力主要指它的长期盈利率、成长性等。决定一个市场是否具有长期吸引力的有五种力量：现实的竞争者、潜在的竞争者、替代产品、购买者或供应者。企业必须充分估计这五种力量对长期盈利率、成长性等所造成的威胁和机会。

如果某个市场上已有为数众多、实力强大或者竞争意识强烈的竞争者，该市场就失去吸引力；如果某个市场可能吸引新的竞争者进入，他们将会投入新的生产能力和大量资源，并争夺市场占有率，这个市场也没有吸引力；如果某个市场已存在现实的或潜在的替代产品，这个市场就不具有吸引力；如果某个市场购买者的谈判能力很强或正在加强，他们强求降价，或对产品或服务苛求不已，并强化买方之间的竞争，那么，这个市场就缺乏吸引力；如果企业的供应者——原材料和设备供应商、公用事业和银行等，能够随意提高或降低产品和服务质量，或减少供应数量，该市场就没有吸引力。

2. 细分市场的规模和增长潜力

细分市场的规模和增长潜力主要指它的人口数量、现实及潜在购买力的大小等。如果市场规模狭小或者趋于萎缩状态，企业进入后难以获得发展，此时，应审慎考虑，不宜轻易进入。另外，细分市场的规模和增长潜力是相对于企业的规模与实力而言的。较小的市场对于大企业，不值得涉足；而较大的市场对于小企业，又缺乏足够的资源来进入，并且小企业在大市场上也无力与大企业相竞争。

细分市场的增长潜力的大小，关系到企业销售和利润的增长，但有发展潜力的市场也常常是竞争者激烈争夺的目标，这又减少了它的获利机会。

3. 企业本身的目标和资源

在对细分市场进行评价时，企业还必须考虑对细分市场的投资与企业的目标和资源是否一致。有些细分市场虽然具有较大吸引力，也具有适合的规模和增长潜力，但要看是否符合企业的长远目标，如果不符合，就不得不放弃；另外，也要看企业是否具备在某个细分市场获胜所必要的能力和资源，如果企业在该细分市场缺乏一个或更多的提供优势价值的竞争能力和资源时，该细分市场就应放弃。

此外，企业还应当注意以下的问题：一是要有效地解决好个性化服务与规模经营在成本与效益方面所存在的矛盾。二是在实际操作中并非将整体市场分割得越细小就越好，而是要适度，且以企业能够有效组织生产经营活动并有利可图为度。三是可以将那些市场需求差异性小或者在生产技术和原材料等方面关联性高的微小细分市场合并为规模较大的细分市场，以扩大经营规模，增加产品的批量，降低成本，提高效益。

探讨与应用

反细分策略

在强调市场细分化的过程中，有些公司认为把市场划分得越细越好，越能适应顾客需求，从而取得更大收益，因此实行了超细分策略。这种策略将市场过度地细分，因而导致企业总成本上升过快从而减少总收益。于是一种被称为反细分的策略应运而生。

反细分策略并不是反对市场细分，而是将许多过于狭小的细分市场组合起来，以便能以较低的价格去满足这一市场的需求。实行这种策略的出发点，是基于许多消费者的价值观和态度的变化，某些产品虽不能适合消费者的某些特殊需要，或者在经济增长、物价稳定时期不可能被接受，但经济萧条与通货膨胀已使得消费者对购买所获得的满足与价格之间的关系更为敏感，为了获得较低的价格，他们宁愿购买稍低于他们期望的产品。而反细分策略能有效地降低生产与营销成本，如由于较低的购买成本及较低的材料处理成本，而降低制造费用；由于较少的通路及较少的推销等费用支出，而降低促销成本；由于较低的分配路线投资，而降低资金支出等。

反细分策略实施可采用两种方法：一是由缩减产品线来减少细分市场，较适合于拥有较多产品线的企业。减少产品线，放弃较小或无利的细分市场，仍能以不同品质、不同特色的产品来吸引不同的目标顾客，并不会影响市场占有率。二是将若干个较小的细分市场集合起来，实行市场同合化，用提供较低价格和较普遍的产品来吸引消费者，形成较大的细分市场。

（资料来源：百度文库）

试分析：你对反细分策略的理解？

（二）选择目标市场

企业在对不同细分市场评估后，可酌情选择一个或若干个甚至所有的细分市场，确定为企业的目标市场。企业在选择目标市场时有五种可供考虑的市场覆盖模式。

1. 市场集中化

这是一种最简单的目标市场模式。即企业只选取一个细分市场，只生产一类产品，供应某一单一的顾客群，进行集中营销，例如某服装厂商只生产儿童服装。选择市场集中化模式一般基于以下考虑：企业具备在该细分市场从事专业化经营或取胜的优势条件；限于资金能力，只能经营一个细分市场；该细分市场中没有竞争对手；准备以此为出发点，取得成功后向更多的细分市场扩展。

2. 产品专业化

产品专业化是企业集中生产一种产品，并向各类顾客销售这种产品，如饮水器厂只生产一个品种，同时向家庭、机关、学校、银行、餐厅和招待所等各类用户销售。产品专业化模式实际上是实施非市场细分化战略，即不分割整体市场。其优点是企业专注于某一种或一类产品的生产，有利于形成和发展生产和技术上的优势，在该领域树立形象。其局限性是当该领域被一种全新的技术与产品所代替时，产品销售量有大幅度下降的危险。

3. 市场专业化

市场专业化是企业专门经营满足某一顾客群体需要的各种产品。比如某工程机械公司专门向建筑业用户供应推土机、打桩机、起重机和水泥搅拌机等建筑工程中所需要的机械设备。市场专业化经营的产品类型众多，能有效地分散经营风险。但由于集中于某一类顾客，当这类顾客的需求下降时，企业也会遇到收益下降的风险。

4. 选择专业化

选择专业化是企业选取若干个具有良好的盈利潜力和结构吸引力，且符合企业的目标和资源的细分市场作为目标市场，其中每个细分市场与其他细分市场之间较少联系。其优点是可以有效地分散经营风险，即使某个细分市场盈利不佳，仍可在其他细分市场取得盈利。采用选择专业化模式的企业应具有较强资源和营销实力。

5. 市场全面化

市场全面化是企业生产多种产品去满足各种顾客群体的需要。实力雄厚的大型企业选用这种模式，才能收到良好效果，例如美国 IBM 公司在全球计算机市场，丰田汽车公司在全球汽车市场等。

探讨与应用

"野马"驰骋市场

1964 年，著名的汽车大王李·艾柯卡为福特汽车公司推出的新产品"野马"轿车，取得了轰动一时的成功，两年内为福特公司创造了 11 亿美元的纯利润。当时，购买野马车的人打破了美国历史的纪录，在不到一年的时间里，野马汽车风行整个美国，各地还纷纷成立野马车会。

1962 年，艾柯卡就任福特汽车公司分部总经理后，便策划生产一种受顾客欢迎的新车，这一念头是他对整个汽车市场营销环境作了充分调查研究之后产生的。

第一，福特公司的市场研究人员调查得知：第二次世界大战以后，生育率激增，几千万婴儿如今已长大成人，今后十年的人口平均年龄要急剧下降，20~24 岁年龄组要增长 50%，购买新车的 15~34 岁年轻人可望占到一半。根据这一信息，艾柯卡预见到今后十年的汽车销售量将会大幅度增长，而对象就是年轻人。

第二，随着受教育程度的提高，消费模式也在改变。妇女和独身顾客数量增加，两辆汽车的家庭也越来越多，人们愿意把更多的钱花在娱乐上。人们正在追求一种样式新颖的轻型豪华车。

第三，艾柯卡在欧洲了解福特汽车公司生产的"红雀"牌汽车销售情况时，发现"红雀"太小了，没有行李箱，虽很省油，但外形不漂亮，如不尽快推出一种新型车，公司就可能被竞争对手击败。

于是，艾柯卡根据上述信息提出了一个目标市场，适合这个市场的车应当是：车型要独树一帜，容易辨认；为便于妇女和新学驾驶汽车的人购买，要容易操纵；为便于外出旅行，要有行李箱；为吸引年轻人，外形要像跑车，而且要胜过跑车。

有了新车的设计思路，福特的设计专家们便开始行动。艾柯卡授意车型经理和生产经理主持车型设计，指出这种新车一定要兼具式样好、性能强、价钱低三大特色。这种车应当是小型的，但又不能太小，必须能容下四人；它必须是轻型的，重量不能超过 2 500 磅；价钱方面，要带有全套自选设备而不能超过 2 500 美元。1962 年秋天，新车的泥塑模型呈现在艾柯卡面前。1963 年春天，样机陈列在福特设计中心，与公司的强大竞争对手通用汽车公司的雪弗兰并排展示，进行对比性分析。样机一再改进，最后的形状为方顶，流线型，前长后短，低矮大方，整车显得既潇洒又矫健。

艾柯卡把新车的命名也看做产品设计的一部分。最后筛出一个名称——"野马"，这是一个激动人心的地道的美国名字。美国人对第二次世界大战中野马式战斗机的名字印象极为深刻，用"野马"作为新型车的名字，不仅能显示出车的性能和速度，有着广阔天地任君闯的味道，而且很适合美国人的个性。

福特公司在正式推出"野马"轿车之时，采用了多种多样具有轰动效应的促销手段，奇招迭出，一鸣惊人：邀请了报界 100 多名新闻记者参加从纽约到迪尔本的 70 辆"野马"汽车大赛，使"野马"成为新闻界的热门话题；在 2 600 种报刊上登了全页广告，并在数家电视台播出广告短片，新车照片同时出现在《时代》和《新闻周刊》封面上；在全国15个最繁忙的机场和从东海岸到西海岸的200家假日饭店的门厅里陈列了"野马"；公司选择最显眼的停车场，竖起巨型的广告牌，上书"野马栏"以引起消费者的注意，激发人们的购买欲望……

由于从选定目标市场、产品设计到销售野马车的各个环节，福特公司均作了一系列精心的策划，野马汽车获得了汽车销售史上的巨大成功：其订货单源源而来。到1965年4月16日，即野马诞生一周年的时候，已售出415 512辆，创下了福特公司的销售纪录。

（资料来源：左云. 销售与市场，1994（6））

试分析：野马是如何进行目标市场选择的？

企业在研究进入细分市场方案时，除必须考虑评价进入细分市场时应考虑的诸因素之外，还应认真研究下述问题：

第一，企业的产品能否与所进入细分市场的需求有效匹配，即企业为所选择的目标市场提供的产品必须适销对路，富有特色，具有竞争力，且要有利可图。

第二，产品的市场涵盖面要适度，即要恰当地界定目标市场的界面，研究企业的产品适应多大范围顾客群体的需求为佳。若产品的市场涵盖面过于狭窄，因产品的特别设计即小批量经营可能会导致成本的上升，从而降低盈利水平；若产品的市场涵盖面过宽，为满足更大顾客群体的共同需求，势必要淡化产品的特色。

三、目标市场战略

（一）无差异性营销战略

实行无差异性营销战略的企业把整体市场看做一个大的目标市场，不进行细分，用一种产品、统一的市场营销组合对待整体市场。实行此战略的企业给予两种不同的指导思想，第一种是从传统的产品观念出发，强调需求的共性，漠视需求的差异。因此，企业为整体市场生产标准化产品，并实行无差异的市场营销战略。在20世纪60年代前，美国可口可乐公司一直奉行典型的无差异战略，以单一的品种、标准的瓶装和统一的广告宣传内容，长期占领世界非酒类饮料市场。在大量生产、大量销售的产品导向时代，企业多数采用无差异性营销战略经营。实行无差异战略的另一种思想是：企业经过市场调查之后，认为某些特定产品的消费者需求大致相同或较少差异，比如食盐，因此可以采用大致相同的市场营销策略。从这个意义上讲，它符合现代市场营销理念。

采用无差异性营销战略的最大的优点是成本的经济性。大批量的生产销售，必然降低单位产品成本；无差异的广告宣传可以减少促销费用；不进行市场细分，也相应减少了市场调研、产品研制与开发，以及制定多种市场营销战略、战术方案等带来的成本开支。

但是，无差异性营销战略对市场上绝大多数产品都是不适宜的，因为消费者的需求偏好具有极其复杂的层次，某种产品或品牌受到市场的普遍欢迎是很少的。即便一时能赢得某一市场，如果竞争企业都如此仿照，就会造成市场上某个部分竞争非常激烈，而其他市场部分的需求却未得到满足。例如，20 世纪 70 年代以前，美国三大汽车公司都坚信美国人喜欢大型豪华的小汽车，共同追求这一大的目标市场，采用无差异性市场营销战略。但是 70 年代能源危机发生之后，美国小轿车消费需求已经变化，消费者越来越喜欢小型、轻便、省油的小型轿车，而美国三大汽车公司都没有意识到这种变化，更没有适当地调整它们的无差异性营销战略，致使大轿车市场竞争白热化，而小型轿车市场却被忽略。日本汽车公司正是在这种情况下乘虚而入的。

（二）差异性营销战略

差异性市场营销是把整体市场划分为若干需求与愿望大致相同的细分市场，然后根据企业的资源及营销实力选择部分细分市场作为目标市场，并为各目标市场定制不同的市场营销组合策略。

采用差异性市场营销战略的最大长处是可以有针对性地满足具有不同特征的顾客群的需求，提高产品竞争力。但是，由于产品品种、销售渠道、广告宣传的扩大化与多样化，市场营销费用大幅度增加。所以，无差异性营销战略的优势基本上成为差异性市场战略的劣势，其他问题还在于：该战略在推动成本和销售额上升的同时，市场效益并不具有保证。因此，企业在市场营销中有时需要进行"反细分"或"扩大顾客的基数"。

（三）集中性营销战略

集中性营销战略是在将整体市场分割为若干细分市场后，只选择其中某一细分市场作为目标市场。其指导思想是把企业的人、财、物集中用于某一个或几个小型市场，不求在较多的细分市场上都获得较小的市场份额，而要求在少数较小的市场上得到较大的市场份额。

这种战略人称为弥隙战略，即弥补市场空隙的意思，适合资源薄弱的小企业。小企业如果与大企业硬性抗衡，弊多于利，必须学会寻找对自己有利的小生存环境。用生态学的理论说，必须找到一个其他生物不会占领、不会与之竞争，而自己却有适应本能的小生存环境。也就是说，如果小企业能避开大企业竞争激烈的市场部位，选择一两个能够发挥自己技术、资源优势的小市场，往往容易成功。由于目标集中，可以大大节省营销费用和增加盈利；又由于生产、销售渠道和促销的专业化，也能够更好地满足这部分特定消费者的需求，企业易于取得优越的市场地位。

这一战略的不足是经营者承担风险较大，如果目标市场的需求情况突然发生变化，目标消费者的兴趣突然转移（这种情况多发生于时髦商品）或是市场上出现了更强有力的竞争对手，企业就可能陷入困境。

四、目标市场选择应考虑的因素

（一）企业能力

企业能力是指企业在生产、技术、销售、管理和资金等方面力量的总和。如果企业力量雄厚，且市场营销管理能力较强，即可选择差异性营销战略或无差异性营销战略。如果企业能力有限，则宜选择集中性营销战略。

（二）产品同质性

同质性产品主要表现在一些未经加工的初级产品上，如水力、电力、石油等，虽然产品在品质上或多或少存在差异，但用户一般不加区分或难以区分。因此，同质性产品竞争主要表现在价格和提供的服务条件上，该类产品适于采用无差异战略。而对服装、家用电器、食品等异质性需求产品，可根据企业资源力量，采用差异性营销战略或集中性营销战略。

（三）产品所处的寿命周期阶段

新产品上市往往以较单一的产品探测市场需求，产品价格和销售渠道基本上单一化。因此，新产品在引入阶段可采用无差异性营销战略。而待产品进入成长或成熟阶段，市场竞争加剧，同类产品增加，再用无差异经营就难以奏效，所以成长阶段改为差异性或集中性营销战略效果更好。

（四）市场的类同性

如果顾客的需求、偏好较为接近，对市场营销刺激的反应差异不大，可采用无差异性营销战略；否则，应采用差异性或集中性营销战略。

（五）竞争者战略

如果竞争对手采用无差异性营销战略时，企业选择差异性或集中性营销战略有利于开拓市场，提高产品竞争能力。如果竞争者已采用差异性战略，则不应以无差异战略与其竞争，可以选择对等的或更深层次的细分或集中化营销战略。

第三节　市场定位战略

一、市场定位的概念

定位这个词是由两个广告经理艾尔·里斯和杰克·屈劳特于1972年在杂志《广告时代》发表了名为"定位时代"的系列文章之后而流行的。他们对定位下的定义：定位起始于一件产品、一种商品、一次服务、一家公司、一个机构或者甚至一个人……然而，定位并不是你对一件产品本身做些什么，而是你在有可能成为顾客的人的心目中做些什么，这也就是说，你得给产品在有可能成为顾客的人的心目中定一个适当的位置。

市场定位，就是企业根据目标市场上需求和竞争者状况，为企业或其产品培养一定特色、树立一定的市场形象，并通过一系列的营销努力把这种个性或形象强有力地传达给顾客，从而确定该产品在市场上的位置。市场定位是由顾客对市场的认知而决定的，顾客一旦对产品有先入为主的印象，任何人都无法改变他们的决定。然而却可以去影响市场定位的过程，只要了解市场的运作，营销便可设法影响顾客对产品的认知，创造更强烈的产品形象。市场定位是塑造一种产品在细分市场的位置，产品的特色或个性可以从产品实体上表现出来，如形状、成分、构造和性能等；也可以从消费者心理上反映出来，如豪华、朴素、时髦和典雅等；还可以表现为价格水平、质量水准等。

在现代市场营销学中，市场定位、产品定位以及竞争性定位这三个术语往往交替使用，其实质是相同的，都属同一概念。

（1）市场定位（企业管理层决定）：在关于市场需要（或产品属性）上，本企业和竞争者在目标市场上各处于何种位置。

（2）产品定位（企业管理层决定）：就产品属性而言，本企业和竞争者的现有产品在目标市场上各处于何种位置。

（3）竞争性定位（企业管理层决定）：在目标市场上，和竞争者的产品相比较，本企业应当提供何种产品。

企业在市场细分化的基础上，一旦选定自己的目标市场，紧接着的工作就是进行市场定位。企业在市场定位过程中，一方面要了解竞争者的产品的市场地位，另一方面要研究目标顾客对该产品的各种属性的重视程度，然后选定本企业产品的特色和独特形象，从而完成产品的市场定位。

二、市场定位的方法与程序

（一）市场定位的方法

各个企业经营的产品不同，面对的顾客也不同，所处的竞争环境也不同，因而市场定位所依据的原则也不同。总的来讲，市场定位所依据的原则有四点。

1. 根据产品差异化定位

构成产品内在特色的许多因素都可以作为市场定位所依据的原则，比如所含成分、材料、质量和价格等。"七喜"汽水的定位是"非可乐"，强调它是不含咖啡因的饮料，与可乐类饮料不同。"泰宁诺"止痛药的定位是"非阿司匹林的止痛药"，显示药物成分与以往的止痛药有本质的差异。

产品差别化战略是从产品质量、产品款式等方面实现差别。寻求产品特征是产品差别化战略经常使用的手段。在全球通信产品市场上，摩托罗拉、诺基亚、西门子以及飞利浦等全球化竞争对手，通过实行强有力的技术领先战略，在手机、IP 电话等领域不断地为自己的产品注入新的特性，走在市场的前列，吸引顾客，赢得竞争优势。实践证明，某些产业特别是高新技术产业，哪一企业掌握了最尖端的技术，率先推出具有较高价值的产品创新特征，就能够发展成为一种十分有效的竞争优势。

产品质量是指产品的有效性、耐用性和可靠程度等。譬如，A 品牌的止痛片比 B 品牌疗效更高，副作用更小，顾客通常会选择 A 品牌。但是，这里又带来新的问题，是否质量、价格和利润三者完全成正比例关系呢？一项研究表明：产品质量与投资报酬之间存在着高度相关的关系，即高质量产品的盈利率高于低质量和一般质量的产品，但质量超过一定的限度时，顾客需求开始递减。显然，顾客认为过高的质量，需要支付超出其质量需求的额外的价值（使在没有让顾客付出相应价格的情况下可能也是如此）。

产品款式是产品差别化的一个有效工具，对汽车、服装和房屋等产品尤为重要。日本汽车行业中流传着这样一句话："丰田的安装，本田的外形，日产的价格，三菱的发动机。"这句话道出了日本四家主要汽车公司的核心专长，说明"本田"外形设计优美，颇受年轻消费者的喜欢。

探讨与应用

农夫山泉——产品差异化勾勒市场定位

农夫山泉股份有限公司原名浙江千岛湖养生堂饮用水有限公司，成立于1996年9月26日，2001年6月27日改制成为股份有限公司。

从一句"农夫山泉有点甜"闯入市场，公司宣布"农夫山泉……全力投入天然水的生产销售"。公司在农夫山泉瓶装饮用水口感定位方面，用"有点甜"的广告语凸显农夫山泉是"天然水"这个核心概念，对口感（有点甜）、水质（采用千岛湖湖水）进行差异化细分，明确市场的切入点。

口感是水质最有力、最直接的感官证明；将水的广告诉诸口感，这在国内还是第一家。饮用水的口感是衡量水质好坏最直观的标准，一种好的饮用水应该口感清爽、无异味，通常认为，水是无色无味的。在生活中我们往往有这样的体验：当我们喝清凉的泉水时，往往觉得有点甜，那么这种甜味是纯粹的心理作用还是一种真实味觉？事实上，水的甜味是一种综合味觉。它说明：水中没有有机物及腐殖酸；水中异味金属离子含量极低；矿物质及微量元素含量适中，搭配合理。因此，可以说，水的甜味本身就是水质优良的证明。农夫山泉突出了"天然水"、"口感清爽有点甜"的这一特性，水和广告的品位都随这一广告语而凸显出来，通过"有点甜"的潜在形象也提升了农夫山泉在顾客心目中的品牌形象，取得了极大的成功，"有点甜"被大家所熟知，几乎成了农夫山泉的代名词。

（资料来源：www.docin.com/p-96037.html）

试分析：农夫山泉如何进行产品差异化定位的？

2. 根据服务差别化定位

服务差别化是向目标市场提供与竞争者不同的优异服务。企业的竞争力越能体现在顾客服务水平上，市场差别化就越容易实现。如果企业把服务要素融入产品的支撑体系，就可以在许多领域建立进入障碍。因为，服务差别化能够提高顾客总价值，保持牢固的顾客关系，从而击败竞争对手。对于技术精密产品，如汽车、计算机、复印机等更为有效。

如果产品或服务中的技术占据了价值的主要部分，则技术质量战略是行之有效的。但是，竞争者之间技术差别越小，这种战略作用的空间也越小。一旦众多的厂商掌握了相似的技术，技术领先就难在市场上有所作为。

除了实际产品区别外，企业还可以使其与产品有关的服务不同于其他企业。一些企业靠速度、便利或及时、安全的运输来取得竞争优势，安装服务也能使企业区别于其他企业。例如，美国第一银行在超级市场开设了服务周全的分支机构，并且在假日和晚上为顾客提供便利的服务；IBM以高质量的安装服务闻名于世，它总是把所有购买的零件及时送到。并且，当要求把IBM设备搬走和安装到别处时，IBM公司也经常把竞争者的设备也帮忙搬走。企业还可以根据维修服务进一步区分，许多汽车购买者宁愿多付一点钱，多跑一段路，到提供第一流服务的汽车经销商那儿买车。一些企业靠提供培训服务或咨询服务来区别于其他企业。企业还可以找到许多其他方法来通过差异化服务增加自己产品的价值。

3. 根据顾客得到的利益定位

产品提供给顾客的利益是顾客最能切实体验到的，也可以用作定位的依据。1975 年，美国米勒（Miller）推出了一种低热量的"Lite"牌啤酒，将其定位为喝了不会发胖的啤酒，迎合了那些经常饮用啤酒而又担心发胖的人的需要。世界上各大汽车巨头的定位也各有特色，劳斯莱斯车豪华气派，丰田车物美价廉，沃尔沃则结实耐用。

4. 根据使用者类型定位

企业常常试图将其产品指向某一类特定的使用者，以便根据这些顾客的看法塑造恰当的形象。美国米勒啤酒公司曾将其原来唯一的品牌"高生"啤酒定位于"啤酒中的香槟"，吸引了许多不常饮用啤酒的高收入妇女。后来发现，占 30% 的狂饮者大约消费了啤酒销量的 80%，于是，该公司在广告中展示石油工人钻井成功后狂欢的镜头，还有年轻人在沙滩上冲刺后开怀畅饮的镜头，塑造了一个"精力充沛的形象"。在广告中提出"有空就喝米勒"，从而成功占领啤酒狂饮者市场达十年之久。

事实上，许多企业进行市场定位的依据往往不止一个，而是多个依据同时使用。因为要体现企业及其产品的形象，市场定位必须是多维度的、多侧面的。

（二）市场定位的程序

市场定位通过识别潜在竞争优势、企业核心竞争优势定位和制定发挥核心竞争优势的战略三个程序实现。

1. 识别潜在竞争优势

识别潜在竞争优势是市场定位的基础。通常企业的竞争优势表现在两方面：成本优势和产品差别化优势。成本优势是企业能够以比竞争者低廉的价格销售相同质量的产品，或以相同的价格水平销售更高一级质量水平的产品。产品差别化优势是指产品独具特色的功能和利益与顾客需求相适应的优势，即企业能向市场提供的在质量、功能、品种、规格以及外观等方面比竞争者更好的产品。为实现此目标，首先必须进行规范的市场研究，切实了解目标市场需求特点以及这些需求被满足的程度，这是能否取得竞争优势，实现产品差别化的关键。其次，要研究主要竞争者的优势和劣势，知己知彼，方能战而胜之。可以从三个方面评估竞争者：一是竞争者的业务经营情况，如近三年的销售额、利润率、市场份额和投资收益率等；二是竞争者核心营销能力，主要包括产品质量和服务质量的水平等；三是竞争者的财务能力，包括获利能力、资金周转能力和偿还债务能力等。

2. 企业核心竞争优势定位

核心竞争优势是与主要竞争对手相比，企业在产品开发、服务质量、销售渠道和品牌知名度等方面所具有的可获取明显差别利益的优势，应把企业的全部营销活动加以分类，并将主要环节与竞争者相应环节进行比较分析，以识别和形成核心竞争优势。

3. 制定发挥核心竞争优势的战略

企业在市场营销方面的核心能力与优势，不会自动地在市场上得到充分的表现，必须制定明确的市场战略来加以体现。譬如，通过广告传导核心优势战略定位，逐渐形成一种鲜明的市场概念，这种市场概念能否成功，取决于它是否与顾客的需求和追求的利益相吻合。

（三）市场定位的基本要求

市场定位的要求如下：

（1）研究、分析消费者对于某种产品属性的重视程度（包括对实物属性的要求和心理上的要求）。

（2）研究、分析目标市场上竞争对手在产品空间中的分布状况。

（3）研究、分析消费者的心目中对该类产品"理想点"的位置。

（4）研究、分析本企业为目标市场提供的产品应确定的产品空间位置。

假设某企业选定了消费者用（家庭用）170升电冰箱市场为目标市场，该企业最高管理层要研究：在这个目标市场上，自己的产品与竞争对手的产品在消费者心目中都处于何种位置上，怎样才能最有效地适应消费者的需要，竞争对手在产品空间中的分布状况如何？

这家企业经过调查研究，了解到消费者所关心的主要是产品质量和价格。目标市场上竞争对手有四个竞争者，要了解这些对手的销售额大小及它们的产品。它们分别为消费者提供不同质量和价格的电冰箱：竞争者A生产和出售高质量和高价格的170升电冰箱，竞争者B生产和出售中等质量和中等价格的170升电冰箱，竞争者C生产和出售低质量和低价格的170升电冰箱，竞争者D生产和出售低质量和高价格的170升电冰箱。

当竞争者的产品定位处于上述情况的时候，这家企业的产品应当定在什么位置上呢？一般可以有两种选择：第一种是选择在某一个竞争者的同样位置上，也就是说，争夺这个竞争者的现有消费者；第二种选择是把产品定位于竞争对手未开发的空白处，例如决定生产和出售高质量和低价格的170升电冰箱。企业最高管理层通过进一步分析消费者对该类产品的"理想点"就是高质量、低价格，而本企业又具备为消费者提供这一"理想点"产品的条件，所以决定采取第二种选择。

三、市场定位战略

市场定位作为一种竞争战略，显示了一种产品或一家企业同类似的产品或企业之间的竞争关系。定位方式不同，竞争态势也不同，下面分析三种主要定位方式。

（一）避强定位

这是一种避开强有力的竞争对手的市场定位，其优点是能够迅速地在市场上站稳脚跟，并能在消费者或用户心目中迅速树立起一种形象。由于这种定位方式市场风险较少，成功率较高，常常为多数企业所采用。

探讨与应用

伊利的市场定位

1997年夏天，北京街头几乎所有的冷饮网点都被国外的"和路雪"和"雀巢"覆盖，而在如此激烈的冰淇淋市场竞争中，"伊利"却独秀一枝，作为国有品牌取得了极佳的战绩。

早在1993年，内蒙古伊利实业股份有限公司就曾在北京进行过尝试性的销售，但是终因产品知名度太低而没能打入北京市场。于是伊利公司的经营者们制定了"以农村包围城市，以外地包围北京"的营销策略。几年间，伊利先后在哈尔滨、太原、石家庄等北方城市以及南方的武汉、南昌打开了销路。随着企业规模的扩大，实力的增强，伊利在1996年正式进军北京市场。

1996年，"和路雪"在中国经过三年的征战，逐步在中国市场上站稳了脚跟，在知名度和销售量上占据着绝对的优势。1996年，雀巢公司也将它们在中国的总部由香港迁至北京，并在天津和青岛同时投下巨额资本兴建现代化的冰淇淋生产线。然而，"和路雪"、"雀巢"的定位与普通人的收入水平有相当的距离，2元以上的产品人们问的多买的少，而5~6元的产品更是很少有人问津。相比之下，名不见经传的"伊利"冰淇淋却以"低价优质"这一市场定位赢得了众多消费者的青睐。对于大多数工薪消费者来说，他们在选择冰淇淋时除了需要好的口感外，价格是更主要的决定因素。伊利正是在这一点上迎合了大多数人的需要，他们希望能在同样产品中占据价格上的优势，而在同样的价格中以高质量取胜，伊利产品有较强的奶香味，具备了较高的品质。伊利之所以能迅速地在北京打开销路，正是得益于"低廉的价格、较高的品质"这一避强定位策略。

（资料来源：百度文库）

试分析：伊利对其市场定位有哪些特别之处？

（二）对抗性定位

这是一种与在市场上占据支配地位的，亦即与最强的竞争对手"对着干"的定位方式。显然，这种定位有时会产生危险，但不少企业认为能够激励自己奋发上进，一旦成功就会取得巨大的市场优势。例如，可口可乐与百事可乐之间持续不断地争斗，肯德基与麦当劳对着干等。实行对抗性定位，必须知己知彼，尤其应清醒估计自己的实力，不一定试图压垮对方，只要能够平分秋色就是巨大的成功。

（三）重新定位

重新定位是指对销路少、市场反应差的产品进行二次定位。这种重新定位旨在摆脱困境，重新获得增长与活力。这种困境可能是企业决策失误引起的，也可能是对手有力反击或出现新的强有力竞争对手而造成的。不过，也有重新定位并非因为已经陷入困境，而是因为产品意外地扩大了销售范围引起的。例如，专为青年人设计的某种款式的服装在中老年消费者中也流行开来，该服饰就会因此而重新定位。

实行市场定位应与产品差异化结合起来。正如上述：定位更多地表现在心理特征方面，它产生的结果是潜在的消费者或用户怎样认识一种产品，对一种产品形成的观念和态度；产品差异化是在类似产品之间造成区别的一种战略，因而，产品差异化是实现市场定位目标的一种手段。

探讨与应用

市场重新定位的例子

自行车——传统代步工具，20世纪50年代美国年产销400万辆，后下降为年产销130万辆。

重新定位：健身休闲用品，增加品种类型和花色。

橘汁——传统定位：维生素C保健饮品（保健功能）。

重新定位：消暑解渴、提神、恢复体力的饮品。

麦氏速溶咖啡——产品定位与目标市场的失误。

原定位与广告诉求：速溶方便，并与传统手工程序对比。

目标消费群：事实上是已成为中年人的家庭主妇（购买者、调制者）。

价值认同的冲突：调制咖啡是主妇的家务本领之一。

定位的调整：强调"滴滴香浓"。

速溶、方便且快捷的产品特性与需求的契合点：重点面向公司、写字楼、办公室职员（美国有给雇员休息中喝咖啡的习惯）。

上班族认可——影响家庭主妇——进入家庭消费市场。

（资料来源：麦子. 中国营销传播网，2001-05-30）

试分析：市场重新定位要注意什么？

四、定位常见错误

市场定位，对一个企业、一个品牌、一个产品来说举足轻重。许多企业都因为定位策略的失误导致损失。我们最常见的市场定位错误如下：

定位模糊，消费者无法了解企业真正的意图。

定位过宽，企业进行市场细分后，因无法挖掘自身的真正卖点，在未完成自身定位时将产品投入所有的细分市场，致使消费者无法留有清晰印象。

探讨与应用

明锐的市场定位误区

上海大众公关负责人在明锐上市发布会上将明锐的购买者定位为"明锐男人"。在他的定义中，明锐的男人就是中国当代的马修博尔顿、李斯特、宾夕法尼亚的科研人员。当然，他们排除了中国的华盛顿、林肯、罗斯福、杜鲁门，他们认为这些人不是他们的目标客户。其言外之意就是，上海大众把明锐的购买者框定在这些人中。上海大众表示，"在今天的中国，我们随处可见当代的马修博尔顿和李斯特，他们在各自的领域中默默推动时代的进步，似乎从不考虑个人的荣誉得失，且不迷失自己的事业方向，在关键的时刻，总可以看到他们实力的迸发，在面对对手的时候，也可以看到他们冷静、沉着的应对。国家的崛起、个人的成就，都和他们明晰的眼界、锐利的行动有关，他们就是当代中国的明锐男人。"

作为一款定价在 13.99 万～18.59 万元之间的新车，目标消费者的特征到底是哪些人？是中国的李斯特，是中国的马修博尔顿？在上海大众看来，这些人并不为人所知，但是实际情况并不是这样。

客户的细分不能简单地以有名、无名为标准，而且有名、无名也多与是否为公众人物有关。非常出色的人物往往不是公众人物，但是在某些领域却占有很高的地位。就像李斯特一样。

因此，如上海大众一样，如果把目标客户定位在中国的李斯特、中国的马修博尔顿，显然明锐的产品档次，价格高低不能与其相匹配。而上海大众自己宣称的"核心力量"的目标客户群，则更加将自己的产品目标市场缩窄，或者说比较空洞，到底核心力量是哪部分人群？是定位有分歧，还是比喻不恰当，不得而知。但是非常有可能给以后的市场推广带来一些困难。

（资料来源：沃华传媒网 . 2011 – 11 – 13）

试分析：明锐的市场定位有哪些误区？

☆ 同步测试

◇ 单项选择

1. 同一细分市场的顾客需求具有（　　　）。

A. 绝对的共同性　　B. 较多的共同性　　C. 较少的共同性　　D. 较多的差异性

2. 当市场上出现（　　　）情况时，客观上就出现了不同的细分市场。

A. 集群偏好　　　　B. 同质偏好　　　　C. 分散偏好　　　　D. 需求偏好

3. 下列不是市场细分的原则的是（　　　）。

A. 可衡量性　　　　B. 可区分性　　　　C. 可对比性　　　　D. 可盈利性

4. 就每一特定市场而言，最佳市场营销组合只能是（　　　）的结果。

A. 市场细分　　　　B. 精心策划　　　　C. 综合平衡　　　　D. 统筹兼顾

5. 采用（　　　）的模式的企业应具有较强的资源和营销实力。

A. 市场集中化　　　　　　　　　　B. 市场专业化

C. 产品专业化　　　　　　　　　　D. 市场的全面覆盖

◇ 多项选择

1. 属于产业市场细分变量的有（　　　）。

A. 社会阶层　　　B. 行业　　　　C. 价值观念

D. 地理位置　　　E. 购买标准

2. 产品专业化意味着（　　　）。

A. 企业只生产一种产品供应给各类顾客

B. 有助于企业形成和发展其生产和技术上的优势

C. 可有效地分散经营风险

D. 可有效发挥大型企业的实力优势

E. 进行集中营销

3. 市场定位的主要方式有（　　）。

A. CIS　　　　　　　B. POP　　　　　　C. 避强定位

D. 对抗性定位　　　　　　　　　　　　E. 重新定位

4. 企业通常根据（　　）情况来决定对不同竞争者的对策。

A. 竞争者的强弱　　　　　　　　B. 竞争者与本企业的相似程度

C. 竞争环境的变化　　　　　　　D. 竞争者的数目

E. 竞争者表现的好坏

5. 现代市场营销理论根据企业在市场上的竞争地位，把企业分为（　　）。

A. 市场主导者　　B. 市场挑战者　　C. 市场开拓者

D. 市场补缺者　　　　　　　　　E. 市场跟随者

◇ 判断

1. 产品差异化营销以市场需求为导向。　　　　　　　　　　　　（　　）

2. 市场细分只是一个理论抽象，不具有实践性。　　　　　　　　（　　）

3. 无差异性市场营销战略完全不符合现代市场营销理论。　　　　（　　）

4. 与产品市场生命周期阶段相适应，新产品在引入阶段可采用无差异性营销战略。　　　　　　　　　　　　　　　　　　　　　　　　　　　　（　　）

5. 企业的竞争力越是体现在对顾客服务的水平上，市场差别化就越是容易实现。　　　　　　　　　　　　　　　　　　　　　　　　　　　　　　（　　）

◇ 简答

1. 细分消费者市场主要依据哪些变量？

2. 简述企业如何选择目标市场战略。

☆ 实训项目

列举熟悉的十种产品，分析产品定位的方法及定位策略

[训练目标] 通过对知名产品定位的比较，加深对本任务内容的理解。

[训练组织] 学生每十人分为一组，每人负责一种产品的资料收集。

[训练提示] 教师提出活动前要求，保证产品种类多样，同时随组指导。

[训练成果] 各组汇总，教师讲评。

☆ 案例分析

欧莱雅集团进军中国市场

一、公司背景

法国欧莱雅集团为全球 500 强企业之一，由发明世界上第一种合成染发剂的法国化学家欧仁·舒莱尔创立于 1907 年。历经近一个世纪的努力，欧莱雅从一个小型

家庭企业跃居为世界化妆品行业的领头羊。2003 年初，欧莱雅荣登《财富》评选的 2002 年度全球最受赞赏公司排行榜第 23 名，在入选的法国公司中名列榜首。欧莱雅集团的事业遍及 150 多个国家和地区，在全球拥有 283 家分公司及 100 多个代理商，5 万多名员工、42 家工厂和 500 多个优质品牌，产品包括护肤防晒、护发染发、彩妆、香水、卫浴、药房专销化妆品和皮肤科疾病辅疗护肤品等。

1996 年，欧莱雅正式进军中国市场；1997 年 2 月，欧莱雅正式在上海设立中国总部。目前，欧莱雅集团在中国拥有约 3 000 名员工，业务范围遍布北京、上海、广州、成都等 400 多个城市。

二、中国市场环境分析

顾客与公众：

2001 年，中国化妆品市场销售总额为 400 亿元，2002 年，销售增长速度为 14% ~ 15%，实际销售总额大约为 450 亿 ~ 460 亿元。2003 年，化妆品行业发展速度保持稳定增长，增幅不低于 15%，销售总额达到 500 亿元。国内化妆品生产企业已达 2 500 家，品种 3 万余种，市场总额居亚洲第二位，在全世界范围内已经成为一个美容大国。

因此，世界名牌化妆品一致看好中国的消费潜力，几乎无一遗漏地抢滩中国，进驻中国市场，并且受到中国广大消费者的青睐，在中国市场上大放异彩。

竞争者：

目前欧莱雅集团在中国的主要竞争对手也是国际名牌化妆品，主要有雅芳（Avon）、雅诗兰黛（Estee Lauder）、倩碧（Clinique）、P&G 公司的玉兰油（OLAY）、Cover girl、SK Ⅱ 系列、露华浓（Revlon）、圣罗兰（YSL）、克里斯汀·迪奥（Christian Dior）、纪梵希（Givenchy）、旁氏（Ponds）、凡士林（Vaseline）、克莱伦丝（Chrins）、妮维雅（Nivea）、威娜（Wella）、花牌（Fa）、资生堂（Shiseido）等。这些品牌在国内都具有极高的知名度、美誉度和超群的市场表现。除了世界品牌在国内的混战外，欧莱雅集团还面临着国内本土品牌的袭击和进攻。国内的大宝、小护士、羽西（合资）、上海家化依然占有不少的护肤市场份额。

所以，目前国内的化妆品市场可以说是处于战国时代，群雄逐鹿，市场竞争极端惨烈，不时有品牌从市场上消失或者被其他公司吞并。为此，各化妆品公司无不如履薄冰，不敢大意。

企业内部：

虽然欧莱雅于 1996 年才进入中国市场，但早在 20 世纪 80 年代起就在巴黎成立了中国业务部，专门从事对中国市场的研究。90 年代欧莱雅在其香港的分公司里设立了中国业务部，准备开拓中国市场，并在广州、北京、上海等地都设立了欧莱雅形象专柜，测试中国消费群体对欧莱雅产品的市场反响。为进入中国市场，欧莱雅其实花费了将近 20 年的时间做准备！

营销中介：

欧莱雅采取以目标客户来选择销售渠道的策略，如针对高端客户生产的兰蔻等产品，只有在高档的商店才可以买到；而走大众路线的美宝莲，则在普通商场及超市就可以买到。欧莱雅中国总经理盖保罗的理想还不止于此，他希望有一天，大家买美宝莲就像买可乐一样方便。因为欧莱雅给美宝莲的定位是"国际化的品牌，平民化的价格，要让中国的消费者买得起，且便于购买"。

和欧莱雅的销售策略一样，广告策略也是和品牌定位及目标客户相匹配的。美宝莲是一个大众化的品牌，所以要在覆盖面最广的电视媒体做广告，让更多的消费者知道。薇姿和理肤泉在药房销售，卡诗和欧莱雅专业美发在发廊销售，兰蔻等高端品牌只有在高档商店才有，网点并不像美宝莲那么多。宣传渠道一定要针对目标群体才有效。

三、市场细分策略

巴黎欧莱雅进入中国市场至今，以其与众不同的优雅品牌形象，加上全球顶尖演员、模特的热情演绎，向公众充分展示了"巴黎欧莱雅，你值得拥有"的理念。目前已在全国近百个大中城市的百货商店及超市设立了近400个形象专柜，并配有专业美容顾问为广大中国女性提供全面的护肤、彩妆、染发定型等相关服务，深受消费者青睐。回顾上述成功业绩，关键取决于欧莱雅公司独特的市场细分策略。

首先，公司从产品的使用对象进行市场细分，主要分成普通消费者使用的化妆品，专业使用的化妆品，其中，专业使用的化妆品主要是指美容院等专业经营场所使用的产品。

其次，公司将化妆产品的品种进行细分，如彩妆、护肤、染发护发等，同时，对每一品种按照化妆部位、颜色等再进一步细分，如按照人体部位不同将彩妆分为口红、眼膏、睫毛膏等；再就口红而言，进一步按照颜色细分为粉红、大红、无色等，此外，还按照口红性质差异将其分为保湿型、明亮型、滋润型等。如此步步细分，光美宝莲口红就达到150多种，而且基本保持每1~2个月就向市场推出新的款式，从而将化妆品的品种细分几乎推向极限地步。

然后，按照中国地域广阔特征，鉴于南北、东西地区气候、习俗、文化等的不同，人们对化妆品的偏好具有明显的差异。如南方由于气温高，人们一般比较少做白日装或者喜欢使用清淡的装饰，因此较倾向于淡妆；而北方由于气候干燥以及文化习俗的缘故，一般都比较喜欢浓妆。同样东西地区由于经济、观念、气候等的缘故，人们对化妆品也有不同的要求，欧莱雅集团敏锐地意识到了这一点，按照地区推出不同的主打产品。

最后，又采用了其他相关细分方法，如按照原材料和年龄细分等。

总之，通过对中国化妆品市场的环境分析，欧莱雅公司采取多品牌战略对所有细分市场进行全面覆盖策略，按照盖保罗所说的金字塔理论，欧莱雅在中国的品牌框架包括高端、中端和低端三个部分。

其中，塔尖部分为高端产品，约有12个品牌构成，如第一品牌的赫莲娜，无论从产品品质和价位都是这12个品牌中最高的，面对的消费群体的年龄也相应偏高，并具有很强的消费能力；第二品牌是兰蔻，它是全球最著名的高端化妆品牌之一，消费者年龄比赫莲娜年轻一些，也具有相当的消费能力；第三品牌是碧欧泉，它面对的是具有一定消费能力的年轻时尚消费者，欧莱雅公司希望将其塑造成大众消费者进入高端化妆品的敲门砖，价格也比赫莲娜和兰蔻低一些。它们主要在高档的百货商场销售，兰蔻在22个城市有45个专柜，目前在中国高端化妆品市场占有率第一，碧欧泉则是第四。而赫莲娜 2000 年 10 月才进入中国，目前在全国最高档百货商店中只有 6 个销售点，柜台是最少的。

塔中部分为中端产品，所包含品牌有两大块：一块是美发产品，有卡诗和欧莱雅专业美发，其中，卡诗在染发领域属于高档品牌，比欧莱雅专业美发高一些，它们的销售渠道都是发廊及专业美发店。欧莱雅公司认为，除产品本身外，这种销售模式也使消费者有机会得到专业发型师的专业服务。还有一块是活性健康化妆品，有薇姿和理肤泉两个品牌，它们通过药房经销。欧莱雅率先把这种药房销售化妆品的理念引入了中国。

塔基部分是指大众类产品，中国市场不同于欧美及日本市场，中国市场很大而且非常多元化，消费梯度很多，尤其是塔基部分上的比例大。在中国大众市场中，欧莱雅公司目前共推行 5 个品牌，其中，巴黎欧莱雅是属于最高端的，它有护肤、彩妆、染发等产品，在全国 500 多个百货商场设有专柜，还在家乐福、沃尔玛等超市有售。欧莱雅的高档染发品已是目前中国高档染发品的第一品牌。第二品牌是羽西，羽西秉承"专为亚洲人的皮肤设计"的理念，是一个主流品牌，在全国 240 多个城市的 800 家百货商场有售。第三品牌是美宝莲——来自美国的大众彩妆品牌，它在全球很多国家彩妆领域排名第一，在中国也毫不例外，目前已经进入了 600 个城市，有 1.2 万个柜台。第四品牌是卡尼尔，目前在中国主要是引进了染发产品，它相比欧莱雅更大众化一些，年轻时尚，在中国 5 000 多个销售点有售。第五品牌是小护士，它面对的是追求自然美的年轻消费者，市场认知度 90% 以上，目前在全国有 28 万个销售点，网点遍布了国内二、三级县市。

由于欧莱雅公司对中国市场分析到位、定位明晰，因此，2003 年中国市场的销售额达到 15 亿元人民币，比 2002 年增加 69.3%，这是欧莱雅公司销售历史上增幅最高的，比 1997 年增长了 824%。兰蔻在高档化妆品市场，薇姿在通过药房销售的活性化妆品市场，美宝莲在彩妆市场，欧莱雅染发在染发的高端市场已经占据了第一的位置。

（资料来源：百度文库）

阅读以上材料，回答问题：

1. 欧莱雅公司对中国市场环境分析是否全面？你认为还需要关注哪些环境问题？

2. 欧莱雅公司采用怎样的市场细分策略？值得借鉴之处是什么？

第七章
市场竞争战略

◆ **本章学习目标**

☞ 应用知识目标：

1. 了解竞争者分析的一般方法；

2. 掌握市场领导者、市场挑战者、市场跟随者和市场利基者的基本含义及市场竞争战略。

☞ 应用技能目标：

1. 应用所学分析竞争者的目标；

2. 判断竞争者战略，评估竞争者的优势与劣势。

📖 **营销情景故事**

苹果与三星专利大战：事关江湖地位的斗争

2012 年 8 月 24 日，被称作 IT 行业"世纪大战"的苹果与三星的专利纠纷暂告一段落。美国法院裁定，三星侵犯了苹果的六项专利，并要求三星向苹果赔偿 10.5 亿美元。

判决结果一出，外界便把这称做苹果打击 Android 阵营的一次伟大胜利。不过，对于完成苹果创始人乔布斯的遗愿——"摧毁谷歌 Android"而言，苹果借此重新向外界表明自己在智能手机领域江湖老大的地位更为实际。

事关江湖地位

毋庸置疑，是苹果开启了智能手机的时代。2007 年，苹果推出了首款 iPhone，由于是一个"外来者"，苹果的举动遭到整个手机行业的耻笑。不过，令当时的诺基亚、摩托罗拉、黑莓等厂商都没有想到的是，短短五年多的时间里，iPhone 真的"改变了一切"。

瞧瞧那些当年小瞧苹果的厂商吧。诺基亚、摩托罗拉、黑莓等厂商现在是多么的焦虑和无助。当年这些厂商还能够割据一方，但现在却只能眼巴巴地看着苹果和三星在这个行业里唱"二人转"。

美国市场研究公司 ABI Research 发表的研究报告显示，2012 年第一季度全球智能手机出货量为 1.446 亿部，虽然苹果和三星电子占全球智能手机市场份额的 55%，但是，这两家公司的利润却占全球智能手机市场份额的 90% 以上。虽然三星是一个智能手机领域的后来者，但是凭借拥抱谷歌 Android 操作系统，快速推出多款产品，三星已经在今年第一季度超过苹果成为全球最大的智能手机厂商。同时，三星生产的高端智能手机 Galaxy SⅢ全球销量目前已经达到了 1 000 万台，成为除了

iPhone 之外，最为畅销的单款 Android 智能手机。

种种迹象表示，三星崛起了。但这显然是苹果不愿意看到的，尤其在美国市场。美国市场，对于任何一家手机厂商来说都是具有决定意义，因为这个市场不但是最大的利润市场，也是资本市场评估厂商价值的重要依据。市场调研机构 NPD 提供的今年第二季度的数据显示，三星在美国智能手机市场的出货量继续增长，相比上一个季度维持 24%的份额，仅次于苹果 31%的市场份额。

本次美国法院判定三星专利侵权，为苹果向法院提起在美国禁售三星的产品提供了足够的理由。即使短期内不会对三星造成重大影响，但三星在美国市场的不确定性无疑已经大大增加。这种不确定已经开始传导给股市。在周一韩国股市交易中，三星电子股价大跌 7.5%，市值缩水 120 亿美元。

三星崛起已成事实

2012 年 8 月 27 日，苹果正式申请在美国市场禁售三星电子旗下八款电子产品，美国法院将于 9 月 20 日就禁售请求作出裁决。而三星电子周二下午发布公告称，将采取一切措施确保旗下产品得以在美国市场销售。

最终裁决结果尚不确定，但三星能够跟强势的苹果正面对抗，从某种程度上来说，也是一种胜利。同时，虽然苹果对三星"恨之入骨"，但事实上，苹果也无法摆脱三星，因为 iPhone 和 iPad 的很多元器件都由三星提供。

据悉，除了为苹果代工处理器芯片之外，三星还向苹果提供 DRAM 和 NAND 存储芯片以及显示面板。

iSuppli 半导体首席分析师顾文军表示，三星通过对存储芯片、面板以及晶圆代工厂和逻辑芯片的努力，已经逐渐掌控了整个电子产业链。比如，在存储芯片和闪存领域，三星都是绝对的规模、销售额利润第一。

由于三星自己掌握主要零组件，这让其智能手机、平板电脑都获得了相当大的成本优势，因而在市场上获得了不小的成功。

顾文军指出，三星在芯片市场甚至整个电子市场的影响力巨大，台积电董事长张忠谋对其 700 磅"大猩猩"的形容非常贴切。"在台积电眼中的'大猩猩'，在其他企业眼里绝对是'金刚'。三星未来依靠整合，将会彻底成为电子产业的龙头老大。"

事实上，三星对于全产业链的整合已经引起了苹果的警惕。苹果正计划拓展供应商，减小对三星的依赖。

（资料来源：http：//tech. sina. com. cn/it/2012－08－29/01087556359. shtml）

竞争是市场经济的基本特性。市场竞争所形成的优胜劣汰，是推动市场经济运行的强制力量，它迫使企业不断研究市场，开发新产品，改进生产技术，更新设备，降低经营成本，提高经营效率和管理水平，获取最佳效益并推动社会的进步。在发达的市场经济条件下，任一企业都处于竞争者的重重包围之中，竞争者的一举一动对企业的营销活动和效果具有决定性的影响。企业必须认真研究竞争者的优势与劣势、竞争者的战略和策略，明确自己在竞争中的地位，有的放矢地制定竞争战略，才能在激烈竞争中求得生存和发展。

第一节　竞争者分析

"知己知彼，百战不殆"。企业要制定正确的竞争战略和策略，就要深入地了解竞争者，主要方面有：谁是我们的竞争者，他们的战略和目标是什么，他们的优势与劣势是什么，他们的反应模式是什么，我们应当攻击谁、回避谁。

一、识别竞争者

识别竞争者似乎是一件很容易的事，但是，公司的现实和潜在竞争者的范围是极其广泛的，如果不能正确地识别，就会患上"竞争者近视症"。公司被潜在竞争者击败的可能性往往大于现实的竞争者。"白猫"洗衣粉的最大威胁不是来自联合利华或宝洁公司，而是正在研制的不需要洗衣粉的超声波洗衣机。公司应当有长远的眼光，从行业结构和业务范围的角度识别竞争者。

（一）行业竞争观念

行业是一组提供一种或一类密切替代产品的相互竞争的公司。密切替代产品指具有高度需求交叉弹性的产品。比如，长虹电视机价格降低会引起康佳电视机需求减少，IBM电脑价格上升会引起联想电脑需求增加，二者互为密切替代品。

经济学家认为，行业动态首先决定于需求与供应的基本状况，供求会影响行业结构，行业结构又影响行业的行为，如产品开发、定价和广告战略等，行业的行为决定着行业的绩效，如行业的效率、成长和就业。这里主要讨论决定行业结构的主要因素。

1. 销售商数量及产品差异程度

这两个特点产生了五种行业结构类型。

（1）完全垄断。完全垄断指在一定地理范围内某一行业只有一家公司供应产品或服务。完全垄断可能由规章法令、专利权、许可证、规模经济或其他因素造成。在西方国家，完全垄断可分为政府垄断和私人垄断两种。在私人垄断条件下，追求最大利润的垄断者会抬高商品价格，少做或不做广告，并提供最低限度的服务。如果该行业内出现了替代品或紧急竞争危机，垄断者会改善产品和服务作为阻止新竞争者进入的障碍。

（2）完全寡头垄断。完全寡头垄断是寡头垄断的一种类型。寡头垄断指某一行业内少数几家大公司提供的产品或服务占据绝大部分市场并相互竞争，分为完全寡头垄断和不完全寡头垄断。完全寡头垄断也称为无差别寡头垄断，指某一行业内少数几家大公司提供的产品或服务占据绝大部分市场，并且顾客认为各公司产品没有差别，对不同品牌无特殊偏好。西方国家的钢铁、铝、轮胎、石油等行业多为完全寡头垄断。寡头企业之间的相互牵制导致每一企业只能按照行业的现行价格水平定价，不能随意变动，竞争的主要手段是改进管理、降低成本、增加服务。

（3）不完全寡头垄断。不完全寡头垄断也称为差别寡头垄断，指某一行业内少数几家大公司提供的产品或服务占据绝大部分市场，并且顾客认为各公司的产品存在差异，对某些品牌形成特殊偏好，其他品牌不能替代。西方国家的汽车、飞机、电脑等行业多为差别寡头垄断。顾客愿意以高于同类产品的价格购买自己所喜爱的品牌，寡头垄断企业对自己经营的受顾客喜爱的名牌产品具有垄断性，可以制定较高价格以增加盈利。竞争的焦点不是价格，而是产品特色。

（4）垄断竞争。垄断竞争指某一行业内有许多卖主且相互之间的产品有差别，顾客对某些品牌有特殊偏好，不同的卖主以产品的差异性吸引顾客，开展竞争。企业竞争的焦点是扩大本企业品牌与竞争品牌的差异，突出特色。应当注意，产品的差异性有些是客观上存在的，易于用客观手段检测或直观感觉证实；有些则是购买者主观心理上存在的，不易用客观或主观方法加以检测。比如，汽车的速度、油耗和部件易损程度可用客观手段检测，减震性、舒适性、噪音大小和喷漆光亮度可用眼、耳、身等感官加以感觉；而不同品牌化妆品的营养皮肤功能和抗衰老功能，不同品牌服装的档次等都不易用客观或主观手段检测。对于客观上不易造成差别的同质产品或不易用客观和主观手段检测的产品，企业可以运用有效的营销手段如款式、商标、包装、价格和广告等在购买者中造成本品牌与竞争品牌的心理差别，强化特色，夺取竞争优势。

（5）完全竞争。完全竞争指某一行业内有许多卖主且相互之间的产品没有差别。完全竞争大多存在于均质产品市场，如食盐、农产品、水泥等。买卖双方都只能按照供求关系确定的现行市场价格来买卖商品，都是价格的接受者而不是价格的决定者。企业竞争战略的焦点是降低成本，增加服务并争取扩大与竞争品牌的差别。

2. 进入与流动障碍

一般而言，如果某个行业具有高度的利润吸引力，其他企业会设法进入。但是，进入一个行业会遇到许多的障碍，主要有缺乏足够的资本、未实现规模经济、无专利和许可证、无场地、原料供应不充分、难以找到愿意合作的分销商以及产品的市场信誉不易建立等。其中一些障碍是行业本身固有的，另外一些障碍是先期进入垄断市场的企业单独或联合设置的，以维护其市场地位和利益。即使企业进入了某一行业，在向更有吸引力的细分市场流动时，也会遇到流动障碍。各个行业的进入与流动障碍不同，比如，进入粉笔制造业十分容易，进入飞机制造业则极其困难。某个行业的进入与流动障碍高，先期进入的企业就能够获取高于正常水平的利润率，其他企业只能望洋兴叹；某个行业的进入与流动障碍低，其他企业就会纷纷进入，使该行业的平均利润率降低。

3. 退出与收缩障碍

如果某个行业利润水平低下甚至亏损，已进入的企业会主动退出，并将人力、物力和财力转向更有吸引力的行业。但是退出一个行业也会遇到退出障碍，主要有对顾客、债权人或雇员的法律和道义上的义务，政府限制，过分专业化或设备陈旧造成的资产利用价值低，未发现更有利的市场机会，高度的纵向一体化以及感情障碍等。即使不完全退出该行业，仅仅是缩小经营规模，也会遇到收缩障碍。由于存在退出与收缩障碍，许多企业在已经无利可图的时候，只要能够收回可变成本和部分收回固定成本，就会在一个行业内维持经营。它们的存在降低了行业的平均利润率，打算在该行业内继续经营的企业出于自身的利益考虑应设法减少它们的退出障碍，如买下退出者的资产、帮助承担顾客义务等。

4. 成本结构

在每个行业里从事业务经营所需的成本及成本结构不同。比如，轧钢业所需成本大而化妆品业所需成本小，轧钢业所需的制造和原材料成本大而化妆品业所需分销和促销成本大。公司应把注意力放在最大成本上，在不影响业务发展的前提下减少这些成本。轧钢厂将主要成本用于建立最现代化的工厂比用于广告宣传更有利，化妆品制造商将主要成本用于建立广泛分销渠道和广告宣传可能比投入生产更有利。

5. 纵向一体化

在许多行业中，实行前向或后向一体化有利于取得竞争优势。农工商联合体从事农产品的生产、加工和销售业务，可以降低成本，控制增值流，还能在各个细分市场中控制价格和成本，使无法实现纵向一体化的企业处于劣势。

6. 全球经营

有些行业局限于地方经营，如理发、浴室、影院和歌舞厅等；有些行业则适宜发展全球经营，如飞机、电脑、电视机和石油等，可称为全球性行业。在全球性行业从事业务经营，必须开展以全球为基础的竞争，以实现规模经济和赶上最先进的技术。

（二）业务范围导向与竞争者识别

每个企业都要根据内部和外部条件确定自身的业务范围并随着实力的增加而扩大业务范围。企业在确定和扩大业务范围时都自觉或不自觉地受一定导向支配，导向不同，竞争者识别和竞争战略就不同。

1. 产品导向与竞争者识别

产品导向指企业业务范围限定为经营某种定型产品，在不从事或很少从事产品更新的前提下设法寻找和扩大该产品的市场。

企业的每项业务包括四个方面的内容：一是要服务的顾客群，二是要迎合的顾客需求，三是满足这些需求的技术，四是运用这些技术生产出的产品。根据这些内容可知，产品导向指企业的产品和技术都是既定的，而购买这种产品的顾客群体和所要迎合的顾客需求却是未定的，有待于寻找和发掘。在产品导向下，企业业务范围扩大指市场扩大，即顾客增多和所迎合需求增多，而不是指产品种类或花色品种增多。

实行产品导向的企业仅仅把生产同一品种或规格产品的企业视为竞争对手。产品导向的适用条件是：市场产品供不应求，现有产品不愁销路；企业实力薄弱，无力从事产品更新。当原有产品供过于求而企业又无力开发新产品时，主要营销战略是市场渗透和市场开发。市场渗透是设法增加现有产品在现有市场的销售量，提高市场占有率。市场开发是寻找新的目标市场，用现有产品满足新市场的需求。

2. 技术导向与竞争者识别

技术导向指企业业务范围限定为经营用现有设备或技术生产出来的产品。业务范围扩大指运用现有设备和技术或对现有设备和技术加以改进而生产出新的花色品种。对照企业业务的四项内容看，技术导向指企业的生产技术类型是确定的，而用这种技术生产出何种产品、服务于哪些顾客群体、满足顾客的何种需求却是未定的，有待于根据市场变化去寻找和发掘。

技术导向把所有使用同一技术、生产同类产品的企业视为竞争对手。适用条件是某具体品种已供过于求，但不同花色品种的同类产品仍然有良好前景。与技术导向相适应的营销战略是产品改革和一体化发展，即对产品的质量、样式、功能和用途加以改革，并利用原有技术生产与原产品处于同一领域的不同阶段的产品。

技术导向未把满足同一需要的其他大类产品的生产企业视为竞争对手，易于发生"竞争者近视症"。例如，钢笔的竞争者包括圆珠笔、铅笔、墨水笔、毛笔和掌上电脑等等；打字机生产企业的主要威胁不是来自其他同类企业，而是迅速普及的家用电脑和手提电脑；激光照排的普及淘汰了铅字印刷业。当满足同一需要的其他行业迅猛发展时，本行业产品就会被淘汰或严重供过于求，继续实行技术导向就难以维持企业生存。

3. 需要导向与竞争者识别

需要导向指企业业务范围确定为满足顾客的某一需求，并运用可能互不相关的多种技术生产出分属不同大类的产品去满足这一需求。对照业务范围的四项内容来看，需要导向指所迎合的需要是既定的，而满足这种需要的技术、产品和所服务的顾客群体却随着技术的发展和市场的变化而变化。

实行需要导向的企业把满足顾客同一需要的企业都视为竞争者，而不论他们采用何种技术、提供何种产品。适用条件是市场商品供过于求，企业具有强大的投资能力，运用多种不同技术的能力和经营促销各类产品的能力。如果企业受到自身实力的限制而无法按照需要导向确定业务范围，也要在需要导向指导下密切注视需求变化和来自其他行业的可能的竞争者，在更高的视野上发现机会和避免危险。

需要导向的竞争战略是新产业开发，进入与现有产品和技术无关但满足顾客同一需要的行业。

4. 顾客导向和多元导向

顾客导向指企业业务范围确定为满足某一群体的需要。业务范围扩大则指发展与原顾客群体有关但与原有产品、技术和需要可能无关的新业务。对照企业业务的四项内容看，顾客导向指企业要服务的顾客群体是既定的，但此群体的需要有哪些，满足这些需要的技术和产品是什么，则要根据内部和外部条件加以确定。

顾客导向的适用条件是企业在某类顾客群体中享有盛誉和销售网络等优势并能够转移到公司的新增业务上。换句话说，该顾客群体出于对公司的信任和好感而乐于购买公司增加经营的与原产品生产技术上有关或无关的其他产品，公司也能利用原有的销售渠道促销新产品。顾客导向的优点是能充分利用企业在原顾客群体的信誉、业务关系或渠道销售其他类型产品，减少进入市场的障碍，增加企业销售和利润总量。缺点是企业要有丰厚的资金和运用多种技术的能力，并且新增业务若未能获得顾客信任和满意将损害原有产品的声誉和销售。

多元导向指企业通过对各类产品市场需求趋势和获利状况的动态分析确定业务范围，新发展业务可能与原有产品、技术、需要和顾客群体都没有关系。如海尔集团经营制药厂，宝洁公司经营幼儿食品，菲利普·莫里斯公司经营啤酒、饮料和冷冻食品等。适用条件是企业有雄厚的实力、敏锐的市场洞察力和强大的跨行业经营的能力。多元导向的优点是可以最大限度地发掘和抓住市场机会，撇开原有产品、技术、需要和顾客群体对企业业务发展的束缚；缺点是新增业务若未能获得市场承认将损害原成名产品的声誉。

二、判定竞争者的战略和目标

（一）判定竞争者的战略

公司最直接的竞争者是那些处于同一行业同一战略群体的公司。战略群体指在某特定行业内推行相同战略的一组公司。战略的差别表现在目标市场、产品档次、性能、技术水平、价格以及销售范围等方面。区分战略群体有助于认识以下三个问题：

1. 不同战略群体的进入与流动障碍不同

比如，某公司在产品质量、声誉和纵向一体化方面缺乏优势，则进入低价格、中等成本的战略群体较为容易，而进入高价格、高质量、低成本的战略群体较为困难。

2. 同一战略群体内的竞争最为激烈

处于同一战略群体的公司在目标市场、产品类型、质量、功能、价格、分销渠道和促销战略等方面几乎无差别，任一公司的竞争战略都会受到其他公司的高度关注并在必要时作出强烈反应。

3. 不同战略群体之间存在现实或潜在的竞争

不同战略群体的顾客会有交叉。比如，实行不同营销战略的复读机制造商都会向学习英语的中学生和大学生销售产品。

每个战略群体都试图扩大自己的市场，涉足其他战略群体的领地，在企业实力相当和流动障碍小的情况下尤其如此。

（二）判定竞争者的目标

竞争者的最终目标当然是追逐利润，但是每个公司对长期利润和短期利润的重视程度不同，对利润满意水平的看法不同。有的企业追求利润最大化目标，不达最大，决不罢休；有的企业追求利润满足目标，达到预期水平就不会再付出更多努力。具体的战略目标多种多样，如获利能力、市场占有率、现金流量、成本降低、技术领先和服务领先等，每个企业有不同的侧重点和目标组合。了解竞争者的战略目标及其组合可以判断他们对不同竞争行为的反应。比如，一个以低成本领先为目标的企业对竞争企业在制造过程中的技术突破会作出强烈反应，而对竞争企业增加广告投入则不太在意。美国企业多数按照最大限度扩大短期利润的模式经营，因为当前经营绩效决定着股东满意度和股票价值。日本公司则主要按照最大限度扩大市场占有率的模式经营，由于贷款利率低，资金成本低，所以对利润的要求也较低，在市场渗透方面显示出更大的耐心。竞争者的目标由多种因素确定，包括企业的规模、历史、经营管理状况以及经济状况等。

三、评估竞争者的实力和反应

（一）评估竞争者的优势与劣势

竞争者能否执行和实现战略目标，取决于资源和能力。评估竞争者可分为三步。

1. 收集信息

收集竞争者业务上最新的关键数据,主要有销售量、市场份额、心理份额、情感份额、毛利、投资报酬率、现金流量、新投资以及设备能力利用等。其中,"心理份额"指回答"举出这个行业中你首先想到的一家公司"这个问题时,提名竞争者的顾客在全部顾客中的比例。"情感份额"指回答"举出你最喜欢购买其产品的一家公司"这一问题时,提名竞争者的顾客在全部顾客中的比例。收集信息的方法是查找第二手资料和向顾客、供应商及中间商调研得到第一手资料。

2. 分析评价

根据所得资料综合分析竞争者的优势与劣势,如表 7-1 所示。

在分析表中,列出了对树立和维持竞争优势起关键性作用的五大因素:品牌知名度、产品质量、销售渠道、技术和市场推广。每一个评价因素的评价结果有四档:优秀、良好、中等和差。从竞争者的优势与劣势分析表中可以清楚地看到三个竞争对手的优势与劣势情况:竞争对手 A 闻名遐迩,产品质量深受顾客的青睐,市场推广活动做得有声有色,最大的弱点是销售渠道不畅,影响了产品向周围地区的扩散,同时技术力量薄弱,产品的开发能力差;竞争对手 B 总的经营情况不错,特别是覆盖能力强、辐射力大的销售渠道是企业未来持续发展的保证,品牌知名度和产品质量方面还有提高的空间;竞争对手 C 的大多数关键因素处于中下水平,劣势明显。

表 7-1 竞争者的优势与劣势分析

品牌	顾客对竞争者的评价				
	品牌知名度	产品质量	销量渠道	技术	市场推广
A	优秀	优秀	差	差	良好
B	良好	良好	优秀	良好	优秀
C	中等	差	良好	中等	中等

3. 优胜基准

优胜基准指找出竞争者在管理和营销方面的最好做法作为基准,然后加以模仿、组合和改进,力争超过竞争者。福特汽车公司总裁曾指示属下的设计师根据顾客认为最重要的 400 个特征组合新汽车,模仿和改进竞争者的最佳特征,如座位、外形、发动机、操作系统等等,造出了当时最先进的、最受顾客欢迎的新汽车。优胜基准的步骤如下:

(1)确定优胜基准项目;

(2)确定衡量关键绩效的变量;

(3)确定最佳级别的竞争者;

(4)衡量最佳级别竞争者的绩效;

(5)衡量公司绩效;

(6)制定缩小差距的计划和行动;

(7)执行和监测结果。

(二)评估竞争者的反应模式

了解竞争者的经营哲学、内在文化、主导信念和心理状态可以预测它对各种竞争行为的反应。竞争中常见的反应类型有以下四种：

1. 从容型竞争者

从容型竞争者指对某些特定的攻击行为没有迅速反应或强烈反应。可能原因是：认为顾客忠诚度高，不会转移购买；认为该行为不会产生大的效果；缺乏作出反应所必需的资金条件等。

⊞探讨与应用

一个百年老厂在家门口遭遇的困境

上海蜜饯厂是一家创建于清朝道光年间的百年老厂，如今走入困境，它生产的各类蜜饯的年生产量已从高峰时的 3 000 多吨，下降到 400 多吨，去年亏损额达到68 万元；蜜饯承销店在市内外总共只有 300 多家，而历史上最好的年份，单上海市内就有 3 000 多家。

改革开放前，上海蜜饯厂的经营无忧无虑。当时，该厂所产蜜饯集 "京"、"广"、"闽"、"潮"、"苏" 五方特色。传统产品奶油话梅、琥珀杏梅、香葡萄等都是部优、市优产品。无花果脯、玫瑰杨梅更是行销国外。市场上没有竞争对手，上海街头巷尾大大小小的南货店、糖果店、蜜饯店摆放的几乎清一色都是上海货。

但前几年，广东蜜饯一马当先迅速进入上海百姓家；随后，浙江、江苏、福建等地的一些蜜饯名品在上海商店也开始纷纷露脸。遗憾的是，上海蜜饯厂处于市场竞争之中，却没有竞争意识，百年老厂看不起外地乡镇小厂的 "原始" 工艺，对它们善待商家的种种 "攻心"、"公关" 技巧，更是嗤之以鼻。外地小厂很善于翻出蜜饯新 "花样"，百年老厂的评价却是 "花头花脑"；外地小厂生产的蜜饯外包装很漂亮，百年老厂却认为 "有啥稀奇"。但就在 "不以为意" 中，王中王话梅、佳宝九制陈皮等外省市蜜饯品牌，在上海市场上占据了越来越多的份额，有些甚至还挂起了泰国、菲律宾等国的 "洋牌子"，唯独上海的 "土产" 蜜饯踪影难觅。上海蜜饯厂产品的市场覆盖率连连下降，企业效益频频滑坡，尽管后来该厂也生产小包装蜜饯，但 "后发效应" 总要大打折扣，难以从根本上摆脱失利的窘境。

（资料来源：杨明刚．市场营销 100 个案与点析．上海：华东理工大学出版社，2004）

试分析：这家蜜饯厂面对怎样的困境？

2. 选择型竞争者

选择型竞争者指只对某些类型的攻击作出反应，而对其他类型的攻击无动于衷。比如，对降价行为作出针锋相对的回击，而对增加广告费用则不作反应。了解竞争者会在哪些方面作出反应，有利于企业选择最为可行的攻击类型。

3. 凶狠型竞争者

凶狠型竞争者指对所有的攻击行为都作出迅速而强烈的反应。这类竞争者意在警告其他企业最好停止任何攻击。

4. 随机型竞争者

随机型竞争者指对竞争攻击的反应具有随机性，有无反应和反应强弱无法根据其以往的情况加以预测。

四、确定竞争对象与战略原则

（一）确定攻击对象和回避对象

在了解竞争者以后，企业要确定与谁展开最有力的竞争，竞争者不外乎下列三类：

1. 强竞争者与弱竞争者

攻击弱竞争者在提高市场占有率的每个百分点方面所耗费的资金和时间较少，但能力提高和利润增加也较少。攻击强竞争者可以提高自己的生产、管理和促销能力，更大幅度地扩大市场占有率和利润水平。

2. 近竞争者和远竞争者

多数公司重视同近竞争者对抗并力图摧毁对方，但是竞争胜利可能招来更难对付的竞争者。

3. "好"竞争者与"坏"竞争者

"好"竞争者的特点是：遵守行业规则；对行业增长潜力提出切合实际的设想；按照成本合理定价；喜爱健全的行业，把自己限制在行业的某一部分或某一细分市场中；推动他人降低成本，提高差异化；接受为他们的市场份额和利润规定的大致界限。"坏"竞争者的特点是：违反行业规则；企图靠花钱而不是靠努力去扩大市场份额；敢于冒大风险；生产能力过剩仍然继续投资；总之，他们打破了行业平衡。公司应支持好的竞争者，攻击坏的竞争者。

更重要的是，竞争者的存在会给公司带来一些战略利益，如增加总需求，导致产品更多的差别，为效率较低的生产者提供了成本保护伞，分摊市场开发成本，服务于吸引力不大的细分市场，减少了违背反托拉斯法的风险等等。

（二）企业市场竞争的战略原则

企业的市场竞争战略会随着时间、地点、竞争者状况、自身条件和市场环境等因素的不同而变化，然而，万变不离其宗，某些基本战略是不会改变的，企业领导者必须把握这些不变的战略去适应变化的环境。

1. 创新制胜

创新制胜即企业应根据市场需求不断开发出适销对路的新产品，以赢得市场竞争的胜利。现代社会的生产能力大于市场需求，众多企业为了维持生存，争先恐后地开发出不胜枚举的新花色、新品种、新款式投放市场，力图得到顾客青睐。顾客需求则随着收入增加和可挑选商品的增多而水涨船高，可谓日新月异，变化万千。创新是活力的源泉，企业应当加强市场调查和预测，争取最先洞察消费需求的变化，领先研制出适合消费需求的新产品，掌握市场竞争的主动权。

2. 优质制胜

优质制胜即企业向市场提供的产品在质量上应当优于竞争对手，以赢得市场竞争的胜利。质量是产品或服务的特色和品质的总和，决定着顾客需求的满足程度。质量优劣表现为同类产品在价格和其他销售条件相同时被顾客选中的概率，选中的概率大，质量就好，反之则差。产品质量是企业竞争力的核心，企业应从自身利益和顾客利益出发，千方百计地创优质产品，创名牌产品。

3. 廉价制胜

廉价制胜即企业对于同类同档次产品应当比竞争对手更便宜，以赢得市场竞争的胜利。市场需求是有支付能力的需求，价格是市场需求的调节器，在质量和其他条件相同或相近时，价格低廉的商品会受到顾客欢迎。价格降低虽然使单位产品的利润降低，但是会增加总销售量，扩大总利润。企业应在保证产品质量的前提下提高生产效率，降低生产成本和营销成本，为低价竞争奠定基础。

4. 技术制胜

技术制胜即企业应致力于发展高新技术，实现技术领先，以赢得市场竞争的胜利。科学技术决定着企业的生产效率、产品成本、管理水平、经济效益和顾客需求的满足程度。现代科学技术的发展一日千里，谁落在后面，谁就将被市场淘汰。有能力的企业和有远见的企业家都不惜代价地研制或引进高新技术和先进设备，力争走在技术进步的前列，开发科技含量高、附加价值高的新产品，在市场竞争中占领制高点。

5. 服务制胜

服务制胜即企业提供比竞争者更完善的售前、售中和售后服务，以赢得市场竞争的胜利。销售服务决定着产品的性能能否良好发挥和顾客需求能否充分满足。在其他条件相同时，谁能提供更周到的服务，谁就能赢得顾客。

6. 速度制胜

速度制胜即企业应当以比竞争对手更快的速度推出新产品和新的营销战略，抢先占领市场，赢得市场竞争的胜利。"时间就是金钱"，谁对市场需求的反应快、技术开发快、新产品投放快，就能在一段时间内形成独家供应的局面，集中吸纳顾客购买力，迅速扩大市场，不但壮大了实力，还能在顾客中形成先入为主的"正宗"、"正牌"概念。

7. 宣传制胜

宣传制胜即企业应当运用广告、公共关系、人员推销和销售促进等方式大力宣传企业和产品，提高知名度和美誉度，树立良好形象，以赢得市场竞争的胜利。

五、竞争地位分析

一系列竞争者构成一个竞争者系统。在这个系统中，各个企业的资源情况和经营能力的不同，必然形成高低不同的层次，也就是各自的地位不同。分析竞争者的地位，有助于更好地制定竞争的目标和战略，决定是继续投资，维持现状，还是收缩或退出所在的行业。现代市场营销理论根据企业在目标市场上所起的领导、挑战、追随和拾遗补缺的作用，将企业分为市场领导者、市场挑战者、市场追随者和市场利基者四类。

知识链接

美国管理咨询公司对竞争者地位的分类

美国管理咨询公司认为企业在各自的行业中都占据六种竞争地位中的一种。这六种竞争地位如下：

1. 支配的竞争地位。这类企业控制着其他竞争对手的行为，并有广泛选择战略的余地。在市场占有率方面占有绝对优势，处于垄断地位。

2. 强大的竞争地位。这类企业拥有很强的竞争实力，保持较大的市场份额，甚至在一定程度上影响整个行业的发展。

3. 有利的竞争地位。这类企业拥有可供在执行特定战略时利用的力量，并有较多改善其市场地位的机会。

4. 守得住的竞争地位。这类企业经营状况令人满意，足以保证继续营业。但它是在占优势地位的企业默许容忍之下存在的，改善其市场地位的机会较少。

5. 弱小的竞争地位。这类企业的经营状况难以令人满意，但仍有改善的机会，它必须改弦更张，否则就要退出市场。

6. 不能生存和发展的竞争地位。这类企业经营状况极差，而且没有改善的机会。

第二节　市场领导者战略

市场领导者指占有最大的市场份额，在价格变化、新产品开发、分销渠道建设和促销战略等方面对本行业其他公司起着领导作用的公司。我国一些著名的市场领导者公司有电视机行业的长虹集团、电冰箱行业的海尔集团、电脑行业的联想集团、洗衣机行业的小天鹅集团、烟草行业的红塔集团、微波炉行业的格兰仕集团以及皮装行业的海豹集团等等。

占据着市场领导者地位的公司常常成为众矢之的。要击退其他公司的挑战，保持第一位的优势，必须从三个方面努力：扩大总需求、保护市场份额、扩大市场份额。

一、扩大总需求

市场领导者占有的市场份额最大，在市场总需求扩大时受益也最多。扩大总需求的途径是开发产品的新用户、寻找产品的新用途和增加顾客使用量。

（一）开发新用户

1. 转变未使用者

转变未使用者就是要说服那些尚未使用本行业产品的人开始使用，把潜在顾客转变为现实顾客。

2. 进入新的细分市场

新的细分市场指该细分市场的顾客使用本行业产品，但是不使用其他细分市场的同类产品和品牌。

3. 地理扩展

地理扩展指寻找尚未使用本产品的地区，开发新的地理市场。例如，黑白电视机和小屏幕彩色电视机在城市已经少有购买者，可着重开发农村市场。轿车和摩托车在发达国家已经趋于饱和，可向发展中国家和不发达国家转移。

（二）寻找新用途

寻找新用途是指设法找出产品的新用法和新用途以增加销售。比如，食品生产者常常在包装上印制多种食用或烹制方法，有冷食、热食、浸泡、炸炒、干食等。产品的许多新用途往往是顾客在使用中发现的，企业应及时了解和推广这些发现。

（三）增加使用量

1. 提高使用频率

企业应设法使顾客更频繁地使用产品。例如，果汁营销人员应说服人们不仅在待客时才饮用果汁，平时也要饮用果汁以增加维生素。

2. 增加每次使用量

企业应该设法使顾客增加每次使用量。例如，清洁用品营销人员应说服人们在清洁时要达到标准使用量，否则会影响效果。

3. 增加使用场所

电视机生产企业可以宣传在卧室和客厅等不同房间分别摆放电视机的好处，如观看方便、避免家庭成员选择频道的冲突等，宣传这是美好生活的需要，是生活水平提高的表现而不是奢侈或浪费，打破原先只买一台的习惯和"节俭"思想，使有条件的家庭乐于购买两台以上的电视机。

二、保护市场份额

占据市场领导者地位的公司在力图扩大市场总需求的同时，还必须时刻注意保护自己的现有业务免遭竞争者入侵。最好的防御方法是发动最有效的进攻，不断创新，永不满足，掌握主动，在新产品开发、成本降低、分销渠道建设和顾客服务等方面成为本行业的先驱，持续增加竞争效益和顾客让渡价值。即使不发动主动进攻，至少也要加强防御，堵塞漏洞，不给挑战者可乘之机。市场领导者不可能防守所有的阵地，必须认真地探查哪些阵地应不惜代价严防死守，哪些阵地可以放弃而不会带来太大损失，将资源集中用于关键之处。防守战略的基本目标是减少受到攻击的可能性，或将进攻目标引到威胁较小的区域并设法减弱进攻的强度。主要防御战略有六种。

（一）阵地防御

阵地防御指围绕企业目前的主要产品和业务建立牢固的防线，根据竞争者在产品、价格、渠道和促销方面可能采取的进攻战略而制定自己的预防性营销战略，并在竞争者发起进攻时坚守原有的产品和业务阵地。阵地防御是防御的基本形式，是静态的防御，在许多情况下是有效的、必要的，但是单纯依赖这种防御则是一种

"市场营销近视症"。企业更重要的任务是技术更新、新产品开发和扩展业务领域。当年亨利·福特固守 T 型车的阵地就惨遭失败，使得年盈利 10 亿美元的公司险些破产。海尔集团没有局限于赖以起家的冰箱市场，而是积极从事多元化经营，开发了空调、彩电、洗衣机、电脑、微波炉和干衣机等一系列产品，成为我国电器行业著名品牌。

（二）侧翼防御

侧翼防御指企业在自己主阵地的侧翼建立辅助阵地以保卫自己的周边和前沿，并在必要时作为反攻基地。20 世纪 70 年代美国各大汽车公司的主要产品是豪华型轿车，未注意小型省油车这一侧翼产品，受到日本和欧洲汽车制造商生产的小型省油车的攻击而失去大片市场。超级市场在食品和日用品市场占据统治地位，但是在食品方面受到以快捷、方便为特征的快餐业的蚕食，在日用品方面受到以廉价为特征的折扣商店的攻击。为此，超级市场提供广泛的、货源充足的冷冻食品和速冻食品以抵御快餐业的蚕食，推广廉价的无品牌商品并在城郊和居民区开设新店以击退折扣商店的进攻。

（三）以攻为守

以攻为守指在竞争对手尚未构成严重威胁或在向本企业采取进攻行动前抢先发起攻击以削弱或挫败竞争对手。这是一种先发制人的防御，公司应正确地判断何时发起进攻效果最佳以免贻误战机。有的公司在竞争对手的市场份额接近于某一水平而危及自己市场地位时发起进攻，有的公司在竞争对手推出新产品或推出重大促销活动前抢先发动进攻，如推出自己的新产品、宣布新产品开发计划或开展大张旗鼓的促销活动，压倒竞争者。公司先发制人的方式多种多样：可以运用游击战，这儿打击一个对手，那儿打击一个对手，使各个对手疲于奔命，忙于招架；可以展开全面进攻，如精品手表有 2 300 个品种，覆盖各个细分市场；也可以持续性地打价格战，如长虹电视机曾数次率先降价，使未取得规模效益的竞争者陷于困境；还可以开展心理战，警告对手自己将采取某种打击措施而实际上并未付诸实施。某著名电器公司得知另外一家公司正在研制一种新产品，一旦成功将会对本公司产品造成威胁，就放风说本公司正在研制该产品并即将取得成功，迫使那家公司放弃了研制计划。当然，这种战略只能偶尔为之，不能经常使用。

（四）反击防御

反击防御指市场领导者受到竞争者攻击后采取反击措施。要注意选择反击的时机，可以迅速反击，也可以延迟反击。如果竞争者的攻击行动并未造成本公司市场份额迅速下降，可采取延迟反击，弄清竞争者发动攻击的意图、战略、效果和其薄弱环节后再实施反击，不打无把握之仗。反击战略主要有以下五个战略：

1. 正面反击

正面反击即与对手采取相同的竞争措施，迎击对方的正面进攻。如果对手开展大幅度降价和大规模促销等活动，市场领导者凭借雄厚的资金实力和卓著的品牌声誉以牙还牙地采取降价和促销活动可以有效地击退对手。

2. 攻击侧翼

攻击侧翼即选择对手的薄弱环节加以攻击。某著名电器公司的电冰箱受到对手的削价竞争而损失了市场份额，但是洗衣机的质量和价格比竞争者占有更多的优势，于是对洗衣机大幅度降价，使对手忙于应付洗衣机市场而撤销对电冰箱市场的进攻。

3. 钳形攻势

钳形攻势即同时实施正面攻击和侧翼攻击。比如，竞争者对电冰箱削价竞销，则本公司不仅电冰箱降价，洗衣机也降价，同时还推出新产品，从多条战线发动进攻。

4. 退却反击

退却反击是在竞争者发动进攻时我方先从市场退却，避免正面交锋的损失，待竞争者放松进攻或麻痹大意时再发动进攻，收复市场，以较小的代价取得较大的战果。比如，某洗涤剂公司在竞争者开展大规模促销活动时偃旗息鼓，使竞争者对促销的效果估计过高。待竞争者结束促销活动后，该公司又强化促销，并在不提价的情况下增加包装内的商品分量，迅速夺回市场，并使竞争者怀疑原先的促销效果，放弃以后的攻击行动。

5. 围魏救赵

围魏救赵是在对方攻击我方主要市场区域时攻击对方的主要市场区域，迫使对方撤销进攻以保卫自己的大本营。例如，当康佳电视机在四川市场向长虹电视机发动进攻的时候，长虹电视机也进攻广东市场，还以颜色。

（五）机动防御

机动防御指市场领导者不仅要固守现有的产品和业务，还要扩展到一些有潜力的新领域，以作为将来防御和进攻的中心。

（六）收缩防御

收缩防御指企业主动从实力较弱的领域撤出，将力量集中于实力较强的领域。当企业无法坚守所有的市场领域，并且由于力量过于分散而降低资源效益的时候，可采取这种战略。其优点是在关键领域集中优势力量，增强竞争力。

三、扩大市场份额

一般而言，如果单位产品价格不降低且经营成本不增加，企业利润会随着市场份额的扩大而提高。咖啡市场份额的每个百分点价值为 4 800 万美元，软饮料为 12 000 万美元。但是，切不可认为市场份额提高就会自动增加利润，还应考虑以下三个因素：

（一）经营成本

许多产品往往有这种现象：当市场份额持续增加而未超出某一限度的时候，企业利润会随着市场份额的提高而提高；当市场份额超过某一限度仍然继续增加时，经营成本的增加速度就大于利润的增加速度，企业利润会随着市场份额的提高而降低，主要原因是用于提高市场份额的费用增加。如果出现这种情况，则市场份额应保持在该限度以内，市场领导者的战略目标应是扩大市场份额而不是提高市场占有率。

（二）营销组合

如果企业实行了错误的营销组合战略，比如过分地降低商品价格，过高地支出公关费、广告费、渠道拓展费、销售员和营业员奖励费等促销费用，承诺过多的服务项目导致服务费大量增加等，则市场份额的提高反而会造成利润下降。

（三）反垄断法

为了保护自由竞争，防止出现市场垄断，许多国家的法律规定，当某一公司的市场份额超出某一限度时，就要强行地分解为若干个相互竞争的小公司。西方国家的许多著名公司都曾经因为触犯这条法律而被分解。如果占据市场领导者地位的公司不想被分解，就要在自己的市场份额接近于临界点时主动加以控制。

🔲 探讨与应用

九阳豆浆机：隐藏的冠军

山东九阳小家电有限公司是一家新兴的小家电专业企业。九阳公司成立于1994年10月，为山东省高新技术企业、国家大豆行动计划示范企业。其中拳头产品九阳豆浆机被列为省级星火计划项目，九阳商标被认定为山东省著名商标。九阳公司的拳头产品九阳牌系列家用豆浆机拥有23项国家专利，为豆浆机行业第一品牌，九阳公司目前已成为全球最大的豆浆机制造商。

九阳豆浆机从一面市即受到广大消费者的喜爱和欢迎，产品畅销全国，并远销日本、美国、新加坡、印度尼西亚、泰国等海外20多个国家和地区，年销量突破百万台，年产值几个亿。目前，九阳已在全国地市级以上城市建立了200多个服务网点，做到了凡是有九阳产品销售的地区均有九阳的服务机构，并在行业内率先在全国大部分城市实行了上门服务。现在，九阳公司主要致力于新型家用小电器的研制、开发、生产与销售，主导产品有九阳全自动家用豆浆机和电磁炉、开水煲、果汁机和电火锅等系列小家电。2000年4月，"国家大豆行动计划"领导小组将九阳公司列为行业内唯一"国家大豆行动计划示范企业"。2001—2003年，九阳豆浆机连续被国家统计局中国行业企业信息发布中心认定为"全国市场同类产品销量第一名"。2004年5月，九阳公司荣获中国最具发展潜力的中小企业"未来之星"称号。

1994年，工程师王旭宁发明了集磨浆、滤浆、煮浆等诸功能于一身的九阳全自动豆浆机。这一年王旭宁下海创业创建九阳公司，追随他的是和他一样年轻的北方交通大学的师兄弟们。该年被九阳人自豪地称为九阳元年。不起眼的九阳公司最初选择的同样是一个不起眼的产品——豆浆机。齐鲁大地这块沃土是豆浆机的诞生地，它的出现则是豆浆制作方法的一次革命，结束了中国人过去一直用石磨做豆浆的时代。

新生产品的生产者必须耗费大量力气去培养消费者的消费习惯。1994年第一批2 000台豆浆机生产出来，当时很多商场别说认同你的产品，就是见也没见过，想进去卖要费很多周折，讲解、演示，还要托人。这样这批豆浆机堆在库里无人问津，九阳人心急如焚。由此发生了一件事，被九阳的创业者们称作九阳公司的第一个标志性事件。1994年11月，在《齐鲁晚报》上紧贴在通档广告上方出现一则一厘米高的宣传九阳豆浆机的反白长条补缝广告，花钱不多，效果却出奇的好。补了几次缝下来，到1995年春节前，2 000台豆浆机便销售一空。1995年，九阳豆浆机的销售突破了一万台。自此年轻的九阳深深感知到宣传的重要性。要想让消费者真正认同豆浆机，必须从宣传大豆及豆浆对人体的益处做起。自那以后，九阳宣传大豆与豆浆营养知识的软文广告开始席卷全国媒体，前后与其合作的媒体有 500 家之多。从与报刊共同推出专栏，宣传豆浆的健康功效，到参与央视"夕阳红"栏目活动，再到"国家大豆行动计划"的推广，继而在央视"东方时空"和"开心辞典"投入品牌广告，九阳豆浆机的市场宣传策略已从"引导消费豆浆"转移到"引导消费九阳豆浆机"，九阳不但在市场中活了下来，而且带动发展起了一个新兴的豆浆机行业。

每年占销售收入 20% ~ 30% 的研发投入，强大的营销网络的支持，支撑起了九阳行业内第一品牌的地位。刚问世时豆浆机缺点一点不比优点少：一煮就糊，粘机且清洗困难，电机工作不稳，返修率高等。不突破技术障碍，豆浆机必被淘汰出局。要生存下去，九阳就必须不断完善技术，进行技术革新。九阳的发展壮大过程也是技术创新过程。1994 年，九阳创新地将电机上置式安装；1996 年九阳发明了"外加豆"技术；1998 年针对消费者对豆浆机清洗困难的反馈新创了"智能不粘"技术；2001 年"浓香技术"产品在九阳研发成功并投入规模化生产。2001 年 8 月，九阳豆浆机荣获中国首届外观设计专利大赛二等奖。2001 年 10 月，荣获首届中国企业"产品创新设计奖"优秀奖。2003 年 12 月，九阳豆浆机 JYDZ - 17、电磁炉 JYC - 24E、JYC - 21D 三款产品荣获中国工业设计"奥斯卡奖"。2001 年 4 月，荣获"中国专利山东明星企业称号"。2001 年 8 月，荣获山东省第六届专利奖金奖。到今天九阳牌系列家用豆浆机拥有 23 项国家专利。

到 1997 年底，九阳公司省内外的办事处已达 10 家，有 200 多家经销商，由于销售采取总经销制，加之总部的宣传支持，公司年销售收入逾千万元，完成了最初的原始积累。1998 年到 1999 年九阳优化了自己的销售网络，对经销商加以筛选，同时加大了管理力度。销售网络优化效果很好，利润增长明显。目前，九阳已在全国地市级以上城市建立了 200 多个服务网点，做到了凡是有九阳产品销售的地区均有九阳的服务机构，并在行业内率先在全国大部分城市实行了上门服务。在小家电行业内九阳公司形成罕见的客户和售后深度服务能力。

进入 1998 年，九阳度过了最艰难的创业开拓期，实力渐强。九阳豆浆机一机风行，诱发了投资者效仿的热潮。一时间全国各地如雨后春笋般新生了 100 余家豆浆机生产企业，有规模成气候的如福建的迪康，广东的科顺、雄风，河南的田山等。2001 年 6 月 18 日，荣事达在沈阳宣布全面进入小家电市场，并声称要在两年内成为豆浆机的主导品牌。10 天之后，美的公司也宣布斥资 3 000 万元进入豆浆机领域，豆浆机公司随即成立，并计划年内生产能力达到 150 万台，进入行业前两名。其他曾进入豆浆机行业的大家电企业还有海尔、澳柯玛等。

作为豆浆机行业的主导品牌，九阳面对纷至沓来的激烈竞争，并未显得手忙脚乱。他们在 2001 年度投入大量科研经费，研发了全新的专利"浓香技术"，推出九阳小海豚浓香豆浆机，迅速畅销全国。在品质管理方面，除进行常规的各项生产检验外，还单独成立了多个实验室，如电机实验室、成品实验室等，对关键配件和整机进行全面实验检测。2001 年九阳豆浆机销量达到 160 万台。九阳通过在技术方面不断推陈出新，远远甩开了竞争对手，这是九阳在豆浆机行业市场上市场占有率始终维持在80%以上，销量年年第一的"法宝"。在保持快速技术创新的同时，九阳公司根据形势作出战略调整，为了在新技术、新材料、新工艺等方面赶上潮流，同时降低制造成本，在北方驻守了近十年后的九阳决定将公司的研发和制造重心南移，利用当地丰富的OEM资源，将研发、制造和销售三个重点减为两个重点，其中的制造环节将慢慢淡出。2003年九阳营业额近3亿元，其中2亿元来自豆浆机。

豆浆机毕竟是小家电的边缘产品，即使占有80%的市场，也觉得自己的那一块蛋糕太小，全国大约只有3个亿元的市场。固守着豆浆机这一单一产品，很难让企业实现持续的快速增长。九阳人想做的是"小家电第一品牌"，于是继豆浆机之后，九阳2001年进入电磁炉行业，九阳人想通过电磁炉再现成功的一跃。九阳电磁炉自上市以来，也取得了不凡业绩。2003年3月，九阳电磁炉荣列"全国市场同类产品六大畅销品牌"。2003年度九阳位居全国电磁炉行业前两名，成为电磁炉行业主导品牌。

（资料来源：http://wenku.baidu.com/view/d1b3d200bed5b9f3f90f1cac.html）

试分析：

1. 九阳豆浆机长时间占据市场领导地位的原因是什么？
2. 九阳公司针对大量的市场挑战者和市场追随者，采取了何种竞争策略？

第三节　市场挑战者战略

市场挑战者指在行业中占据第二位及以后位次，有能力对市场领导者和其他竞争者采取攻击行动，希望夺取市场领导者地位的公司。

一、确定战略目标与竞争对手

军事上的"目标原则"主张每次军事行动必须指向一个明确规定的、决定性的和可以达到的目标。大多数市场挑战者的目标是增加自己的市场份额和利润，减少对手的市场份额。战略目标与所要进攻的竞争对手直接相关。

（一）攻击市场领导者

这一战略风险大，潜在利益也大。当市场领导者在其目标市场的服务效果较差而令顾客不满或对某个较大的细分市场未给予足够关注的时候，采用这一战略带来的利益更为显著。施乐公司用干印代替湿印，从3M公司那儿夺走了复印机市场。

（二）攻击规模相同但经营不佳的公司

公司应当仔细调查竞争者是否满足了消费者的需求，是否具有产品创新的能力，如果在这些方面有缺陷，就可将其作为攻击对象。

（三）攻击规模较小而且资金缺乏的公司

这种情况在我国也比较普遍，许多实力雄厚、管理有方的外国独资和合资企业一进入市场，就击败了当地资金不足、管理混乱的弱小企业。

二、市场挑战者竞争战略

（一）选择挑战战略

选择挑战战略应遵循密集原则，即把优势兵力集中在关键的时刻，以达到决定性的目的。

1. 正面进攻

正面进攻是相对于强项而不是弱项发起进攻。比如，以更好的产品、更低的价格、更大规模的广告攻击对手的拳头产品。决定正面进攻胜负的是实力原则，即享有较大资源（人力、财力和物力）的一方将取得胜利。当进攻者比对手拥有更大的实力和持久力时才能采取这种战略。降低价格是一种有效的正面进攻战略，如果让顾客相信进攻者的产品同竞争对手相同但价格更低，这种进攻就会取得成功。要使降价竞争得以持久并且不损伤自己的元气，必须大量投资于降低生产成本的研究。如果防守者具有某些防守优势，比如在某市场上有较高的声誉、广泛的销售网络、牢固的客户关系等，则实力原则不一定奏效，资源上略占优势的一方不一定取得胜利。军事信条认为，当对方占有防守优势（如高地或防御工事）时，进攻者必须具有 3:1 的优势才有把握取得胜利。

2. 侧翼进攻

侧翼进攻是寻找和攻击对手的弱点。寻找对手弱点的主要方法是分析对手在各类产品和各个细分市场上的实力和绩效，把对手实力薄弱或绩效不佳或尚未覆盖而又有潜力的产品和市场作为攻击点和突破口。

（1）分析地理市场。分析地理市场，选择对手忽略或绩效较差的产品和区域加以攻击。比如，一些大公司易于忽略中小城市和乡村，进攻者可在那里发展业务。

（2）分析其余各类细分市场。分析其余各类细分市场，按照收入水平、年龄、性别、购买动机、产品用途和使用率等因素辨认细分市场并认真研究，选择对手尚未重视或尚未覆盖的细分市场作为攻占的目标。侧翼进攻使各公司的业务更加完整地覆盖了各细分市场，进攻者较易收到成效，并且避免了攻守双方为争夺同一市场而造成的两败俱伤的局面。

3. 包抄进攻

包抄进攻是在多个领域同时发动进攻以夺取对手的市场。比如向市场提供竞争对手所能提供的一切产品和服务，并且更加质优价廉，配合大规模促销。其适用条件：一是通过市场细分未能发现对手忽视或尚未覆盖的细分市场，补缺空当不存在，无法采用侧翼进攻；二是与对手相比拥有绝对的资源优势，制定了周密可行的作战方案，相信包抄进攻能够摧毁对手的防线和抵抗意志。

4. 迂回进攻

迂回进攻是避开对手的现有业务领域和现有市场，进攻对手尚未涉足的业务领域和市场，以壮大自己的实力。实行这种战略主要有三种方法：

（1）多元化地经营与竞争对手现有业务无关联的产品；

（2）用现有产品进入新的地区市场；

（3）用竞争对手尚未涉足的高新技术制造的产品取代现有产品。在高新技术领域实现技术飞跃是最有效的迂回进攻战略，可以避免单纯地模仿竞争者的产品和正面进攻造成的重大损失。公司应致力于开发新一代的技术，时机成熟后就向竞争对手发动进攻，把战场转移到自己已经占据优势的领域中去。

　　5. 游击进攻

　　游击进攻是向对手的有关领域发动小规模的、断断续续的进攻，逐渐削弱对手，使自己最终夺取永久性的市场领域。游击进攻适用于小公司打击大公司。主要方法是在某一局部市场上有选择地降价、开展短促的密集促销以及向对方采取相应的法律行动等。游击进攻能够有效地骚扰对手、消耗对手、牵制对手、误导对手、瓦解对手的士气、打乱对手的战略部署而己方不冒太大的风险。适用条件是对方的损耗将不成比例地大于己方。采取游击进攻必须在开展少数几次主要进攻还是一连串小型进攻之间作出决策，通常认为，一连串的小型进攻能够形成累积性的冲击，效果更好。

探讨与应用

空中客车挑战波音

　　位于法国图卢兹的空中客车公司安装大厅后面，一架"协和"飞机孤独地矗立在阳光下。三十年前，它和它的超音速姐妹曾是整个欧洲工业界的骄傲。时过境迁，这架被法国航空公司淘汰的飞机如今默默地站在角落里，等待和其他"协和"飞机一起进博物馆。

　　就在它的前面不到一百米的地方，一个银灰色的飞机修理棚正吸引全世界的目光，因为那里将诞生世界航空业的新奇迹——世界最大的客机"空客380"。

　　美国的波音747是现在的"客机之王"。而"空客380"将是欧洲航空制造业向美国同行挑战的新巨人。"协和"一向以速度取胜，"空客380"这一次凭的却是体积。它将是天空中飞行的最大客机，可以搭载555名乘客，比波音747多载150人。

　　福雅尔1998年进入空客公司，执掌这家历史辉煌的企业。该公司成立29年来，超出了所有人的想象，成为"二战"后美国商用飞机制造企业最有力的挑战者。然而它正处在十字路口上。是否要制造与波音747相竞争的飞机一度成为空中客车公司内部最大的争论。

　　福雅尔说，他的第一个任务就是考察"空客380"是否具有商业价值。经过缜密思考，他认为，要想为市场提供全方位的飞机制造服务，空客公司不可避免地要生产大型飞机，只有这样才能与波音公司抗衡。

　　竞争在新设计飞机的载客量问题尤为凸显。福雅尔说："我们一开始想生产520座至620座的一系列飞机，但是波音想生产更大的——620座至720座。目前我们主要是挑战400座的波音747，而他们也想保住市场地位。"

　　除此之外，公司的体制也是个问题。自创建以来，空客一直采取法国、英国、德国和西班牙四国航空企业间的松散合作伙伴形式，这种旧的结构已经不适应新形势的发展。为了使空客在未来竞争中重占优势，福雅尔以一个外来者的眼光，经过仔细的观察与思考决定在制造"空客380"之前先对空客公司进行改组。

新一代"客机之王"的"空客380"还是采用传统设计，只是机身比波音747短粗一些。"空客380"的内部也采用传统的上两层客舱、最下层行李舱的设计。与波音747不同的是，它的最上层全设计为客舱，可以容纳近200人，而波音747的最上层只有一部分用于客舱，只能容纳几十人。"空客380"的头部有一个较大的楼梯连接上下三层机舱，尾部有一个较小的楼梯。上层客舱除了豪华头等舱和公务舱座位之外，还设计了酒吧和休闲室。下层客舱则设计了"机舱免税商品部"。

尽管售价预计高达2.75亿美元，一些航空公司仍很看好这款新的大型飞机。因为它的可飞行距离长，载客多，无疑更经济实惠，而且特别适合跨越太平洋的远距离客运。但是"空客380"的前景到底怎样，还有待进一步经受市场检验。在波音飞机长期占据市场优势的今天，"空客380"成了欧洲人战胜美国飞机制造业的新希望。A380在2005年1月18日正式亮相，从而结束了波音747在大型客机市场三十年的垄断地位。

据了解，空客A380面市后接到来自13个航空公司的139份订单。A380客机每架的售价在2.63亿至2.86亿美元之间，正常载客数为555人，如果对内部结构稍加修改，载客数可增加至840人。该客机还可用于民航货运，比如，美国联合包裹公司（UPS）已向空客订购了10架大型A380运输机，用于空中货运。

据介绍，A380的航程达到15 000公里，足够由纽约飞到罗马中途不加油再飞回纽约。由于实施了双层设计，其每位乘客的成本比普通客机减少了两成左右，只要能够达到58%的上座率，航空公司就能实现收支平衡。

对于空中客车的A380项目，波音公司认为，2005年航空运输市场的发展趋势是"点到点"，即从出发地直达目的地，所以波音不在飞机载客量上做文章，而是埋头研制速度更快、更节省燃料的飞机。

（资料来源：http：//wenku.baidu.com/view/d1b3d200bed5b9f3f90f1cac.html）

试分析：

1. 空客380挑战波音能成功吗？

2. 空客380挑战波音的策略是什么？

3. 你从中得到的启示是什么？

（二）市场挑战者的特殊营销战略

1. 价格折扣策略

挑战者可以用较低的价格提供与领导者品质相当的产品。当然，要使价格折扣策略奏效，则必须符合下列三个条件。第一，挑战者必须使购买者相信该企业的产品可以与市场领导者媲美；第二，顾客必须被这种价格差异深深触动，这样在背弃先前的供应商时才会心安理得；第三，市场领导者必须能不理会竞争者的进攻，拒绝实行降价报复。

2. 廉价品策略

廉价品策略即提供中等或者质量稍低的但是价格低得多的产品。这种战略只在有足够数量的只对价格感兴趣的购买者的细分市场上是可行的。而这种策略只是过渡性的，因为产品质量不够高，通过这一策略所造成的市场营销的优势是不能持久的，企业必须逐渐提高产品质量，才可能在长时间内向领袖者挑战。

3. 名牌产品策略

名牌产品策略即努力创造一种名优产品，虽然价格也很高，却更有可能把领袖者的同类产品和市场份额挤掉一部分。

4. 产品扩张策略

产品扩张策略即挑战者紧步领袖者之后尘，创制出许多不同种类的新产品，此即产品创新策略的变相形式。这种策略是否成功决定于新产品市场的预测是否合理，也决定于领袖企业和其他势均力敌的企业反应是否迅速和有效，以同样的方法和策略"回敬"该挑战者企业。

5. 产品创新策略

前面的产品扩散策略主要是向广度发展的产品发展策略，而这里的产品创新策略主要是向深度发展的产品策略，即企业在开发新产品方面不断创新，精益求精。

6. 降低制造成本的策略

这是一种结合定价策略和成本管理以及技术研究等因素的产品发展策略。挑战者可以靠有效的材料采购、较低的人工成本和更加现代化的生产设备，来求得比它的竞争对手更加低的制造成本，企业用较低的成本，作出更具进攻性的定价来获取市场份额。

7. 改善服务的策略

挑战者可以找到一些新的或者更好的服务方法来为顾客服务。

8. 分销渠道创新策略

挑战者可以发现或发展一个新的分销渠道，以增加市场份额。

9. 密集广告促销策略

有些挑战者可以依靠他们的广告和促销手段，向领导者发动进攻，当然这一策略的成功必须基于挑战者的产品或者广告信息有着某些能够胜过竞争对手的优越之处。

第四节　市场追随者与市场利基者战略

一、市场追随者战略

并非所有的位居第二的公司都会向市场领先者挑战，领先者在一个全面的战役中往往会有更好的持久力，除非挑战者能够发动必胜的攻击，否则最好追随领先者而非攻击领先者。

（一）市场追随者战略的含义和特征

市场追随者指那些在产品、技术、价格、渠道和促销等大多数营销战略上模仿或跟随市场领导者的公司。在很多情况下，追随者可让市场领导者和挑战者承担新产品开发、信息收集和市场开发所需的大量经费，自己坐享其成，减少支出和风险，并避免向市场领导者挑战可能带来的重大损失。许多居第二位及以后位次的公司往往选择追随而不是挑战。在资本密集的同质性产品的行业中，如钢铁、原油和化工行业中，市场跟随者策略是大多数企业的选择。市场跟随者的主要特征是安于次要地位，在"和平共处"的状态下求得尽可能多的收益其主要是由于行业和产品的特点所决定的。这些行业的主要特点如下：

1. 产品的同质程度高，产品差异化和形象差异化的机会较低；
2. 服务质量和服务标准的趋同；
3. 消费者对价格的敏感程度高；
4. 行业中任何价格挑衅都可能引发价格大战；
5. 大多数企业准备在此行业中长期经营下去。

企业之间保持相对平衡的状态，不采用从对方的目标市场中拉走顾客的做法。在行业中形成这样一种格局，大多数企业跟随市场领先者走，各自的势力范围互不干扰，自觉地维持共处局面。

（二）市场追随者战略选择

一个市场追随者必须知道如何保持现有的和如何争取有新顾客参加的令人满意的市场份额。每一个追随者要努力给它的目标市场包括地点、服务、融资带来有特色的优势。追随者是挑战者攻击的主要目标，因此，市场追随者必须保持它的低制造成本和高产品质量或服务。当新市场开辟时，它也必须进入。追随战略并非是被动的或是领先者的一个翻版。追随者必须确定一条不会引起竞争性报复的成长路线。市场追随者战略可分为以下三类：

1. 紧密跟随

紧密跟随指在各个细分市场和产品、价格、广告等营销组合战略方面模仿市场领导者，完全不进行任何创新的公司。由于他们是利用市场领导者的投资和营销组合策略去开拓市场，自己跟在后面分一杯羹，故被看做依赖市场领导者而生存的寄生者。

2. 距离跟随

距离跟随指在基本方面模仿领导者，但是在包装、广告和价格上又保持一定差异的公司。如果模仿者不对领导者发起挑战，领导者不会介意。在钢铁、肥料、化工等同质产品行业，不同公司的产品相同，服务相近，不易实行差异化战略，价格几乎是吸引购买的唯一手段，价格敏感性高，随时可能爆发价格大战。正因如此，各公司常常模仿市场领导者，采取较为一致的产品、价格、服务和促销战略，市场份额保持着高度的稳定性。

3. 选择跟随

选择跟随指在某些方面紧跟市场领导者，在某些方面又自行其是的公司。他们会有选择地改进领导者的产品、服务和营销战略，避免与领导者正面交锋，选择其他市场销售产品。这种跟随者通过改进并在别的市场壮大实力后有可能成长为挑战者。

虽然追随战略不冒风险，但是也存在明显缺陷。研究表明，市场份额处于第二、第三和以后位次的公司与第一位的公司在投资报酬率方面有较大的差距。

180

探讨与应用

金科：追随者的另类营销

2009年3月，重庆主城各区都出现了一个异常显眼的广告，该广告大量留白，仅有几个鲜艳的红字"3月，金科房无广告"。此广告一出，立即引起了社会的关注。这只是开始，实际上金科的另类创意营销在2009年上半年层出不穷。

在2009年之前，金科地产一直处在一个市场追随者的地位，不管是销量还是品牌知名度、美誉度都不如重庆地产第一品牌龙湖，虽然金科的产品在重庆人心中有着一定分量，但都不如龙湖来得深刻而有力。正是因为这样，金科不得不开始思变，即在保持自己产品创新和研发上的核心竞争力之外，还得进行营销创新。金科显然想通过这种变化，帮助自己实现从一个市场追随者变为市场领导者的梦想。

从"3月，金科房无广告"，到"50.5%的重庆人，想买金科房"以及"在重庆，买金科房"，金科地产以另类的宣传手法将"金科房"的概念灌输到了每个人的心中，"金科房"是什么样的房？是可以一个月不打广告，而将百万广告费用回馈给业主，使业主得到更多实惠的好房；是在重庆有超过一半的人向往的好房（尽管这种宣传手法已有虚假广告之嫌，但它的手法很巧妙，通过一次所谓的市场调查还出现调查公司名字的方式，而且普通消费者是搞不清楚也不会去追究的）。这些令人印象深刻的广告不仅进一步提升了金科的品牌形象，更是直接助推了金科的市场销售。

在项目宣传上，金科地产更是将其另类的宣传手法演绎得淋漓尽致，金科西城大院的可变空间叫"变形金刚"，甚至花巨资从上海请来"变形金刚"的模型来充当项目代言人；金科阳光小镇唱着"我们不卖暴发户、我们不在意大利、我们不如洋人街"，用"我们的广告做得不好"来说明阳光小镇的"好"无法言语；而金科10年城则在重庆最热闹的解放碑找了群人来搞行为艺术，高喊："10年城，正在消失。"……

诚然，这一个个别出心裁的营销方式无一不在市场引发热议，甚至非议。但我们不得不承认，"金科房"卖得更好了，整个2009年一季度，金科本土产品共完成销售额接近10亿元，市场占有率达到13%。无论众人对金科的广告是赞赏还是非议，金科用自己的销售成绩说明了一切。

（资料来源：http://blog.sina.com.cn/s/blog_ 5e9e213e0100ejrr.html）

试分析：金科的营销策略对你有什么启示？

二、市场利基者战略

（一）市场利基者的含义与利基市场的特征

市场利基者指专门为规模较小的或大公司不感兴趣的细分市场提供产品和服务的公司。市场利基者的作用是拾遗补缺，见缝插针，虽然在整体市场上仅占有很少的份额，但是比其他公司更充分地了解和满足某一细分市场的需求，能够通过提供高附加值而得到高利润和快速增长。规模较小且大公司不感兴趣的细分市场称为利基市场。

理想的利基市场具备以下特征：

1. 具有一定的规模和购买力，能够盈利。

2. 具备发展潜力。

3. 强大的公司对这一市场不感兴趣。

4. 本公司具备向这一市场提供优质产品和服务的资源和能力。

5. 本公司在顾客中建立了良好的声誉，能够抵御竞争者入侵。

（二）市场利基者竞争战略选择

市场利基者发展的关键是实现专业化，主要途径有以下几点：

1. 最终用户专业化

公司可以专门为某一类型的最终用户提供服务。例如，航空食品公司专门为民航公司生产提供给飞机乘客的航空食品。

2. 垂直专业化

公司可以专门为处于生产与分销循环周期的某些垂直层次提供服务。例如，铸件厂专门生产铸件，铝制品厂专门生产铝锭和铝制部件。

3. 顾客规模专业化

公司可以专门为某一规模的顾客群服务，这个顾客群可以是大规模的、中等规模的，也可以是小规模的。市场利基者专门为大公司不重视的小规模顾客群服务。

4. 特殊顾客专业化

公司可以专门向一个或几个大客户销售产品，小公司只向一家大公司提供其全部产品。

5. 地理市场专业化

公司只在某一地点、地区或范围内经营业务。

6. 产品或产品线专业化

公司只经营某一种产品或某一类产品线。比如，某制袜公司专门生产不同花色品种的尼龙丝袜，某造纸厂专门生产水泥包装纸。

7. 产品特色专业化

公司专门经营某一种类型的产品或者特色产品。例如，某书店专门经营古旧图书，某公司专门出租儿童玩具。

8. 客户订单专业化

公司专门按客户订单生产特制产品。

9. 质量—价格专业化

公司只在市场的底层或上层经营。例如，惠普公司专门在优质高价的微型电脑市场上经营。

10. 服务专业化

公司向大众提供一种或数种其他公司所没有的服务。例如，某家庭服务公司专门提供上门疏通管道服务；某银行可以别出心裁地接受客户用电话申请贷款，并送现金上门。

11. 销售渠道专业化

公司只为某类销售渠道提供服务。例如，某家软饮料公司决定只生产大容器包装的软饮料，并且只在加油站出售。

市场利基者是弱小者，面临的主要风险是当竞争者入侵或目标市场的消费习惯变化时有可能陷入绝境。因此，它的主要任务有三项：创造利基市场，扩大利基市场，保护利基市场。

企业在密切注意竞争者的同时不应忽视对顾客的关注，不能单纯强调以竞争者为中心而损害更为重要的以顾客为中心。以竞争者为中心指企业行为完全受竞争者行为支配，逐个跟踪竞争者的行动并迅速作出反应。这种模式的优点是使营销人员保持警惕，注意竞争者的动向；缺点是被竞争者牵着走，缺乏事先规划和明确的目标。以顾客为中心指企业以顾客需求为依据制定营销战略。其优点是能够更好地辨别市场机会，确定目标市场，根据自身条件建立具有长远意义的战略规划；缺点是有可能忽视竞争者的动向和对竞争者的分析。在现代市场中，企业在营销战略的制定过程中既要注意竞争者，也要注意顾客。

☆ 同步测试

◇ 单项选择

1. 下面不是品牌竞争者的一对组合是（　　　）。

A. 可口可乐和百事可乐　　　　　　　B. 富士和柯达

C. 康佳电器和长虹电器　　　　　　　D. 青岛啤酒和青岛海尔

2. （　　　）指企业在自己主阵地的侧翼建立辅助阵地以保卫自己的周边和前沿，并在必要时作为反攻基地。

A. 阵地防御　　　　B. 侧翼防御　　　C. 反击防御　　　　D. 以攻为守

3. （　　　）指对所有的攻击行为都作出迅速而强烈的反应。

A. 从容型竞争者　　　　　　　　　　B. 选择型竞争者

C. 凶狠型竞争者　　　　　　　　　　D. 随机型竞争者

4. （　　　）是指为使企业产品与竞争对手产品有明显的区别、形成与众不同的独特性而采取的战略。

A. 成本领先战略　　　B. 差异化战略　　C. 集中战略　　　　D. 渗透战略

5. 市场利基者的主要战略是（　　　）。

A. 专业化营销　　　B. 专业化生产　　C. 资本运营　　　　D. 转让生产

6. 下列不属于市场跟随者可选择的策略是（　　　）。

A. 紧密跟随　　　　B. 有距离的跟随　C. 有选择的跟随　　D. 开发新市场

7. （　　　）是相对于强项而不是弱项发起进攻。

A. 正面进攻　　　　B. 侧翼进攻　　　C. 迂回进攻　　　　D. 游击进攻

8. 市场跟随者追求的是与市场主导者（　　　）。

A. 和平共处　　　　B. 取而代之　　　C. 维持现状　　　　D. 保护自己

9. 一个企业若要识别其竞争者，通常可从（　　　）方面进行。

A. 产业和市场　　　B. 分销渠道　　　C. 目标和战略　　　D. 利润

10. （　　）指对某些特定的攻击行为没有迅速反应或强烈反应。

A. 从容型竞争者　　　　　　　B. 选择型竞争者

C. 凶狠型竞争者　　　　　　　D. 随机型竞争者

◇ 多项选择

1. 企业对竞争对手分析需要明确的问题有（　　）。

A. 谁是竞争对手　　　　　　　B. 竞争对手的优势和劣势

C. 竞争对手的战略和策略　　　D. 环境分析

2. 上海别克的行业竞争对手有（　　）。

A. 天津夏利　　　B. 北京现代　　　C. 青岛海尔　　　D. 上海机场

3. 市场领先者应努力从以下几个方面扩大市场总需求（　　）。

A. 寻找新客户　　　　　　　　B. 寻找产品的新用途

C. 加强企业内部管理　　　　　D. 扩大产品的使用量

4. 市场追随者的战略有（　　）。

A. 紧密跟随　　　B. 距离跟随　　　C. 选择跟随　　　D. 随时跟随

5. 市场领导者的战略有（　　）。

A. 扩大总需求　　　　　　　　B. 保护现有市场份额

C. 扩大市场份额　　　　　　　D. 开发新市场

◇ 判断

1. 市场领导者的战略目标应是扩大市场份额而不是提高市场占有率。（　　）

2. 选择跟随指在基本方面模仿领导者，但是在包装、广告和价格上又保持一定差异的公司。　　　　　　　　　　　　　　　　　　　　　　　　　　（　　）

3. 反击防御指市场领导者受到竞争者攻击后采取反击措施。　　　　（　　）

4. 完全垄断指在一定地理范围内某一行业只有一家公司供应产品或服务。

　　　　　　　　　　　　　　　　　　　　　　　　　　　　　　　（　　）

5. 市场利基者指专门为规模较小的或大公司不感兴趣的细分市场提供产品和服务的公司。　　　　　　　　　　　　　　　　　　　　　　　　　　　　（　　）

◇ 简答

1. 根据市场竞争地位的不同，可将企业分为哪几种类型？它们各有什么特征？

2. 市场领先者应如何保卫自己的市场阵地？试举例说明。

3. 市场挑战者有哪些可供选择的进攻策略？

4. 有哪几种市场跟随策略？试比较其利弊。

5. 一个好的利基者应具备哪些特征？

☆ 实训项目

模拟各公司对竞争对手的战略的调查与分析

［训练目标］学会对竞争对手进行分析，并制定相应的竞争战略。

［训练组织］把学生分成若干小组，以组为单位进行。资料可以到图书馆或通过上网收集，有条件的学校可以组织学生到当地的可口可乐公司和百事可乐公司营销

部门参观访问，听取企业高级管理人员或营销部门主管介绍，并获取相关资料。

　　[训练提示] 两企业任选其一，学生把自己当作所选企业的营销人员，根据所收集的资料，完成对竞争对手的分析；同时结合本企业情况，分析自己采用的市场竞争战略。

　　[训练成果] 撰写一份分析报告，教师讲评。

☆ 案例分析

中国体育市场的竞争

　　(一) 十年运动生死劫

　　1989 年，体操王子李宁弃"运"从商，到经济大潮中搏击，一举扛起中国体育用品民族品牌的大旗。李宁登高一呼，立时应者云集，一直浑浑噩噩的众多体育用品生产厂家终于一朝梦醒。于是，千军万马在神州大地上展开了一场追"名"逐"利"的血腥厮杀。

　　十年磨一剑，经过无数次大浪淘沙，中国体育用品行业形成了李宁、康威、安踏三足鼎立，众多小品牌区域割据的格局。它们用灵活多变的市场策略牢牢占据了中国绝大部分市场，把耐克、阿迪达斯等国际著名品牌压得抬不起头来。在"同仇敌忾"抗击洋品牌的过程中，"兄弟"之间也没有闲着，它们一路打打杀杀，上演了一场体育用品市场的龙争虎斗。

　　(二) 李宁广东举旗

　　1990 年，李宁决心在商海大展拳脚，创办广东体育用品有限公司。这一年，中国迎来了第 11 届亚洲运动会，一场轰轰烈烈的圣火传递活动在中国大地展开。作为中国运动员的杰出代表，李宁在喜马拉雅山麓庄严地点燃了象征和平、团结、拼搏的亚运圣火。通过电视镜头，人们看到，在李宁漂亮的运动服上，一枚红红的既像火焰又像旗帜的标志在耀眼地跳跃、闪耀着。

　　圣火传递中的悄悄亮相是"李宁"产品出场的第一步，紧接着，李宁将贷来的300 万元全力投入亚运会领奖服赞助权的角逐中，并最终击败蜂拥而至的众多洋品牌而成功胜出。对亚运会领奖服的赞助让"李宁"一开始就站到了振兴民族体育品牌的高起点上，把其他对手远远地抛在了后面。

　　亚运会一"赞"成名，全国各地要货的订单潮水般涌来，李宁有些始料不及的惊喜，又有点准备不足的忙乱。一边是巨大的市场需求，一国是混乱的供货渠道，还没来得及仔细品尝成功喜悦的李宁开始为销售渠道伤起了脑筋。

　　1991 年，李宁到香港考察，遇到金利来的老板曾宪梓，两人相谈甚欢。在得知他正为销售渠道烦恼时，曾对李宁说："你在大陆知名度高，朋友也多，为什么不试试专卖连锁的形式?"一句话提醒梦中人。回到广州后，李宁立即着手组建全国连锁网络，迅速在北京、上海、成都、广州、昆明等地设立专卖店。"李宁"的市场份额急速上升。

　　1992 年，第 25 届奥运会在巴塞罗那举行。在国内气势如虹的"李宁"品牌乘胜追击，一举拿下了中国体育代表团的运动服赞助权。"李宁"产品又一次随着中国队的大获全胜而声名大震，并成功登上中国体育用品第一品牌的王座。

1995 年，李宁挥师北上，成立北京李宁体育用品集团并任董事长，矢志创出一条能与世界名牌抗衡的中国体育用品名牌之路。在国内市场，"李宁"一路凯歌高奏，销售额连年上升，所到之处，其他品牌莫不望风披靡，2001 年更是一举突破销售额 8 亿元大关。

"李宁"的诞生，宣告了中国没有民族体育用品品牌时代的终结，中国体育用品从此初具规模。它的成功犹如一声春雷，唤醒并催生了众多的体育用品厂商加入这个行业。李宁的一声长啸引来了众多的追随者，同时也为自己带来了大量竞争对手。在众多迅速崛起的高手中，康威无疑是出手最快、实力最强的劲敌。

（三）康威先发后至

总部设在广州的康威是老牌的体育用品生产商，老板黎伟权是当地有名的能人。康威的市场销量一直不错，1992 年以前始终占据着第一的位置。"李宁"的横空出世打乱了康威原先不重视品牌只做市场的格局。仗着自己多年来建立起来的市场优势，刚开始黎伟权并没有把"李宁"放在眼里。直到 1992 年"李宁"一举取康威的市场地位而代之，黎伟权才发觉，这次自己是真的大意了。

黎伟权迅速召开了各部门负责人参加的会议，全面研究"李宁"公司的市场策略。黎伟权指出，康威必须彻底抛开原来被动做市场的做法，积极主动培养品牌，丰富产品内涵，扩大康威的知名度。黎伟权仔细分析了当时的形势，"李宁"来势虽猛，但毕竟成立时间不长，市场拓展和人员管理诸多方面都还处于摸索阶段，只要趁其立足未稳重拳出击，康威就能夺回市场主动权。于是，一场精心策划、准备充分、以"李宁"为靶心的市场争夺战在黎伟权的亲自指挥下开始了。

1993 年，首届东亚运动会在上海召开。"李宁"用 300 万元换来名满天下，黎伟权此番出手，志在必得，一掷 800 万元拿下东亚运动会的赞助权。所有人被黎伟权的"疯狂"举动吓坏了，这相当于康威全年销售额的 12%，一旦广告效果不理想，康威将陷入万劫不复的境地。然而奇迹总是出人意料地发生，"李宁"一"赞"成名的情形再次重演，康威一夜之间成了全国知名品牌。"做了这么多年的市场，每年也有几千万上亿元的销售额，但只有这一次，康威真正在全国同行面前出够了风头。"康威一位员工回忆说，"那段时间，打到市场部要求订货的电话从早到晚响个不停，这让其他生意清冷的厂家羡慕不已。"

造名运动顺利完成，黎伟权当机立断，立即推进第二个步骤——面向全国招商，推行专卖连锁。由于"李宁"先一步开展连锁经营，康威的这次招商实际上成了针对"李宁"的一场战略布局。康威默许凡是"李宁"品牌的经销商做康威，一律给予相应的优惠政策。于是，人们发现，在很多城市，李宁专卖店的旁边又出现了一家康威专卖店，而且场地更大，货品更多。

在品牌形象诉求上，"李宁"走的是民族品牌之路，强调品牌的民族性，注重品牌的历史沉淀和文化传承。康威如果再打"民族牌"，一来缺乏李宁这样有号召力的形象代言人，二来先机已失，很难超越"李宁"。黎伟权决定走一条与"李宁"截然相反的路："李宁"重视品牌内涵而忽视产品诉求，康威就侧重"攻其一点"，在产品宣传上大做文章；"李宁"主打民族品牌，康威则猛刮"洋"风，在所有广告中一律使用外国人做模特，抓住国人的"崇洋"心理，大行其道。

黎伟权老将出马，一时间中国体育用品市场猛刮康威旋风，康威市场占有率节节上升。李宁不能再坐视不理，连夜召开高层会议，紧急部署对来犯之敌进行迎头痛击。针对康威大力争夺"李宁"的区域经销商，"李宁"作出反应，一方面加大经销商的年度销售任务，使其无暇旁顾，另一方面对康威先一步建立起来的网络进行跟踪追击，力促其倒戈。中国体育用品市场新老两代霸主展开了一场轰轰烈烈的专卖店争夺大战，一时间，凡是有李宁专卖店的地方必有康威，有康威专卖店的地方，十米之内必见"李宁"。

一方面"李宁"、康威两大强势品牌列阵厮杀，浓重的火药味四处弥漫，另一方面它们的最高统帅又表面出亲密无间的"革命友情"。1997年，李宁和黎伟权一起到台湾考察，一路上两人不仅言笑晏晏，更互穿对方公司服装以示尊重。两位业界巨头清楚地认识到，只有维持一种健康正常的竞争和合作秩序，中国体育用品的蛋糕才可能共同做大，否则，吃亏的将是整个行业而不仅仅是哪一家公司。双方甚至达成一种默契，绝不使用对方公司的人。这使我国体育用品商战从一开始便走上了健康的道路。

康威的出现打破了"李宁"一枝独秀的局面，它和"李宁"的品牌大战，有力地促进了整个体育用品市场的快速成长。"那时，经销商提着现款到厂家要货，还得排队等候，运货的汽车在厂外排起了长龙。"康威副总裁叶齐回忆起当时的情景，感慨地说："经销商货刚一运到，立即被抢购一空，只好又马不停蹄地赶回厂家进货。"

康威的迅速崛起让"李宁"不再有"高处不胜寒"的寂寞，中国体育用品市场两分天下的局面开始形成。但不论是"李宁"还是康威，都清醒地认识到，在体育用品市场，已经不可能是哪一家操持着绝对的主导权，新的品牌随时会揭竿而起，竞争随时随地都可能激化。

（四）安踏杀伐

1999年成都体博会上，一家来自晋江的企业——安踏引起了"李宁"和康威的警惕：一双外观、质地基本相同的运动鞋，耐克零售价为1 000多元，"李宁"为300元，康威也要200多元，但安踏却打出了128元的超低价。尽管安踏努力让自己保持低调，久经沙场的同行们还是从中感觉到了一些令人不安的因素。

在此之前，尽管"李宁"与康威征战不断，但双方都坚守着自己的价格体系，决不"自降身价"。1997年底，李宁公司为了清除库存，掀起了一场轰轰烈烈的"正常机会"运动，在全国范围内降价促销。其他厂家也不甘示弱，纷纷跟进，有的产品甚至打折到零售价的15%出售。但李宁无意挑起价格战，活动一结束，立即全身而退，所有价格又恢复原位。一场已经燃起战火的价格火拼终于没有在更大范围蔓延开来。

安踏的现身立时让"李宁"、康威感觉到了铮铮的杀伐之气，它集中火力攻打的中低端市场正是两大巨头的软肋。"李宁"、康威等成名早，品牌美誉度高，公司管理费用大，如果将现有产品价格降到和安踏相当的位置，不但无利可图，还会大大损伤产品形象。趁着"李宁"、康威腾不出手来对付自己之际，安踏一路大搞公关，高歌猛进，迅速占领了很大一部分运动鞋低端市场。

安踏此次兵发江湖，除了价格利剑，还手握另外一张王牌——孔令辉。孔令辉本为格威特的形象大使，被安踏老板——年仅34岁的丁志忠重金请到自己门下。在2000年的悉尼奥运会上，孔令辉一改以前温柔小生的形象，断发立志，大展神威，一举夺得男子单打冠军。乒乓球世界冠军新鲜出炉，安踏运动鞋广告在中央电视台随之高密度播出，孔令辉的一句"我选择，我喜欢"让所有人在景仰这位年轻乒乓球国手的同时记住了他东家的名字——安踏。

丁志忠带领安踏军团，在中国体育用品市场一路攻城略地，无往而不利，2001年一举实现销售额3亿元，运动鞋销量突破600万双，气势直逼康威、"李宁"。面对安踏的凌厉攻势，江湖大亨不能再坐视不理。李宁公司紧急研讨对策，决定调整公司产品结构，强力启动低端市场，弥补公司在这方面的不足。2002年，一场名为"起跑线"的活动在"李宁"发起，系列100元至200元之间的运动鞋挟"李宁"强大的品牌优势席卷而至。康威、格威特以及其他厂商也纷纷推出相应的低价产品，抢占低端市场。面对各路英雄的围追堵截，"价格杀手"安踏顿感压力，一方面加快产品更新步伐，另一方面尽量缩小战线，不与"李宁"、康威等强手火拼。

（五）谁是真正的霸主

从"李宁"到康威、格威特、安踏，它们的成功道路有着惊人的相似：先一"赞"成名，再丰富品牌内涵，进而推动全国专卖连锁，让产品迅速占领市场。靠着策划和公关的推动，四大家庭生意做得红红火火，日子也过得有滋有味。但一个严酷的事实是，耐克、阿迪达斯等品牌一年的销售额是上百亿美金，和它们相比，中国的体育用品厂商实在太过弱小。

中国体育用品市场每年有200多亿元的容量，"李宁"一年也只有8亿元的营业额，谁也不敢说自己具有绝对优势。一方面，"李宁"也好，康威也罢，谁也支撑不起"霸主"这个沉重的头衔；另一方面，每年又有新的竞争对手加入争霸的队伍中来，它们几乎无一例外地克隆了"李宁"的模式。没有谁敢下断言，三五年后，中国体育用品市场的头把交椅该由谁坐。

中国当时至少有上千家体育用品生产厂家，数百个体育用品种类，但每年产销量上亿元的却屈指可数。它们大多数靠模仿国外品牌换取自己的生存空间，创新能力较差。随着知识产权保护的规范化和消费者欣赏水平的逐步提高，这些企业的成长空间将越来越小，直至最后退出历史舞台。当中国体育用品市场最后只剩下20家生产企业和不超过十个品牌的时候，真正的霸主才可能应运而生。

中国体育用品市场新的一轮洗牌运动即将启动，它将以企业之间的大量并购为主要特征。可以肯定的是，这一次的胜出者，除了在策划、公关上具备相当的实力外，还必须具有很强的新产品开发能力，必须在资本市场上长袖善舞。

（资料来源：王福生．国产运动服十年"运动"．经济导报，2002－06－11）

阅读以上材料，回答问题：

1. 试分析上述各企业的市场地位以及在市场竞争中的竞争战略。

2. 该案例对我们有什么启示？

第八章

产 品 策 略

◆ **本章学习目标**

☞ 应用知识目标：

1. 理解和掌握产品的整体含义；

2. 掌握产品组合概念及其策略；

3. 明确与品牌相关的几个基本概念，了解品牌决策。

☞ 应用技能目标：

1. 学会运用产品整体概念区分核心产品、形式产品、外延产品；

2. 能够根据环境变化制定和调整企业的产品组合。

📖 **营销情景故事**

德州仪器公司的产品策略

德州仪器公司在进入市场之前，该市场基本上被鲍玛公司低价低质的计算器和惠普公司的高价高质计算器所支配。

德州仪器公司以中等价格和中等质量推出了第一批计算器；然后，它逐渐在每一价格层次上增加机型。它推出了比较好的计算器，但价格与鲍玛公司的一样，甚至更低，最终击败了鲍玛公司。

它又设计了一种价格低于惠普公司，但质量上乘的计算器，夺走了惠普公司享有的高档市场上的份额。双向扩展战略致使德州仪器公司占据了袖珍计算器市场的领导地位。

分析：产品是一切生产经营活动的核心的物质载体，是企业的生命。没有产品，经营活动也就无从说起。在市场营销组合中，产品策略是核心，它对营销组合的其他策略，如价格策略、促销策略、渠道策略等起着统驭作用，在很大程度上决定或影响着这些策略的制定与实施。因此，产品策略的成功与否，在一定程度上决定了企业的兴衰成败。

（资料来源：百度文库）

第一节　产品与产品组合

一、产品及产品整体概念

产品是指提供给市场的能够满足人们需要和欲望的任何有形和无形物品。从现代营销观念来看，企业销售给顾客的不仅仅是产品本身，而是一个产品体系，这就是现代市场营销学中的产品整体观念。市场营销学习惯于将产品整体概念概括为核心产品、形式产品和附加产品三个层次。近年来科特勒等学者进一步认为，产品整体概念可以概括为五个层次。

1. 核心产品

核心产品是指向购买者提供的基本效用或利益。消费者购买商品不是为了获得商品本身，而是为了能获得能够满足某种需求的使用价值。核心产品是消费者追求的最基本内容，也是他们所要真正购买的东西。因此企业在设计开发时，必须首先界定产品能够提供给消费者的核心利益。

2. 形式产品

形式产品是核心产品所展示的全部外部特征，是呈现在市场上的产品的具体形态或产品核心功能、效用借以实现的外在形式，主要包括品牌、包装、款式、特色和质量等。消费者购买产品时，除了要求该产品具有某些基本功能、能提供核心利益外，还要考虑产品的质量、造型、包装、色彩、品牌以及特色等多种因素。不同的产品形式能满足同类消费者的不同需求，影响他们的购买决策。企业进行产品设计时，还要注重如何将形体产品的各个要素精心地组合成独特的形式以将核心利益有效地传达给目标顾客。

3. 期望产品

期望产品是指消费者购买商品时希望得到或默认应该得到的属性和条件，如旅客对旅店服务产品的期望包括干净、整洁的房间、卧具、电话和衣柜等。消费者对期望产品的评价以行业的平均质量水准为基础。企业在设计研发产品时，一定要使自己的产品达到同行业的中等或中上等质量水平。

4. 延伸产品

延伸产品指消费者在取得产品或使用产品过程中所能获得的除产品基本效用和功能之外的一切服务与利益的总合。主要包括运送、安装、调试、维修、产品保证、零配件供应、技术人员与操作人员的培训等，它能给消费者带来更多的利益和更大的满足。延伸产品来源于对消费者需要的更深的认识。消费者购买商品的根本动机是满足某种需求，但这种需求是综合性的、多层次的。企业必须提供综合性的产品和服务才能满足其需要。延伸产品所提供的附加价值的大小在市场营销中的重要性愈来愈突出，已经成为企业差异化策略赢得竞争优势的关键因素。

5. 潜在产品

潜在产品指产品最终会实现的全部附加价值和新转化价值，是附加产品服务和利益的进一步延伸，指明了产品可能的演变给顾客带来的价值。潜在产品是吸引顾客购买非必需品、非渴求品最重要的因素，例如，保险，彩票。它与附加产品的主要区别是：顾客没有潜在产品仍然可以很好地满足其现实需求，但得到潜在产品，消费者的潜在需求会得到超值满足，消费者对产品的偏好程度与忠诚程度会得到大大强化。

二、产品分类

（一）耐用品、非耐用品和服务

根据产品的耐用性和有形性，可以划分为耐用品、非耐用品和服务三大类。

1. 耐用品

耐用品指使用时间较长，至少在一年以上的物品，如电冰箱、汽车、电视以及机械设备等。耐用品的特点：单位价值高，购买频率低，需要较多的人员推销和服务，销售价格高，利润也较大。

2. 非耐用品

非耐用品指使用时间短，甚至一次性消费的商品，如餐巾纸、糖果、牙膏等。非耐用品的特点：这类产品单位价值较低，消耗快，消费者往往经常购买、反复购买和随时购买，大量使用，需要广泛设置分销网点，便利顾客及时、就近购买。价格多采用随行就市，企业获利较少。多采用经常的促销策略，吸引消费者购买，并建立起品牌偏好，形成习惯性购买。

3. 服务

满足消费者某种需求，给消费者带来便利、好处以及满足感的各种活动，如美容美发、交通运输、金融服务、会计服务和律师服务等。服务的特点：具有无形性，生产、销售和消费的不可分性，产品质量的可变性和价值易逝性等。这类产品的营销需要更好的质量控制、更有效的促销宣传和更适用的平衡供求矛盾的措施。

（二）消费品和工业品

根据产品的购买者和购买目的，可以划分为消费品和工业品。

1. 消费品

消费品是指个人和家庭为满足生活消费需要而购买的商品和服务。根据消费者的购买习惯和购买行为，消费品可以划分为便利品、选购品、特殊品和非渴求品四类。

（1）便利品。指消费者要经常购买、反复购买、即时购买、就近购买、惯性购买，且购买时不用花时间比较和选择的商品。具体又可以分为日常生活用品，如香烟和饮料等；冲动用品，即不在购买计划之内，由于一时冲动而即时购买的商品，如合意的图书、折价的小商品以及旅游途中购买的工艺品和纪念品等；急救品，即消费者在紧急情况下购买的商品，如饥肠辘辘时的食品，倾盆大雨而至时购买的雨伞等。

对便利品的营销，企业要特别重视地点效用和时间效用，建立密集的销售网点，备足货品，采取特价、折价，集中突出陈列以及赠品等促销策略，方便消费者随时随地购买，刺激冲动消费。

（2）选购品。指消费者在购买过程中对功效、质量、款式、色彩、风格、品牌以及价格等花较多时间进行比较的商品，如家用电器、服装、鞋帽等。选购品又可分为同质选购品和异质选购品。同质选购品在质量、功效等非价格因素方面差异不大，但价格差异较大，所以要认真比较选购。异质选购品在质量、功效、花色、款式和风格等方面差异较大，消费者购买时重视和追求特色，特色比价格对购买决策

191

的影响更大。企业在异质选购品的营销中首先要重视产品差异的设计与研制，在产品的品种、花色、款式和风格等方面实行多样化，并通过广告宣传和促销活动将产品差异有效地传递给消费者，以满足消费者的差异化需求。

（3）特殊品。指具有特定品牌或独具特色的商品，或对消费者有特殊意义、特别价值的商品，如品牌服装，名车，名烟名酒，具有收藏价值的收藏品以及结婚戒指等。对这类商品，企业的营销重点应放在品牌声誉、特色和对消费者而言的特殊价值上，并要相应地选择有较好信誉的经销商和专卖店来销售。

（4）非渴求品。指消费者不熟悉，或虽然熟悉，但不感兴趣，不主动寻求购买的商品，如环保产品、人寿保险以及专业性很强的书籍等。非渴求品往往属于消费者的潜在需求或未来需求。在营销中，需要采用较强的开放性策略，采取诸如人员推销、有奖销售等刺激性较强的促销措施，制作强力广告，帮助消费者认识和了解产品，将产品使用价值和他们的需求相连，引导他们的兴趣，激发他们的购买行为。

2. 工业品

工业品指各种组织，如企业机关、学校、医院为生产或维持组织运作需要而购买的商品和服务。判断一个产品是消费品还是工业品的标准就是，看谁购买，购买的目的是什么。如果个人和家庭购买汽车作为自家的交通工具，这辆汽车就是消费品；如果一家宾馆购买汽车用于接送客人，这辆汽车就成了工业品。对工业品，可以根据它们参与生产过程的程度和价值大小划分为材料和部件、资本项目以及供应品和服务三大类。

（1）材料和部件。指完全参与生产过程，其价值全部转移到最终产品的那些物品，又可分为原材料以及半制成品和部件两大类。原材料包括农产品（棉花、稻谷、水果、蔬菜）和天然产品（金属、石油、矿石），半制成品和零部件包括需要进一步加工的构成材料（水泥、钢材、棉纱）和可以直接成为最终产品一部分的构成部件（轮胎、压缩机、显像管）。农产品由于有生产周期长、易变质和季节性等特点，需要采用集中、分级、储存、运输和各种销售服务以及特殊的营销策略。天然产品具有供应有限、同质性强、体积大以及单位价值低的特点，需要大量的运输，采用直接渠道，生产商直接将商品销售给工业品用户，双方之间普遍采用长期合同制。价格因素和交货的及时性、可靠性是工业品用户选择原材料供应商时考虑的主要因素。

（2）资本项目。指辅助生产进行，其实体不形成最终产品，价值通过折价、摊销部分转移到最终产品之中的那些物品，包括装备和附属设备。装备包括建筑物（厂房、办公室、仓库）和固定设备（机床、大型计算机系统）。

（3）供应品和服务。指不形成最终产品，价值较低、消耗较快的那类物品。包括生产作业辅助用品（煤、润滑油）、办公用品（文具、纸张）和维护用品等。他们相当于产品领域的便利品，购买简单，主要为例行性的重复采购。服务主要有管理咨询服务（培训、策划），专业服务（会计、律师、商标、广告）和劳务服务（清洁、搬运、保安）。各类服务的提供通常采用订立合同的形式。

知识链接

目前发达国家企业的产品竞争多集中在附加产品层次，而发展中国家企业的产品竞争则主要集中在期望产品层次。若产品在核心利益上相同，但附加产品所提供的服务不同，则可能被消费者看成是两种不同的产品，因此也会造成两种截然不同的销售状况。美国著名管理学家李维特曾说过："新的竞争不在于工厂里制造出来的产品，而在于工厂外能够给产品加上包装、服务、广告、咨询、融资、送货或顾客认为有价值的其他东西。"

三、产品组合

（一）产品组合的概念

产品组合，也称产品结构或业务组合，即企业的业务范围与结构。它是指企业向目标市场所提供的全部产品或业务的组合或搭配。产品组合由产品线构成，产品线由产品项目组成。产品线是指企业提供给市场的所有产品中，那些在技术上密切相关、具有相同的使用功能、满足同类需要的一组产品。产品项目是指同一产品线中具有不同品种、规格、质量和价格等属性的特定产品。

（二）产品组合决策四要素

1. 产品组合的广度

产品组合的广度指企业生产经营的产品线的数量。表 8 - 1 中海尔公司的产品组合广度为 7 条产品线。

表 8 - 1　　　　　　　　　　海尔公司的产品组合

	产品组合宽度						
	冰箱	空调	洗衣机	电热水器	电视	电脑	手机
产品组合长度	王子 金王子 太空王 王中王 果菜王 金统帅 大统帅 小统帅 小小统帅 太空王子 快乐王子	小超人 大超人 金超人 健康金超人 金状元 小元帅 太空金元帅	太空钻 玫瑰钻 水晶钻 太阳钻 银河钻 小神螺 小神泡 小神功 大神功 小神童 小小神童 多变神童	大海象 金海象 海象王 海象200 小天将 小小海象	宝德龙 美高美 影丽 银雷 小雷达 小禧龙 青蛙王子 世纪强音	成龙 快龙 超龙 登峰	天智星 喜多星 彩智星 远天星 天彩星 地文星 雅典娜 奔风

2. 产品组合的长度

产品组合的长度是指生产经营的全部产品线所包含的产品项目总数，也即产品线的总长度。表8-1中所示海尔公司的产品项目总数是56，这就是海尔公司产品线的总长度。每条产品线的平均长度是8（56/7），说明海尔公司平均每条产品线中有8个品牌的商品。企业产品总项目数越多，即产品线愈长。

3. 产品组合的深度

产品组合的深度是指企业生产经营的每条产品线中，每种产品品牌所包含的产品项目的数量。一个企业每条产品线所包含的产品品牌数往往各不相等，每一产品品牌下又有不同的品种、规格、型号和花色的产品项目。例如，海尔公司的小神童洗衣机有9种型号，那么它的深度是9。专业商经营的产品品类较少，但同一类产品种类中规格、品种、花色以及款式较为齐全，产品组合的深度较深。

4. 产品组合的关联度

产品组合的关联度又称产品组合的密度，指企业生产和经营的各条产品线的产品在最终用途、生产条件、销售渠道及其他方面相互联系的密切程度。表8-1中海尔公司7条产品线都是家用电器，产品的最终用途相同，可以通过相同的分销渠道销售，其关联度较为密切。

一般而言，实行多元化综合经营的企业，因同时涉及几个不相关联的行业，各产品之间相互关联的程度较为松散，而实行专业化经营的企业，各产品之间相互关联的程度则较为密切。

企业产品组合的广度、长度、深度和关联度不同，就构成了不同的产品组合。市场是一个动态系统，需求情况经常变化，原有竞争者不断花样翻新，新的竞争者又不断进入，这一切必然会对一个企业产品的营销发生不同影响，对某些产品有利，对某些产品不利。因此，企业要经常对产品组合进行分析、评估和调整，力求保持最适当的产品组合。分析企业产品组合，具体而言就是分析产品组合的广度、长度、深度及关联度的现状、相互结合运作及发展态势。

（三）产品组合策略

产品线究竟多长为好，取决于企业的目标。如果企业的目标是要在某个行业中占据主导地位，并要求较高的市场占有率和市场增长率，产品线就应长些，即使有些项目缺乏获利能力也在所不惜。如果企业的目标是取得较高的利润率，产品线就应短些，只挑选那些利润率高的产品项目经营。

一般说来，在西方国家的买方市场上，企业的产品线往往有加长的趋势，这是由于以下一些原因造成：生产能力的压力迫使企业开发新项目；新项目只是原有产品的改良，容易设计；推销人员和经销商要求增加产品项目，以适应顾客的需要。

但是，随着产品线的加长，下列一些成本也随之上升：设计、储运、装卸、制造、订单处理和促销费用等。于是，就会受有关方面审核研究，然后剔除得不偿失的项目，使产品线又趋于缩短。产品线的这种波动现象，往往会反复出现。

企业可供选择的延伸策略有以下三种：

1. 扩充产品组合策略

扩充产品组合策略主要包括通过增加企业产品组合的广度或增加产品组合的深度从而增加产品组合的长度两个方面的策略。第一，在原产品组合中增加一条或几条产品线；第二，在现有产品线内增加新的产品项目。当企业预测现有产品线的销售与利润在未来有可能下降，或不足以实现企业的发展目标时，就应考虑在产品组合中增加产品线，扩大产品经营范围；当企业打算增加产品特色，或为更多的细分市场提供产品时，则可通过在原有产品线增加新的产品项目来实现。此时，企业应使新增产品项目与原有产品项目有显著的差异，以避免新旧产品"自相残杀"。

2. 缩减产品组合策略

缩减产品组合策略与扩充产品组合策略正好相反，是指企业减少产品大类数或者减少某一产品线内的产品项目数，从而减少产品组合长度的策略。当整条产品线或产品线中的某些产品获利甚微或已无获利希望时，企业可以考虑采用此策略，以便集中资源经营那些获利大或经营前景看好的产品线与产品项目。

3. 产品线延伸策略

产品线延伸策略就是突破企业原有经营档次的范围，使产品线加长的策略。其实，产品线延伸策略是实现扩充产品组合策略的一种重要途径。可供选择的产品线延伸策略主要有以下三种。

（1）向下延伸。这是指有些生产或经营高档产品的企业逐步增加一些较低档的产品，称为向下延伸。当企业生产经营的高档产品由于种种原因，不能再提高销售增长速度，而且企业具备生产经营低档产品的条件，而且能最大限度地避免向下延伸带来的风险时，可以采用该策略。

（2）向上延伸。这是指企业原本只经营低档产品，现在逐步增加中高档产品或业务，称为向上延伸。它一般适合于两种情况：一是高档产品有较高的销售增长率和毛利率，二是为了追求高利润率。

（3）双向延伸。这是指有些经营中档产品的企业，在一定条件下，逐渐向高档和低档两个方向延伸，称为双向延伸。这种策略可以加强企业的竞争地位，击退竞争者，赢得市场领先地位。

探讨与应用

招商银行信用卡的成功出击

招商银行成立于1987年4月8日，总行设在深圳，是我国第一家完全由企业法人持股的股份制商业银行。经过17年的发展，招商银行已从当初偏居深圳蛇口一隅的区域性小银行，发展成为一家具有一定规模与实力的全国性商业银行，初步形成了立足深圳、辐射全国、面向海外的机构体系和业务网络。

随着业务的不断扩展，招商银行的总资产也不断增加，在进行了三次增资扩股，并于2002年4月9日在上交所挂牌上市、成功发行了15亿普通股后，招商银行总资产超过4 350亿元，成为国内总股本和流通盘最大的上市银行，也成为国内第一家采用国际会计标准上市的公司。

招商银行个人业务介绍

一卡通：招商银行于1995年7月推出的银行卡——一卡通，被誉为我国银行业在个人理财方面的一个创举；至今累计发卡量已超过2 600万张，卡均存款余额超过4 500元，居全国银行卡首位。

一网通：1999 年 9 月在国内首家全面启动的网上银行——一网通，无论是在技术性能还是在业务量方面，在国内同业中都始终处于领先地位，被国内许多著名企业和电子商务网站列为首选或唯一的网上支付工具。

金葵花：2003 年初推出金葵花品牌，成为国内首家开创了 VIP 客户服务体系，针对高端客户群进行专门化理财、服务的银行。金葵花品牌推出后，在全国范围得到广泛的关注，截至 2003 年 7 月，4 万余人成为招商银行的金葵花客户，为银行吸收存款量达到 430 亿元。拥有金葵花作为一种身份的象征，成为社会上流人士争相拥有的品牌。

招商银行信用卡的推出

经过大量的筹备和策划工作，招商银行在 2002 年底推出了信用卡，并且结合行业特点对信用卡各方面的策略进行了制定，包括信用卡的功能、服务特色，信用卡的年费策略以及信用卡的市场推广策略等。

市场推广策略

1. 拉式策略

主要针对信用卡潜在使用者，具备信用消费能力与渴望消费的人群，推广目标是使其接受信用卡消费观念，并且认同招行信用卡的优势。

伴随信用卡在全国的推广，同时在中央电视台、卫视中文台或其他地方性电视台播放信用卡广告，在广播电台播放办理信用卡的广告，在点击率较高的网站上建立相关联链接，使上网用户随时看到办理信用卡的信息，如果想要了解详细情况，点击即可登录信用卡网站，查询资料。

利用业余时间，在各地的繁华地段，如商场门口、家属聚居区等地区开展路演活动，进行信用卡相关业务知识介绍并派发小礼品的活动，也可进行现场的文艺表演穿插知识介绍等，达到让招商银行信用卡深入人心的目的。

2. 推式策略

针对对象是处于最终购买步骤的潜在用户，推广目标是使其认同并且办理招行信用卡而不是竞争对手的产品。

具体方式如下：

（1）到高校或政府机关等直接设点办卡。

（2）在信用卡发卡可能性比较大的机关或公司设点，专门解答信用卡业务问题，收集申请人的资料，经过银行审核并注记后，统一寄往信用卡中心，既可以避免信用卡申请资料邮寄过程中丢失的现象，也可以通过统一的注记和单位团办的形式提高信用卡的过件率。

（3）一人多卡，年费优惠。

（4）团办信用卡的年费优惠活动。

（5）对办卡人的赠送活动和大奖活动。

（6）对已经办理了信用卡，又介绍其他人办卡的赠送活动。

（7）鼓励多刷卡活动。

3. 与前期产品的推广继承性

（1）金卡客户的特殊服务。招行金葵花客户，可以直接办理最高透支额度的金卡，并且所有金卡客户都可以享受到金葵花客户才能享有的贵宾服务，如紧急支援、紧急替代卡、紧急提现、代订酒店等免费服务以及汇款手续费减半、优先办理业务等服务。这些服务只有招行金葵花客户才能享有，因此，招行信用卡再度成为身份的象征。

（2）招商银行老用户的办卡便利措施。对于金葵花客户和其他在招商银行业务较多的客户，办理信用卡更加方便，只要提供金葵花客户的证明或在招商银行的存款证明和其他相关证明即可办理信用卡。

4. 充分发挥合作与比较优势

（1）与其他服务机构联合推出的优惠活动。

（2）与国际航空公司推出的用信用卡买机票，可享受机票的折扣优惠、赠送的高额保险、等同机票价格的累积积分和在机场的贵宾优待等。拥有招商银行信用卡，不但订机票时享受最低折扣，免费送票的服务，在候机室，也可以不必像其他经济舱乘客一样在候机大厅等候排队，而可以悠闲地坐在贵宾室中，享受免费的咖啡、茶和其他饮料，翻阅免费的精品杂志。

（3）维萨（VISA）和万事达（Master）组织推出的促销活动。拥有相应品牌的招商银行信用卡，在世界各地游览名胜的同时，还可以享受当地相应组织举办的各种促销活动，花费更少，礼品更多。

（4）其他银行信用卡客户办理招行信用卡时的优待措施。当其他银行的信用卡客户申请招商银行信用卡时，只要在申请书中写明信用卡所属银行、信用卡透支额度、在招商银行信用卡中心查明真实后，办理信用卡更加容易，透支额度更加优惠。

（资料来源：www. fjcc. edu. cn/jpkc/kc/yxx/sy/6. doc）

思考：

1. 你对招商银行信用卡的营销组合，印象最为深刻的是哪些部分？为什么？

2. 招商银行作为一个后起之秀，你认为它成功的原因是什么？

第二节 产品生命周期策略

一、产品生命周期的概念及其阶段划分

（一）产品生命周期的概念

产品生命周期是企业研究和制定产品策略的重要组成部分，所谓产品生命周期是指某种产品从进入市场到被市场淘汰退出市场所经历的全部过程。产品经过研究开发、试销，然后进入市场，产品进入市场标志着产品生命周期的开始；产品退出市场，标志着其生命周期的结束。任何一种产品都存在一个市场寿命周期，而且其市场寿命周期都是有限的，特别是在科学技术日新月异的今天，产品市场寿命周期呈现出缩短的趋势。企业决策者根据产品寿命周期理论，认识产品发展的规律性，制定产品开发战略，最大限度地延长产品市场寿命周期，无论现在还是将来都是一项艰巨而复杂的任务。

（二）产品生命周期阶段划分

典型的产品生命周期一般分为四个阶段，即引入期、成长期、成熟期和衰退期，如图 8-1 所示。

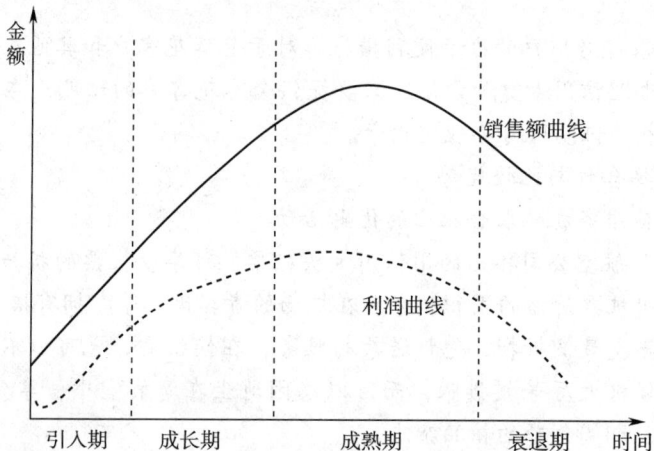

图 8-1 典型的产品生命周期

1. 引入期

引入期也称介绍期、导入期，是指市场上推出新产品，顾客对产品还不太了解，产品销售呈缓慢增长状态的阶段。

2. 成长期

成长期是指该产品在市场上迅速为消费者所接受，成本开始大幅度下降，销售额迅速上升，利润较大幅度地增长的阶段。

3. 成熟期

成熟期是指大多数购买者已经接受该产品市场销售额缓慢增长或下降的阶段。

4. 衰退期

衰退期是销售额下降趋势明显增强，而利润趋于零的阶段。

二、产品生命周期注意的问题

产品生命周期只是说明产品生命的一般趋势，典型的产品生命周期有四个阶段，但并不是每个产品都必须经历这四个阶段。产品生命周期的持续时间，因产品的不同而有所区别。产品生命周期不同于产品使用寿命。产品生命周期，一般是对一个企业的产品而言的，但从整个市场来看，生产和经营此类产品的企业可能很多，这些不同品牌的同类产品，在市场上又有一个总的生命周期，称为市场产品生命周期。产品生命周期与产品种类、形式和品牌有关。产品生命周期的循环，产品生命周期与企业的经营活动、广告宣传以及促销手段等有关，通过促销会出现生命周期的延续与循环。

三、产品生命周期的作用

研究和正确应用产品生命周期，不仅可以帮助企业制定合理的产品策略，促进产品的更新换代，而且促进企业营销策略和手段的更新，提高企业管理水平，促进企业的可持续发展。具体地说，产品生命周期的作用包括以下几个方面：

第一，它是企业生产经营决策的基础，是企业制定营销策略的重要依据。

第二，它是科学预测的依据。一般说来，销售增长率在0.1%以下的，属于引入阶段；销售增长率在10%以上的，属于成长阶段；销售增长率在0.1%~10%之间的，属于成熟阶段；销售增长率低于零时，属于衰退阶段。

第三，它是进行产品评价的依据。根据产品生命周期，可以判断其所处的阶段，并进行客观评价，以作出相应决策。

第四，它是制定营销策略的依据。正确分析产品生命周期，能够帮助企业掌握成本、价格和利润发展趋势，以便制定合理的价格策略、分销策略和促销策略。

四、产品生命周期各阶段的特点与营销策略

（一）引入期的市场特点与营销策略

1. 引入期的市场特点

引入期的特点主要表现为：新产品刚投入市场，顾客对产品还不太了解，只有少数追求新奇的顾客可能购买；销售网络还没有全面有效地建立起来，销售增长缓慢，销售量很低；生产技术还有待完善，产品质量还不很稳定；前期投入大量开发成本，还必须继续追加高额的促销费用，企业通常处于亏损或微利状态；同类产品的生产者较少，竞争不激烈。

2. 引入期的市场营销策略

引入期企业营销策略的总思路可以概括为：加大推广力度，缩短介绍周期，推出品牌，突出一个"快"字。如表8-2所示，从促销策略和价格策略两个方面考虑，引入期主要有以下四种组合策略可供选择，这四种策略的适用条件见表8-2。

（1）快速掠取策略。也称快速撇脂策略，即选择高价格和高水平的促销方式迅速推出新产品，迅速抢占市场，取得较高的市场占有率。采取该策略需要以下市场环境与条件：市场有较大潜力，顾客有求新求异心理，急于求购，并愿意付出高价；企业面临竞争威胁，需要创建高价名牌的形象，并迅速在形成消费者对该产品的偏好。

表8-2　　　　　　　　　　引入期组合策略

价格水平＼促销水平	高	低
高	快速掠取策略	缓慢掠取策略
低	快速渗透策略	缓慢渗透策略

（2）缓慢掠取策略。也称缓慢撇脂策略，即以高价格和低促销费用的方式推出新产品，面向市场，以求取较高的利润。采取该策略需要以下市场环境与条件：市场规模较小，消费者已熟悉该产品，并愿意出高价购买；竞争者较少，竞争威胁不大。

（3）快速渗透策略。实行低价格、高促销费用的方式推出新产品的策略，以迅速占领市场，以低价赢得顾客，较大地提高市场占有率。采取该策略需要以下市场环境与条件：市场容量很大，顾客对产品缺乏了解，但对价格比较敏感；竞争者多，竞争比较激烈，产品单位成本可随生产规模及销售量迅速下降。

（4）缓慢渗透策略。实行低价格和高促销费用的方式推出新产品，以低价扩大市场份额，以低的促销成本获取相对较高的净利。采取该策略需要以下市场环境与条件：市场容量较大，市场需求价格弹性较大，促销弹性较小，顾客对价格比较敏感；存在较多潜在竞争者的威胁。

（二）成长期的市场特点与营销策略

1. 成长期的市场特点

顾客对该产品比较熟悉，销售习惯基本形成，销售量迅速增长；产品基本定型，步入大批量生产阶段，大量的竞争者也开始生产此类产品，竞争比较激烈；产品成本降低，市场价格趋于下降；顾客开始重视产品性能、质量、特色与品牌；单位产品促销费用随销售额的迅速增长而相对降低，利润开始较大地提高。

2. 成长期的市场营销策略

成长期企业营销策略的总思路可以概括为：抢占市场份额，加快推广速度，创出名牌，突出一个"争"字。具体而言，企业可以采取的营销策略主要有以下几方面：

（1）改善产品品质、增加产品性能，提高产品质量。

（2）加强促销，创建名牌，树立良好的形象。

（3）加强市场细分，拓展市场。

（4）重视产品价格、渠道以及促销方式的巧妙组合，开拓新的市场等。

（三）成熟期的市场特点与营销策略

1. 成熟期的市场特点

产品销售量增长缓慢，市场需求量逐渐趋于饱和；生产量很大，生产成本降到最低程度；产品的服务、广告和推销工作十分重要，销售费用不断提高；利润达到最高点，并开始下降；很多同类产品进入市场，市场竞争十分激烈。

2. 成熟期市场营销策略

成熟期企业营销策略的总思路可以概括为：巩固市场地位，延长成熟期限，护好名牌，突出一个"保"字。具体而言，成熟期企业的营销重点是维持市场占有率并积极扩大产品销量，争取利润最大化。企业可以采取的营销策略有以下三个方面：

（1）市场改进策略。该策略主要是通过发现产品新的用途或改变促销方式，发现新用户，开拓新市场，进一步提高产品销售量。

（2）产品改进策略。该策略主要是通过进一步改进产品的性能、质量和服务，实现产品的再次推出，吸引新老顾客。

（3）营销组合改进策略。该策略是通过对产品、价格、渠道和促销等因素加以改进，如降低价格，改良款式，变更广告，拓展渠道，延期付款以及加强服务等刺激顾客消费，争取稳定的销售量，从而延长成熟期。

（四）衰退期的市场特点与营销策略

1. 衰退期的市场特点

产品销售量急剧下降，性能和质量更好的新产品吸引了消费者的注意力；价格降到最低水平，利润迅速下降，已无利可图，甚至出现亏损现象；大量的竞争者退出市场；消费趋势发生新的变化，消费习惯与偏好已经转移；留在市场上的企业也开始减少服务，削减营销费用，处于维持经营的状态。

2. 衰退期的市场营销策略

在衰退期，企业面临销售和利润直线下降、大量竞争者退出市场以及消费者的消费习惯已发生转变等情况，此时，企业应突出一个"转"字。可供选择的营销策略有以下几个方面：

（1）维持策略。保持原有的细分市场，继续使用原来的分销渠道、定价和促销等营销组合策略，维持较低水平的销售，直到该产品退出市场。

（2）集中策略。把企业的有限资源集中到最有利的细分市场和销售渠道上来，销售最畅销最有利可图的品种。通过缩短战线，集中力量，获取较大的利润后再退出市场。

（3）收缩策略。大幅度降低销售费用，减少人员推销，保持低水平的销售，通过降低营销成本以获得微薄的利润。

（4）放弃策略。放弃落后产品的生产与经营，退出市场，保持实力，另辟新径，及早推出新产品，占领市场。

探讨与应用

J牌小麦啤酒生命周期延长策略

国内某知名啤酒集团针对啤酒消费者对啤酒口味需求日益趋于柔和、淡爽的特点，积极利用公司的人才、市场、技术以及品牌优势，进行小麦啤酒研究。2000年利用其专利科技成果，开发出具有国内领先水平的J牌小麦啤酒。这种产品泡沫更加洁白细腻、口味更加淡爽柔和，更加迎合啤酒消费者的口味需求，一经上市在低迷的啤酒市场上掀起一场规模宏大的J牌小麦啤酒消费概念和消费热潮。

一、J牌小麦啤酒的基本状况

J牌啤酒公司当初认为，J牌小麦啤酒作为一个概念产品和高新产品，要想很快获得大份额的市场，迅速取得市场优势，就必须对产品进行一个准确的定位。J牌集团把小麦啤酒定位于零售价2元每瓶的中档产品，包装为销往城市市场的500ml专利异型瓶装和销往农村、乡镇市场的630ml普通瓶装两种。合理的价位、精美的包装、全新的口味以及高密度的宣传使J牌小麦啤酒2000年5月上市后，迅速风靡本省及周边市场，并且远销到江苏、吉林、河北等外省市场，当年销量超过10万吨，成为J牌集团一个新的经济增长点。上市初期准确的市场定位使J牌小麦啤酒迅速从诞生期过渡到高速成长期。

高涨的市场需求和可观的利润回报使竞争者也随之发现了这座"金矿"，本省的一些中小啤酒企业不顾自身的生产能力，纷纷上马生产小麦啤酒。一时间市场上出现了五六个品牌的小麦啤酒，而且基本上都是外包装抄袭J牌小麦啤酒，酒体仍然是普通啤酒，口感较差，但凭借1元左右的超低价格，在农村及乡镇市场迅速铺开，这很快造成小麦啤酒市场竞争秩序严重混乱，J牌小麦啤酒的形象遭到严重损害，市场份额也严重下滑，形势非常严峻。J牌小麦啤酒一部分市场从高速成长期，迅速进入成熟期，销量止步不前，而一部分市场由于杂牌小麦啤酒低劣质量的严重影响，消费者对小麦啤酒不再信任，J牌小麦啤酒销量也急剧下滑，产品提前进入了衰退期。

二、J牌小麦啤酒的战略抉择

面对严峻的市场形势，是依据波士顿理论选择维持策略，尽量延长产品的成熟期和衰退期最后被市场的自然淘汰，还是选择放弃小麦啤酒市场策略，开发新产品投放其他目标市场？决策者经过冷静的思考和深入的市场调查后认为：小麦啤酒是一个技术壁垒非常高的高新产品，竞争对手在短期内很难掌握此项技术，也就无法缩短与J牌小麦啤酒之间的质量差异；小麦啤酒的口味迎合了当今啤酒消费者的流行口味，整个市场有较强的成长性，市场前景是非常广阔的。所以选择维持与放弃策略都是一种退缩和逃避，失去的将是自己投入巨大的心血打下的市场，而且研发新产品开发其他的目标市场，研发和市场投入成本很高，市场风险性很大，如果积极采取有效措施，调整营销策略，提升J牌小麦啤酒的品牌形象和活力，使其获得新生，重新退回到成长期或直接过渡到新一轮的生命周期，自己也将重新成为小麦啤酒的市场引领者。

事实上，通过该公司准确的市场判断和快速有效的资源整合，J牌小麦啤酒化险为夷，重新夺回了失去的市场，J牌小麦啤酒重新焕发出强大的生命活力，重新进入高速成长期，开始了新一轮的生命周期循环。

（资料来源：百度文库）

探讨：

1. 分析J牌小麦啤酒的优势与劣势？

2. 如果你是公司的决策人，你会采取哪些具体措施来延长J牌小麦啤酒的生命周期？

第三节　产品品牌与包装策略

一、品牌策略

（一）品牌的概念

品牌，即商品的牌子，是用来识别卖方产品或服务的名称及标志。它通常由文字符号、图形图案、标记颜色等要素或这些要素的组合构成。其中能用语言发音表达的部分称为品牌名称，简称品名，例如，可口可乐（饮料）、柯达（胶卷）、长虹（电视机）等，它主要产生听觉效果；其中不能用语言发音表达的部分称为品牌标志，简称品标，例如，凤凰自行车的凤凰图案、迪士尼乐园的米老鼠和唐老鸭图案，它主要产生视觉效果。

品牌是产品整体概念的重要组成部分，具有复杂的象征、深刻的内涵和丰富的市场信息。要把握品牌的深刻内涵，可以从以下六个层次加以理解：

1. 属性

品牌代表着特定的商品属性，例如，奔驰牌轿车不仅意味着工艺精湛、制造优良、动力强劲、速度快、耐用性强、转卖价值高，还是昂贵、高贵、体面的象征。这些属性就是用来宣传或做广告的主要内容。多年来，奔驰的广告一直强调"全世界无可比拟的工艺精良的汽车"。

2. 利益

品牌不仅代表着一系列的属性，还体现着某种利益。顾客购买某种商品的实质是购买某种利益。因此，属性需要转化成功能性或情感性的利益。如奔驰车"工艺精湛"的属性可以转化为"安全、舒适、有面子"等利益；"价格昂贵"可以转化为"身份高，令人尊重，受到羡慕"等利益；"速度快"可以转化为"办事效率高"等利益；而"耐用性强"可以转化成"多年内我不需要买新车"等。

3. 价值

品牌能够体现生产者的某些价值，例如，奔驰车体现了高绩效、安全以及名望等方面的价值品牌，营销人员必须分辨出对这些价值真正感兴趣的消费者群体。

4. 文化

品牌还可能代表一种文化，反映文化的特质或蕴藏着的内涵，如奔驰牌轿车代表着德国文化：组织严密、高效率和高质量。

5. 个性

品牌也反映一定的个性。如果品牌是一个人、动物或物体的名字，会令人产生许多联想，如奔驰（梅塞德斯）就可能让人联想到：一位严谨高效的老板，一只勇敢的雄狮，一幢富贵庄严的宫殿等。

6. 用户

品牌还暗示着购买或使用产品的消费者类型。如果人们看到一个 20 来岁的毛头小伙子开着一辆奔驰车可能会大吃一惊，人们更愿意看到开车的是一位 50 来岁的绅士般的高级经理。

（二）品牌的作用

从企业角度来看，品牌的作用主要有：品牌有助于促进产品销售，树立良好的企业形象；品牌有利于保护品牌所有者的合法权益，防止其他个人或企业的仿冒侵权；品牌还能够约束企业的行为，促使企业重视长远利益、消费者利益和社会利益；品牌有利于扩大产品组合，开发品牌系列产品；品牌还是企业竞争的手段，有利于企业占领目标市场，提高市场占有率；品牌是企业重要的无形资产和宝贵的财富，对企业的生存与发展具有重要的推动作用等。品牌的作用不仅表现在企业方面，还表现在消费者方面，具体地说，品牌便于消费者辨认、识别、选购所需的商品；品牌有利于维护消费者的利益；品牌有利于产品的改进，满足消费者新的期望和需求；品牌有助于建立顾客的偏好，从而吸引更多的品牌忠诚者等。

（三）品牌和商标的区别

按照国际惯例，商标是指按照法定程序向商标注册机构提出申请，经审查，予以核准，并授予商标专用权的品牌或品牌中的一部分。商标受法律保护，任何人未经商标注册人许可，皆不得仿效或使用。因此可以说，商标一定是品牌，但品牌不一定是商标。

尽管品牌与商标都是用以识别不同企业不同产品的商业名称及其标志，但品牌与商标仍有一定的区别。

1. 概念不同

品牌是市场概念，通常是指产品和服务的牌子，其实质代表品牌使用者对顾客在产品特征、服务和利益方面的承诺；而商标是法律概念，是获得专利权并受法律保护的品牌。

2. 外延不同

品牌的外延大，包括产品的名称、属性、品质和标志等；而商标则是品牌的一部分，并经过注册。

3. 价值不同

就品牌而言，必须使用并结合特定的产品和服务投放市场，才有价值，不使用的品牌往往没有价值；而商标只要注册，不管是否使用，都有一定的价值。

（四）品牌设计及其原则

随着市场竞争的激烈化和消费的多样化，产品的品牌越来越重要。一个醒目、易记、招人喜爱的品牌直接关系产品的销售量和利润额，关系企业的长期生存与持续发展。大部分企业已经意识到品牌设计的重要性。品牌设计是指根据企业发展和消费者需要，通过市场调研，并运用市场学、心理学、语言学以及工艺美术学等方面的知识对某一产品的名称、标志及商标进行设计，以更好地满足消费者需求的过程。品牌设计充满了艺术性与创造性，在品牌设计中应重视以下几个基本原则：

（1）简洁醒目，上口易记。如宝洁公司的玉兰油、娃哈哈集团的娃哈哈的图案。

（2）构思新颖，造型优美。如奔驰车的标志就是一个圆形的方向盘。这个构思既朴实，又大方明了，还反映产品的功能，是绝妙的设计。

（3）内涵深刻，情色并重。如江苏红豆集团的红豆牌就有一定的文化内涵。红豆，俗名相思子、相思豆，是表达爱情与亲情，反映美好情操的象征物。而千古咏诵的"红豆生南国，春来发几枝，愿君多采撷，此物最相思"的名诗又赋予红豆深刻、动情的文化底蕴。

（4）富有特色，避免雷同。如孔府家酒与孔府宴酒就像亲姊妹，人们往往把他们联想在一起，认为是同一企业的两个品牌，但实际上它们却是山东省不同地域、不同企业的产品。

（五）品牌策略

品牌策略是企业品牌运营的谋略，它是企业面向市场的重要决策。品牌策略主要包括以下内容：

1. 无品牌策略

20世纪70年代以来，西方国家的许多企业对某些消费品和药品不设计品牌，也不向政府登记注册，实行无品牌策略，其主要目的是节省包装、广告费用，降低价格，扩大销售。有些以规格划分的同质产品，顾客根据爱好选购的小商品，顾客习惯上不认牌购买的商品（如煤炭、布匹、玩具等），也不一定要使用品牌。

2. 有品牌策略

有品牌策略，也称品牌化策略。使用品牌无疑对企业有许多好处，品牌既有利于消费者识别不同生产者的商品，也有利于生产者进行商品的分类经营管理；既有利于通过追究商标所有人责任保护消费者合法权益，也有利于企业保护自己合法权益避免他人假冒侵权；既有利于企业宣传推广自己特定品牌的产品，也有利于企业培养建立稳定的顾客群。因而，大多数企业一般都要进行品牌设计与注册，利用好商标这件市场营销利器。

3. 品牌使用者策略

（1）制造商品牌策略就是谁生产用谁的牌子销售。具体而言，就是在整个营销流程中，使用的是产品生产者自己设计、注册并使用的商标。使用制造商品牌，有利于生产者积累品牌资产，形成持续稳定的市场竞争力。

（2）中间商品牌策略就是谁经销使用谁的牌子。具体而言，就是生产者将自己的产品大批量销售给中间商，然后中间商使用自有品牌进行销售。

（3）制造商品牌与中间商品牌并存有些生产者生产的产品一部分用自有品牌销售，一部分则提供给中间商，使用中间商品牌进行销售。

（4）营销实践中，有些生产者既不用自己的品牌销售产品，也不用中间商品牌销售，而是经过申请，获得一些知名品牌授权，用经过授权后的品牌进行销售。

4. 品牌统分策略

（1）统一品牌策略。即企业所有产品都统一使用同一个品牌。例如，美国通用电气公司的产品都使用"GE"这个品牌。采用此策略的好处是，可减少品牌设计费，降低促销成本，同时，如果品牌声誉很高，还有助于新产品推出；不足之处是，某一产品出问题，会影响整个品牌形象，危及企业的信誉。

（2）分类品牌策略。即企业依据一定的标准将产品分类，同一类产品使用相同的品牌。

（3）个别品牌策略。即企业同一类产品中的各种产品分别使用不同的品牌，如上海联合利华生产的牙膏名"洁诺"、洗衣粉名"奥妙"，等等。

（4）企业名称加个别品牌策略。即企业对其不同种类的产品分别使用不同的品牌，但在各种类产品品牌前面还冠以企业名称。这种策略的好处是：在各种不同新产品的品牌名称前冠以企业名称，可以使新产品享受企业的信誉，又可以使各种不同品牌的新产品保持自己相对的独立性。

（5）多品牌策略。即企业对同一种产品使用两个或两个以上的品牌。多品牌策略虽然会使原有品牌的销售量减少，但几个品牌加起来的总销售量却可能比原来一个品牌时要多。这一策略的优点是：使企业能针对不同细分市场的需要，有针对性地开展营销活动；采用此策略，各品牌之间联系松散，不会因个别产品出现问题、声誉不佳而影响企业的其他产品。缺点在于，品牌较多会影响广告效果，易被遗忘。这种策略，需要较强的财力做后盾，因此，一般适宜实力雄厚的大中型企业采用。

5. 品牌延伸策略

品牌延伸是指企业利用其成功品牌的声誉来推出改进产品或新产品。

（1）纵向延伸。即企业先推出某一品牌，赢得一定市场声誉后，逐步推出新一代经过改进的该品牌产品。例如，宝洁公司在中国市场推出飘柔洗发香波后，逐步推出新一代飘柔洗发香波。

（2）横向延伸。即企业把成功的品牌用于新开发的不同产品。例如，海尔公司先后向市场推出海尔品牌的冰箱、空调、电视机、电脑和手机等系列产品。

品牌延伸策略的优点是：可以大幅度降低广告宣传等促销费用，使新产品迅速、顺利地进入市场。缺点是：品牌延伸可能淡化甚至损害品牌原有的形象，使品牌的独特性被逐步遗忘。因此，品牌延伸策略的实施应谨慎行事。

6. 多品牌策略

多品牌策略是指企业同时经营两种或两种以上相互竞争的不同品牌的同类产品。该策略由宝洁公司首创，并获得了成功。宝洁公司冲破单一品牌延伸理论的束缚，提出了多品牌延伸观点。宝洁公司认为，单一品牌并非万全之策。某一品牌创立后，容易在顾客中形成固定的印象，不利于产品的延伸，不利于开拓不同的细分市场。在中国市场上，宝洁公司的洗发用品就有飘柔、海飞丝、潘婷三个成功的品牌，尽管三个品牌之间有一定的竞争，但三个品牌总的市场占有率是66.7%。宝洁公司的清洁剂等产品也实行了多品牌策略并取得了成功。

7. 品牌重新定位策略

品牌重新定位策略也称再定位策略，它是指对企业全部或部分产品的品牌市场定位进行调整或改变的策略。七喜公司是品牌重新定位成功的范例。七喜牌饮料是众多饮料的一种，主要消费群是老年人，但在众多的饮料市场中，可乐类饮料是七喜饮料的主要对手。七喜公司通过调查，发现许多消费者并不喝可乐饮料，七喜公司就将自己的饮料重新定位为非可乐饮料，从而取得了非可乐饮料市场的领导地位。

探讨与应用

三星的数码世界

三星近几年来已经成为光彩夺目的明星。这个源自韩国的品牌，在全球企业史上几乎创造了一个神话。

此前，三星也曾一度是廉价货的代名词，模仿别人的技术，制造大量缺乏灵感的廉价产品；三星也曾采取过分追求规模化的产量以谋求价格制胜的经营方式，在国际市场上没什么地位和影响力。而此种境况，也是中国电子企业过去和现在的生存状态。那么，是什么改变了这一切？

来自商业周刊评论说，三星电子的成功主要来自于三星电子在技术和营销方面所培养出来的核心竞争力。走进幕后，我们会发现：三星电子的认知度与其"一等主义"的营销策略密不可分。"除了妻儿以外改变一切！"这句为了消除三星电子以往形象的口号成为三星电子品牌策略的经典，同时更促使三星电子达成了种种的品牌营销策略。

三星电子的所有产品特性都显而易见，那就是集科技化、时尚化、数字化于一身，进而全面领导潮流和把握未来。这个基本点在三星得以深入贯彻后，使三星电子遥遥领先对手，甚至有人认为，领先的不只是两三步，三星电子已经领先对手十步。当然这个策略也是需要支撑点的。

在中国，"三星电子的目的在于创造中国家庭高端数字化生活的未来，帮助中国人民实现生活数字化"。三星电子负责人曾表示，"我们希望能把计算机、消费类电子产品和通信产品结合起来，让消费者能把三星电子公司和出色的未来技术联系在一起。"

随着 2002 年世界杯的结束，三星电子公司又取代足球成为汉城的标志。在世界杯举办期间，从机场到汉城的路上，广告牌上全是三星电子的各种产品；在商业区，三星电子商店星罗棋布。汉城人的家中往往都有三星牌的电脑、电视和手机，可以说是三星电子把汉城人的生活数字化了。目前，三星电子的目标，就是要把在汉城的一幕移植到中国来。

在中国，三星电子也成为高技术的可信赖品牌。事实上，三星电子的产品在中国一直都被认为是高档货的象征，并且能吸引到大量购买者。在没有获准与本地企业合资生产手机以前，中国市场上甚至出现了大量走私的三星电子手机。

当快速增长的中国经济使得富裕起来的城市年轻一代有条件购买时髦的电器时，三星电子很快抓住了这个机遇。它意识到不能再把中国作为过时产品的倾销市场，并及时地调整了在中国的销售战略，把重点放在几种核心产品上，如时尚的移动电话、高档的电视等。2001 年三星电子花了 7 亿美元打造自己的品牌，如做电视广告、零售促销等；2002 年，它在这方面花了 9 亿美元。它的努力没有白费，它树立起一个三星品牌形象，即三星产品代表着欢乐和新潮。市场研究表明，三星品牌的追随者大都是 20～30 岁的年轻人。2002 年它在中国的销售额为 18 亿美元。

三星在大型城市建有精品店，用以展示三星电子的科技产品，像北京的海龙体验中心、天津的数码展示店都具有很大的规模和特色。另外，像电视机产品，在全国重点商场都有相当规模的展示场地。

近年来，三星电子不仅对重大体育赛事的赞助活动异常热衷，还积极推进一些区域为主的体育活动。如 2000 年 6 月 10 日由三星电子独家赞助的"三星电子百日迎奥运万人长跑"活动在天津组织举行，同时著名乒乓球运动员、国手刘国梁被邀请出任三星电子的奥运代言人。长跑活动后，三星电子的最新形象代言人陈慧琳小姐还在现场主持抽奖活动，幸运者将获得双人赴悉尼感受奥运的机会。活动在天津民园体育场举行，1 万余名体育爱好者，8 000 多名观众参加，前奥运会长跑冠军王军霞亲临体育场，并担任领跑嘉宾。同时，凡在 6 月于指定城市购买三星手机的消费者，也有机会赢得亲赴悉尼、感受奥运的机会。这一系列活动，为三星电子掀起一个又一个奥运激情。

（资料来源：http：//course. shufe. edu. cn/course/marketing/allanli/sanxing. htm）

二、包装策略

(一) 包装的概念及其作用

包即包裹，装即装饰。产品包装是形式产品的重要组成部分，通常是指产品的容器、包装物及其设计装饰。在现代市场营销中，包装具有重要作用。具体地说有以下几点。

1. 保护商品

这是包装最基本的作用。良好的包装可以保护产品在搬运、运输、仓储及销售过程中不受到损害、变质或散落，以确保产品的使用价值，从而保证企业和顾客双方的利益。据统计，我国商品因包装不善的损失每年都上百亿元。

2. 便利顾客

根据消费者的习惯、要求进行适当的包装既能满足消费者的特定心理与习惯，又能方便消费者的使用。

3. 促进销售

在消费者购买过程中，包装是产生购买兴趣的重要因素。通过合理的包装，不仅区别不同的产品，便于顾客识别，而且构思巧妙、新颖、奇特的包装还能吸引顾客注意力，诱发购买兴趣，促进产品销售。

4. 形象宣传

包装是产品广告宣传的重要方式，是活广告。合理的包装被称为"无声的推销员"。法国香水业的名言"设计精美的香水瓶是香水的最佳推销员"就道出了包装的广告作用。包装还是企业理念与文化的表现，是树立企业良好形象的重要手段。

5. 增加价值

随着社会平均收入水平及生活水平的不断提高，消费者愿意多付出一定费用购买包装新颖、美观、可靠的产品。

探讨与应用

牙膏包装的秘密

美国有一家生产牙膏的公司，产品优良，包装精美，深受广大消费者的喜爱，每年营业额蒸蒸日上。记录显示，该公司前十年每年的营业增长率为10%～20%，在行业中拥有最大的市场份额。不过，进入第十一年、第十二年及第十三年时，公司的发展停滞下来，每年的业绩维持同样的数字。董事会对此三年的业绩表现感到不满，便召开全国经理级高层会议，以商讨对策。会议中，有名年轻经理站起来，对董事会说："我手中有张纸，纸里有个建议。若您要使用我的建议，必须另付我5万元！"总裁听了很生气："我每个月都支付你薪水，现在叫你来开会讨论，你还要另外要求5万元，是否过分？""总裁先生，请别误会。若我的建议行不通，您可以将它丢弃，一分钱也不必付。"年轻的经理解释说。"好！"总裁接过那张纸过，阅毕，马上签了一张5万元支票给那位年轻经理。那张纸上只写了一句话：将牙膏包装的开口扩大1mm。总裁马上下令更换新的包装。试想，每天早上，每个消费者多用1mm的牙膏，每天牙膏的消费量将多出多少倍呢？这个决定，使该公司第十四年的营业额增加了32%。

（资料来源：http：//wenku. baidu. com/view/df38d52d7375a417866f8f0b. html）

（二）包装策略

可供企业选择的包装策略主要有以下几种：

1. 类似包装策略

它是指企业生产经营的所有产品，在包装外形上都采用相同或近似的图案、色彩和共同的标志或特征。该策略便于产品的识别，节约包装设计费用，有利于树立统一的企业形象，有利于促进不同产品开拓细分市场，促进产品销售。如舒肤佳香皂，在其生产的四种不同香型的香皂包装设计上采取了名称、标志、图案一致，而用白、绿、黄、粉红四种不同颜色区分产品的差异，不仅增加了产品的知名度，也促进了产品的销售。

2. 差异包装策略

它是指企业的各种产品都有自己独特的包装，在设计上采取不同的风格、不同的色调、不同的材料进行包装的策略。这一策略的优点是对企业避免因某一产品的失败而殃及其他产品的市场声誉；其缺点是产品包装设计、制作费和促销费相应增加。

3. 组合包装策略

它是指企业按人们的消费习惯，将多种相关产品组合包装在同一包装物中。如把茶壶、茶杯、茶碟等组合装载同一包装物中，这种包装不仅便于顾客配套购买，还方便顾客携带、使用等。

4. 等级包装策略

它是指企业根据企业同类产品的质量等级和消费者消费档次设计而使用不同的包装，以反映产品的等级或档次，其做法是高档品采用精致包装，低档品采取粗略包装。这种包装策略不仅有利于产品市场定位，便于消费者对产品的识别，而且利于满足不同消费水平的顾客的特定需求，从而扩大市场面，提高销售量。

5. 再使用包装策略

它是指设计的包装物具有双重用途，即在产品使用后其包装物还可以另作他用。如有些饮料的包装瓶在饮料喝完后，还是很漂亮的茶杯，方便人们使用。再包装策略增加了包装物的用途，迎合消费者一物多用的需求，有利于产品的销售。

6. 附赠品包装策略

即在包装物中附有一定的小赠品，如打火机、书签、儿童玩具或奖券等，以诱发消费者的购买欲望，这种策略适应于儿童、青少年及有特定嗜好或偏好的消费者。例如，黑土地白酒中千奇百态的打火机不仅受到吸烟者的欢迎，还受到有收集打火机嗜好者的喜好，其销售量与各类打火机赠品有很大的关系。

7. 改变包装策略

它是指企业处于改变企业形象或对产品进行市场定位的需要，而对产品的包装进行改进或更新的策略。更新包装策略包括更新包装设计、包装材料及包装制作工艺等。该策略能够让顾客产生新鲜感，有利于企业产品以新的气象出现，从而促进销售。

探讨与应用

百威啤酒的产品包装创新

消费者在选购啤酒时，除了质量和口感外，包装也是一个重要的考虑因素，因为包装能从一方面体现出品牌的整体形象。世界畅销啤酒品牌——百威对于这一点谙熟于心。为了保证每一箱、每一瓶、每一罐百威啤酒都拥有从内到外的卓越品质，"啤酒之王"百威始终通过不断改良的优质包装来进一步提升其品牌形象。

百威啤酒长期以来注重产品包装的创新，并以其在包装上所体现出来的丰富创意闻名于世。百威（武汉）国际啤酒有限公司秉承了这一传统，不断在包装上推陈出新，为中国消费者提供更多选择：1997 年的压花玻璃小瓶装百威，1999 年的大口盖拉环罐装百威，2000 年的四罐便携装百威，去年面世的 700 毫升装百威和最新推出的 500 毫升装，百威在包装上的每一个创新都为中国消费者带来惊喜。其中 700 毫升装和 500 毫升装更是针对中国的啤酒市场特别推出，充分显示了百威对中国消费者的高度重视。

除整体包装外，百威对包装的各个细节也不断进行着完善和创新。1998 年百威推出可显示啤酒最佳饮用温度的温度感应锡箔标签；2000 年初百威对标签重新设计，全新的标签在金色叶片的衬托下更显高贵；2000 年 12 月，百威又对瓶身标签的文字进行了修改，以方便消费者阅读。所有这些对包装细节的精益求精无不体现出百威对产品质量的不懈追求。

在酒瓶的选择上，自 1997 年中国啤酒瓶国家标准要求使用 "B" 瓶（啤酒专用瓶）包装以来，百威就一直严格遵照执行。此外，百威不使用回收瓶，并为百威专用酒瓶制定了非常严格的检测标准。全新的玻璃瓶无异物、无油污、无杂质，干净卫生，充分保证了百威啤酒的纯正口味和新鲜程度。在每次使用前，百威还要对所有啤酒瓶进行抗内压力检测，以最大限度地减少瓶爆现象。百威的瓶盖垫全部从美国和德国进口，并经过特别密封和风味测试，确保无任何异味后方投入使用。

百威的与众不同还体现在其对高强度耐压纸箱的使用。同一般啤酒商使用塑料箱外包装不同，百威从 1998 年起就开始使用高强度耐压纸箱外包装。这种保护力强、高质量的多重包装保证了百威啤酒瓶不会裸露在外，避免啤酒口味因阳光的直射而被破坏，从而确保了百威啤酒的新鲜程度。这样，消费者品尝到的百威啤酒就和它出厂时的口感一样清澈、清醇、清爽。

此外，对所有为其生产易拉罐和啤酒瓶的供应商，百威都一律实行严格的资格审核，包括厂房及生产工艺技术、抽样检测产品，甚至于对每个原材料进行审核等。即使是在对方获准成为百威的供应商后，百威仍保持对它们实行严格的管理措施。

优质的包装与卓越的品质紧密相连，体现了百威不懈进取、精益求精的企业精神。正是这种对每一个细节追求完美的工作态度，成就了百威在中国啤酒市场上的领先外资品牌地位。百威还将继续努力，在包装上不断改良和创新，将更高品质的百威啤酒奉献给广大的中国消费者。

（资料来源：百度文库）

试分析：分析产品包装的创新对百威啤酒经营的影响。

第四节　新产品开发策略

一、新产品的概念

（一）新产品的定义

新产品是指在某个市场上首次出现的或者是企业首次生产销售的整体产品。产品整体概念中任何一部分的创新、革新和改良，都可视为新产品。新产品是一个广泛的、动态的、相对的概念，它一般是相对于老产品而言，因时因地而异，今新明旧，此旧彼新。

企业之间的竞争，最终集中表现为产品的竞争。正如市场竞争中没有常胜将军一样，市场上没有畅销不衰的产品。任何一种产品都经历过新产品时期，随着时间的推移和科学技术的进步，必然被技术更先进、功能更全、性能更好的新产品所替代，由新变旧、由畅变滞、由盈变亏。企业根据市场需求和竞争对手的变化，有针对性地开发、研制新产品，及时填补市场空白，抢占市场制高点，控制生产、流通和消费的导向权，是企业振兴发展之宝和克敌制胜之术。

开发新产品是扩大市场份额的需要。市场份额的大小，市场占有率的高低，直接制约企业的生存和发展。消费者是企业的衣食父母，是决定企业命运的上帝。当今的时代是一个科技、经济迅猛发展的时代，消费者对产品的需求愈来愈高，对产品好中求好，新中求新的追求永无止境。在一个现存市场里竞争，企业生存和发展的空间愈来愈狭小。企业只有成功地开发新产品，才能成功地改变和创造需求，满足消费者对更美好生活的追求，使自己周围的顾客愈聚愈多，市场规模愈变愈大。

开发新产品是战胜竞争对手的重要武器。在激烈的商战之中，谁拥有新产品，谁就占据市场竞争的有利地位。市场争夺战是一个无休止的过程，弱肉强食、优胜劣汰是市场竞争基本法则。那种依靠一种或几种产品永霸市场的想法只不过是一个天真的梦。企业要想战胜竞争对手，就必须推陈出新，不断给市场注入新鲜血液，除此之外，别无选择。开发新产品是增强企业活力和后劲的重要途径，是企业生命长盛不衰的根本保证。

（二）新产品的类型

从现代市场营销学的角度来看，新产品主要有以下六种类型：

（1）全新产品，即利用新技术创造出的整体更新的产品。采用新原理、新材料、新技术、新工艺创造的并率先在市场上问世的产品。

（2）新产品线。能够使一个公司首次进入新市场的产品。

（3）现有产品线的增补产品。在公司现有产品线上，增补的新产品，包括产品型号、款式、大小等方面的变化。

（4）现有产品的改进和更新。产品性能的改进或注入新的价值，能够替代现有产品。

（5）市场重新定位的产品。能够进入新的细分市场的现有产品或改变原有市场定位推出的新产品。

（6）成本减少的产品。以较低的成本推出同样性能的产品。

二、新产品开发的意义及过程

（一）新产品开发的意义

新产品开发不仅是提高企业核心竞争力促进企业持续发展的需要，也是市场需求及社会、经济、科技发展的要求，具体有以下四点：

（1）新产品开发是提高企业核心竞争力，促进企业可持续发展的需要。

（2）新产品开发是适应消费需求变化的需要。

（3）新产品开发也是产品生命周期理论的要求。

（4）新产品开发是科学技术发展的结果。

（二）开发新产品的原则

对企业而言，开发新产品绝非一件易事。随着科学技术和市场需求的高速发展，新产品开发具有多能化、高能化、微型化、简易化、系列化和舒适化的特点。这就要求企业开发新产品时，要注意几个问题：

（1）要有特色，即要有较强独创性、时尚性和适应性，能满足消费者新的需求和欲望；

（2）要有能力，即具备开发新产品的资金实力、技术设备装备和人才优势，为新产品开发提供较充足的物质资源；

（3）要有市场，即有实现新产品的潜在市场，新产品效用能激发和创造新需求，与市场购买力水平和消费观念变化相一致，具有一定规模的销售量；

（4）要有效益，即能充分利用企业的综合生产能力，形成适度的规模生产和经营，努力降低成本，制定合理价格，在提高社会效益的前提下，较大幅度地增加经济效益；

（5）要合国情，即以社会需要为目的开发新产品，在充分利用资源优势的前提下，瞄准世界先进技术，开发结构相似、工艺相近、周期短、投资少以及效益高的新产品，填补国内市场空白；

（6）要有调查，即开发新产品必须在市场调查和科学论证的基础上进行，提高新产品开发的科学性，避免盲目研制和重复开发所造成的资源浪费。

（三）新产品开发的过程

新产品开发过程一般由形成产品构思、筛选产品构思、形成产品概念、制定营销规划与战略、商业分析、新产品研制、市场试销和批量上市等八个阶段。

1. 形成产品构思

新产品开发的第一阶段是形成构思。所谓构思，是指为满足某种市场需要而提出的新产品的设想。一个成功的新产品，首先来自一个有创造性的构思。新产品构思的来源很多，企业应集思广益，从多方面寻求产品的构思。主要的新产品构思来源有企业内部的技术人员与营销人员、顾客、竞争对手、经销商以及其他来源。

2. 筛选产品构思

筛选产品构思就是对形成的大量新产品构思进行分析研究、比较评价，筛选出技术上可行、经济上合算、社会效益优良的新产品构思方案。对构思的筛选要避免两种失误，一是误舍，即将有希望的新产品构思舍弃；二是误用，即将没有前途的新产品构思付诸开发。不论是误舍还是误用，都会给企业造成重大损失，必须从本企业的实际出发，根据企业的具体情况决定取舍。

3. 形成产品概念

新产品构思经过筛选后，需要进一步发展更具体、明确的产品概念。产品概念是指已经基本定型的产品构思，是从消费者角度对此构思所做的详尽的描述，并能用文字、图像、模型等予以清晰地描绘。产品概念的形成一般需要经过产品设计与评估两个步骤来实现。

4. 制定营销规划与战略

形成产品概念后，由有关人员拟定新产品投放市场的初步的市场营销战略计划书，该计划书需要在以后的发展中不断完善。它一般包括三部分内容：第一部分主要描述目标市场的规模、结构和行为，以及新产品在目标市场的定位，短期的市场销售量、市场份额和利润目标等；第二部分主要描述产品的计划价格、分销策略和第一年的营销预算；第三部分主要描述预期的长期销售量和利润目标，以及不同时期的市场营销组合策略等。

5. 商业分析

企业确定产品概念及市场营销策略后，还必须对要开发的新产品进行商业分析。商业分析主要是从经济效益的角度分析新产品是否符合企业目标，能否满足市场需求。企业市场营销管理部门要审查新产品将来的销售量、成本和利润的估计。

6. 新产品研制

新产品概念经过商业分析后，进入研制阶段。研制阶段是指新产品研究与开发部门或技术工艺部门将产品概念转变成产品模型或样品，并设计其包装及品牌等。

7. 市场试销

如果企业对新产品的研制，包括样品、品牌、包装设计感到满意，就应把试制的小批量产品拿到市场上试销。

8. 批量上市

新产品试销成功后，企业就可以正式批量生产与全面投放市场了。一旦决定大批投产上市，企业就需再次投入大量资金，支付大量费用。企业在此阶段应在投放时机、投放地区、目标市场选择、营销组合策略等方面慎重决策。

三、开发新产品的策略

（一）开发功能策略

以原型产品为基础，设法增加新功能，变一物一用为一物多用。在收音机机体上增加录放装置变成收录机，在自行车上安装上电动机就变成了电动脚踏车，手杖安装上按摩器就变成手杖保健按摩器。一种产品满足多种需要，便会扩大产品的市场覆盖面。

（二）简化产品结构策略

在保持产品基本性能的前提下，以产品内在的"质量过剩"为革新目标，简化产品结构，缩小产品体积，降低成本。

（三）翻版复制策略

引进国外先进技术，分解复制，制造性能好、效率高、需求大的新产品，是开发新产品的捷径。

（四）修正缺点策略

以现存产品为对象，找出其缺陷与不足，选出某个或几个缺点作为消除目标，按照需要加以改进，开发出优于原产品的新产品。

（五）类比移植策略

运用类比和联想的思维方式，举一反三，触类旁通地开发新产品。

（六）特性开发策略

产品特性是指产品固有的基本属性，是不同使用价值的产品相互区别的标志。根据消费者对产品特性多方面需求的发展变化，开发出更优化特性的新产品，更好地满足消费者需求。

（七）系列创新策略

系列创新策略是指以某种产品及其生产技术工艺为基础，上下延伸、左右扩展的产品开发策略。此方法投资少、见效快、收益高，特别是以某一名牌产品为龙头开发系列产品时，可扩展企业影响力，增强市场开拓能力，形成竞争对手奈何不得的市场地位。

（八）方便开发策略

这是一种根据用户使用方便，开发研制便携带、便运输、便贮存、便使用、便维修和便食用的产品策略。现代生活节奏愈来愈快，讲求生活舒适和工作效率的人，对方便食品的需求量愈来愈大，为新产品开发提供了极其广阔的市场。

🔁探讨与应用

开发狩猎靴：了解顾客需求

L. L. Bean 公司位于美国缅因州，是美国著名的生产和销售服装以及户外运动装备的公司，于 1912 年开始生产狩猎靴。到 20 世纪 90 年代，公司已经发展到 10 亿美元资产，持续三十多年年增长率都超过 20%。为顾客着想这一理念始终贯穿于新产品开发的过程中。

（1）了解顾客的真实感受。针对公司的狩猎靴，产品开发小组就要选定那些经常狩猎的人，设计一些问题，使其能够详细描述狩猎活动的感觉和环境，进而了解其对狩猎靴的感觉和希望。在访谈中，面谈者的工作就是要有一种非引导的方法来提出开放性的问题。"你能给我讲述一下最近狩猎的一次经历、一个故事吗？""告诉我你最好的狩猎故事，它是怎样的经历？"然后是非常安静地听顾客尽情讲述。两人小组的另外一位负责记录，一字一句地记录，不加过滤，不做猜测。通过这些在狩猎者家中或者具体的狩猎场所访谈，可以获得狩猎者的真实想法，而不是提问者的想法。小组人员的工作更多的是聆听。当结束一次面谈的时候，小组尽快详细回顾并整理面谈内容，因为这时会谈的场景和内容在脑海还保存着清晰的记忆，能很快找出那些关键的印象深刻地描述出来。这样面谈20位狩猎者，产品开发小组获得了丰富的狩猎者的狩猎经历资料。

（2）转化为产品需求和设计思想。面谈结束后，整个开发团队便进入隔离阶段，集中精力研究顾客需求，努力将顾客的语言翻译成一连串关于新的狩猎长靴要满足的需求。由于收集了丰富的材料，队员们在白板上贴了数百个即时贴的便条，每个便条都是一个需求陈述。他们必须将所有的这些需求浓缩成更加易于管理、便于利用的需求数目。团队采取投票的方式来将需求按重要性排列，每一个投票都代表了他们面谈的猎人的需求。几个回合的投票逐渐地减少需求的数目。然后，团队成员将剩下的需求进行分组排列，再排列，形成更小的需求组。大家在归纳需求组的过程中并不相互讨论，这就迫使队员对自己所想不到的一些相互关联进行思考，而这种关联是别人正在思考而自己看来可能并不明显的。所以，这时候队员都在进行学习，团队逐渐地达成了一种共识。

最后，数量有限的几个需求组形成了，团队成员讨论关于每一组需求的新的陈述。作为一个团体，大家必须清楚这些小小的即时贴上的意见，是否完全抓住了队员思考的问题，描述是否准确。通过大量细致的工作，团队将每组的内容转化为一个陈述。这个流程进一步将需求的数目减少到大约12个。三天封闭会议结束的时候，L. L. Bean 的产品开发团队开发出了一份列有最终顾客需求的总结报告。此后便是将需求转化为设计思想的过程，头脑风暴会议是主要的讨论形式。比如"在靴子里装一个动物气味的发散装置，每走一步都会散发出一点点气味。像一个小型火车一样，气味从靴子里出来如同火车两侧的气体一股股喷出，只不过是无形的"，各种疯狂的主意中能得到产品最具创新变化的核心思想。

（3）对新产品测试。这种新的狩猎长靴设计原型生产出来后，被送往所有L. L. Bean 公司希望改进其产品的地方——顾客，在产品最终要使用的环境中进行实际测试。为保证开发人员能够近距离地看到和听到这些顾客专家的意见，L. L. Bean 安排了一次实地旅行。在新罕布什尔州的品可汉峡谷地区，L. L. Bean 集合了一组实地测试者来评审，包括导游、山顶装袋工、徒步旅行者、大农场管理员以及滑雪巡逻队员等，这些顾客大部分是 L. L. Bean 公司好几个季节的测试者。会议的第一天花费在一次精力充沛的徒步旅行上，按每个人所穿的靴子的尺寸进行分组，每个人的包里都有两到三双靴子，几乎每个小时都要更换所穿的靴子产品，如穿九号的人要与一个穿八号靴子的人交换靴子，有 L. L. Bean 生产的，也有竞争对手生产的。大家在各种环境里实验，及时记下对适应性、稳定性的评价，以便于公司及时作出调整。经过几个月的试用，公司获得了所有的改进建议。

在产品上市时的目录介绍中，公司能够通过测试期间的照片来说明种种问题，在推广产品时可以宣传整个测试过程，以便获得顾客的信赖。该种类型靴子在市场中很快获得认可，供不应求。

（资料来源：百度文库）

试分析:

1. 请结合本章所学知识分析 L. L. Bean 公司的新产品开发的过程。

2. L. L. Bean 公司的新产品开发给我们什么启示?

☆ 同步测试

◇ 单项选择

1. 在产品整体概念中最基本、最主要的部分是 ( )。

A. 核心产品　　　　B. 包装　　　　　C. 有形产品　　　　D. 附加产品

2. 延伸产品是指顾客购买某类产品时,附带获得的各种 ( ) 的总和。

A. 功能　　　　　B. 利益　　　　　C. 属性　　　　　D. 用途

3. 产品组合的广度是指产品组合中所拥有的 ( ) 的数目。

A 产品项目　　　B. 产品线　　　　C. 产品种类　　　D. 产品品牌

4. 产品组合的长度是指 ( ) 的总数。

A. 产品项目　　　B. 产品品种　　　C. 产品规格　　　D. 产品品牌

5. 产品生命周期是由 ( ) 的生命周期决定的。

A. 企业与市场　　B. 需要与技术　　C. 质量与价格　　D. 促销与服务

6. 处于 ( ) 的产品,可采用无差异性的目标市场营销策略。

A. 成长期　　　　B. 衰退期　　　　C. 导入期　　　　D. 成熟期

7. ( ) 策略是指企业以高价格配合大规模的促销活动将新产品投放市场,其目的是为了使消费者尽快了解产品,迅速打开销路。

A. 快速撇脂　　　B. 缓慢撇脂　　　C. 快速渗透　　　D. 缓慢渗透

8. 雀巢公司将雀巢品牌使用到奶粉、巧克力、饼干等产品上,这种品牌决策是 ( )。

A. 品牌化策略　　B. 品牌归属策略　C. 品牌延伸策略　D. 多品牌策略

9. 现代营销中,企业提高市场竞争力的最重要的手段是 ( )。

A. 质量　　　　　B. 价格　　　　　C. 促销　　　　　D. 新产品开发

10. 在普通牙膏中加入不同物质制成的各种功能的牙膏,这种新产品属于( )。

A. 全新产品　　　B. 革新产品　　　C. 新牌子产品　　D. 改进产品

◇ 多项选择

1. 企业针对成熟期的产品所采取的市场营销策略,具体包括的途径是 ( )。

A. 开发新市场　　B. 开发新产品　　C. 寻求新用户

D. 巩固老用户　　　　　　　　　　E. 改进老产品

2. 企业往往不只经营一种产品,由此形成了产品组合,界定产品组合的主要特征就是 ( )。

A. 广度　　　　　B. 长度　　　　　C. 高度

D. 深度　　　　　　　　　　　　　E. 关联度

3. 优化产品组合的过程,通常是企业营销人员进行 ( ) 现行产品组合的工作过程。

A. 调查   B. 分析   C. 研究

D. 评价   E. 调整

4. 快速渗透策略，即企业以（   ）推出新品。

A. 高品质   B. 搞促销   C. 低促销

D. 高价格   E. 低价格

5. 可供企业选择的产品组合策略一般有（   ）几种策略。

A. 扩大产品组合   B. 缩减产品组合   C. 产品组合深度

D. 产品线延伸   E. 产品组合广度

6. 产品进入成长期后，企业营销策略可具体采取（   ）营销。

A. 提高产品质量   B. 适当降价   C. 加强渠道建设

D. 加强产品促销   E. 突出知名度宣传

7. 产品一旦进入衰退期，企业可具体采取（   ）策略。

A. 维持策略   B. 渗透策略   C. 放弃策略

D. 收缩策略   E. 快速策略

◇ **判断**

1. 整体产品包含三个层次，其中最基本的层次是形式产品。 （   ）

2. 消费者在购买商品时只能从实体产品中得到利益。 （   ）

3. 上海大众生产了桑塔纳后，又推出了帕萨特，这是向上延伸策略。 （   ）

4. 产品生命周期就是产品使用寿命周期。 （   ）

5. 在产品投入期，采用快速掠夺策略是为了薄利多销，便于企业长期占领市场。 （   ）

6. 第一台上市的彩电是全新产品。 （   ）

◇ **简答**

1. 产品整体概念包括哪五个层次？

2. 分析产品组合策略的具体应用。

3. 产品寿命周期各个阶段的特征及策略？

4. 什么是新产品？分析新产品开发的意义和方式。

☆ **实训项目**

在附近超市中开展饮料市场的调查，分析畅销产品抢占市场的原因

[训练目标] 通过深入实地观察，熟悉不同的品牌，加深对本任务内容的理解。

[训练组织] 学生每6人分为一组，选择不同类别的饮品。

[训练提示] 教师提出活动前准备及注意事项，同时随队指导。

[训练成果] 各组汇报，教师讲评。

☆ 案例分析

"李宁"的品牌之路

据世界体育用品联合会最新调查报告显示，"中国已经拥有全球 65% 以上的体育用品生产份额"，"中国的运动鞋生产已经达到世界年产量的 80%"，而且据不完全统计，国内企业占据本土市场的八成以上。不过品牌专家分析指出，现在的中国只是世界体育用品生产大国，而不是品牌强国。这样一个大国竟然没有几个拿得出手的世界级运动品牌，着实让人感到遗憾。诸如耐克、阿迪达斯等世界著名品牌，每年有几十亿美元的销售额，动辄几千万美元全球性体育赞助费用，与它们相比，国内企业的家底略显单薄。中国体育品牌面临着如何把品牌做大做强的挑战。

经过最近几年的市场历练，民族体育品牌奋起直追，不断提升专业属性的同时，吹响了全面反击的号角，向耐克和阿迪达斯盘踞多年的高端市场发起挑战。其中，"李宁"品牌近两年的卓越表现，值得关注。

有人说，通过一句广告语就可以看出一个品牌的内涵。"一切皆有可能"这句口号，是李宁品牌在过去的 15 年不断积累和完善的结晶。从最早的"中国新一代的希望"到"把精彩留给自己"到"我运动我存在"、"运动之美世界共享"、"出色，源自本色"到现在的"一切皆有可能"，李宁品牌逐步积淀出它品牌独有的内涵。

很难想象，在看到"一切皆有可能"的广告后，会有人不为所动。因为所有生活在都市里的孩子，小时候都有过那种似曾相识的运动片断，"李宁"在短短十几秒的广告里，没有绚丽的画面，没有夸张的修饰，而是用最真实的画面，再现了那段年少时美好的回忆，传达出体育无处不在的理念，从而引出"一切皆有可能"的体育精神。这是李宁公司的一次突破，并不是赞美它的广告多么有创意，而在于通过品牌定位，重新使自己的品牌成为一种被高度认知的价值承诺，"李宁"提供的绝不仅仅是体育用品，而是在传递一种人生信念、生活品质和思想境界。

"一切皆有可能"需要很多的东西来支撑，同时要让更多的消费者去真正感受和体会这句话的内涵，不能只局限于某个群体，当今社会同质化严重，一不小心，就可能被你的竞争对手所替代，要给你的目标受众人群一个理由，让他们知道你的存在，吸引他们的注意力，理解你的品牌所带来的理念，最后选择你的产品，并且心甘情愿地为它们埋单。比如，"李宁"赞助举办的大学生 3 对 3 篮球赛，其赛制和"一切皆有可能"的品牌定位十分贴切，提出"不服就单挑"的口号，比赛过程中先安排 8 分钟团队作战 3 对 3 打，剩下 2 分钟每队选出最强的人进行单挑，而且单挑环节是双倍记分的，就算团队赛比分落后，也有可能在一对一中扳回来。这一赛制将"一切皆有可能"演绎得淋漓尽致，此项赛事战火燃遍北京、上海、广州、天津、哈尔滨、南京、杭州、成都、武汉全国 9 大城市，赛事转战 120 所高校，共有 2 536 支参赛队伍、万余名大学生，进行了超过 5 300 场的较量，受到在校学生的热烈欢迎，毕竟现在大学生是李宁比较重要的消费群体。而这种实实在在的活动比起单纯赞助赛事更有效。不但加强了品牌的亲和力和认知度，而且增加了品牌与消费者面对面的沟通机会，能切实打动他们的心扉。比起国内其他体育品牌，单纯利用"明星＋广告"的营销模式开拓市场的做法，"李宁"组织校园活动，建立与消费的直接沟通，要明智许多。

体育赛事是各大品牌"逐鹿中原"的战场，无论是体育品牌或非体育品牌，都力求利用体育那富于激情、活力、时尚、健康、朝气、勇于拼搏的精神和竞技体育的不确定性交织在一起的独特魅力来塑造品牌形象。但体育营销需要将企业自身的特点与体育赛事有机结合，品牌定位、企业文化以及管理风格等和体育赛事联系在一起是否贴切，能否真正体现品牌的价值都决定体育营销的成败。

当产品的质量不再有技术上的瓶颈，售后服务不再让消费者黯然神伤的时候，产品自身所体现的品牌文化将决定它的市场命运。体育营销的精髓就在于品牌价值与体育文化相结合，这就好比是社会价值与商品价值的合理冲撞，将二者协调统一是企业要做的功课。因为过分地追求品牌价值和商业利润的最大化，将会导致体育文化的黯然失色。而在当今体育事业市场化的今天，完全剥离企业的赞助，体育事业又成了饭馆的隔夜茶，有色无味。唯有达到体育文化、品牌价值和商业利润的高度协调，平衡发展，才能真正发挥出体育营销所赋予的丰富内涵。

体育营销不是"一锤子买卖"，单纯的体育赞助和"体育明星＋广告"的营销策略，已经不能满足大众对品牌认知的渴望。体育营销是个环节复杂的系统工程，企业在体育赞助的时候，必须使体育文化、品牌文化与产品推广三者和谐统一，融入企业运作的各个环节中共同发展，从而形成一种独特的企业文化，达到一种企业与消费者的共鸣状态。

从2003年底开始，李宁公司正式将运营策略调整，重新规划体育营销。"李宁"作为一个国内体育产品领导品牌，经过多年的探索和经验积累，在体育营销方面，走出了自己的步调。从2004年开始李宁公司制定了专业化的发展策略，篮球品类尤其是篮球鞋以其较高的技术含量成为专业化策略的先锋部队。下面以篮球为例我们循着李宁的近些年篮球赞助的脉络，分析一下李宁公司体育营销的策略。

2004年6月，李宁公司与西班牙篮协签约；2004年8月，李宁篮球装备伴随着西班牙篮球队扬威雅典奥运会，举世瞩目，使李宁及李宁篮球品类受到空前关注；2004年9月，借势推出专业篮球鞋：Free Jumper系列，成为国内第一个进军专业篮球市场的品牌；2004年10月，李宁公司成为大超联赛唯一指定运动装备赞助商，通过大超影响最大的消费群体——大学生，同期推出3对3校园篮球赛，配合大超赛事与在校学生展开互动交流，让目标群体在切身体验中感受到李宁品牌所倡导的理念；2005年1月，李宁公司成为NBA战略合作伙伴，极大地提升了篮球品牌的专业形象；2005年3月，李宁西班牙系列篮球鞋上市，将西班牙篮球队的营销资源用透用足；2005年4月，李宁校园篮球赛总决赛冠军球队将获得赴西班牙比赛学习的机会，使得各项体育资源融为一个整体……

可以看出，针对自己的篮球品类，李宁公司已经搭建出一个完善的体育营销体系：针对西班牙国家篮球队、奥运会、大超以及NBA等既有传统体育营销模式和新开发体育营销资源，李宁公司将其与品牌定位及专业化的发展策略有机地融为一个整体。

自从 1992 年巴塞罗那奥运会起，每届奥运会上李宁公司都会赞助中国体育代表团，此后李宁公司开始赞助国外代表队，启动自己的国际化进程。从赞助法国体操队、捷克体操队、俄罗斯大学生代表队、西班牙女子篮球队，到 2004 年雅典奥运会赞助西班牙男篮队，再到 2005 年初成为 NBA 合作伙伴，源于体育，用于体育，李宁公司以体育为载体，逐步扩大了自己在国际上的影响力。这一点李宁公司市场部人员感受颇为深刻：从 2004 年起，来自欧美各个国家的各种媒体都开始关注这个来自东方的体育品牌，纷纷向李宁公司发出采访要求。

体育为媒，李宁公司在国际上的影响力稳步提升，与此同时，李宁公司通过与海外品牌、机构的合作加快了发展步伐。1999 年与 SAP 公司合作，引进 AFS 服装与鞋业解决方案，成为中国第一家实施企业资源计划（ERP）的体育用品企业；2001 年 7 月，签约意大利及法国顶尖设计师，以提升产品设计开发的专业化及国际化水平；2002 年与美国杜邦、3M 等国际知名企业建立了稳定的合作关系，并与韩国、法国等一些企业进行多形式合作；2004 年与香港中文大学人体运动科学系合作，为其专业产品的研发提供数据支持；2004 年 8 月与美国 Exeter 研发公司 Ned Frederick 博士合作，共同致力于李宁运动鞋核心技术的研发；2004 年 10 月与 DRD 设计事务所合作；2005 年 4 月又与国际顶尖的水晶饰品制造商施华洛世奇建立合作。2004 年被媒体称为"国际化年"，几乎所有的国内企业都开始谈国际化，对此，李宁公司有自己的看法。在央视"品牌中国"发布现场，李宁公司 CEO 张志勇先生用《孙子兵法》三十六计中的"围魏救赵"来形容李宁公司的系列化、专业化和国际化举措：通过赞助西班牙篮球队，与国外研发机构的合作等"围魏"方式，汲取国际上的先进技术、优势资源，提升专业化能力，用于"救赵"，服务于广大中国的消费者。

通过自主研发和广泛开展国际合作，李宁公司逐步拥有了同国际竞争对手同台竞技的专业能力。从 2004 年起，李宁公司相继推出了专业足球、篮球、网球、跑鞋以及乒乓球等系列产品，根据香港中文大学的评测结果显示，这些专业产品在各项技术指标上，与国际顶级品牌产品相比已经不相上下，许多关键指标上甚至还要优于国际顶级品牌的产品，因此，受到了专业运动员和消费者的普遍认可和欢迎。2005 年春季刚刚推出的 Run Free 系列专业超轻跑鞋，在全国都出现热销局面，重点推广的 8 大城市都出现了脱销的现象。

下一个 15 年：期待超越，任重而道远。2005 年是李宁有限公司成立 15 周年，在 15 年的风雨历程中，"李宁"肩扛中国民族企业的大旗，在一路坎坷中走来，从设计研发到终端销售能力，各个方面都获得了长足的发展，公司业绩也持续以较高的速度增长，取得了令人振奋的业绩。我们期待着在下一个 15 年中，以"李宁"为代表的国内品牌能够实现真正的超越。

（资料来源：百度文库）

阅读以上材料，回答问题：

1. "李宁"产品运用了哪些品牌策略？

2. 如何理解"李宁"的品牌内涵？

3. 请你结合实际为"李宁"产品的进一步推广提供建议。

第九章
定 价 策 略

◆ **本章学习目标**

☞ 应用知识目标：

1. 理解价格的内涵，掌握企业定价的目标与步骤；

2. 理解影响企业定价的因素；

3. 掌握企业定价的相关方法和策略。

☞ 应用技能目标：

1. 对企业进行定价方法的策划；

2. 对企业进行定价策略的策划。

📖**营销情景故事**

周大福"一口价"策略

珠宝饰品价格是消费者与商家能否达成交易的关键所在，针对这一敏感的问题，在价格策略上，周大福创出了一套有别于其他同行的新路子。周大福创新性地推出了"珠宝首饰一口价"的销售政策，并声明：产品成本加上合理的利润就是产品的售价，通过薄利多销的经营模式，节省了消费者讨价还价的时间，让顾客真正体验货真价实的感受。为降低经营成本，从而更好地参与市场竞争，周大福还自己创立了首饰加工厂，生产自己所售卖的首饰，减少中间环节，使生产成本降至最低，并获得了全球最大钻石生产商——国际珠宝商贸公司 DTC 配发钻石原石坯加工和钻石坯配售权，保证它最低的原料成本和较强的竞争实力。

（资料来源：www.chinapearls.cn）

第一节　价格制定的依据

所有营利性组织和许多非营利性组织都必须为自己的产品或服务定价。价格是最容易调节的营销组合因素，同时也是企业、产品或品牌的意愿价格同市场交流的纽带。价格通常是营销产品销售的关键因素，是营销成功与否的决定性因素之一。

一、价格的内涵

对于营销的定义，我们可以从广义和狭义的角度进行分析，也可以从经济学和市场营销学的角度分析。

从狭义的角度来说，价格是对一种产品或服务的标价；从广义的角度来看，价格是消费者在交换中所获得的产品或服务的价值。价格并非是一个数字或一种术语，它可以用许多名目出现，大致可以分为商品的价格和服务的价格两大类。商品价格是各类有形产品和无形产品的价格，货物贸易中的商品价格称为价格；服务价格是各类有偿服务的收费，服务贸易中的商品价格称为费，如运输费或交通费、保险费、利息、学费、服务费、租金、特殊收费、薪金、佣金、工资等。

从经济学的角度来看，价格是商品价值的货币表现形式，是围绕价值上下波动的。价格是与利润的实现紧密联系在一起，即价格＝总成本＋利润。从市场营销的角度来看，价格是可以随时随地根据需要而变动的，定价也可以根据整个市场的变化作出灵活的反应，价格必须根据消费能否接受为出发点。价格是决定企业盈利的重要因素，但绝不是唯一的决定性因素。企业定价是为了促进销售，获取利润，因而企业在定价时，既要考虑成本的补偿，又要考虑消费者对价格的接受能力，从而使定价具有买卖双方决策的特征。

二、影响企业定价的因素

价格策略是企业营销组合的重要因素之一，它直接地决定着企业市场份额的大小和盈利率高低。企业的定价决策受企业内部因素的影响，也受外部环境因素的影响（见图9－1）。随着营销环境的日益复杂，制定价格策略的难度越来越大，不仅要考虑成本补偿问题，还要考虑消费者的接受能力和行业内的企业竞争状况。

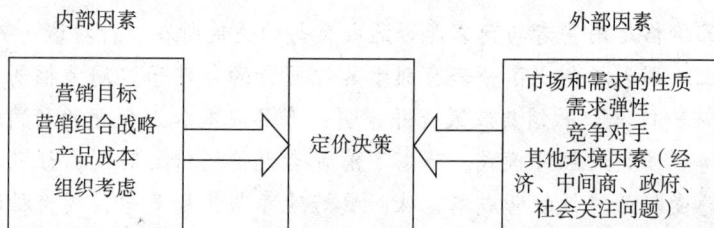

图9－1　影响定价决策的因素

（一）影响定价的内部因素

1. 营销目标

产品的定价要遵循市场规律，讲究定价策略，而定价策略又是以企业的营销目标为转移的，不同的目标决定了不同的策略和不同的定价方法和技巧。同时，价格策略作为企业实现经营目标的手段，直接影响企业的经营成效，具体表现在不同的价格水平会对企业的利润、销售额和市场占有率产生不同的影响，因此，企业在实施定价策略时，要结合企业内部情况、目标市场的经济、人文情况及竞争对手情况，根据对企业的生存和发展影响最大的战略因素来选择定价目标。与定价有关的营销目标主要包括以利润为目标、以市场占有率为目标、以应对竞争为目标等。

2. 营销组合战略

由于价格是4P营销组合因素之一，产品定价时要考虑要注意价格策略与产品的整体设计、分销和促销策略相匹配，形成一个协调的营销组合。如果产品是根据非价格图表来定位的，那么有关质量、促销和销售的决策就会极大地影响价格；如果价格是一个重要的定位因素，那么价格就会极大地影响其他营销组合因素的决策。因此，营销人员在定价时必须考虑到整个营销组合，不能脱离其他营销组合而单独决定。

3. 产品成本

产品从原材料到成品要经过一系列复杂的过程，在这个过程中必定要耗费一定的资金和劳动，这种在产品的生产经营中所产生的实际耗费的货币表现就是成本，它是产品价值的基础，也是制定产品价格的最低经济界限，是维持简单再生产和经营活动的基本前提。产品的价格必须能够补偿产品生产、分销和促销的所有支出，并能补偿企业为产品承担风险所付出的代价。低成本的企业能设定较低的价格，从而取得较高的销售量和利润额。因此，企业想扩大销售或增加利润，就必须降低成本，从而降低价格，提高产品在市场上的竞争力。如果企业生产和销售产品的成本大于竞争对手，那么企业将不得不设定较高的价格或减少利润，从而使自己处于竞争劣势。一般而言，企业定价中使用比较多的成本类别主要有总成本、总固定成本、总变动成本、单位成本和边际成本等。

4. 组织考虑

每个企业规模大小不同、财务状况不同、经销指标不同以及企业价值取向不同，对于追求利润型企业，高价格是企业选择的定价方向；而对于追市场份额的企业来讲，中低价格定位是企业的定价方向。同时根据企业自身状况需考虑综合因素（品牌、市场地位、推广费用、渠道建设情况、产品的包装、产品规格）来制定价格。

（二）影响定价的外部因素

1. 市场和需求的性质

与成本决定价格的下限相反，市场和需求决定价格的上限。在设定价格之前，营销人员必须理解产品价格与产品需求之间的关系。

在市场经济条件下，市场结构不同，即企业及其产品在市场上的竞争状况不同，企业的定价策略也不同。企业价格决策面临的竞争主要来自同行业生产者、经营者之间的竞争，尤其是市场处于买方市场的势态下，卖方间的竞争十分激烈，企业价格决策者必须熟悉本企业产品在市场竞争中所处的地位，分析市场中竞争对手的数量和它们的生产、供应能力及市场行为，从而作出相应的价格策略。不同的市场结构下采用的定价策略是不同的。根据市场竞争程度的具体因素，我们可以把市场结构划分为完全竞争市场、垄断竞争市场、完全垄断市场和寡头垄断市场四种类型。

同时市场供求状况也是企业价格决策的主要依据之一。企业对产品的定价，一方面必须补偿经营所耗费的成本费用并保证一定的利润；另一方面也必须适应市场对该产品的供求变化，能够为消费者所接受。例如企业的产品是哪一个人群使用，是儿童、老人、男士、女性，还是家庭消费、团体消费，或者是豪华型消费、普通消费，一般来讲用于儿童、女性、团体消费或豪华型消费的产品价格都相应高，企业采用多是高价位。否则，企业的价格决策会陷入一相情愿的境地。企业需考虑整体消费水平、消费习性、市场规模和容量以及市场发展趋势几个因素来对产品进行综合评价制定价格。

2. 需求弹性

需求弹性是指因价格和收入等因素而引起需求的相应变动率，一般分为需求收入弹性、需求价格弹性和需求交叉弹性。

需求收入弹性是指因收入变动而引起需求相应的变动率。收入弹性大的产品，一般包括耐用消费品、高档商品、娱乐支出等，当消费者收入增加时，对这类产品的需求量也会大幅度增加。收入弹性小的产品，一般包括生活的必需品，如食盐等，当消费者收入增加时，对这类产品的需求量的增加幅度比较小。

需求价格弹性是指因价格变动而引起需求相应的变动率，用弹性系数 E 表示。E＝1，反映需求量与价格等比例变化。定价时可选择实现预期利润的价格或选择通行的市场价格，同时把其他市场营销策略作为提高利润的手段。E＞1，反映需求量的相应变化大于价格自身变动。定价时应通过降低价格，薄利多销达到增加盈利的目的。反之，提价时务求谨慎以防需求量锐减，影响企业收入。E＜1，反映需求量的相应变化小于价格自身变动。定价时较高水平价格往往会增加盈利，低价会对需求量刺激效果不大，薄利不能多销，反而会降低收入水平。

需求交叉弹性是指有互补或替代关系的某种产品价格的变动，引起与其相关的产品需求相应发生变动的程度。一般而言，在消费者实际收入不变的情况下，具有替代关系的产品之间，某个商品价格的变化将使其关联产品的需求量出现相应的变动（一般是同方向的变动）；具有互补关系的产品之间，当某产品价格发生变动，其关联产品的需求量会同该产品的需求量发生相一致的变化。

知识链接

多种因素导致物价上涨

近年来，我国价格总水平出现大幅度上涨，2011 年，全国居民消费价格总水平比上年上涨 5.4%。价格上涨的原因是多方面的。一是食品价格特别是猪肉价格上涨较多，二是社会需求拉动，三是国际市场价格的传导。近几年，国际市场原油价格上涨近两倍。小麦、大豆、玉米这些基础性产品价格上涨，增加了国内企业的生产成本，推动相关价格上涨。四是企业成本推动。一些资源性产品成本除受国际市场价格大幅度上涨影响之外，企业环保成本提高，资金成本增加，工资水平上升，都推动了成本增加，进而推动了商品和服务价格上涨。此外，市场秩序不够规范，有的经营者以次充好、以假乱真、缺斤少两，有的趁机涨价，或超过成本增幅不合理涨价；有的合谋涨价、串通涨价，有的囤积居奇、哄抬物价；有的提前宣布涨价信息，制造紧张气氛；还有的散布虚假涨价言论，造谣惑众，扰乱市场价格秩序。这些都对价格上涨起到了推波助澜的作用。

3. 竞争对手

竞争价格因素对定价的影响主要表现为竞争价格对产品价格水平的约束。同类产品的竞争最直接表现为价格竞争。如果企业采取高价格、高利润的战略，就会引来竞争；而低价格、低利润的战略可以阻止竞争对手进入市场或者把他们赶出市场。如果企业试图通过适当的价格和及时的价格调整来争取更多顾客，这就意味着其他同类企业将失去部分市场，或维持原有市场份额要付出更多的营销努力，因而在竞争激烈的市场上，企业都会认真分析竞争对手的价格策略，密切关注其价格动向并及时作出反应。

4. 其他外部因素

在设定价格时，企业还必须考虑外部环境中的其他因素。经济条件对企业的定价策略有很大影响，如经济增长和衰退、通货膨胀和利率等因素会影响产品的生产成本以及消费者对产品和价值的看法。企业制定价格时应该能够给销售商带去可观的利润，鼓励他们对产品的支持，以及帮助他们有效地销售产品。营销人员需要了解影响价格的政府法律法规，并确保自己的定价决策具有可辩护性。同时企业在制定价格时，企业的短期销售、市场份额和目标利润将必须服从于整个社会的需要。

第二节　定价的目标

企业定价目标是指企业对其产品定价时预先确定所要达到的目的和标准，是企业营销目标在价格决策上的反映，一般可分为利润目标、销售额目标、市场占有率目标和稳定价格目标。企业定价时，应根据营销总目标、面临的市场环境、产品特点等多种因素来选择定价目标。定价目标是以满足市场需要和实现企业盈利为基础的，它是实现企业经营总目标的保证和手段。同时，又是企业定价策略和定价方法的依据。

一、生存导向定价目标

生存导向定价目标又称为维持生存的目标，是特定时期过渡性目标。当企业经营不善，或由于市场竞争激烈、顾客需求偏好突然变化时，会造成产品销路不畅，大量积压，资金周转不灵，甚至面临破产危险时，企业应以维持生存作为主要目标。短期而言，只要售价高过产品变动成本，足以弥补部分固定成本支出，则可继续经营。企业长期目标还是要获得发展。

二、利润导向定价目标

利润目标是企业定价目标的重要组成部分，获取利润是企业生存和发展的必要条件，是企业经营的直接动力和最终目的。因此，利润导向定价目标为大多数企业所采用。

（一）以利润最大化为定价目标

以最大利润为定价目标是指企业在一定时期内综合考虑各种因素后，以总收入减去总成本的最大差额为基点，确定单位产品的价格，以获得最大利润总额。最大利润有长期和短期之分，还有单一产品最大利润和企业全部产品综合最大利润之别。一般而言，企业追求的应该是长期的、全部产品的综合最大利润，那么企业就可以取得较大的市场竞争优势，占领和扩大更多的市场份额。对于一些中小型、产品生命周期较短、产品在市场上供不应求的企业来说，也可以谋求短期最大利润。价格太高会导致销售量下降，利润总额可能因此而减少。高额利润是可以通过采用低价策略，待占领市场后再逐步提价来获得的；同时企业也可以通过对部分产品定低价，甚至亏本销售，以招徕顾客，带动其他产品的销售，进而谋取最大的整体效益。因高价策略而达到的利润最大化只能是一种短期行为，最大利润应以公司长期最大利润和全部产品的总利润为目标。

（二）以投资收益为定价目标

投资收益定价目标是指使企业实现在一定时期内能够收回投资并能获取预期的投资报酬的一种定价目标。投资收益率又称为投资报酬率，是衡量企业经营实力和经营成果的重要标志，它等于净利润与总投资之比，一般以一年为计算期，其值越高，企业的经营状况就越好。采用这种定价目标的企业，一般是根据投资额规定的收益率，计算出单位产品的利润额，加上产品成本作为销售价格，但必须注意两个问题：第一，要确定适度的投资收益率。一般来说，投资收益率应该高于同期的银行存款利息率。但不可过高，否则消费者难以接受。第二，企业生产经营的必须是畅销产品。与竞争对手相比，产品具有明显的优势。

（三）以合理利润为定价目标

合理利润定价目标是指企业为避免不必要的价格竞争，在补偿正常情况下的社会平均成本的基础上，适当地加上一定量的利润作为产品价格，以适中、稳定的价格获得长期利润的一种定价目标。采用这种定价目标有各种原因：以适度利润为目标使产品价格不会显得太高，从而可以阻止激烈的市场竞争；某些企业为了协调投资者和消费者的关系，树立良好的企业形象。这种定价目标使企业不仅可以避免不必要的竞争，从而获得长期利润，而且由于价格适中，消费者愿意接受，还符合政府的价格指导方针，因此是一种兼顾企业利益和社会利益的定价目标。但实际运用时常常会受到各种限制，必须充分考虑产销量、投资成本、竞争格局和市场接受程度等因素。临时性的企业一般不宜采用这种定价目标。

三、销售导向定价目标

销售导向定价目标，又称为市场占有率目标，是在保证一定利润水平的前提下，谋求某种水平的销售量或市场占有率而确定的目标。以销售额为定价目标具有获取长期较高利润的可能性。

采用销售额目标时，确保企业的利润水平尤为重要，销售额和利润必须同时考虑。因为某种产品在一定时期、一定市场状况下的销售额由该产品的销售量和价格共同决定，销售额的增加，并不必然带来利润的增加。有些企业的销售额上升到一定程度，利润就很难上升，甚至销售额越大，亏损越多。因此，对于需求的价格弹性较大的商品，降低价格而导致的损失可以由销量的增加而得到补偿，因此企业宜采用薄利多销策略，保证在总利润不低于企业最低利润的条件下，尽量降低价格，促进销售，扩大盈利；反之，若商品的需求的价格弹性较小时，降价会导致收入减少，而提价则使销售额增加，企业应该采用高价、厚利、限销的策略。

四、竞争导向定价目标

在产品的营销竞争中，价格竞争是最有效、最敏感的手段。企业在设定价格前，一般要广泛搜集信息，把自己产品的质量、特点和成本与竞争者的产品进行比较，然后制定本企业的产品价格。根据企业的不同条件，一般有以下决策目标可供选择。

（一）稳定价格目标

稳定价格目标是指以保持价格相对稳定，避免正面价格竞争为目标的定价。稳定的价格通常是大多数企业获得一定目标收益的必要条件，其实质是通过本企业产品的定价来左右整个市场价格，可以使市场价格在一个较长的时期内相对稳定，减少企业之间因价格竞争而发生的损失。为达到稳定价格的目的，通常情况下是由那些拥有较高的市场占有率、经营实力较强或具有竞争力和影响力的领导者企业先制定一个价格，其他企业的价格则与之保持一定的距离或比例关系。这样，稳定价格目标对大企业来说是稳妥的价格保护政策，中小企业也以此避免因价格竞争带来的风险。在钢铁业、采矿业、石油化工业等行业内，稳定价格目标得到了最广泛的应用。

（二）追随定价目标

企业有意识地通过给产品定价主动应付和避免市场竞争。企业价格的制定，主要以对市场价格有影响的竞争者的价格为依据，根据具体产品的情况稍高或稍低于竞争者。如果竞争者的价格不变，实行此目标的企业也维持原价；如果竞争者的价格变动，此类企业也相应地参照调整价格。一般情况下，中小企业的产品价格定得略低于行业中占主导地位的企业的价格。

（三）挑战定价目标

如果企业具备强大的实力和特殊优越的条件，可以主动出击，挑战竞争对手，获取更大的市场份额。一般常用的策略目标有：打击定价，实力较强的企业主动挑战竞争对手，扩大市场占有率，可采用低于竞争者的价格出售产品；特色定价，实力雄厚并拥有特殊技术或产品品质优良或能为消费者提供更多服务的企业，可采用高于竞争者的价格出售产品；阻截定价，为了防止其他竞争者加入同类产品的竞争行列，在一定条件下，往往采用低价入市，迫使弱小企业无利可图而退出市场或阻止竞争对手进入市场。

探讨与应用

格兰仕企业的定价

广东格兰仕企业（集团）公司成立于1992年6月，它的前身是1979年成立的广东顺德桂洲羽绒制品厂，主要以手工操作洗涤鹅鸭羽毛供外贸单位出口，是一家名不见经传的普通乡镇企业。

几年之后，格兰仕集团竟会一跃而成中国家电市场上微波炉产品的垄断企业。市场数据表明，格兰仕微波炉在大部分一类地区的市场份额高达70%以上，有些甚至达到80%，全球市场占有率达50%。如此高的市场占有率在整个家电行业都是极为罕见的。毫无疑问，格兰仕已经稳稳地占据了其行业龙头老大的位置。格兰仕的崛起依靠的是独具特色的立体营销模式，其中价格手段非常有特色。

格兰仕并不是微波炉市场的先行者，但它入市不久，就充分利用降价策略向竞争对手发动了一轮又一轮的攻势，使得市场占有率节节攀升，在中国家电市场的竞争中被称为"降价屠夫"。

格兰仕奉行要么不降价，要降就大幅度地降。格兰仕每次下调价格，调价幅度都在20%以上，甚至达到40%。高的降价幅度，在消费者心中产生了震撼效果，这也是格兰仕降价策略较为成功的重要因素之一。

格兰仕依靠微波炉生产本身所产生的规模经济效应和严格的成本控制措施所创造的成本优势连续多次大降价，使不少竞争对手退出了竞争，牢牢地站稳了微波炉的霸主地位。同时，通过降价，格兰仕成功地使微波炉变成了鸡肋产业，为这个行业竖起了一道价格门槛，使很多想进入的企业望而却步。如果想介入，就必须投巨资去获得规模，但如果投巨资做不过格兰仕的盈利水平，就要承担巨额亏损，即使做过格兰仕的盈利水平，产业的微利和饱和也使对手无利可图。

（资料来源：http：//zhidao. baidu. com/question/352349798. html）

试分析：格兰仕企业的定价目标是什么？

第三节　定价的方法

定价方法是企业在特定的定价目标指导下，依据对成本、需求及竞争等状况的研究，运用价格决策理论，对产品价格进行计算的具体方法。定价方法主要包括以成本为基础的定价方法、以购买者为基础的方法和以竞争为基础的方法三种类型。

一、成本导向定价法

基于成本的定价法是以产品成本为基础，加上目标利润来确定产品价格的成本导向定价法，是企业最常用、最基本的定价方法，主要有总成本加成定价法、目标收益定价法、边际成本定价法、盈亏平衡定价法等几种具体的定价方法。

（一）总成本加成定价法

总成本加成定价法是指按照单位成本加上一定百分比的加成来制定产品的销售价格，即把所有为生产某种产品而发生的耗费均计入成本的范围，计算单位产品的变动成本，合理分摊相应的固定成本，再按一定的目标利润率来决定价格，其计算公式为

单位产品价格 = 单位产品总成本 × （1 + 目标利润率）

单位产品成本 = 总成本／总产量

总成本 = 总固定成本 + 总变动成本

例题：某皮具厂生产1 000个皮箱，固定成本3 000元，每个皮箱的变动成本45元，企业确定的成本利润率为30%，请用成本加成定价法进行定价。

解：单位产品价格 = 单位产品总成本 × （1 + 目标利润率）

= （3 000/1 000 + 45） × （1 + 30%）

= 62.4（元）

采用成本加成定价法，关键问题是确定合理的成本利润率。而成本利润率的确定，必须考虑市场环境、行业特点等多种因素。这种方法的优点是：简化了定价工

作，便于经济核算，价格竞争就会减到最少，在成本加成的基础上制定出来的价格对买卖双方来说都比较公平。

探讨与应用

海南通用三洋制药公司的定价方法

海南通用三洋制药公司于 2000 年 8 月获得了与曲美成分一样的新药批号，但由于缺乏销售人员，产品一直未投产。2001 年，他们决定投产新药。此时，曲美已经成为减肥市场领头品牌，已形成了一定的品牌影响力。如果价格定在与曲美差不多，肯定会卖不动，只有与曲美拉开更大的价格距离，才能对消费者产生吸引力。最终他们将产品零售价格定在每盒 50 元，比曲美价格便宜 235 元。由于价格策略正确，海南三洋新药上市后取得了极大的成功，2002 年第一季度，该产品就销售出了 30 万盒。

（资料来源：www. 8181. net. cn）

试分析：制定产品价格是否能够一相情愿？

（二）目标收益定价法

目标收益定价法又称投资收益率定价法，是根据企业的总成本或投资总额、预期销量和投资回收期等因素来确定价格，如图 9 - 2 所示。

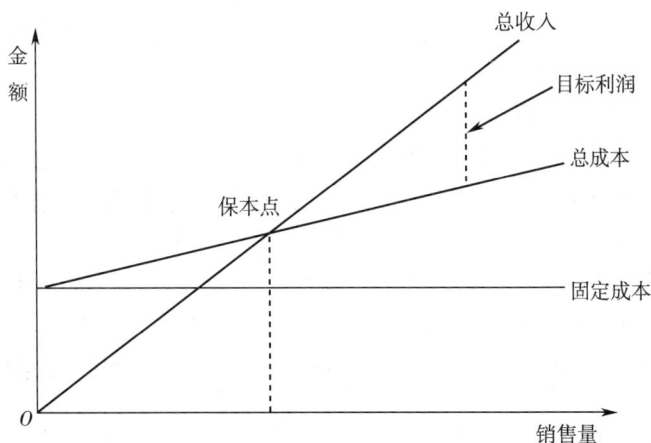

图 9 - 2　目标收益定价法

企业试图确定能带来它正在追求的目标投资收益。它是根据估计的总销售收入（销售额）和估计的产量（销售量）来制定价格的一种方法。其公式为

$$单位产品价格 = （总成本 + 目标收益额）/ 预期销量 \qquad (1)$$
$$目标利润价格 = 单位成本 + （目标利润率 × 投资成本）/ 销售量 \qquad (2)$$

其中，目标利润率或目标收益率 = 1/投资回收期

例题：某企业预计其产品的销量为 10 万件，总成本 740 万元，决定完成目标利润为 160 万元，求单位产品的价格是多少？

解：单位产品价格 =（总成本 + 目标收益额）/预期销量

$$= （740 + 160）/10$$

$$= 90（元）$$

与成本加成定价法相类似，目标收益定价法也是一种生产者导向的产物，其缺陷表现为：很少考虑到市场竞争和需求的实际情况，只是从保证生产者的利益出发制定价格；另外，先确定产品销量，再计算产品价格的做法完全颠倒了价格与销量的因果关系，把销量看成是价格的决定因素，在实际上很难行得通。尤其是对于那些需求的价格弹性较大的产品，用这种方法制定出来的价格，无法保证销量的必然实现。

（三）边际成本定价法

边际成本是指每增加或减少单位产品所引起的总成本的变化量。边际成本定价法又称边际贡献法，其基本思想是只考虑变动成本，不考虑固定成本，以预期的边际贡献补偿固定成本并获得盈利。采用边际成本定价法时是以单位产品变动成本作为定价依据和可接受价格的最低界限。在价格高于变动成本的情况下，企业出售产品的收入除完全补偿变动成本外，尚可用来补偿一部分固定成本，甚至可能提供利润。其公式为

单位产品价格 = 单位产品变动成本 + 单位产品边际贡献

其中单位产品边际贡献是指企业增加一个单位的销售，所获得的收入减去边际成本的数值。边际贡献 = 销售收入 − 变动成本，若边际贡献大于固定成本，企业就有盈利；若边际贡献小于固定成本，企业就会亏本；若边际贡献等于固定成本，企业盈亏平衡。只要边际贡献≥0，企业就可以考虑生产。这种定价方法适合于企业存在生产能力过剩、市场供过于求等的情况。

（四）盈亏平衡定价法

盈亏平衡定价法，又称收支平衡法，是利用收支平衡点来确定产品的价格，即在销量达到一定水平时，企业应如何定价才不至于发生亏损；反过来说，已知价格在某一水平上，应销售多少产品才能保本，其公式为

盈亏平衡点价格 = 固定总成本 ÷ 销量 + 单位变动成本

例题：某产品生产的固定成本是 150 000 元，单位变动成本为 15 元，若销量为 3 000 件，则价格应定多少企业才不会亏损？若销售价格为 40 元，则企业必须销售多少，才能保本？

解：盈亏平衡点价格 = 固定总成本 ÷ 销量 + 单位变动成本

$$= 150\,000/3\,000 + 15$$

$$= 65\ 元$$

销量 = 固定总成本 ÷（盈亏平衡点价格 − 单位变动成本）

$$= 150\,000/（40 − 15）$$

$$= 6\,000\ 件$$

实际上，这种定价法的实质就是确定总收入等于总支出时的价格，以盈亏平衡点确定价格只能使企业的生产耗费得以补偿，而不能得到收益。若实际价格超过收支平衡价格，企业就可盈利。科学地预测销量和已知固定成本、变动成本是盈亏平

衡定价的前提。有时为了开展价格竞争或应付供过于求的市场格局，企业采用这种定价方式以取得市场竞争的主动权。

从本质上说，成本导向定价法是一种卖方定价导向。它忽视了市场需求、竞争和价格水平的变化，有时候与定价目标相脱节。此外，运用这一方法制定的价格均是建立在对销量主观预测的基础上，从而降低了价格制定的科学性。因此，在采用成本导向定价法时，还需要充分考虑需求和竞争状况，来确定最终的市场价格水平。

二、需求导向定价法

市场营销观念要求企业的一切生产经营必须以消费者需求为中心，并在产品、价格、分销和促销等方面予以充分体现。

基于需求定价方法是根据市场需求状况和消费者对产品的感觉差异来确定价格的方法，又称市场导向定价法。需求导向定价法主要包括认知价值定价法、需求差别定价法和逆向定价法。

（一）认知价值定价法

认知价值定价法是根据顾客对产品价值的认知程度，即产品在顾客心目中的价值观念为定价依据，运用各种营销策略和手段，影响顾客对产品价值的认知的定价方法。作为定价的关键，不是卖方的成本，而是购买者对价值的认知。企业如果过高地估计认知价值，便会定出偏高的价格；相反，则会定出偏低的价格。

（二）需求差别定价法

需求差别定价法，是指产品价格的确定以需求为依据，首先强调适应消费者需求的不同特性，而将成本补偿只放在次要的地位。这种定价方法，对同一商品在同一市场上制定两个或两个以上的价格，或使不同商品价格之间的差额大于其成本之间的差额。其好处是可以使企业定价最大限度地符合市场需求，促进商品销售，有利于企业获取最佳的经济效益。根据需求特性的不同，需求差异定价法通常有以下几种形式：以用户为基础的差别定价、以地点为基础的差别定价、以时间为基础的差别定价、以产品为基础的差别定价、以流转环节为基础的差别定价。

企业采取差别定价必须具备的条件：第一，市场必须是可以细分的，而且各个细分市场须表现出不同的需求程度；第二，以较低价格购买某种产品的顾客没有可能以较高价格把这种产品倒卖给别人；第三，竞争者没有可能在企业以较高销售产品的市场上以低价竞销；第四，细分市场和控制市场的成本费用不得超过因实行价格歧视而得到的额外收入，这就是说，不能得不偿失；第五，价格歧视不会引起顾客反感而放弃购买，影响销售；第六，采取的价格歧视形成不能违法。

（三）逆向定价法

逆向定价法也称零售价格定价法，是依据消费者能够接受的最终销售价格，逆向推算出中间商的批发价和生产企业的出厂价格。这种定价方法主要不是考虑产品成本，而重点考虑需求状况。逆向定价法的特点是：价格能反映市场需求情况，有利于加强与中间商的良好关系，保证中间商的正常利润，使产品迅速向市场渗透，并可根据市场供求情况及时调整，定价比较灵活，其公式为

$$批发价格 = 市场可销价格 \times (1 - 批零差率)$$

$$出厂价格 = 批发价格 \times (1 - 销进差率)$$
$$= 市场可销价格 \times (1 - 销进差率) \times (1 - 批零差率)$$

三、竞争导向定价法

对于一些市场竞争十分激烈的产品，许多企业制定价格时，往往不是根据成本和需求，而是以竞争者的价格水平为基础进行定价。

竞争导向定价法是指通过研究竞争对手同类产品的商品价格、生产条件、服务状况等，结合企业自身的发展需求，以竞争对手的价格为基础进行产品定价的一种方法。其特点是价格与成本和市场需求不发生直接关系。当然，为实现企业的定价目标和总体经营战略目标，谋求企业的生存或发展，企业可以在其他营销手段的配合下，将价格定得高于或低于竞争者的价格，并不一定要求和竞争对手的产品价格完全保持一致。竞争导向定价主要包括主要有随行就市定价法、主动竞争定价法、竞争投标定价法和拍卖定价法。

（一）随行就市定价法

随行就市定价法，又称流行水准定价法，是指与本行业同类产品的价格水平保持一致的定价方法。也就是说，在一个竞争比较激烈的行业或部门中，某个企业根据市场竞争格局，跟随行业或部门中主要竞争者的价格，或各企业的平均价格，或市场上一般采用的价格，来确定自己产品的价格的方法，即企业按照行业的平均现行价格水平来定价。采用随行就市定价法，企业就不必去全面了解消费者对不同价差的反应，也不会引起价格波动，从而为营销、定价人员节约了很多时间。

（二）主动竞争定价法

主动竞争定价法又称价格领袖定价法或寡头定价法，是指在某个行业或部门中，由一个或少数几个大企业首先定价，其余企业参考定价或追随定价的方法。这一个或少数几个大企业就是价格领袖，他们的价格变动往往会引起其他企业的价格随之变动。

其实，这种定价法与前一种定价法有相通之处。不追随竞争者的价格，而是根据本企业产品的实际情况给予竞争对手产品的差异来确定产品的价格。一般而言，它将企业估算价格与市场上竞争者的价格进行比较，分为高于竞争者定价、等于竞争者定价和低于竞争者定价三个价格层次。

（三）竞争投标定价法

竞争投标定价法又称为密封投标定价法，是指一个企业根据招标方的条件，主要考虑竞争情况来确定标的价格的一种方法。在国内外，许多大宗商品、原材料、成套设备和建筑工程项目的买卖和承包，以及征招经营协作单位、出租出售小型企业等，往往采用发包人招标、承包人投标的方式来选择承包者，确定最终承包价格。

一般说来，招标方只有一个，处于相对垄断地位，而投标方有多个，处于相互竞争地位。一个企业能否中标，在很大程度上取决于该企业与竞争者投标报价水平的比较。标的物的价格是由参与投标的各个企业在相互独立的条件下确定，在买方招标的所有投标者中，报价最低的投标者通常中标，他的报价就是承包价格，这种竞争性的定价方法就是密封投标定价法。

（四）拍卖定价法

拍卖定价法是由卖方预先发表公告，展示拍卖物品，买方预先看货，在规定时间公开拍卖，由买方公开叫价，不再有人竞争的最高价格即为成交价格，卖方按此价格拍板成交。拍卖式定价越来越被广泛地使用，其作用之一是处置积压商品或旧货，有三种主要的拍卖形式。

1. 英国式拍卖

一个卖方和多个买方，是一种加价拍卖方式。卖方出示一个商品，买方不断加价竞标，直到达到最高价格。英国式拍卖经常被用来出售古董、家畜、不动产、旧设备和车辆等。

2. 荷兰式拍卖

一个卖方多个买方，或者一个买方多个卖方，是一种降价拍卖方式。在一个卖方多个买方情况下，拍卖人宣布一个最高的价格然后逐渐降低价格直至出价人接受为止；在一个买方多个卖方情况下，买方宣布他想买的商品，多个卖方不断压低价格以寻求最后中标。每个卖方都能看到当前最低价格，从而决定是否继续降价。

3. 封闭式投标拍卖

供应商只能提供一份报价，并且不知道其他人的报价如何。供应商不会低于自己的成本报价，但是考虑到可能失去订单也不会报得太高。政府部门经常利用这种方法采购。

第四节　定价的策略

制定价格不仅是一门科学，而且需要有一套策略和技巧。企业定价策略是指企业为实现企业定价目标，根据市场中影响产品价格的不同因素，在制定价格时灵活采取的各种定价手段和定价技巧。主要类型有新产品定价策略、产品组合定价策略、折扣与折让定价策略、差别定价策略、心理定价策略和地理定价策略等。

探讨与应用

TPA 的定价失误

TPA 是美国一家医药公司，它利用生物工程技术研制开发一种治疗血栓病的新药，其主要作用就是消除血栓。当初该公司初步预测市场上对 TPA 的需求竟达到 5 亿美元之巨。该公司认为，药品尤其是高效药品是价格需求曲线缺乏弹性的产品，因此，他们把 TPA 的价格定在每剂 2 200 美元的天价上，试图以高质高价来推行他们的产品。当 TPA 以这一价格刚开始在市场上销售时，由于强势宣传取得了销售优势。但是，当消费者逐步熟悉这一产品时，便渐渐放弃了使用，而选择价格远远低于该商品，但疗效稍逊的溶栓酶，每剂仅 200 美元。

产品定价是企业营销过程中的一个重要环节，企业必须审时度势，切忌仅凭经验定价。TPA 的失误就在于它根据低弹性系数而制定的高价格策略。药品行业由于高额利润，吸引大量竞争者加入，过去习惯认为药品的价格需求弹性小的时代已一去不复返了。

（资料来源：荣晓华．消费者行为学．大连：东北财经大学出版社，2006）

试分析：TPA 的定价失误给你什么启示？

一、产品定价策略类型

（一）新产品定价策略

新产品定价关系到新产品能否顺利进入市场，企业能否站稳脚跟，能否取得较大的经济效益。常见的新产品定价策略主要有三种，即撇脂定价策略、渗透定价策略和满意定价策略。

1. 撇脂定价策略

这是一种高价格策略，即在新产品上市之初，将其价格定得较高，以便在短期内获取厚利，迅速收回投资，减少经营风险，待竞争者进入市场，再按正常价格水平定价。这一定价策略有如从鲜奶中撇取其中所含的奶油一样，取其精华，所以称为撇脂定价策略。

一般而言，对于全新产品、受专利保护的产品、需求的价格弹性小的产品、流行产品以及未来市场形势难以测定的产品等，可以采用撇脂定价策略，其优点主要表现如下：

（1）新产品上市之初，顾客对其尚无理性认识，此时的购买动机多属于求新求奇，利用较高价格可以提高产品身份，适应顾客求新心理，有助于开拓市场。

（2）主动性大，先制定较高的价格，在新产品进入成熟期后可以拥有较大的调价余地。

（3）在新产品开发之初，由于资金、技术、资源、人力等条件的限制，企业很难以现有的规模满足所有的需求，利用高价可以限制需求的过快增长，缓解产品供不应求状况。

（4）在短期内可以收回大量资金，用作新的投资。

撇脂定价策略的缺点主要表现如下：

（1）高价产品的需求规模毕竟有限，过高的价格不利于市场开拓、增加销量。

（2）不利于占领和稳定市场，容易导致新产品开发失败。

（3）高价高利容易引来大量的竞争者，仿制品、替代品迅速出现，从而迫使价格急剧下降。

（4）价格远远高于价值，在某种程度上损害了消费者利益，容易招致公众的反对和消费者抵制，甚至会被当作暴利来加以取缔，诱发公共关系问题。

2. 渗透定价策略

这是与撇脂定价相反的一种定价策略，是一种低价策略，即企业在新产品上市之初将其价格定得较低，吸引大量的购买者，借以打开产品销路，扩大市场占有率，谋求较长时期的市场领先地位。

当新产品没有显著特色，竞争激烈，需求弹性较大时宜采用渗透定价法。其优点主要表现如下：

（1）低价可以使产品迅速为市场所接受，并借助大批量销售来降低成本，获得长期稳定的市场地位。

（2）微利可以阻止竞争对手的进入，减缓竞争，获得一定市场优势。

渗透定价策略的缺点主要是投资回收期较长，见效慢，风险大。

3. 满意定价策略

满意定价策略，又称为适中定价策略，是一种介于撇脂定价与渗透定价之间的定价策略，以获取社会平均利润为目标。它既不是利用价格来获取高额利润，也不是让价格制约占领市场，而是尽量降低价格在营销手段中的地位，重视其他在产品市场中更有效的营销手段，是一种较为公平、正常的定价策略。当不存在适合于采用撇脂定价或渗透定价的环境时，企业一般采取满意定价。其优点主要表现如下：

（1）产品能较快为市场接受且不会引起竞争对手的对抗。

（2）可以适当延长产品的生命周期。

（3）有利于企业树立信誉，稳步调价并使顾客满意。

满意定价策略的缺点是比较保守，缺乏主动进攻性，不适于需求复杂多变或竞争激烈的市场环境。

（二）产品组合定价策略

当产品只是某产品组合的一部分时，企业必须对定价方法进行调整。这时候，企业要研究出一系列价格，使整个产品组合的利润实现最大化。因为各种产品之间存在需求和成本的相互联系，而且会带来不同程度的竞争，所以定价十分困难。

产品组合定价是指企业为了实现整个产品组合（或整体）利润最大化，在充分考虑不同产品之间的关系，以及个别产品定价高低对企业总利润的影响等因素基础上，系统地调整产品组合中相关产品的价格。主要的策略有产品线定价、任选品定价、连带品定价、分级定价、副产品定价以及产品捆绑定价。

1. 产品线定价策略

产品线定价（产品大类定价）是企业为追求整体收益的最大化，为同一产品线中不同的产品确立不同的角色，制定高低不等的价格。若产品线中的两个前后连接的产品之间价格差额小，顾客就会购买先进的产品，此时若两个产品的成本差额小于价格差额，企业的利润就会增加，若价格差额大，顾客就更多的购买较差的产品，如某品牌西服有 300 元、800 元和 1 500 元三种价格。产品线定价策略的关键在于合理确定价格差距。

2. 任选品定价策略

任选品是指那些与主要产品密切相关的可任意选择的产品，如饭菜是主要产品，酒水为任选品。不同的饭店定价策略不同，有的可能把酒水的价格定得高，把饭菜的价格定得低；有的把饭菜的价格定得高，把酒水的价格定得低。

3. 连带品定价策略

连带品（又称互补品）是指必须与主要产品一同使用的产品，如胶卷是相机的连带品，隐形眼镜与消毒液、饮水机与桶装水等。许多企业往往是将主要产品定价较低，连带品定价较高，这样有利于整体销量的增加，增加企业利润。

4. 分级定价策略

分级定价，又称分部定价或两段定价法。服务性企业经常收取一笔固定的费用，再加上可变的使用费，如游乐园一般收门票，如果游玩的地方超过规定，就再交费。

5. 副产品定价策略

在生产加工肉类、石油产品和其他化工产品的过程中，经常有副产品。如果副产品过低，处理费用昂贵，就会影响到主产品的定价。制造商确定的价格必须能够弥补副产品的处理费用。如果副产品对某一顾客群有价值，就应该按其价值定价。副产品如果能带来收入，将有助于公司在迫于竞争压力时制定较低的价格。

6. 产品捆绑定价策略

产品捆绑定价又称组合产品定价。企业经常将一些产品组合在一起定价销售。完全捆绑是指公司仅仅把它的产品捆绑在一起。在一个组合捆绑中，卖方经常比单件出售要少收很多钱，以此来推动顾客购买，如对于成套设备、服务性产品等，为鼓励顾客成套购买，以扩大企业销售，加快资金周转，可以使成套购买的价格低于单独购买其中每一产品的费用总和。

（三）折扣与折让定价策略

大多数企业为了鼓励顾客及早付清货款，或鼓励大量购买，或为了增加淡季销售量，还常常需酌情给顾客一定的优惠，这种价格的调整叫做价格折扣和折让。折扣定价是指对基本价格作出一定的让步，直接或间接降低价格，以争取顾客，扩大销量，其中直接折扣的形式有数量折扣、现金折扣、功能折扣以及季节折扣，间接折扣的形式有回扣和津贴。

1. 数量折扣

数量折扣指按购买数量的多少，分别给予不同的折扣，购买数量愈多，折扣愈大。其目的是企业给那些大量购买某种产品的顾客的一种减价，鼓励大量购买或集中向本企业购买。数量折扣包括累计数量折扣和一次性数量折扣两种形式。数量折扣的优点：促销作用非常明显，企业因单位产品利润减少而产生的损失完全可以从销量的增加中得到补偿；销售速度的加快，使企业资金周转次数增加，流通费用下降，产品成本降低，从而导致企业总盈利水平上升。例如，顾客购买某种商品 100 单位以下，每单位 10 元；购买 100 单位以上，每单位 9 元。

2. 现金折扣

现金折扣是给予在规定的时间内提前付款或用现金付款者的一种价格折扣，其目的是鼓励顾客尽早付款，加速资金周转，降低销售费用，减少财务风险。采用现金折扣一般要考虑三个因素：折扣比例、给予折扣的时间限制与付清全部货款的期限。例如"2/10，n/30"，表示付款期是 30 天，但如果在成交后 10 天内付款，给予 2% 的现金折扣。许多行业习惯采用此法以加速资金周转，减少收账费用和坏账。

3. 功能折扣

功能折扣，也叫贸易折扣或交易折扣，是指中间商在产品分销过程中所处的环节不同，其所承担的功能、责任和风险也不同，企业据此给予不同的折扣，即制造商给某些批发商或零售商的一种额外折扣，促使他们执行某种市场营销功能如推销、储存、服务等。其目的，一是鼓励中间商大批量订货，扩大销售，争取顾客，并与生产企业建立长期、稳定、良好的合作关系；二是对中间商经营的有关产品的成本和费用进行补偿，并让中间商有一定的盈利。功能折扣的比例，主要考虑中间商在分销渠道中的地位、对生产企业产品销售的重要性、购买批量、完成的促销功能、承担的风险、服务水平、履行的商业责任以及产品在分销中所经历的层次和在市场上的最终售价等等。

4. 季节折扣

季节折扣是企业鼓励顾客淡季购买的一种减让，以使企业的生产和销售一年四季能保持相对稳定。有些商品的生产是连续的，而其消费却具有明显的季节性。为了调节供需矛盾，生产企业对在淡季购买商品的顾客给予一定的优惠，使企业的生产和销售在一年四季能保持相对稳定。例如啤酒生产厂家对在冬季进货的商业单位给予大幅度让利，羽绒服生产企业则为夏季购买其产品的客户提供折扣，旅馆和航空公司在它们经营淡季期间也提供优惠。季节折扣比例的确定，应考虑成本、储存费用、基价和资金利息等因素。季节折扣有利于减轻库存，加速商品流通，迅速收回资金，促进企业均衡生产，充分发挥生产和销售潜力，避免因季节需求变化所带来的市场风险。

5. 回扣和津贴

回扣是间接折扣的一种形式，它是指购买者在按价格目录将货款全部付给销售者以后，销售者再按一定比例将货款的一部分返还给购买者。

津贴又称为折让，是根据价目表给顾客以价格折扣的另一种类型。津贴是企业为特殊目的，对特殊顾客以特定形式所给予的价格补贴或其他补贴。如零售商为企业产品刊登广告或设立橱窗，生产企业除负担部分广告费外，还在产品价格上给予一定优惠。旧货折价折让就是当顾客买了一件新品目的商品时，允许交还同类商品的旧货，在新货价格上给予折让；促销折让是卖方为了报答经销商参加广告和支持销售活动而支付的款项或给予的价格折让。

探讨与应用

日本电视机的价格战术

1964 年 9 月 10 日，以前"刀枪相见"的竞争对手——日本电器业六大公司（日立、松下、三洋、夏普、三菱和东芝）的头面人物在日本东京的皇宫饭店内密谋如何对付美国电器的竞争。这时，日本的电视机产业还处于起步阶段，不但无法打入美国市场，就连在本国市场也要和美国电视机竞争。但是此时日本不管是用提高关税还是对出口商进行补贴都会招到美国的指责和报复，因为，此时日本经济还离不开美国的扶持和资助。

于是，六大厂家决定用不公平的竞争方式保证自己的利益。先是内部统一电视机价格，定出每台电视机的利润和各公司可能销售的台数。这是违反国际上公平竞争原则的，但是这使日本电视机厂家在本国市场维持着比同类美国电视高出两倍的价格，先在本国市场获得巨额利润。

日本六大电器公司在本国市场稳固之后，向美国市场进发。它们利用出口一台电视机得 40 美元的高额回扣的方法来吸引多家美国进口商的帮助，并利用"双重价格"方案向美国倾销。同时，为了避免遭到反倾销诉讼，日本向美国海关提供了假的记录，把官方的"控制价格"说成是一般的电视机售价。然后，日本电视机厂商甚至用低于生产成本的价格倾销。

到了 20 世纪六七十年代，美国一些小的电视机商被挤出了市场，许多厂家被日本同行吞并。1971 年，美国才正式宣布日本在美国倾销电视机为不法行为。虽然后来美国对日本出口电视机进行数量的限制，但在某些"美国人士"的帮助下，允许日本厂家在美国设厂生产电视，不受限制条款约束。其结果可想而知：日本电视机厂干脆直接在美国生产、销售，越过了贸易壁垒，成功打入美国市场，成为美国电视机商强有力的竞争对手。

（资料来源：车慈慧. 市场营销. 北京：高等教育出版社，2007）

试分析：日本在和美国竞争的时候采取了什么策略？

（四）差别定价策略

由于市场上存在着不同的顾客群体、不同的消费需求和偏好，企业为了适应在顾客、产品以及地理等方面的差异，常常采用差别定价策略。所谓差别定价（歧视定价）是指企业以两种或两种以上不同反映成本费用的比例差异的价格来销售一种产品或服务，即价格的不同并不是基于成本的不同，而是企业为满足不同消费层次的要求而构建的价格结构。差别定价有以下几种形式：以顾客为基础的差别定价策略、以产品为基础的差别定价策略、以地点为基础的差别定价策略和以时间为基础的差别定价策略。

1. 顾客差别定价

企业把同一种商品或服务按照不同的价格卖给不同的顾客。例如，公园、旅游景点、博物馆将顾客分为学生、年长者和一般顾客，对学生和年长者收取较低的费用；铁路公司对学生、军人售票的价格往往低于一般乘客；自来水公司根据需要把用水分为生活用水、生产用水，并收取不同的费用；电力公司将电分为居民用电、商业用电和工业用电，对不同的用电收取不同的电费。

2. 产品差别定价

企业根据产品的不同型号、不同式样，制定不同的价格，但并不与各自的成本成比例。如 33 英寸彩电比 29 英寸彩电的价格高出一大截，可其成本差额远没有这么大；一件裙子 70 元，成本 50 元，可是在裙子上绣一组花，追加成本 5 元，但价格却可定到 100 元。一般来说，新式样产品的价格会高一些。

3. 地点差别定价

地点差别定价是指对处于不同地点或场所的产品或服务制定不同的价格，即使每个地点的产品或服务的成本是相同的。例如，影剧院不同座位的成本费用都一样，却按不同的座位收取不同价格，因为公众对不同座位的偏好不同；火车卧铺从上铺到中铺至下铺，价格逐渐增高。

4. 时间差别定价

产品或服务的价格因季节、时期或钟点的变化而变化。一些公用事业公司，对于用户按一天的不同时间、周末和平常日子的不同标准来收费。长途电信公司制定的晚上、清晨的电话费用可能只有白天的一半；航空公司或旅游公司在淡季的价格便宜，而旺季一到价格立即上涨。这样可以促使消费需求均匀化，避免企业资源的闲置或超负荷运转。

企业采取差别定价策略的前提条件有以下五点：

(1) 市场必须是可以细分的，而且各个细分市场表现出的需求程度不同。

(2) 细分市场间不会因价格差异而发生转手或转销行为，且各销售区域的市场秩序不会受到破坏。

(3) 市场细分与控制的费用不应超过价格差别所带来的额外收益。

(4) 在以较高价销售的细分市场中，竞争者不可能低价竞销。

(5) 推行这种定价法不会招致顾客的反感、不满和抵触。

(五) 心理定价策略

心理定价是根据消费者不同的消费心理而制定相应的产品价格，以引导和刺激购买的价格策略。常用的心理定价策略有数字定价、声望定价、招徕定价以及习惯定价等。

1. 数字定价策略

尾数定价策略，又称零数定价、奇数定价或非整数定价，指企业利用消费者求廉的心理，制定非整数价格，而且常常以零数作尾数。例如某种产品价格定价为19.99 元而不是 20 元。使用尾数定价，可以使价格在消费者心中产生三种特殊的效应：便宜、精确、中意，一般适用于日常消费品等价格低廉的产品。

与尾数定价相反，整数定价针对的是消费者的求名、自豪心理，将产品价格有意定为整数。对于那些无法明确显示其内在质量的商品，消费者往往通过其价格的高低来判断其质量的好坏。但是，在整数定价方法下，价格的高并不是绝对的高，而只是凭借整数价格来给消费者造成高价的印象。整数定价常常以偶数，特别是"0"作尾数。整数定价策略适用于需求的价格弹性小、价格高低不会对需求产生较大影响的中高档产品，如流行品、时尚品、奢侈品、礼品、星级宾馆以及高级文化娱乐城等。整数定价的好处，一是可以满足购买者显示地位、崇尚名牌、炫耀富有和购买精品的虚荣心；二是利用高价效应，在顾客心目中树立高档、高价和优质的产品形象。

还有一种就是愿望数字定价策略。由于民族习惯、社会风俗、文化传统和价值观念的影响，某些数字常常会被赋予一些独特的含义，企业在定价时如能加以巧用，则其产品将因之而得到消费者的偏爱。当然，某些为消费者所忌讳的数字，如西方国家的"13"、日本国的"4"，企业在定价时则应有意识地避开，以免引起消费者的厌恶和反感。

2. 声望定价策略

声望定价策略指根据产品在顾客心中的声望、信任度和社会地位来确定价格的一种定价策略。例如一些名牌产品，企业往往可以利用消费者仰慕名牌的心理而制定大大高于其他同类产品的价格，国际著名的欧米茄手表，在我国市场上的售价从一万元到几十万元不等。消费者在购买这些名牌产品时，特别关注其品牌，标价所体现出的炫耀价值，目的是通过消费获得极大的心理满足。声望定价的目的是可以满足某些顾客的特殊欲望，如地位、身份、财富、名望和自我形象，可以通过高价显示名贵优质。声望定价策略适用于一些知名度高、具有较大的市场影响以及深受市场欢迎的驰名商标的产品。

3. 招徕定价策略

招徕定价又称特价商品定价，是指企业将某几种产品的价格定得非常之高，或者非常之低，在引起顾客的好奇心理和观望行为之后，带动其他产品的销售，加速资金周转。这一定价策略常为综合性百货商店、超级市场甚至高档商品的专卖店所采用。

值得企业注意的是，用于招徕的降价品，应该与低劣、过时商品明显地区别开来，必须是品种新、质量优的适销产品，而不能是处理品。否则，不仅达不到招徕顾客的目的，反而可能使企业声誉受到影响。

北京地铁有家每日商场，每逢节假日都要举办"一元拍卖活动"，所有拍卖商品均以1元起价，报价每次增加5元，直至最后定夺。但这种由每日商场举办的拍卖活动由于基价定得过低，最后的成交价就比市场价低得多，因此会给人们产生一种"卖得越多，赔得越多"的感觉。岂不知，该商场用的是招徕定价术，它以低廉的拍卖品活跃商场气氛，增大客流量，带动了整个商场的销售额上升，这里需要说明的是，应用此术所选的降价商品，必须是顾客都需要，而且市场价为人们所熟知的才行。

4. 习惯定价策略

习惯定价策略是指根据消费市场长期形成的习惯性价格定价的策略。对于经常性、重复性购买的商品，尤其是家庭生活日常用品，在消费者心理上已经定格，其价格已成为习惯性价格，并且消费者只愿付出这么大的代价。有些商品，消费者在长期的消费中，已在头脑中形成了一个参考价格水准，个别企业难于改变。降价易引起消费者对品质的怀疑，涨价则可能受到消费者的抵制。企业定价时常常要迎合消费者的这种习惯心理。

（六）促销定价策略

促销定价指企业暂时地将其产品价格定得低于目录价格，有时甚至低于成本，从而达到促进销售的目的。促销定价有以下几种形式：

1. 牺牲品定价

一些超市和百货商店会用几个产品作为牺牲品招徕客户，希望他们购买其他有正常加成的产品。

2. 特殊事件定价

销售者在某些季节还可以用特殊事件定价来吸引更多的客户。例如企业在利用开业庆典、开业纪念日或节假日等时机，降低某些产品的价格，以吸引更多的顾客。

3. 现金回扣

制造商对在特定的时间内购买企业产品的顾客给予现金回扣，以清理存货，减少积压。回扣最近在汽车制造商、耐用品和小器具生产商中间十分流行。一些制造商提供低息贷款，较长期担保或者免费保养来减让消费者的价格。这一做法最近极受汽车行业的推崇。

4. 心理折扣

企业开始时给产品制定很高的价格，然后大幅度降价出售，刺激顾客购买。企业可以从正常价格中简单地提供折扣，以增加销售量和减少库存。

（七）地理定价策略

地理定价指由企业承担部分或全部运输费用的定价策略。它包含着公司如何针对国内不同地方和各国之间的顾客决定其产品定价。当市场竞争激烈，或企业急于打开新的市场时常采取这种做法。通常一个企业的产品不仅在本地销售，同时还要销往其他地区，而产品从产地运到销地要花费一定的运输、仓储等费用。那么应如何合理分摊这些费用，不同地区的价格应如何制定，就是地区定价策略所要解决的问题，具体有五种方法。

1. 产地定价策略

顾客（买方）以产地价格或出厂价格为交货价格，企业（卖方）只负责将这种产品运到产地某种运输工具（如卡车、火车等）上交货，运杂费和运输风险全部由买方承担。这种做法适用于销路好、市场紧俏的商品，但不利于吸引路途较远的顾客。

2. 统一交货价策略

统一交货价策略也称邮资定价法，和前者相反，企业对不同地区的顾客实行统一的价格，即按出厂价加平均运费制定统一交货价。这种方法简便易行，但实际上是由近处的顾客承担了部分远方顾客的运费，对近处的顾客不利，而比较受远方顾客的欢迎。

3. 分区定价策略

分区定价，介于产地定价和统一交货价之间，企业把销售市场划分为远近不同的区域，各区域因运距差异而实行不同的价格，同区域内实行统一价格。分区定价类似与邮政包裹、长途电话的收费。对企业来讲，可以较为简便地协调不同地理位置用户的运费负担问题，但对处于分界线两侧的顾客而言，还会存在一定的矛盾。

4. 基点定价策略

企业在产品销售的地理范围内选择某些城市作为定价基点，然后按照出厂价加上基点城市到顾客所在地的运费来定价。这种情况下，运杂费用等是以各基点城市为界由买卖双方分担的。该策略适用于体积大、销售范围广和需求弹性小的产品。有些公司为了提高灵活性，选定许多个基点城市，按照顾客最近的基点计算运费。

5. 津贴运费定价

津贴运费定价又称为减免运费定价，指由企业承担部分或全部运输费用的定价策略。有些企业因为急于和某些地区做生意，负担全部或部分实际运费。这些卖主认为，如果生意扩大，其平均成本就会降低，因此足以抵偿这些费用开支。此种定价方法有利于企业加深市场渗透。当市场竞争激烈，或企业急于打开新的市场时常采取这种做法。

二、价格调整的策略

企业在产品价格确定后，由于客观环境和市场情况的变化，往往会对现行价格进行修改和调整。企业产品价格调整的动力既可能来自于内部，也可能来自于外部。倘若企业利用自身的产品或成本优势，主动地对价格予以调整，将价格作为竞争的利器，这称为主动调整价格。有时，价格的调整出于应付竞争的需要，即竞争对手主动调整价格，而企业也相应地被动调整价格。无论是主动调整，还是被动调整，其形式不外乎是削价和提价两种。

（一）发动价格改变

企业常面临是否需要降低或提高价格问题。

1. 企业提价

企业提价一般会遭到消费者和经销商反对，但在以下情况下企业可能会提价：一是产品已经改进；二是应付产品成本增加，减少成本压力；三是适应通货膨胀，物价普遍上涨，企业生产成本必然增加，为保证利润，减少企业损失，不得不提价；四是产品供不应求，遏制过度消费，一方面买方之间展开激烈竞争，争夺货源，为企业创造有利条件，另一方面也可以抑制需求过快增长，保持供求平衡；五是利用顾客心理，创造优质高价效应；六是政府或行业协会的影响。

2. 企业降价

这是定价者面临的最严峻且具有持续威胁力量的问题。企业在以下情况须考虑降价：一是生产能力过剩，产品供过于求，急需回笼资金，企业以降价来刺激市场需求；二是市场份额下降，通过降价来开拓新市场；三是决策者决定排斥现有市场的竞争者；四是由于技术的进步而使行业生产成本大大降低，费用减少，使企业降价成为可能，并预期降价会扩大销售；五是政治、法律环境及经济形势的变化，迫使企业降价。

（二）价格变动的反应

任何价格变化都将受到购买者、竞争者、分销商、供应商甚至政府的注意。

1. 顾客对价格变动的反应

不同市场的消费者对价格变动的反应是不同的，即使处在同一市场的消费者对价格变动的反应也可能不同。顾客对提价的可能反应有：产品很畅销，不赶快买就买不到了；产品很有价值；卖主想赚取更多利润。顾客对降价可能有以下看法：产品样式老了，将被新产品代替；产品有某些缺点，销售不畅；企业财务困难，难以继续经营；价格还要进一步下跌；产品质量下降了。

购买者对价值不同的产品价格的反应也有所不同，对于价值高，经常购买的产品的价格变动较为敏感；而对于价值低，不经常购买的产品，即使单位价格高，购买者也不大在意。此外，购买者通常更关心取得、使用和维修产品的总费用，因此卖方可以把产品的价格定得比竞争者高，取得较多利润。

2. 竞争者对价格变动的反应

虽然透彻地了解竞争者对价格变动的反应几乎不可能，但为了保证调价策略的成功，主动调价的企业又必须考虑竞争者的价格反应。没有估计竞争者反应的调价，往往难以成功，至少不会取得预期效果。

在实践中，为了减少因无法确知竞争者对价格变化的反应而带来的风险，企业在主动调价之前必须明确回答以下问题：本行业产品有何特点？本企业在行业中处于何种地位？主要竞争者是谁？竞争对手会怎样理解我方的价格调整？针对本企业的价格调整，竞争者会采取什么对策？这些对策是价格性的还是非价格性的？它们是否会联合作出反应？针对竞争者可能的反应，企业的对策又是什么？有无几种可行的应对方案？在细致分析的基础上，企业方可确定价格调整的幅度和时机。

竞争者对调价的反应有以下几种类型：

（1）相向式反应。你提价他涨价；你降价他也降价。这样一致的行为，对企业影响不太大，不会导致严重后果。企业坚持合理营销策略，不会失掉市场和减少市场份额。

（2）逆向式反应。你提价，他降价或维持原价不变；你降价，他提价或维持原价不变。这种相互冲突的行为，影响很严重，竞争者的目的也十分清楚，就是乘机争夺市场。对此，企业要进行调查分析，首先摸清竞争者的具体目的，其次要估计竞争者的实力，再次要了解市场的竞争格局。

（3）交叉式反应。众多竞争者对企业调价反应不一，有相向的，有逆向的，有不变的，情况错综复杂。企业在不得不进行价格调整时应注意提高产品质量，加强广告宣传，保持分销渠道畅通等。

（三）价格变动的应对

竞争对手在实施价格调整策略之前，一般都要经过长时间的深思得失，仔细权衡调价的利害，但是，一旦调价成为现实，则这个过程相当迅速，并且在调价之前大多要采取保密措施，以保证发动价格竞争的突然性。企业在作出反应时，先必须分析：竞争者调价的目的是什么？调价是暂时的，还是长期的？能否持久？企业面临竞争者应权衡得失：是否应作出反应？如何反应？另外还必须分析价格的需求弹性，产品成本和销售量之间的关系等复杂问题。企业要作出迅速反应，最好事先制定反应程序，到时按程序处理，提高反应的灵活性和有效性，如图9-3所示。

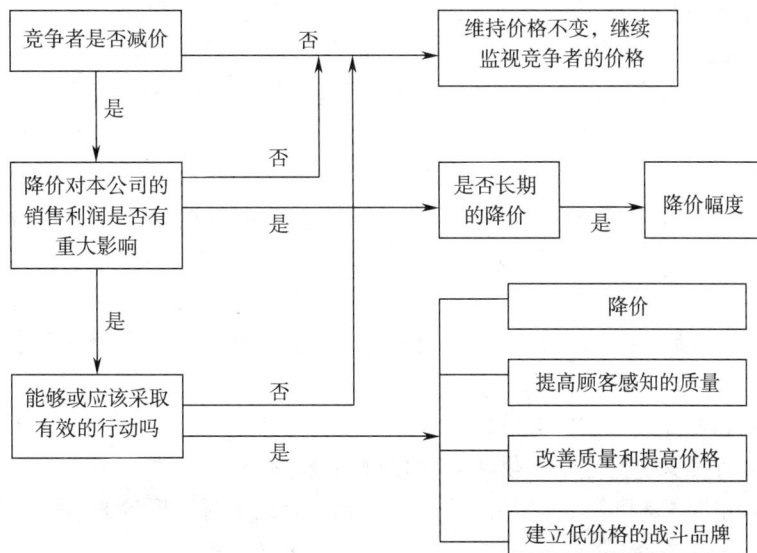

图9-3 对竞争者调价的估计和反应

一般说来，在同质产品市场上，如果竞争者降价，企业必随之降价，否则企业会失去大部分顾客。但面对竞争者的提价，本企业既可跟进，也可以暂且观望。如果大多数企业都维持原价，则最终迫使竞争者把价格降低，从而使竞争者涨价失败。

在异质产品市场，由于每个企业的产品质量、品牌、服务和消费者偏好等方面有着明显的不同，因而面对竞争者的调价策略，企业有较大的选择余地：一是价格不变，任其自然；二是价格不变，加强非价格竞争，如广告、售后服务和销售网点等；三是部分或完全跟随竞争者的价格变动；四是以优越于竞争者的价格跟进并结合非价格手段进行反击，如比竞争者更大的幅度降价，更小的幅度提价。

☆ 同步测试

◇ 单项选择

1. 在企业定价方法中，目标（利润）定价法属于（　　）。

A. 成本导向定价法　　　　　　　B. 需求导向定价法

C. 竞争导向定价法　　　　　　　D. 市场导向定价法

2. （　　）是制造商给某些批发商或零售商的一种额外折扣，促使他们愿意执行某种市场营销功能（如推销、储存、服务）。

A. 现金折扣　　　B. 数量折扣　　　C. 功能折扣　　　D. 季节折扣

3. 需求收入弹性较小的产品大都是（　　）。

A. 生活必需品　　B. 耐用消费品　　C. 高档选购品　　D. 低档削价品

4. 下列定价方法中，属于需求导向定价法的是（　　）。

A. 成本加成定价法　　　　　　　B. 目标定价法

C. 认知价值定价法　　　　　　　D. 随行就市定价法

5. 在成本加成定价法中"加成"的含义是指（　　）。

A. 一定比率的利润　　　　　　　B. 一定比率的价格

C. 固定比率的利润　　　　　　　D. 固定比率的成本

6. 产品需求价格弹性大，产品成本随产销量扩大而降低较明显的新产品宜采用（　　）。

A. 高价策略　　　B. 低价策略　　　C. 中间价策略　　　D. 撇脂策略

7. 剧院里前后排座位票价不同，火车卧铺上下铺价格也不同，这种策略属于（　　）。

A. 地区定价　　　B. 心理定价　　　C. 差别定价　　　D. 促销定价

8. 企业为鼓励顾客及早付清货款及大量购买，淡季购买而降低价格的策略叫做（　　）。

A. 单一价格定价　　B. 撇脂定价　　C. 渗透定价　　　D. 价格折扣

9. 在密封投标定价法中，供货企业报价的制定依据是（　　）。

A. 企业的目标利润　　　　　　　B. 对竞争对手报价的估计

C. 企业的成本费用　　　　　　　D. 市场需求

10. 在企业产量过剩、面临激烈竞争或试图改变消费者需求的情况下，企业的主要定价目标是（　　）。

A. 维持企业生存   B. 当期利润最大化

C. 市场占有率最大化   D. 产品成本最小化

◇ **多项选择**

1. 需求收入弹性大的产品通常是一些（   ）。

A. 高档食品   B. 耐用消费品   C. 娱乐支出

D. 低档产品   E. 中档产品

2. 下面定价方法中，属于竞争导向定价法的是（   ）。

A. 目标定价法   B. 随行就市定价法 C. 认知价值定价法

D. 成本加成定价法   E. 密封投标定价法

3. 价格折扣与折让策略主要包括（   ）。

A. 现金折扣   B. 数量折扣   C. 功能折扣

D. 季节折扣   E. 让价折扣

4. 心理定价策略主要包括（   ）。

A. 声望定价   B. 尾数定价   C. 认知定价

D. 知觉定价   E. 招徕定价

5. 下列产品缺乏弹性的是（   ）。

A. 生活必需品   B. 名牌产品   C. 新产品

D. 特殊品   E. 替代性强的产品

◇ **判断**

1. 一种产品价格的上升引起另外一种产品需求的下降，这两种产品为替代品。

                                                   （   ）

2. 消费者对于价值高、经常购买的产品的价格变动不会太在意，而对价值低、不经常购买的小商品的价格变动较敏感。   （   ）

3. 投标定价是卖方引导买方竞争成交的一种定价方法。   （   ）

4. 当企业以公开技术大量生产新产品时应采用渗透定价策略。   （   ）

5. 现金折扣是卖方给买方的现款回扣。   （   ）

◇ **简答**

1. 影响企业产品定价的因素有哪些？

2. 简述企业产品定价的目标。

3. 产品定价有哪些方法？

4. 产品定价策略有哪些基本类型？

5. 顾客和竞争者对价格的变动有哪些反应？

☆ **实训项目**

各模拟公司针对新产品进行定价

［训练目标］通过对新产品进行定价，充分了解产品定价的策略，培养学生对定价策略的实际运用能力。

［训练组织］将一个班的同学分成小组，每组成员 5~7 人。

[训练提示] 教师提出活动前准备及注意事项，并组织学生组成各个模拟公司，以模拟公司为单位，通过市场调查，详细了解产品的特点、消费者对价格接受的程度以及竞争对手定价情况。

[训练成果] 各组选取适当的定价方法，制定本模拟公司的定价方案，在全班进行讨论，并由师生共同进行评估，选出优胜者。

☆ 案例分析

价格战如何打——国内杀毒软件渠道价格战的启示

虽然各杀毒软件厂家力图回避价格大战，但事实证明价格战往往成为竞争取胜的利器。与家电、PC机市场的价格战相比，杀毒软件厂家的价格大战似乎更加理智、更有策略。杀毒软件市场的两次价格大战都是因为"新兵"的加入而引发的。

1998年是杀毒软件市场的一个分水岭，这一年，瑞星开始介入杀毒市场，而这时候江民已稳占80%的市场份额。要想撼动这块巨石，其难度可想而知。

当时江民的杀毒软件零售价为260元，出厂价定在90元。瑞星瞅准机会，突出奇兵，将产品的出厂价定在20元，零售价定为230元。与江民相比，瑞星的经销商可获得更多的差价。

当时Windows上宏病毒的泛滥给了瑞星一个喘息的机会，瑞星借机大肆宣扬瑞星8.0杀毒软件对杀宏病毒的奇效。在高额差价引诱下，经销商开始大量购进瑞星的产品。3个月的时间内，瑞星就销售了5万套产品。特别是为了争夺北京市场，瑞星使出了浑身解数，不惜一切代价，以极低的价格出售，让利给代理商。高额利润的诱惑，使一些江民的代理商也倒戈奔向瑞星。瑞星的知名度渐渐上升，又开始了下一轮的价格策略：涨价战。瑞星煞有介事，提前通知经销商一周后涨价：出厂价为48元。经销商因为担心涨价而失去瑞星的市场，又开始向瑞星订货。涨价战又大获全胜，瑞星如法炮制，没过多久又将价格涨到68元。

瑞星不断蚕食江民的市场份额。这时候，江民已真正感到对手的威胁，于是组织反击。江民把出厂价降到70元，而且其价格策略与瑞星相同："江民KV本周是70元，下周还是70元。"毕竟江民是老大，轻轻一击，瑞星的日子就不好过。一看到江民跟着降价，本来想再涨价的瑞星，只得放弃。这时，CIH病毒的出现，无疑对瑞星来说是一个福音。瑞星又趁势出击，宣布"下周从68元涨到88元"。瑞星巧妙地实施"价格涨降大战"，这一战直到2000年才结束，结果是瑞星与江民面对面地谈论江湖大事，再不是任由江民发号施令了。

瑞星与江民之间的战事刚刚平息，金山杀了进来。杀毒软件市场顿时风声鹤唳。对任何一个市场的新进入者来说，低价策略都是极具杀伤力，也是最立竿见影的方法。2001年8月，金山挟5元的体验版杀毒产品冲向市场，一下子就撞开了一个市场大洞，代理商一口气订了15万套产品。这个时候，瑞星几乎卖不动，江民的KV也不那么畅销了。谁都知道，这一次价格大战将是刺刀见血的。

如果不针对金山进行阻击，市场将可能会被一点点吞噬掉。在激烈的竞争中，昔日的杀毒老大江民也挺不住了，2001年9月底，江民应声而降价，代理商的批发价下降20%，产品的零售价也从178元降至128元。江民把这个策略描述为："以前我吃肉别人吃菜，现在我要改吃菜让别人喝汤。"

这场价格大战，连杀毒市场价格战的始作俑者瑞星也没反应过来，急匆匆地推出了历时两年开发出来的"瑞星杀毒软件2002版"，才稳住阵脚。就在金山和江民大打降价战时，瑞星不降反升，零售价由原来的188元上涨为198元，好像要游离于这场价格战之外。

（资料来源：邱斌．中外市场营销经典案例．南京：南京大学出版社，2001）

阅读以上材料，回答问题：

1. 分析瑞星杀毒软件在竞争中分别采取的价格策略是什么？

2. 为什么瑞星的价格策略在与江民竞争中取得了巨大成功？

第十章

分销渠道策略

◆ 本章学习目标

☞ 应用知识目标：

1. 识记分销渠道的含义；

2. 了解一般的渠道模式；

3. 掌握现代物流管理思想与方法。

☞ 应用技能目标：

1. 能够根据不同的企业类型设计分销渠道、评估渠道，激励渠道成员、解决渠道冲突；

2. 能用现代物流管理思想与方法处理仓储、存货以及运输之间的关系。

📖 营销情景故事

西安杨森的销售渠道

西安杨森的达克宁霜早在 1989 年就进入了中国市场，是该公司的主导产品之一。在上市初期，该公司就如何使人们简单明确地了解这个品种，做了大量的市场论证和消费者调研工作。他们通过问卷、面访、电访等手段，综合各类人群对脚气的反应，发现药物不仅要止痒，使其不再复发也非常关键。于是在达克宁霜的广告中特别强调减少复发的可能性，准确地抓住了消费者对消除脚气困扰的关键所在，因而成功地建立了达克宁霜功效优越的地位。

长期以来，西安杨森形成了自己一套完整的市场调研方案：根据公司产品的不同适应症，对影响人们用药水平的诸多因素，如人口、年龄、性别、心理以及地理位置等进行了系统研究和分析，决定采取销售活动地区化的策略，这样就能对市场的需求变化作出更快、更准确的反应。

西安杨森根据中国国情，除了在全国各地自建销售公司外，还十分重视对分销商的开发工作，并且注重分销商的商誉。

在建设市场网络方面，杨森公司坚持依靠国有商业主渠道销售自己产品的销售策略。对大量经销西安杨森产品的客户在价格上实行优惠，对付款及时者实行现金折让。在与分销商的长期业务交往中，西安杨森的销售政策不但保证了其产品销售渠道畅通无阻，同时也培育了西安杨森和分销商之间互惠互利、相互依赖的新型伙伴关系，调动了经销商销售杨森产品的主动性和积极性。

如达克宁霜凭借该公司强大的分销网络，使达克宁霜在任何医院、药店都有销售。而且杨森公司也定期派员走访药店，即使最偏僻的村镇药店仍有达克宁霜销售。

当广告引起消费者兴趣而消费者又能轻易买到时，产品才能真正完成销售全程。这充分体现了分销网络的强大，而广告口碑也吸引了各药店、各级经销商的购入要求，实现了被动渗透过程。两者合一就是几乎百分之百的渗透率。

保罗·杨森有句名言："我们生产的是药品，销售的是健康。"这种以大众健康为己任的企业精神，才是在市场竞争中立于不败之地的法宝。

分析：在现代商品经济条件下，生产和消费在时间、空间、数量以及品种结构上相分离，这一切矛盾以及商品所有权的转移和生产者、消费者之间的信息沟通，大都离不开中间商或其他中介机构的媒介。这就是分销渠道的作用。渠道的畅通与否直接关系到企业的产品能否顺利地到达消费者手中。而渠道的畅通与否要看企业怎样与中间商或中介机构建立关系。事实证明，经过扎实的渠道耕耘，整个营销努力才得以落实，所以才会有人说，谁掌握渠道，谁就能赢得营销战争。

（资料来源：百度文库）

第一节　分销渠道概述

一、分销渠道的概念

分销渠道也称为销售渠道，是对一组配合起来促成商品能被使用或消费的若干独立组织的总体体系的描述。菲利普·科特勒认为："一条分销渠道是指某种货物或劳务从生产者向消费者移动时取得这种货物或劳务的所有权或帮助转移其所有权的所有企业和个人。因此，一条分销渠道主要包括中间商（因为他们取得所有权）和代理中间商（因为他们帮助转移所有权）。此外，它还包括作为分销渠道的起点和终点的生产者和消费者，但是，它不包括供应商、辅助商等。"简单地说，分销渠道就是商品和服务从生产者向消费者转移过程的具体通道或路径。

二、分销渠道的特点

（一）分销渠道具有持久竞争优势

作为营销组合中的一个，渠道越来越显示出比其他三个要素（产品、价格、促销）更能为企业带来持久的竞争优势。

营销组合包括以下四个因素

产品：技术的快速普及使得维持产品的差异化或者优越性变得困难；

价格：全球竞争使得价格优势不可能成为持久优势；

渠道：长期的系统工程，能够为企业带来持久优势；

促销：过多的促销信息、消费者疲劳等导致促销不能形成持久竞争优势。

渠道的构建是长期的系统工程，通常要求有一个包括组织和人员来实施的机构，这些都是短时期内无法实现的。渠道关系错综复杂，是不容易维持的，因此渠道可以给企业带来持久的竞争优势。

（二）分销渠道的起点是生产者而终点是消费者

分销渠道一端连接生产，另一端连接消费，是从生产领域到消费领域的完整的商品流通过程。在这个过程中，主要包含两种运动：一是商品价值形式的运动，商品所有权的转移，即商流；二是商品实体的运动，商品在空间的位置移动，即物流。由此可以看出，渠道不仅仅是中间商的活动，厂家与消费者也是分销渠道的基本服务对象。

（三）分销渠道主体是参与商品流通过程的中间商和代理中间商

对于绝大多数生产者来说，中间商的介入是产品分销所必不可少的。虽然生产者可以直接与消费者进行沟通，但真正实现无中间商参与销售的企业是非常少的，产品分销离不开中间环节的介入。

（四）分销渠道引发商品所有权转移的行为

商品从生产者流向消费者的过程中，商品所有权至少转移一次。大多数情况下，生产者必须经过一系列中介机构转卖或代理转卖产品。所有权转移的次数越多，商品的分销渠道就越长，反之则相反。

（五）分销渠道的辅助形式

在分销渠道中，与商品所有权转移直接或间接相关的，还有一系列流通辅助形式，如物流、信息流和资金流等，它们发挥着相当重要的协调和辅助作用。

三、分销渠道的功能

（一）联结产销

分销渠道一头连着生产，一头连着消费，它就像一座桥梁，把生产者和消费者联结在一起，使产品供应和消费之间在时间、地点和所有权等方面的差异得以消除。

（二）沟通信息及反馈信息

信息沟通是产品从生产者向消费者转移的重要条件。为了保证商品的适销对路和有效流动，分销渠道必然时刻努力搜集、传播和反馈各类信息，了解现实和潜在的产品销售情况，市场供求的变化，顾客、竞争者及其他市场要素的动态信息等。

（三）促进销售

分销渠道中的中间商以转移商品为基本业务，因此，在经营过程中，会努力地将有关企业产品的信息通过各种促销方式传播给目标消费者和用户，以刺激需求，扩大商品销售量。

（四）风险负担

分销渠道成员在商品流转过程中，由于大量集散商品，承担商品供求变化、自然灾害以及价格下跌等风险。

（五）实体分配

产品在实现空间转移时，渠道成员负责货物的运输、仓储及信息处理等具体活动，从而使商品高效、适时地到达消费者的手中。

（六）协商谈判

渠道成员在实现产品所有权转移的过程中，要就产品的价格、付款方式、促销费用，订货和交货条件等问题进行协商谈判，才能保证顺利成交。

分销渠道除了上述主要功能外，还具有减少交易次数、降低流通费用、集中平衡和扩散商品、分级分等、提供服务、资金通融等作用。因此，企业在市场营销中，必须科学地选择和培育分销渠道，合理设置中间环节，充分发挥分销渠道的作用，实现货畅其流，物尽其用。

⊞探讨与应用

春兰集团的渠道合作

江苏春兰集团的受控代理制为渠道合作提供了范例。所谓受控代理制是指代理商要进货，必须提前将货款以入股方式先交春兰公司，然后按全国规定，提走货物。这一高明的市场营销战术，有效地稳固了销售网络，加快了资金周转，大大提高了工作效率。当一些同行被"互相拖欠"拖得精疲力竭的时候，春兰却没有一分钱拖欠，几十亿元流动资金运转自如。目前，春兰公司已在全国建立了 13 个销售分公司，同时还有 2 000 多家经销商与春兰建立了直接代理关系，二级批发、三级批发，加上零售商，销售大军已达 10 万之众。春兰的成功并非单纯地靠预付货款，更重要的是靠质量、价格与服务。春兰空调的质量，不仅在全国同行首屈一指，而且可以同国际上最先进的同类产品媲美。其次，无论是代理商还是零售商，都是从销售中获得理想的效益，赔本交易谁也不会干。而质量第一流的春兰没有忘记给中间商更多的实惠，公司给代理商大幅度让利，有时甚至高达售价的 30%，年末还给予奖励。这一点，许多企业都难以做到。有的产品稍有点"名气"就轮番提价，想把几年的利润在一个早晨就全部赚出来，根本不考虑代理商和经销商的实际利益。这种见利忘义的做法，把许多中间商都吓跑了。再次是服务，空调买回去如何装？出了毛病找谁？春兰为了免除 10 万中间商的后顾之忧，专门建立了一支庞大的售后服务近万人的安装、调试、维修队伍。他们实行 24 小时全天候服务。顾客在任何地方购买了春兰空调，都能就近得到一流的售后服务。春兰正是靠这种良好的信誉与中间商密切合作的。10 万中间商也给了春兰优厚的回报：他们使春兰空调在国内市场上的占有率达到 40%，在同行各企业中摇摇领先。

（资料来源：www.emkt.com.cn）

试分析：

1. 春兰是怎样解决中间商的后顾之忧的？
2. 企业与中间商的密切合作有何意义？

第二节 分销渠道的模式和类型

一、分销渠道模式

（一）渠道层次的数量

分销渠道的长度可以用渠道层次的数量来表示。在将产品和产品所有权带给最终购买者的过程中，每一层营销中介都代表一种渠道层次。由于生产者和最终消费者都起到了一些作用，因此他们也是分销渠道的一部分。我们用分销渠道层次的数量来表示渠道的长度。

（二）渠道模式

在产品从制造商向消费者转移的过程中。任何一个对产品拥有所有权或负有推销责任的机构，就叫做一个渠道层次。渠道层次的多少决定了渠道的具体模式，渠道的具体模式可分为如下几种。

1. 零层渠道（M—C）通常叫做直接分销渠道

直接分销渠道是指产品从生产者流向最终消费者的过程中不经过任何中间商转手的分销渠道。直接分销渠道主要用于分销产业用品和少数消费品，如安利等。因为，一方面，许多产业用品要按照用户的特殊需要制造，有高度技术性，制造商要派遣专家去指导用户安装、操作以及维护设备；另一方面，用户数目较少且较集中，某些行业工厂往往集中在某一地区，这些产业用品的单价高，用户购买批量大。

2. 一层渠道（M—R—C）含有一个营销中介机构

在消费品市场，这个中介机构通常是零售商。例如，电视机、照相机、轮胎、家具、家用电器和许多其他产品的制造商直接将商品售给大型零售商，像沃尔玛和苏宁电器，然后再由它们销售给最终消费者。在产业市场，则可能是销售代理商或佣金商。

3. 二层渠道（M—W—R—C）含有两个营销中介机构

在消费品市场，有两个营销层次，一个是批发商，一个是零售商。药品、食品、五金工具以及其他产品的小型制造商通常使用这种渠道。在产业市场，则通常是销售代理商和批发商。

4. 三层渠道（M—W—J—R—C）含有三个营销中介机构

如肉食类食品及包装类产品的制造商通常采用这种渠道分销其产品。在这类行业中，通常有一专业批发商处于批发商和零售商之间，该专业批发商从批发商进货，再卖给无法从批发商进货的零售商。

由于产品的消费目的与购买特点等具有差异性，形成了消费品市场的分销渠道和产业市场的分销渠道这样两种基本模式，每一种基本模式中又存在具体的分销渠道模式。产业市场的营销者可以用自己的销售力量直接向产业客户进行销售；也可以销售给产业分销商，让其卖给产业客户；还可以通过制造商的销售代表或是销售机构向产业客户进行销售，或是让销售代表或是销售机构与产业分销商进行接触。因此，通常产业市场涉及多层次分销渠道，分别如图 10-1 和图 10-2 所示。

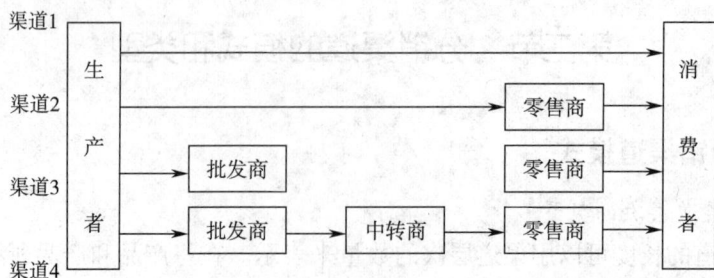

图 10-1　消费品分销渠道

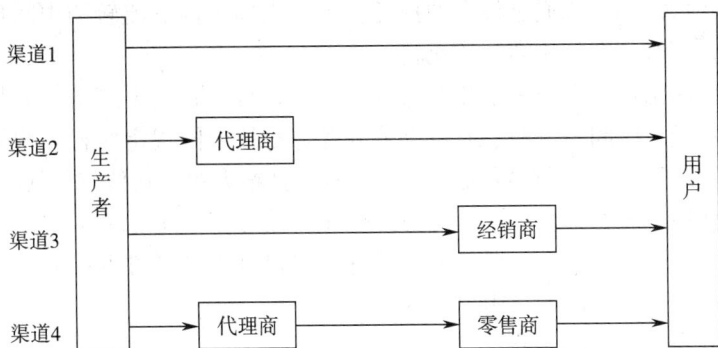

图 10-2　生产资料分销渠道

二、分销渠道的类型及构成

由于我国个人消费者与生产性团体用户消费的主要商品不同，消费目的与购买特点等具有差异性，根据有无中间商参与交换活动，可以将分销渠道模式中的所有通道，归纳为两种最基本的销售渠道类型：直接分销渠道和间接分销渠道。间接渠道又分为短渠道与长渠道。

（一）直接分销渠道

1. 直接分销渠道的含义

直接分销渠道是指生产者将产品直接供应给消费者或用户，没有中间商介入。直接分销渠道的形式是：生产者——用户。直接渠道是工业品分销的主要类型，例如大型设备、专用工具及技术复杂等需要提供专门服务的产品，都采用直接分销，消费品中有部分也采用直接分销类型，诸如鲜活商品等。

2. 直接分销渠道的具体方式

企业直接分销的方式比较多，但概括起来有如下几种：

（1）订购分销。它是指生产企业与用户先签订购销合同或协议，在规定时间内按合同条款供应商品，交付款项。一般来说，主动接洽方多数是销售生产方（如生产厂家派人员推销），也有一些走俏产品或紧俏原材料、备件等由用户上门求货。

（2）自开门市部销售。它是指生产企业通常将门市部设立在生产区外、用户较集中的地方或商业区。也有一些邻近于用户或商业区的生产企业将门市部设立于厂前。

（3）联营分销。如工商企业之间、生产企业之间联合起来进行销售就是联营分销的一种。

3. 直接分销渠道的优缺点

（1）直接分销渠道的优点。

①有利于生产方、需求方双方沟通信息，可以按需生产，更好地满足目标顾客的需要。由于是面对面的销售，用户可更好地掌握商品的性能、特点和使用方法；生产者能直接了解用户的需求、购买等特点及其变化趋势，进而了解竞争对手的优势和劣势及其营销环境的变化，为按需生产创造了条件。

②可以降低产品在流通过程中的损耗。由于去掉了商品流转的中间环节，减少了销售损失，有时也能加快商品的流转。

③可以使购销双方在营销上相对稳定。一般来说，直销渠道进行商品交换，都签订合同，数量、时间、价格、质量以及服务等都按合同规定履行，购销双方的关系以法律的形式于一定时期内固定下来，使双方把精力用于其他方面的战略性谋划。

④可以在销售过程中直接进行促销。企业直接分销，实际上又往往是直接促销的活动。例如，企业派人员直销，不仅促进了用户订货，同时也扩大了企业和产品在市场中的影响，又促进了新用户的订货。

（2）直接分销渠道的缺点。

①在产品和目标顾客方面：对于绝大多数生活资料商品，其购买呈小型化、多样化和重复性。生产者若凭自己的力量去广设销售网点，往往力不从心，甚至事与愿违，很难使产品在短期内广泛分销，很难迅速占领或巩固市场，企业目标顾客的需要得不到及时满足，势必转移方向购买其他厂家的产品，这就意味着企业失去目标顾客和市场占有率。

②在商业协作伙伴方面：商业企业在销售方面比生产企业的经验丰富，这些中间商最了解顾客的需求和购买习性，在商业流转中起着不可缺少的桥梁作用。而生产企业自销产品，就拆除了这一桥梁，势必自己去进行市场调查，包揽了中间商所承担的人、财、物等费用。这样，加重生产者的工作负荷，分散生产者的精力。更重要的是，生产者将失去中间商在销售方面的协作，产品价值的实现增加了新的困难，目标顾客的需求难以得到及时满足。

③在生产者与生产者之间：当生产者仅以直接分销渠道销售商品，致使目标顾客的需求得不到及时满足时，同行生产者就可能趁势而进入目标市场，夺走目标顾客和商品协作伙伴。在生产性团体市场中，企业的目标顾客常常是购买本企业产品的生产性用户，他们又往往是本企业专业化协作的伙伴。所以，失去目标顾客，又意味着失去了协作伙伴。当生产者之间在科学技术和管理经验的交流受到阻碍以后，将使本企业在专业化协作的旅途中更加步履艰难，这又影响着本企业的产品实现市场份额和商业协作，从而造成一种不良循环。

（二）间接销售渠道

1. 间接分销渠道的含义

间接分销渠道是指生产者利用中间商将商品供应给消费者或用户，中间商介入交换活动。间接分销渠道的典型形式是：生产者——批发商——零售商——个人消费者（少数为团体用户）。现阶段，我国消费品需求总量和市场潜力很大，且多数商品的市场正逐渐由卖方市场向买方市场转化。与此同时，对于生活资料商品的销售，市场调节的比重已显著增加，工商企业之间的协作已日趋广泛、密切。因此，如何利用间接渠道使自己的产品广泛分销，已成为现代企业进行市场营销时所研究的重要课题之一。

2. 间接分销渠道的具体方式

随着市场的开放和流通领域的搞活，我国间接分销的商品比重增大。企业在市场中通过中间商销售的方式很多，如厂店挂钩、特约经销、零售商或批发商直接从工厂进货以及中间商为工厂举办各种展销会等。

3. 间接分销渠道的优缺点

（1）间接分销渠道的优点。

①有助于产品广泛分销。中间商在商品流转的始点同生产者相连，在其终点与消费者相连，从而有利于调节生产与消费在品种、数量、时间与空间等方面的矛盾。既有利于满足生产厂家目标顾客的需求，也有利于生产企业产品价值的实现，更能使产品广泛的分销，巩固已有的目标市场，扩大新的市场。

②缓解生产者人、财、物等力量的不足。中间商购买了生产者的产品并交付了款项，就使生产者提前实现了产品的价值，开始新的资金循环和生产过程。此外，中间商还承担销售过程中的仓储、运输等费用，也承担着其他方面的人力和物力，这就弥补了生产者营销中的力量不足。

③间接促销。消费者往往是货比数家后才购买产品，而一位中间商通常经销众多厂家的同类产品，中间商对同类产品的不同介绍和宣传，对产品的销售影响甚大。此外，实力较强的中间商还能支付一定的宣传广告费用，具有一定的售后服务能力。所以，生产者若能与中间商良好协作，就可以促进产品的销售，并从中间商那里及时获取市场信息。

④有利于企业之间的专业化协作。中间商是专业化协作发展的产物，生产者产销合一，既难以有效地组织商品的流通，又使生产精力分散。有了中间商的协作，生产者可以从烦琐的销售业务中解脱出来，集中力量进行生产，专心致志地从事技术研究和技术革新，促进生产企业之间的专业化协作，以提高生产经营的效率。

（2）间接分销渠道的缺点。

①可能形成需求滞后差。中间商购买了产品，并不意味着产品就从中间商手中销售出去了，有可能销售受阻。对于某一生产者而言，一旦其多数中间商的销售受阻，就形成了需求滞后差，即需求在时间或空间上滞后于供给。但生产规模既定，人员、机器、资金等照常运转，生产难以剧减。当需求继续减少，就会导致产品的供给更加大于需求。若多数商品出现类似情况，便造成所谓的市场疲软现象。

②可能加重消费者的负担，导致抵触情绪。流通环节增大储存或运输中的商品损耗，如果损耗都转嫁到价格中，就会增加消费者的负担。此外，中间商服务工作欠佳，可能导致顾客对商品的抵触情绪，甚至引起购买的转移。

③不便于直接沟通信息。如果与中间商协作不好，生产企业就难以从中间商的销售中了解和掌握消费者对产品的意见、竞争者产品的情况、企业与竞争对手的优势和劣势以及目标市场状况的变化趋势等。企业信息不灵，生产经营必然会迷失方向，也难以保持较高的营销效益。

探讨与应用

安利公司的直销模式

安利公司在全球70多个国家和地区通过人员直销的方式销售其以先进科技生产的优质产品，不仅为那些渴望一展所长、改善生活素质的人们提供了发挥潜能、实现理想的事业机会，而且为消费者提供了品质优良的日常生活用品及安坐家中购物的便利。安利的直销方式早已赢得全球数以百万计的人的信任和赞赏，建立了稳定的市场。安利已成为世界知名的家庭日用品生产商，成为世界上经营最成功、信誉最卓越的直销机构之一，其产品行销世界70多个国家和地区。另外，由于安利公司采取的是直销办法，是现款交易，故公司从不向银行贷款。目前，安利公司在全球共有直销员300多万人。美国前总统布什是安利公司的红宝石经销商。

传统的零售商业为有店铺销售，直销则为无店铺销售。安利直销员主动了解顾客的需要，为他们介绍合适的产品，示范产品的特点和使用方法，并将产品送到顾客家中，提供亲切、方便的服务。通过直销来销售产品，降低了产品在流通领域的耗费，厂家可把节省下来的资金用于研究新科技，提高产品质量；通过直销员主动接触顾客，较一般企业推销减少了商业气，多了人情味，更有利于产品的销售。同时厂家可以及时收到消费者对商品的反馈意见，从而就产品作出改良。

安利公司的所有直销员均直接向公司申请加入，公司直接面对所有直销员，进行有效的监督和管理，重视对直销员的培训，确保直销员队伍的健康发展，保障每一位合法经营的直销员的权益。每一位直销员的认可资格均由公司直接核准，其行为亦受安利各项商德守则的约束，应缴的税项由公司代扣代缴，且都是依据公司统一指定的零售价格售予顾客。安利直销计划以诚为信。

安利直销制度充分体现了公平、自由、合理的原则，它具有透明性和合理性。

（资料来源：郭国庆，李先国．中国人民大学MBA案例——市场营销卷．北京：中国人民大学出版社，1999）

试分析：

1. 直销方式同店铺营销方式相比有哪些优势？

2. 在电子商务时代，直销还有发展前途吗？

第三节 分销渠道的设计及管理

一、影响分销渠道的因素

影响分销渠道设计的因素很多，其中主要因素有以下几种。

（一）产品因素

1. 价值大小

一般而言，商品单价越小，分销渠道一般宽又长，以追求规模效益。反之，单价越高，路线越短，渠道越窄。

2. 体积与重量

体积庞大、重量较大的产品，如建材、大型机器设备等，要求采取运输路线最短、搬运过程中搬运次数最少的渠道，这样可以节省物流费用。

3. 变异性

易腐烂、保质期短的产品，如新鲜蔬菜、水果、肉类等，一般要求较直接的分销方式，因为时间拖延和重复搬运会造成巨大损失。同样，对式样、款式变化快的时尚商品，也应采取短而宽的渠道，避免不必要的损失。

4. 标准化程度

产品的标准化程度越高，采用中间商的可能性越大。例如，毛巾、洗衣粉等日用品，以及标准工具等，单价低、毛利低，往往通过批发商转手。而对于一些技术性较强或是一些定制产品，企业要根据顾客要求进行生产，一般由生产者自己派员直接销售。

5. 技术性

产品的技术含量越高，渠道就越短，常常是直接向工业用户销售，因为技术性产品，一般需要提供各种售前售后服务。消费品市场上，技术性产品的分销是一个难题，因为生产者不可能直接面对众多的消费者，生产者通常直接向零售商推销，通过零售商提供各种技术服务。

（二）市场因素

1. 不同的渠道

不同类型的市场，要求不同的渠道与之相适应。例如，生产消费品的最终消费者购买行为与生产资料用户的购买行为不同，所以就需要有不同的分销渠道。

2. 市场规模

一个产品的潜在顾客比较少，企业可以自己派销售人员进行推销；如果市场面大，分销渠道就应该长些、宽些。

3. 顾客集中度

在顾客数量一定的条件下，如果顾客集中在某一地区，则可由企业派人直接销售；如果顾客比较分散，则必须通过中间商才能将产品转移到顾客手中。

4. 用户购买数量

如果用户每次购买的数量大，购买频率低，可采用直接分销渠道；如果用户每次购买数量小、购买频率高时，则宜采用长而宽的渠道。一家食品生产企业会向一家大型超市直接销售，因为其订购数量庞大。但是，同样是这家企业会通过批发商向小型食品店供货，因为这些小商店的订购量太小，不宜采取过短的渠道。

5. 竞争者的分销渠道

在选择分销渠道时，应考虑竞争者的分销渠道。如果自己的产品比竞争者有优势，可选择同样的渠道；反之，则应尽量避开。

（三）企业自身因素

企业自身因素是分销渠道选择和设计的根本立足点。

1. 企业的规模、实力和声誉

企业规模大、实力强，往往有能力担负起部分商业职能，如仓储、运输以及设立销售机构等，有条件采取短渠道。而规模小、实力弱的企业无力销售自己的产品，只能采用长渠道。声誉好的企业，希望为之推销产品的中间商就多，生产者容易找到理想的中间商进行合作；反之则不然。

2. 产品组合

企业产品组合的宽度越宽，越倾向于采用较短渠道；产品组合的深度越大，则宜采取短渠道。反之，如果生产者产品组合的宽度和深度都较小，生产者只能通过批发商、零售商来转卖商品。产品组合的关联性越强，则越应使用性质相同或相似的渠道。

3. 企业的营销管理能力和经验

管理能力和经验较强的企业往往可以选择较短的渠道，甚至直销；而管理能力和经验较差的企业一般将产品的分销工作交给中间商去完成，自己则专心于产品的生产。

4. 生产者对分销渠道的控制能力

生产者为了实现其战略目标，往往要求对分销渠道实行不同程度的控制。如果这种愿望强，就会采取短渠道；反之，渠道可适当长些。

（四）环境因素

影响分销渠道设计的环境因素既多又复杂。如科学技术发展可能为某些产品创造新的分销渠道，食品保鲜技术的发展，使水果、蔬菜等的销售渠道有可能从短渠道变为长渠道，又如经济萧条时迫使企业缩短渠道。

（五）中间商因素

不同类型的中间商在执行分销任务时各自有其优势和劣势，分销渠道设计应充分考虑不同中间商的特征。一些技术性较强的产品，一般要选择具备相应技术能力或设备的中间商进行销售。零售商的实力较强，经营规模较大，企业就可直接通过零售商经销产品；零售商实力较弱，规模较小，企业只能通过批发商进行分销。

二、分销渠道的设计步骤

分销渠道的设计必须立足长远，因为一经形成，再想改变或替代原有的渠道是比较困难的，通常需要付出较大的代价，所以在设计渠道方案时，应谨慎从事，精心设计。渠道方案设计主要包括确定渠道模式、确定中间商数目和规定渠道成员的权利和责任。

（一）确定渠道模式

生产企业在进行分销渠道的设计时，首先要决定采取什么类型的渠道，是直销还是通过中间商销售。如果决定直销，就要选择是派人上门推销、采用自设店面销售，还是采用互联网销售，或是采用其他形式；如果企业是通过中间商销售，就要进行中间商层次的选择，首先考虑选择使用几层中间商，再考虑中间商的类型、规模及经营状况等。一般企业在设计时，要把目前企业可以利用的渠道全部列出，然后综合各个方面的因素进行比较，找出最有利的渠道模式。

（二）确定中间商的数目

企业在决定分销渠道的宽窄时，应考虑影响分销渠道的各个因素，合理地确定中间商的数目，一般有三种形式可以选择。

1. 独家分销

生产企业在特定的市场区域内，仅选择一家中间商为其销售产品，实行独家经营。独家分销是最窄的分销渠道，这种方式一般适用于新产品、名牌产品以及有某些特殊性能和用途的产品。

2. 密集分销

生产企业利用尽可能多的中间商分销，销售网点越多越好，力求使产品能广泛地和消费者接触，方便消费者购买。

3. 选择分销

生产企业在同一市场区域内，有条件地选择几家最合适的中间商为其销售产品。这是介于上述两种方式之间的一种形式，适合于所有产品的销售。这种分销方式比独家分销面宽，比密集分销面窄，有利于扩大销路，开拓市场；有助于加强双方的了解和联系，从而获得中间商的合作，提高中间商的经营积极性，还可减少中间商之间的盲目竞争，提高产品的声誉。

企业在对上述三种方式选择时，还应充分考虑企业的营销目标，目标不同，选择的方式应有所不同。例如，生产企业在新产品刚上市时，为打开销路，往往采用密集性分销，但新产品占领市场后，为提高销售效率，往往又改用选择性分销，淘汰一些效率低的中间商，选择一些经营水平较高的中间商。

（三）规定渠道成员的权利和责任

为保证分销渠道的畅通，企业必须就价格政策、销售条件、市场区域划分、相互服务和责任等方面明确中间商的权利和责任。

（1）价格政策是指生产企业要制定中间商认为公平合理的价格折扣和价格目录。

（2）销售条件是指付款条件和生产企业的承诺。

（3）市场区域划分是指生产企业给予经销商在一定地区范围内的特许经销权。

（4）相互服务和责任主要指企业要求中间商提供市场情报、配合促销、保证服务水平，同时，企业向中间商提供技术支持、促销支持、人员培训等。

三、分销渠道评估

分销渠道方案确定后，生产厂家就要根据各种备选方案，进行评价，找出最优的渠道路线，通常渠道评估的标准有三个：经济性、可控性和适应性，其中最重要的是经济标准。

（一）经济性标准

经济标准是最重要的标准，这是企业营销的基本出发点。在分销渠道评估中，首先应该将分销渠道决策所可能引起的销售收入增加同实施这一渠道方案所需要花费的成本作一比较，以评价分销渠道决策的合理性。这种比较可以从以下角度进行。

1. 静态效益比较

分销渠道静态效益的比较就是在同一时点对各种不同方案可能产生的经济效益进行比较，从中选择经济效益较好的方案。

某企业决定在某一地区销售产品，现有两种方案可供选择：

方案一是向该地区直接派出销售机构和销售人员进行直销。这一方案的优势是，本企业销售人员专心于推销本企业产品，在销售本企业产品方面受过专门训练，比较积极肯干，而且顾客一般喜欢与生产企业直接打交道。

方案二是利用该地区的代理商。该方案的优势是，代理商拥有几倍于生产商的推销员，代理商在当地建立了广泛的交际关系，利用中间商所花费的固定成本低。

通过估算两个方案所花费的成本，利用中间商更划算。

2. 动态效益比较

分销渠道动态效益的比较就是对各种不同方案在实施过程中所引起的成本和收益的变化进行比较，从中选择在不同情况下应采取的渠道方案。

3. 综合因素分析比较

上述影响分销渠道设计五大因素在实际分析时，可能都会倾向于某一特定的渠道，但也有可能某一因素分析倾向直接销售，而其他因素分析可能得出应该使用中间商的结论。因此，企业必须对几种方案进行评估，以确定哪一种最适合企业。

（二）控制性标准

企业对分销渠道的设计和选择不仅应考虑经济效益，还应该考虑企业能否对其分销渠道实行有效地控制。因为分销渠道是否稳定对于企业能否维持其市场份额，实现其长远目标是至关重要的。

企业对于自销系统是最容易控制的，但是由于成本较高，市场覆盖面较窄，不可能完全利用这一系统来进行分销。而利用中间商分销，就应该充分考虑所选择的中间商的可控程度。一般而言，特许经营、独家代理方式比较容易控制，但企业也必须相应作出授予商标、技术、管理模式以及在同一地区不再使用其他中间商的承诺。在这种情况下，中间商的销售能力对企业影响很大，选择时必须十分慎重。如果利用多家中间商在同一地区进行销售，企业利益风险比较小，但对中间商的控制能力就会相应削弱。

（三）适应性标准

在评估各渠道方案时，还有一项需要考虑的标准，那就是分销渠道是否具有地区、时间、中间商等适应性。

1. 地区适应性

在某一地区建立产品的分销渠道，应充分考虑该地区的消费水平、购买习惯和市场环境，并据此建立与此相适应的分销渠道。

2. 时间适应性

根据产品在市场上不同时期的适销状况，企业可采取不同的分销渠道与之相适应。

3. 中间商适应性

企业应根据各个市场上中间商的不同状态采取不同的分销渠道。如在某一市场若有一两个销售能力特别强的中间商，渠道可以窄一点；若不存在突出的中间商，则可采取较宽的渠道。

四、分销渠道管理

分销渠道管理的实质就是要解决分销渠道中存在的矛盾冲突，提高分销渠道成员的满意度和积极性，促进渠道的协调性，提高分销的效率。

（一）选择分销渠道成员

如果企业确定了间接分销渠道，下一步就应作出选择中间商的决策。如果选择得当，能有效地提高分销效率。选择中间商首先要广泛搜集有关中间商的业务经营、资信、市场范围以及服务水平等方面的信息；其次，要确定审核和比较的标准；最后，要说服中间商接受各种条件。

（二）中间商类型

中间商是指产品从生产者转移到消费者的过程中，专门从事商品流通的企业。

1. 按中间商在流通过程中所起的作用可分为批发商和零售商

批发商指将商品大批量购进，又以较小批量转售给生产者或其他商业企业的商业组织。批发商又可以按不同标准分为不同类型，按商品性质划分，可分为生活资料批发商和生产资料批发商；按业务范围划分，可分为专业批发商和综合批发商；按其在流通领域的位置划分，可分为生产地批发商、中转地批发商和销售地批发商。

零售商指直接向最终消费者出售商品的商业组织。零售商的类型最多，有店铺零售（百货商店、专业商店、超级市场和大卖场等）；无店铺零售（邮购、自动售货、网上购物等）。

2. 按产品流通过程中有无所有权转移可分为经销商和代理商

经销商是指自己进货，取得商品所有权后再出售的商业企业。代理商是指促成产品买卖活动得以实现的商业组织，它不取得产品的所有权，只是通过与买卖双方的商洽，来完成买卖活动。

（三）选择中间商条件

1. 中间商的市场范围

市场范围是选择中间商最关键的因素，选择中间商首先要考虑预定的中间商的经营范围与产品预定的目标市场是否一致，这是最根本的条件。

2. 中间商的产品政策

中间商承销的产品种类及其组合情况是中间商产品政策的具体体现。选择时一要看中间商的产品线，二要看各种经销产品的组合关系，是竞争产品还是促销产品。

3. 中间商的地理区位优势

区位优势即位置优势。选择零售商最理想的区位应该是顾客流量较大的地点，批发商的选择则要考虑其所处位置是否有利于产品的储存与运输。

4. 中间商的产品知识

许多中间商被具有名牌产品的企业选中，往往是因为他们对销售某种产品有专门的经验和知识。选择对产品销售有专门经验的中间商就能很快地打开销路。

5. 预期合作程度

中间商与生产企业合作得好会积极主动地推销企业的产品，这对生产者和中间商都很重要。有些中间商希望生产企业能参与促销，生产企业应根据具体情况确定与中间商合作的具体方式。

6. 中间商的财务状况及管理水平

中间商能否按时结算，这对生产企业业务正常有序运作极为重要，而这一点取决于中间商的财务状况及企业管理的规范、高效。

7. 中间商的促销政策和技术

采用何种方式推销商品及运用什么样的促销技术，这将直接影响到中间商的销售规模和销售速度。在促销方面，有些产品广告促销较合适，有些产品则适合人员销售，有些产品需要有一定的储存，有些则应快速运输。选择中间商时应该考虑中间商是否愿意承担一定的促销费用以及有没有必要的物质、技术基础和相应人才。

8. 中间商的综合服务能力

现代商业经营服务项目甚多，选择中间商要看其综合服务能力如何，如售后服务、技术指导、财务援助和仓储等。合适的中间商所提供的服务项目与能力应与企业产品销售要求一致。

（四）渠道冲突管理

1. 渠道冲突管理的概念

渠道冲突管理是指分析和研究渠道合作关系，对预防和化解渠道冲突工作加以计划、组织、协调和控制的过程。渠道冲突的存在是一个客观事实，在任何产品或服务分销过程中都是不可避免的。专家研究表明，并非所有的渠道冲突都会阻碍企业的发展，存在适当的冲突还能在一定程度上增强渠道成员的忧患意识；而且在特定条件下，某些冲突也有助于激发渠道成员的创新性，提高渠道效率。

2. 区分及识别渠道冲突

渠道冲突的类型多种多样，企业的渠道管理者在实行冲突管理时首先必须把握冲突的类别。渠道冲突的类型大致分为两类：①潜在冲突和现实冲突，当一些条件并未达到能够引起冲突发生的程度时，冲突可能处于潜伏状态；②建设性冲突与破坏性冲突，建设性冲突表现为各方在共同绩效期望下能以核心争议点为中心，协调行动、增强归属感，而破坏性冲突表现为伙伴之间关系恶化、运作失调、效率降低甚至导致合作解体。

当然，在企业的分销体系中，往往存在以上冲突的交合体，如破坏性的现实冲突等。因此，冲突管理者在制定解决方案时必须对冲突的特征在宏观上了解与掌握。

3. 渠道冲突管理的策略

（1）显性冲突管理策略。当潜在性冲突不可避免地转化为现实性冲突后，企业的冲突管理者可采取回避、迁就、竞争和妥协等方式来解决，具体可采用以下方法：

一是协商谈判。冲突一般都是在信息不对称或信息失真前提下引起的，要想完全消除冲突，必须对冲突事件进行全面诊断，对冲突的来龙去脉、基本类型和表现认真研究。而当务之急是恢复直接对话，寻求各方利益的平衡点，坦诚沟通，处理的焦点应集中于问题本身，从而化解矛盾。

二是移情设想。渠道成员的许多决策都是基于自身目标和利益，如果一方在决策过程中考虑自己利益的同时，换位思考，多为对方考虑，可加强相互间的沟通，达成共识。

三是第三方仲裁。矛盾上升到冲突双方都无法回到谈判桌时，可让无利害关系的第三方（法定仲裁员）出面调停，以公正的态度监视冲突双方的行为并从中进行调解、仲裁。

四是权利解决。在前几种方法都无法解决渠道冲突的情况下，冲突各方可通过诉诸法院进行强制性的判决，或由上级机关按照下级服从上级的原则，强迫各方执行。但这都是下策，会破坏冲突双方的关系，应慎用。

五是选择退出。事实上，企业与渠道其他成员间的矛盾不可调和时，借助损益平衡分析和投资收益率分析，退出该分销渠道而重新选择新的分销渠道，也不失为可取的办法。不过一定要给自身留后路，因为这样做虽然可能产生一种新的渠道运作模式。但也预示着要付出相当大的退出成本。

（2）渠道合作与联盟。生产企业与分销商在相互找到合适的渠道伙伴后，可与之建立持久的渠道合作，开展合作营销通过合作可增强相互间的理解与信任，消除对方的预期差异和感觉上的差异。渠道合作的具体形式包括以下五种。

知识链接

联合业务拜访是指企业派销售人员协同经销商或代理商的销售人员联合对批发商或零售商进行销售访问，从而把握渠道的分销效率，并加强渠道控制。如飞利浦家电中国区销售就采取这种形式，折扣或返利也是合作方式之一，通过激励机制继续保持渠道成员与企业之间的长期合作关系。不过需掌握此种策略的正确操作性，最好把折扣或返利作为一种管理窜货等类似冲突行为的有效工具。

一是销售支持计划。这项计划包括销售宣传活动、联合业务拜访、折扣或返利等。企业在产品宣传活动中，可提供整体性广告计划，并与经销商之间就推广的产品分担广告费用，并在经销商的协助下，进行整体促销。

二是经销区域保护。生产企业在划定区域后，委托一家代理销售企业，代理销售企业也只能代理一家同类产品的生产企业，这样通过独家销售区域，可明确双方的权利义务关系。制造商利用代理商分销网络的长处，代理商利用制造商的生产制造优势。

三是会员制合作。通过签订协议组成会员联盟，各方互相遵守行业规则、相互信任以及相互帮助，在协议基础上享有权利，履行义务。

四是销售渠道联合。渠道各方建立共识，形成战略合作伙伴关系，通过共享对方的核心资源并发挥各自的核心能力，创造差异化的竞争优势，最终达到共赢的效果。

五是战略联盟。厂商之间应建立彼此间的联盟合作关系从而达到协同效应。联盟各方通过营销资源整合、专业分工以及优势互补，最终形成战略协同、互利多赢的结果。

探讨与应用

渠道冲突——雅芳的转型之痛

2006年4月11日上午，几十名雅芳内部经销商聚集于广州天河时代广场的雅芳总部。但这次，他们不是如往常一样来提货的，而是因为"公司开展直销损害到专卖店销售利益"，从而要向雅芳高层为直销开闸后专卖店的生存讨个说法。专卖店经销商群访雅芳广州总部的事件意味着，首获直销试点的雅芳，开始面临一场新的转型阵痛。

目前，雅芳拥有 6 000 多家专卖店以及 1 700 多个商店专柜，但是，它们大部分是由经销商投资的。雅芳通过 34% ~ 40% 利润空间来说服经销商进行前期的投资，但是自从雅芳方面透露开展直销以来，经销商们生意明显下降，甚至在广州、上海等一些地方的旺铺生意也是一落千丈，从而出现了经销商集体"逼宫"、到雅芳总部讨说法的局面。

这是典型的供应商——经销商之间的渠道冲突！简单地讲，渠道冲突是相互依赖的一个渠道成员察觉到另一渠道成员正在阻止或妨碍其完成目标，从而引起压力和矛盾的过程。渠道冲突，已经成为雅芳在直销转型过程中难以回避的一道槛，是雅芳适应新的直销游戏规则所必须经历的痛苦过程。

雅芳经销商要求退货、讨说法等"逼宫"之举，就是现实中渠道冲突的最好写照。雅芳为了对冲突进行有效管理，首先应该探根溯源，了解冲突的深刻根源是什么。其实，直销试点只是雅芳渠道冲突的导火线而已，雅芳多年来削足适履的转型，进而引发的一系列问题才是冲突的真正根源。

一是目标差异性。实际上，雅芳在中国所实行的经营方式也并非纯粹意义上的单层次直销，而更多是倾向于批零店铺的经营模式，因为它没有形成推销员团队，也没有推销员集体激励机制，而且它的主要收入来自专卖店及专柜。即使是彰显雅芳转型最彻底的 6 000 家专卖店中，占 95% 的店铺也是授权加盟连锁店。

也就是说，雅芳与经销商所形成的是一种相对松散的、以授权加盟为主的"超级组织"，其最大特征就是成员之间保持着不同而又相对独立的目标体系。当然，出于对提高效率和节省成本的考虑，雅芳与经销商都有为渠道整体目标贡献自己力量的努力。但是，对于如何达到渠道的整体目标，他们却都会有各自的主张和要求。雅芳与经销商之间的目标差异性所导致的渠道冲突，最大程度地考验雅芳高层的营销技能与渠道管理能力。

二是领域冲突。渠道中不同的成员会扮演不同的角色。每个渠道成员都有自己的领域和活动范围，而且每个渠道成员也会为自己争取一片独享的决策领域。目前雅芳的销售收入主要来自商场专柜与专卖店，它们是雅芳为顾客服务、促进雅芳发展的主力军。然而，直销试点的展开将对这些专柜与专卖店造成巨大冲击，它可能使目前分工明确的局面被完全打破。

三是多渠道冲突。目前，消费者可以从不同渠道购买到适合自己的雅芳产品，其中包括商场专柜、专卖店、网上商店，也有一些非正式的渠道如灰色营销渠道、地下黑店等，众多的渠道方便了顾客的消费。当然，在取得直销试点之前，由于专柜与专卖店的贡献最大，雅芳对经销商也就非常倚重，雅芳主要通过高额的批零利润来保持经销商的忠诚度。然而，直销经营活动需要大批推销人员来彰显其最大的竞争优势，雅芳为了适应新的直销游戏规则，就不得不逐渐减少对经销商的依赖程度，转而重视对推销员的培养，这在经销商们看来有一种"过河拆桥"的味道。经销商将被置于何种地位呢？

另外，随着雅芳直销试点的纵深发展，相信作为直销主要方式之一的网上直销，将会成为雅芳直销帝国蓝图中的重要内容之一。因此，专卖店（专柜）、人员推销、网上直销等在一定时期内都将共存于雅芳的销售网络中，不同的渠道有不同的利益诉求，因此多渠道冲突将很难避免，这是对雅芳的营销技术与管理能力的重大考验。

（资料来源：www.clii.com.cn）

试分析：

1. 雅芳直销方式为什么引起"逼宫"？

2. 雅芳如何妥善处理目前渠道冲突局面？

第四节　物流的储存、运输和配送

企业在商品交换的同时，必须提供商品的时间效用和地点效用。为此需要商品仓储和运输，进行物流管理。制定正确的物流策略对于降低成本费用，增强竞争实力，提供优质服务，促进和便利顾客购买，提高企业效益，具有重要的意义。

一、物流的含义及作用

（一）物流的含义

物流是指为了满足客户的需求，以最低的成本，通过运输、保管、配送等方式，实现原材料、半成品、成品或相关信息进行由商品的产地到商品的消费地的计划、实施和管理的全过程。

物流是一个相当宽泛的概念。从不同的观察角度，可分为宏观物流、中观物流和微观物流；从不同的空间范围，可分为国内物流和国际物流、区间物流和区内物流；从不同的服务对象，可分为产业物流、商业物流和消费者物流；从其在产业部门中的不同功能，可分为生产物流、营销物流、采购物流和回收物流。物流的任务涉及原料及最终产品从起点到最终使用点或消费点的实体移动的规划与执行，并在取得一定利润的前提下满足顾客的需求。

（二）物流的作用

任何产品都不可能生产出来，不经过搬运装卸、包装、运输以及保管就立即消费，充其量可以节省物流七大环节中的一个或两个。因此，物流是一个不可省略或者说不可跨越的过程，而且，随着这个过程的发生，就会产生费用、时间、距离、人力、资源、能源以及环境等一系列问题。人们只有客观地认识这些问题，正确地对待、科学地解决好这些问题，才是唯一的正确态度和选择。笼统地说，物流的作用主要表现在以下七个方面。

1. 保值

物流有保值作用。也就是说，任何产品从生产出来到最终消费，都必须经过一段时间、一段距离，在这段时间和距离过程中，都要经过运输、保管、包装以及装卸搬运等多环节、多次数的物流活动。在这个过程中，产品可能会淋雨受潮、水浸、生锈、破损或丢失等。物流的使命就是防止上述现象的发生，保证产品从生产者到消费者移动过程中的质量和数量，起到产品的保值作用，即保护产品的存在价值，使该产品在到达消费者时使用价值不变。

2. 节约

搞好物流，能够节约自然资源、人力资源和能源，同时也能够节约费用。比如，集装箱化运输，可以简化商品包装，节省大量包装用纸和木材；实现机械化装卸作业，仓库保管自动化，能节省大量作业人员，大幅度降低人员开支。重视物流可节约费用的事例比比皆是。被称为"中国物流管理觉醒第一人"的海尔企业集团，加强物流管理，建设起现代化的国际自动化物流中心，一年时间将库存占压资金和采购资金，从 15 亿元降低到 7 亿元，节省了 8 亿元开支。

3. 缩短距离

物流可以克服时间间隔、距离间隔和人的间隔，这自然也是物流的实质。现代化的物流在缩短距离方面的例证不胜枚举。在北京可以买到世界各国的新鲜水果，全国各地的水果也长年不断；邮政部门改善了物流，使信件大大缩短了时间距离，全国快递两天内就到美国联邦快递，能做到隔天送达亚洲 15 个城市；日本的配送中心可以做到，上午 10 点前订货、当天送到。这种物流速度，把人们之间的地理距离和时间距离一下子拉得很近。随着物流现代化的不断推进，国际运输能力大大加强，极大地促进了国际贸易，使人们逐渐感到这个地球变小了，各大洲的距离更近了。

4. 增强企业竞争力、提高服务水平

在新经济时代，企业之间的竞争越来越激烈。在同样的经济环境下，制造企业，比如家电生产企业，相互之间的竞争主要表现在价格、质量、功能、款式、售后服务的竞争上，可以讲，像彩电、空调、冰箱等这类家电产品在工业科技如此进步的今天，质量、功能、款式及售后服务，目前各企业的水平已经没有太大的差别，唯一可比的地方往往是物流。

5. 加快商品流通、促进经济发展

在谈这个问题时，我们用配送中心的例子来讲最有说服力。可以说，配送中心的设立为连锁商业提供了广阔的发展空间。利用计算机网络，将超市、配送中心和供货商、生产企业连接，能够以配送中心为枢纽形成一个商业、物流业和生产企业的有效组合。有了计算机迅速及时的信息传递和分析，通过配送中心的高效率作业、及时配送，并将信息反馈给供货商和生产企业，可以形成一个高效率、高能量的商品流通网络，为企业管理决策提供重要依据，同时，还能够大大加快商品流通的速度，降低商品的零售价格，提高消费者的购买欲望，从而促进国民经济的发展。

6. 保护环境

环境问题是当今时代的主题，保护环境，治理污染和公害是世界各国的共同目标。有人会问，环保与物流有什么关系？这里不妨介绍一下。

你走在马路上，有时会看到马路一层黄土，这是施工运土的卡车夜里从车上漏撒的，碰上拉水泥的卡车经过，你会更麻烦；马路上堵车越来越厉害，你连骑自行车都通不过去，噪音和废气使你不敢张嘴呼吸；深夜的运货大卡车不断地轰鸣，疲劳的你翻来覆去睡不着……所有这一切问题都与物流落后有关。卡车撒黄土是装卸不当，车厢有缝；卡车水泥灰飞扬是水泥包装苫盖问题；马路堵车属流通设施建设不足。这些如果从物流的角度去考虑，都会迎刃而解。

比如，我们在城市外围多设几个物流中心、流通中心，大型货车不管白天还是晚上就都不用进城了，只利用小货车配送，夜晚的噪音就会减轻；政府重视物流，大力建设城市道路、车站、码头，城市的交通阻塞状况就会缓解，空气质量自然也

会改善。

7. 创造社会效益和附加价值

实现装卸搬运作业机械化、自动化，不仅能提高劳动生产率，而且也能解放生产力。把工人从繁重的体力劳动中解脱出来，这本身就是对人的尊重，是创造社会效益。

比如，日本多年前开始的"宅急便"、"宅配便"，国内近年来开展的"宅急送"，都是为消费者服务的新行业，它们的出现使居民生活更舒适、更方便。当你去滑雪时，那些沉重的滑雪用具，不必你自己扛、自己搬、自己运，只要给"宅急便"打个电话就有人来取，人还没到滑雪场，你的滑雪板等用具已经先到了。

再如，超市购物时，那里不单单是商品便宜、安全，环境好，而且为你提供手推车，你可以省很多力气，轻松购物。手推车是搬运工具，这一个小小的服务，就能给消费者带来诸多方便，这也是创造了社会效益。

从以上的例子我们能够看到，物流创造社会效益。随着物流的发展，城市居民生活环境，人民的生活质量可以得到改善和提高，人的尊严也会得到更多体现。关于物流创造附加值，主要表现在流通加工方面，比如，把钢卷剪切成钢板、把原木加工成板材、把粮食加工成食品和把水果加工成罐头，名烟、名酒、名著以及名画都会通过流通中的加工，使装帧更加精美，从而大大提高了商品的欣赏性和附加价值。

二、物流系统的含义及目标

（一）物流系统的含义

物流系统是指由两个或两个以上的物流功能单元构成的，以完成物流服务为目的的有机集合体。作为物流系统的"输入"就是采购、运输、储存、流通加工、装卸、搬运、包装、销售以及物流信息处理等环节的劳务、设备、材料和资源等，由外部环部环境向系统提供的过程。所谓物流系统是指在一定的时间和空间里，由所需输送的物料和包括有关设备、输送工具、仓储设备、人员以及通信联系等若干相互制约的动态要素构成的具有特定功能的有机整体，如图 10 - 3 所示。

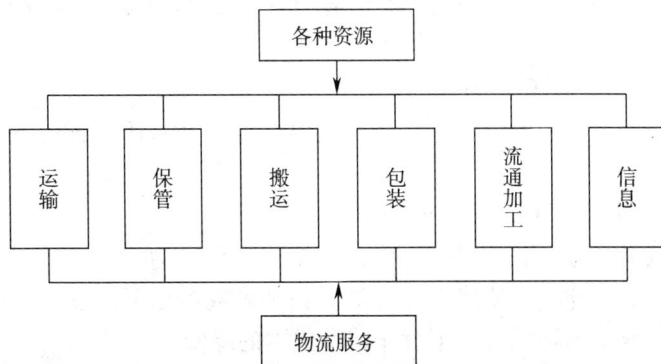

图 10 - 3　物流系统

国外的制造企业很早就认识到了物流是企业竞争力的法宝，搞好物流可以实现零库存、零距离和零流动资金占用，是提高为用户服务，构筑企业供应链，增加企业核心竞争力的重要途径。在经济全球化、信息全球化和资本全球化的21世纪，企业只有建立现代物流结构，才能在激烈的竞争中，求得生存和发展。

（二）物流系统的特点

1. 物流系统是一个"人—机"系统。应充分重视人的主体作用，加强职工的服务意识。另外，也应因地制宜，重视利用现代物流技术，处理好"人—机"关系。

2. 物流系统是一个整合系统。这个系统总体要比个别的部分或功能的简单相加更大。

3. 物流系统的复杂性。物资的品种多、数量大；人员的构成复杂，分布广、数量大；占用资金大。

4. 物流系统的每一个环节相互影响，其可能的失败往往归因于最薄弱的环节。

5. 物流系统的整体最优并不要求每个子系统和各个环节都最优。

（三）物流系统化的目标

物流系统化的目标就是实现整体的物流合理化。评价物流系统的效果从以下几个方面（简称"7S"）考虑：

1. 服务性（Service）

在为客户服务方面，要求服务项目完善、质量好、费用省，客户满意。

2. 速送性（Speed）

要求把商品按顾客指定的地点、准确迅速地送到目的地。

3. 安全性（Safe）

安全的节约是最大的节约。物流系统的各个环节、过程都应坚持"预防为主"的观点，避免由于安全而导致货运事故，给企业和客户造成损失。

4. 规模适当（Scale Optimization）

物流设施的集中与分散是否适当；依靠引入机械化、自动化达到省力；信息处理的现代化所要求的电子计算机和通讯技术的应用；以及物流网络的建立与完善等。

5. 空间的有效利用（Space Saving）

由土地紧张、价格上涨，相应地物流机械（高位货架）和立体化设施不断增加。

6. 库存控制（Stock Control）

库存量大小的原则是既能保证供应，又要减少资金占用。物流系统必须具有调整变动库存的功能。

7. 总成本最低（Sum Cost Minimum）

在物流市场激烈竞争的情况下，价格不能比社会平均成本高出很多，否则会招来更多的竞争者。因此，物流成本只有降低到平均成本以下，才有可能赚取高额利润。另外，单项成本的降低，并不意味着总成本的降低。

三、物流的主要功能

物流的主要功能包括仓储管理、存货管理和运输管理。

（一）仓储管理

生产和消费的周期是很少吻合的，所以，大多数公司都必须将有形产品存储起来等待销售。存储的功能弥合了购销双方在数量和时间上的差距，保证了无论消费者何时需要都可以购买到产品。企业必须决定存储产品的数量和种类，并决定存放的地点。企业使用的仓库越多，意味着货物能更迅速地送交顾客。但是，较多的仓库也意味着较高的仓储成本。企业储存地点和数目必须考虑顾客服务水平和分配成本之间的平衡。

企业既可使用储存仓库，也可使用配销中心（或物流中心）。成品储存仓库用以储存商品以满足长期的需求；配销中心则是用以配送产品而不仅仅是储存，这些高度自动化的仓库被用来从不同的工厂和供应商处接收产品、接受订单并有效地处理订单，然后将产品尽可能快地交付给消费者。

（二）存货管理

存货管理同样影响着顾客的满意度，存货太少会导致脱销，昂贵的紧急运输成本或生产成本，以及顾客的不满意。存货过多，则有可能导致较高的存货成本，存货也有可能会过时。为此，在做存货决策时，管理部门必须在增加的成本与由此产生的销售和利润之间作出权衡。

很多公司通过准时生产方式（Just In Time，JIT）物流系统大大降低了存货和相关的成本。在这样的体系下，制造商和零售商只保持很小规模的产品和零部件的存货，通常只够几天的生产和销售。例如，戴尔公司，通常只保留五天的存货，而竞争者的一般水平是 40～60 天。新的存货会在需要时恰好送达，而不是被储存在那里等待使用。JIT 系统要求准确的预测及快速、频繁和灵活的交付，可大大节省存货保持成本。

（三）运输管理

运输是物流作业中最直观的要素之一。运输提供两大功能：产品转移和产品储存。

1. 产品转移

无论产品处于哪种形式，是材料、零部件、装配件、在制品还是制成品，也不管是在制造过程中，还是将被转移到下一阶段，或是实际上更接近最终的顾客，运输都是必不可少的。运输的主要功能就是产品在价值链中的来回移动。既然运输利用的是时间资源、财务资源和环境资源，那么，只有当它确实提高产品价值时，该产品的移动才是重要的。运输的主要目的就是要以最低的时间、财务和环境资源成本，将产品从原产地转移到规划地点。此外，产品损坏的费用也必须是最低的，同时，产品转移所采取的方式必须能满足顾客有关交付履行和装运信息的可得性等方面的要求。

2. 产品储存

在仓库空间有限的情况下，利用运输车辆储存也不失为一种可行的选择。可以采取的一种方法是，将产品装到运输车辆上去，然后采用迂回线路或间接线路运往其目的地。在本质上，这种运输车辆被用作一种储存设施，但它是移动的，而不是处于闲置状态。实现产品临时储存的第二个方法是改道，这是当交付的货物处于转移之中，而原始的装运目的地被改变时才会发生。

▣ 探讨与应用

冠生园集团第三方物流

　　冠生园集团是国内唯一一家拥有"冠生园"、"大白兔"两个驰名商标的老字号食品集团。近几年集团生产的大白兔奶糖、蜂制品系列，以及酒、冷冻微波食品、面制品等新产品市场需求逐步增加，但运输配送跟不上。集团拥有的货运车辆近100辆，要承担上海市3 000多家大小超市和门店的配送，以及北京、太原、深圳等地的运输。由于长期计划经济体制造成运输配送效率低下，出现淡季运力空放，旺季忙不过来的现象，加上车辆的维修更新，每年维持车队运行的成本费用要上百万元。为此集团专门召开会议，研究如何改革运输体制，降低企业成本。

　　冠生园集团作为在上海市拥有3 000多家网点并经营市外运输的大型生产企业，物流管理工作是十分重要的一项。它们通过使用第三方物流，克服了自己搞运输配送带来的弊端，加快了产品流通速度，增强了企业的效益，使冠生园集团产品更多更快地进入了千家万户。

　　2002年初，冠生园集团下属合资企业达能饼干公司率先作出探索，将公司产品配送运输全部交给第三方物流。物流外包试下来，不仅配送准时准点，而且费用要比自己搞节省许多。达能公司把节约下来的资金投入开发新品与改进包装上，使企业又上了一个新台阶。为此，集团销售部门专门组织各企业到达能公司学习，决定在集团系统推广他们的做法。经过选择比较，集团委托上海虹鑫物流有限公司作为第三方物流机构。

　　虹鑫物流与冠生园签约后，通过集约化配送，极大地提高了效率。每天一早，他们在电脑上输入冠生园相关的配送数据，制定出货最佳搭配装车作业图，安排准时、合理的车流路线，绝不让车辆走回头路。货物不管多少，就是两箱、三箱也送。此外按照签约要求，遇到货物损坏，按规定赔偿。一次，整整一车糖果在运往河北途中翻入河中，司机掏出5万元，将掉入河中损耗的糖果全部买下做赔。

　　据统计，冠生园集团自去年8月起委托第三方物流以来，产品的流通速度加快，原来铁路运输发往北京的货途中需7天，现在虹鑫物流运输只需两到三天，而且实行的是门对门的配送服务。

　　由于第三方物流配送及时周到、保质保量，商品的流通速度加快了，集团的销售额有了较大增长。此外，更重要的是能使企业的领导从非生产性的后道工序、包装、运输中解脱出来，集中精力抓好生产，开发新品、提高质量、改进包装。

　　第三方物流机构能为企业节约物流成本，提高物流效率，这已被越来越多的企业，特别是中小企业所认识。据美国波士顿东北大学供应链管理系统调查，《财富》500强中的企业有六成半都使用了第三方物流服务。在欧洲，很多仓储和运输业务也都由第三方物流来完成。

　　作为老字号企业的冠生园集团，产品规格品种多、市场辐射面大，靠自己配送运输成本高、浪费大，为此，他们实行物流外包战略。签约虹鑫公司，搞门对门物流配送。结果就节约了 40 万元的费用，产品流通速度加快，销售额和利润有了较大增长。按照供应链的理论来说，当今企业之间的竞争实际上是供应链之间的竞争，谁的成本低、流通速度快，谁就能更快赢得市场。因此，物流外包充分利用外部资源，也是当今增强企业核心竞争力的一个有效的举措。

（资料来源：www. examw. com）

试分析：

1. 冠生园为什么要采用第三方物流？

2. 第三方物流适用于所有企业吗？

☆ 同步测试

◇ 单项选择

1. 当生产量大且超过了企业自销能力的许可时，其渠道策略应为（　　）。

A. 直接渠道　　　　B. 间接渠道　　　　C. 专营渠道　　　　D. 都不是

2. 对于直接销售渠道而言，（　　）的说法是错误的。

A. 生产者同消费者直接接触　　　　B. 产销之间没有任何中间环节

C. 可使商品快速同用户见面　　　　D. 不便于为消费者提供特殊服务

3. 一层渠道在消费者市场通常是（　　）。

A. 批发商　　　B. 零售商　　　C. 销售代理商　　　D. 佣金商

4. 三元公司为使广大消费者能随时随地买到三元牛奶这种日常用品，通常采用的渠道策略是（　　）。

A. 密集分销　　　B. 选择分销　　　C. 独家分销　　　D. 间接分销

◇ 多项选择

1. 具备（　　）条件时，企业可选择直接式渠道。

A. 市场集中　　　　B. 消费者或用户一次需求批量大

C. 中间商实力强、信誉高　　　　D. 产品易腐易损，需求时效性强

E. 产品技术性强

2. 评估各种可能的分销渠道方案的标准是（　　）。

A. 经济性标准　　　B. 控制程度　　　C. 适应性

D. 畅通性　　　　E. 统一性

3. 物流的主要功能包括（　　）。

A. 仓储管理　　　B. 存货管理　　　C. 运输管理

D. 销售管理　　　　E. 组织管理

◇ 判断

1. 渠道的长度是指产品在流通过程中所经过的层级的多少。（　　）

2. 非标准化产品，通常由企业推销员直接销售。（　　）

3. 经纪人和代理商对其经营的商品具有所有权。（　　）

4. 生产者只要提高对中间商的激励水平，销售量就会上升。（　　）

◇ 简答

1. 简述直接分销渠道的优缺点。

2. 简述渠道冲突管理策略。

3. 简述物流的主要功能。

☆ 实训项目

去不同形式的零售店看一看，目前我国都存在哪些形式的零售企业？

[训练目标] 通过深入实地认知与体验分销形式，加深对本任务内容的理解。

[训练组织] 学生每6人分为一组，选择不同的零售企业。

[训练提示] 教师提出活动前准备及注意事项，同时随队指导。

[训练成果] 各组汇报，教师讲评。

☆ 案例分析

LG 电子公司的渠道策略

LG 电子公司从 1994 年开始进军中国家电业，目前其产品包括彩电、空调、洗衣机、微波炉、显示器等种类。LG 把营销渠道视做一种重要资产来经营。通过把握渠道机会、设计和管理营销渠道拥有了一个高效率、低成本的销售系统，提高了其产品的知名度、市场占有率和竞争力。

一、准确进行产品市场定位和选择恰当的营销渠道

LG 家电产品系列、种类较齐全，其产品规格、质量主要集中在中高端。与其他国内外品牌相比，最大的优势在于其产品性价比很高，消费者能以略高于国内产品的价格购买到不逊色于国际著名品牌的产品。因此，LG 将市场定位在那些既对产品性能和质量要求较高，又对价格比较敏感的客户。LG 选择大型商场和家电连锁超市作为主要营销渠道。因为大型商场是我国家电产品销售的主渠道，具有客流量大、信誉度高的特点，便于扩大 LG 品牌的知名度。在一些市场发育程度不高的地区，LG 则投资建立一定数量的专卖店，为其在当地市场的竞争打下良好的基础。

二、正确理解营销渠道与自身的相互要求

LG 对渠道商的要求包括：渠道商要保持很高的忠诚度，不能因渠道反水而导致客户流失；渠道商要贯彻其经营理念、管理方式、工作方法和业务模式，以便彼此的沟通与互动；渠道商应该提供优质的售前、售中、售后服务，使 LG 品牌获得客户的认同；渠道商还应及时反馈客户对 LG 产品及潜在产品的需求反应，以便把握产品及市场走向。渠道商则希望 LG 制定合理的渠道政策，造就高质量、统一的渠道队伍，使自己从中获益；LG 还应提供持续、有针对性的培训，以便及时了解产品性能和技术的最新发展；另外，渠道商还希望得到 LG 更多方面的支持，并能够依据市场需求的变化，及时对其经营行为进行有效调整。

三、为渠道商提供全方位的支持和进行有效的管理

LG 认为企业与渠道商之间是互相依存、互利互惠的合作伙伴关系，而非仅仅是商业伙伴。在相互的位置关系方面，自身居于优势地位。无论从企业实力、经营管理水平，还是对产品和整个市场的了解上，厂商都强于其渠道经销商。所以在渠道政策和具体的措施方面，LG 都给予经销商大力支持。这些支持表现在两个方面：利润分配和经营管理。在利润分配方面，LG 给予经销商非常大的收益空间，为其制定了非常合理、详细的利润反馈机制。在经营管理方面，LG 为经销商提供全面的支持，包括信息支持、培训支持、服务支持以及广告支持等，尤其具有特色的是 LG 充分利用网络对经销商提供支持。在其网站中专门设立了经销商 GLUB 频道，不仅包括 LG 全部产品的技术指示、性能特点、功能应用等方面的详尽资料，还传授一般性的企业经营管理知识和非常具体的操作方法。采用这种方式，既降低了成本又提高了效率。

然而经销商的目标是自身利润最大化，与 LG 的目标并不完全一致。因此，对渠道商进行有效的管理，提高其经济性、可控制性和适应性。渠道管理的关键在于价格政策的切实执行。为了防止不同销售区域间的窜货发生，LG 实行统一的市场价格，对渠道商进行评估时，既考察销售数量，又重视销售质量。同时与渠道商签订合同来明确双方的权利与义务，用制度来规范渠道商的行为。防止某些经销商为了扩大销售量、获取更多返利而低价销售，从而使经销商之间保持良性竞争和互相制衡。

四、细化营销渠道，提高其效率

LG 依据产品的种类和特点对营销渠道进行细化，将其分为 IT 产品、空调与制冷产品、影音设备等营销渠道。这样，每个经销商所需要掌握的产品信息、市场信息范围缩小了，可以有更多的精力向深度方向发展，更好地认识产品、把握市场、了解客户，最终提高销售质量和业绩。

五、改变营销模式，实行逆向营销

为了避免传统营销模式的弊端，真正作到以消费者为中心，LG 将营销模式由传统的"LG→总代理→二级代理商→……→用户"改变为"用户←零售商←LG + 分销商"的逆向模式。采用这种营销模式，LG 加强了对经销商特别是零售商的服务与管理，使渠道更通畅。同时中间环节大大减少，物流速度明显加快，销售成本随之降低，产品的价格也更具竞争力。

（资料来源：杨志宁．构建营销渠道优势角逐中国加点市场——LG 的启示．经济管理．2002（7））

阅读以上材料，回答问题：

1. 分析 LG 电子公司的渠道策略。

2. 分销渠道的选择应该注意哪些问题？

第十一章

促 销 策 略

◆ 本章学习目标

☞ 应用知识目标：

1. 理解并掌握促销、促销组合、广告、人员推销、营业推广及公共关系等概念；

2. 了解制定促销组合应考虑的主要因素；

3. 了解促销预算的常用方法。

☞ 应用技能目标：

1. 掌握促销组合策略在实际中的应用方法；

2. 能够对企业的整合营销传播进行设计。

📖 营销情景故事

一次"失败"的促销

炎炎夏日，酷暑难耐，是很多商品销售的淡季。很多商品便借机进行促销活动，以便实现淡季不淡、反季节销售或增加销量的目的。总之，各个厂家在市场淡季的时候，谁也不敢偷懒。

福盈门品牌食用油是国内某集团旗下的高端品牌，虽然在国内排不上第一名，凭借集团的雄厚实力和不差的质量，在食用油市场一直也有稳定的表现。郑州市场是公司的重点市场，进入淡季以来，销售一直不畅。一入6月份，公司经理蔡杰便考虑在大的卖场进行一次统一的促销活动，以便提升销量。经过客户走访，特别是促销主管张丽极力建议，他认为福盈门品牌不错，但美誉度一直比不上第一品牌金龙鱼，因此在商超直接面对消费者促销时，关键是真正的让利和实惠，这样销量肯定会大幅增长。

通过申请和走访市场，活动方案正式形成。

活动时间：6月27~28日。

活动地点：郑州市所有大型卖场。

活动内容：现场对消费者进行促销，针对销售最好的品种5升花生油进行让利促销。

（1）5升花生油进行特价销售，从原来的每桶79.9元优惠到73.5元；

（2）每购买5升花生油一桶，赠送900毫升花生油一瓶；

（3）现场进行抽奖活动，每购买一桶花生油，均有一次抽奖机会，奖品从手提电脑到900毫升小瓶油不等，中奖率为47%。

274

同期的金龙鱼品牌 5 升花生油价格为 85 元每桶，而福盈门这么大的力度，不信没人买！蔡杰似乎看到了顾客排着长队在等着购买福盈门，而产品已经供不应求的场面！

促销主管张丽也非常的敬业，早上 8:30 就赶到了平日销售较好的家乐福超市，毕竟这次活动效果怎么样和自己的建议直接相关。

周六上午，家乐福北环店，9 点正式营业后，消费者陆陆续续到来，但是能走到最靠里面的福盈门展架的人稀稀疏疏，尽管促销员大声招揽，临时促销也很尽力地吆喝，但展架前的人一直很少，直到上午 10:30，共销售 20 桶，和往常周六销售 15 桶相比，几乎没有多大效果。没多久，蔡杰收到张丽的电话，活动效果不好，不一会，其他超市的促销员陆续反馈，原来期望的活动效果并没有出现。

这次活动已经基本宣告失败。蔡杰跌在沙发里，不知该怎样写这次促销活动的报告。

（资料来源：黄文恒．中国营销传播网）

分析：促销是在分销基础上的市场营销活动，它的使命是配合分销渠道，运用一些特殊手段大力促进产品销售，它的内容包括促销组合、人员推销、广告、营业推广及公共关系等。

企业的促销活动是有组织、有计划、有目的的整体行为，不是孤立的，零碎的四处出击，而是各种促销手段组合为一个完整的体系。互相配合运用，加强效果；同时，不同的企业依据不同市场情况也可适当选择，互相搭配促销手段进行促销。

第一节　促销和促销组合

促销作为一种重要的营销活动，也是营销组合策略之一，其核心就是沟通信息，目的是激发消费者的购买欲望，促进消费者购买。促销的方式很多，其中最主要的有人员推销、广告、营业推广、公共关系等，各种促销传播形式都各具特色，企业应根据促销目标、产品市场类型、市场特性等因素予以组合，以形成有效的促销策略。

一、促销的概念与实质

（一）促销的概念

促销就是促进销售的简称，是由"Promotion"翻译而来。它是指企业以人员促销和非人员促销的方式向目标顾客沟通市场信息，影响和帮助顾客认清购买某项产品或劳务所带来的益处，或者促使顾客对企业及其产品产生好感和信任，从而引起顾客的兴趣，激发顾客的购买欲望和购买行为的活动。

（二）促销的实质

促销的实质是产品的生产者与需求者之间的信息沟通活动。一方面，产品需求者将对产品的需求意向或意图传递给产品生产者，促使产品生产者贯彻这一意图，生产出的产品适合需求者的口味或意图；另一方面，产品的生产者将产品的信息传递给产品的需求者，试图影响产品需求者的态度和购买行为，促使产品需求者贯彻产品生产者的意图从而实现交换。

二、促销的方式

企业促销的主要方式有四种：广告、人员推销、营业推广和公共关系。

（一）广告

广告主支付一定的费用，采取非人员推销形式，通过种种媒介把市场商品信息传递给广大目标顾客，广而告知，促进商品销售。

（二）人员推销

企业组织的销售力量，引导顾客偏爱、建立购买信心为销售产品而进行的人员展示活动。

（三）营业推广

各种鼓励购买的短期刺激行为的活动。

（四）公共关系

为树立和保持良好的公众形象，与企业内部公众维持良好关系，慎重处理不利于企业的各种流言、谣传与事件的活动，又称企业的软推销。

三、促销组合策略

所谓促销组合策略，就是指企业根据其促销的需要，对人员推销、广告、营业推广和公共关系等促销方式进行适当选择和组合的策略，即如何确定促销预算其在各种促销方式之间的分配。表 11 - 1 给出了四种促销方式的优缺点的比较。

表 11 - 1　　　　　　　　　　四种促销方式优缺点比较

类型	促销方式	优点	缺点
人员促销	人员推销	直接快速，反应及时，有利于建立与顾客的长期关系。	人才难得，费用高，面窄，管理难度大。
非人员促销	广告	传播面广、快、形象生动、表现手法丰富，容易引起注意。	停留时间短、费用高、针对性强，不易促成现实购买。
	公共关系	影响面广、可信度高、效果持久，可提高企业的美誉度。	程序复杂，投入大，效果难以控制。
	营业推广	强烈刺激性，可以促使产生即时购买。	

四、制定促销组合策略应考虑的因素

（一）促销目标

确定最佳促销组合，需考虑促销目标。相同的促销工具在实现不同的促销目标上，其成本效益会有所不同。也就是说，促销目标不同，应有不同的促销组合。如果促销目标是为了提高产品的知名度，那么促销组合重点应放在广告和营业推广上，辅之以公共关系宣传；如果促销目标是让顾客了解某种产品的性能和使用方法，那么促销组合应采用适量的广告、大量的人员推销和某些营业推广；如果促销目标是立即取得某种产品的推销效果，那么重点应该是营业推广、人员推销，并安排一些广告宣传。

（二）AIDMA 法则

AIDMA 法则，是指消费者从认知产品到采取购买行为的心理过程。购买心理过程包括五个阶段，即认识（Attention）→兴趣（Interest）→欲望（Desire）→记忆（Memory）→购买行为（Action）。不同的购买心理阶段，企业应采取不同的促销组合，并以此来指导消费者购买心理的一系列变化，诱导消费者作出购买决定。一般来说，广告在购买的初级阶段，对集中消费者的注意很有效果；公共关系适合新产品的促销，如利用新闻报道等宣传新产品几乎接近广告的效果；人员推销对唤起购买欲望、诱导购买决定具有很好的效果。

（三）"推"与"拉"的策略

企业采用"推"式策略还是"拉"式策略进行促销，对促销组合也有较大的影响。"推"式策略是指利用推销人员和中间商把产品推销给顾客。"拉"式策略是指企业针对最终顾客，利用广告、公共关系等促销方式，激发消费需求，经过反复强烈的刺激，顾客将向零售商指名购买这一产品，零售商则向批发商指名采购这种产品，而批发商必然要向生产企业要货，生产企业就这样把自己的产品拉进销售渠道。

（四）市场特性

不同的市场，由于其规模、类型、潜在顾客数量不同，应该采用不同的促销组合。规模大、地域广阔的市场，多以广告为主，辅之以公共关系宣传；反之，则宜以人员推销为主；消费者市场购买者众多、零星分散，应以广告为主，辅之以营业推广、公共关系宣传；生产者市场用户少，购买批量大，产品技术性强，则宜以人员推销为主，辅之以营业推广、广告和公共关系宣传；市场潜在顾客数量多，应采用广告促销，有利于开发需求；反之，则宜采用人员推销，有利于深入接触顾客，促成交易。

（五）产品生命周期

产品生命周期的不同阶段具有不同的特点，各阶段的促销目标通常不同，促销组合也就自然不同。下面以消费品市场为例进行说明。

1. 导入期

在导入期，以广告为主，通过各种媒介大力宣传新产品的品牌、特性、功能和服务等，使消费者对刚投入市场的新产品有所了解和认识。

2. 成长期

在成长期，产品已被消费者和用户认识，销售量开始迅速上升。社交渠道沟通方式开始产生明显效果，口头传播越来越重要。如果企业想继续提高市场占有率，就必须加强原来的促销工作。如果企业要取得更多的利润，则宜于用人员推销来取代广告和营业推广的主导地位，以降低成本费用，同时也更具有针对性。

3. 成熟期

在成熟期，竞争对手日益增多，大多数消费者已了解产品，促销的主要目的是为了与竞争对手相抗衡，使企业的产品在竞争中保持优势，保持已有的市场占有率，企业必须增加促销费用。这一阶段可能发现了现有产品的新用途，或推出了改良产品，在这种情况下，加强促销能促使顾客了解产品，诱发购买兴趣。运用赠品等促销工具比单纯的广告活动更为有效，因为这时顾客只需提醒式广告即可。工业品则需要更多地使用人员推销，挖掘潜在市场，巩固老用户，争取新用户。

4. 衰退期

在衰退期，市场需求已饱和，可替代的新产品已在市场上批量出售，消费者的兴趣和爱好开始转移，产品销量急剧下降。企业应把促销规模降低到最低限度，以保证获取足够的利润。这一阶段，只用少量广告活动来保持顾客的记忆即可，公共关系活动可以全面停止，人员推销也可减至最小规模。

5. 促销预算

企业在制定促销组合策略时，还要考虑促销费用的限制，应根据促销预算安排促销组合。如果用于促销的预算较少，自然不能采用费用昂贵的电视广告，可考虑采用其他媒体广告，或依赖公共关系与人员推销，也可使用直接邮寄产品目录、产品说明书、订单等，向顾客传递产品信息、争得订单。对于某些小企业，特别是潜在顾客不多的小企业，使用直接邮寄，常常会获得较好的促销效果。

🔖探讨与应用

双蛋白饮料促销策略

促销目的：

1. 打开产品知名度；
2. 介绍产品特性；
3. 强化品牌印象；
4. 促进产品销售。

促销组合模式：

原则：以广告宣传提升双蛋白饮品的形象、认知度和概念，以免费品尝介绍产品的口味特征，以创新的产品包装引起消费兴趣，以组合促销推进产品的销售，以产品形象宣传强化品牌印象。

促销方式：采用创造市场饥饿的促销方式启动大连市场，为后续的市场运作创造条件。

（1）广告宣传：以电视广告为主，宣传产品的形象、概念及产品差异，以POP广告、广播广告支持电视广告，以报纸的软硬广告支持促销活动的推广。

（2）免费品尝：在大中商场及超市设立免费品尝的促销点；主要商场及超市有大商、天百、中兴、百盛、家乐福、沃尔玛、友谊商城以及民勇商场等各设立一个免费品尝点；现场促销活动以派发产品宣传单、免费品尝和买几赠几等方式进行。

（3）产品包装促销：将罐的拉环儿做成指环戒指状，使女性消费者在开启后便能将其戴在手指上，如同戒指一样。

（4）将饮品罐的顶部加上一个塑料盖，每个盖里面都附上一张卡片，上面印有产品形象的代言人"知心姐姐"，每张卡片上面都有一个内容，或者是具有趣味意义的画片，或者是具有发人深省的告诫，或者是一些常人不知道的常识，每个卡片上印有三位数的号码，即 000～999 号。

（5）数字抽奖的促销方式可以选择以组合促销为主要促销手段，体现一种分阶段升级，连续促销的活动过程；促销范围设定在大连市内四区、旅顺口区、金州区、开发区和北三市。

抽奖方式：

①三组标贴数字分为三个级别的奖励，以最大数为计奖号码；现设定如下：

999 为一等奖，奖励 2 箱双蛋白饮料，价值 120 元；

99 为二等奖，奖励 1 箱红葡萄酒，价值 80 元；

9 为三等奖，奖励 1 箱双蛋白饮料，价值 60 元。

②三组数字集奖，每月抽奖一次，分成两个级别的奖励：

第一组和第二组卡片组合，为特二等奖，奖励价值为 1 000 元；

第二组和第三组卡片组合，为特一等奖，奖励价值为 10 000 元。

活动的要求：

（1）本活动只局限于大连市场。

（2）须严格按设定的时间表完成各项工作。

（3）抽奖、发奖的时间和地点不得随意改动。

（4）要信守诺言，不得中途停止活动。

（5）截止日期为 2010 年底。

（6）商品陈列与展示：①在成本允许的情况下，在超市或商场里设立有自己风格的专柜，专柜上面印有"知心姐姐"的形象；②设计一个实际尺寸的"知心姐姐"形象牌，让微笑的"知心姐姐"手拿着产品在超市、商场或便利连锁店的里面或外面进行宣传。

（7）促销饰品：促销现场最好设在超市或商场的出入口处，将过往的行人吸引过来；同时，要有醒目的产品广告牌，并且最好找漂亮小姐穿正面印有"1＋1"两字服装，或者佩带印有"1＋1"的绶带；促销现场要营造一种热烈的气氛，让每一个消费者感到自己是活动中的一员。

（资料来源：百度文库）

第二节　广告

一、广告的概念与作用

（一）广告的概念

广告一词源于拉丁语"Advertere"，是"吸引人心"或"注意与诱导"的意思，后来演变为英语"Advertise"，含义为"引起别人注意，通知别人某件事"。汉语的广告就是广而告之。从其含义来说，广告可以分为广义和狭义两种。广义的广告定义范围很大，凡是能唤起人们的注意、告知某项事物、传播某种信息、宣传某种观点或见解的活动都可以称为广告，如政府公告、公共利益宣传、教育通告、各种启示、标语、口号和声明等。广告既包括商业广告，也包括非商业广告。

（二）广告的作用

广告作为一种积极有效的信息传递活动，对实现"产品的惊险跳跃"有极为重要的作用。具体地说可归纳为以下几点：

1. 传送信息，沟通产需

这是广告的基本作用。现代产品的销售过程是信息流与物流高度统一的过程，如果没有有效的信息沟通，买卖双方相互隔阂，产品就难以实现销售。广告能够把产品、劳务等信息传递给可能的顾客，迅速、有效地沟通产需，缩短产需之间的距离，加速产品的流转。

2. 创造需求，刺激消费

广告通过各种传播媒体向顾客广泛介绍产品信息，不仅能提高顾客对产品的认识程度，诱发其需求和购买欲望，而且能起到强化顾客对产品的印象，刺激需求，创造需要的作用。

3. 树立形象，利于竞争

竞争是市场经济的产物，哪里有商品生产，哪里就有竞争。广告是开展竞争的重要手段，广告在竞争中为企业创名牌、树声誉而呐喊，为新技术、新工艺、新产品而摇旗。广告在竞争中可以起到鼓励先进，鞭策后进，促进社会生产发展的作用。

4. 指导购买，扩大销售

商店里商品琳琅满目，花色品种繁多，既给顾客提供了充分挑选的余地，也增加了顾客购买决策的难度。各种形式的广告不断向顾客介绍产品的性能、特色、适用范围、价格、销售地点及售后服务项目等，能帮助他们识别产品，指导购买，既满足了顾客需求，又扩大了销售，加速资金周转，增加企业盈利。

5. 美化人们生活，促进社会主义精神文明建设

一则思想性和艺术性强的好广告可以使人得到美的享受，陶冶人们的情操，提高人们的思想修养，从而起到美化人们生活，促进社会主义精神文明建设的作用。

二、广告目标的确定

企业在运用广告策略时，首要的是要确立广告的目标。广告目标就是企业通过广告要达到的目的，如将产品知名度由 10% 提高到 30%，广告目标的实质就是要在特定的时间内对特定的受众完成特定内容的沟通。确定广告目标必须依据企业有关目标市场、市场定位以及市场营销组合决策的相关资料。

根据广告目标特点的不同，广告目标可分为告知、劝说、提示三大类。

（一）告知性广告

告知性广告主要向市场告知有关新产品的信息，目的是要为产品创造最初的需求，主要应用在产品生命周期的介绍期，如生产酸奶的企业在产品刚投放市场时，通过广告告诉消费者酸奶有哪些营养价值。另外，通过广告，企业还可以向市场介绍一项老产品的新用途，介绍产品价格的变化，说明产品的性能和功效，介绍可以提供的服务，纠正消费者在某些方面产生的错误印象，减少消费者对使用产品的担心或树立一个公司的新形象等。

（二）劝说性广告

劝说性广告主要是引导选择性的需求，以便在竞争中获得更多的成效，主要应用在产品生命周期的成长期。目前，大多数的广告属于这种类型。如一个企业可以通过广告使消费者相信，它的产品与市场上的其他任何品牌的产品都不同，从而突出自己产品的优势。许多劝说性广告已变成对比性广告。在经济发达地区，对比性广告广泛应用于那些竞争比较激烈的产品，如清洁剂、快餐食品、牙膏、轮胎和汽车等。劝说性广告可以用来促进和激发消费者建立产品品牌的偏好，吸引正在使用竞争对手产品的消费者，转向使用本企业的产品，改变消费者对产品特性的知觉，促使消费者立即购买以及说服消费者接受人员推销等。

（三）提示性广告

提示性广告主要是保持顾客对产品的记忆。主要应用在产品生命周期的成熟期。如可口可乐公司经常在电视、路牌、杂志等媒体做广告，这些广告的目的既不是宣传新产品，也不是劝说消费者，而是提醒人们可口可乐的存在。与提示性广告相关的是强化性广告，其目的是使购买本企业产品的顾客充分相信他们作出的选择是正确的。如汽车广告常常通过画面显示心理满足的顾客，对自己购买新车的某些特点感到何等的称心如意等。提示性广告的作用在于，提醒消费者可能很快就会需要某种产品，提醒消费者购买本企业产品的地点，这种提示可以促使消费者在淡季也能记住这些产品，使产品保持较高的知名度。

三、广告设计原则

广告效果不仅取决于广告媒体的选择，还取决于广告设计的质量，优秀的广告要遵循下列原则来设计。

（一）真实性

广告的生命在于真实。真实的广告有助于建立企业及其商品的信誉，维护企业形象及消费者利益，虚伪、欺骗性的广告，必然会使企业丧失信誉。

（二）社会性

广告是一种信息传递。在传播信息的同时，也传播了一定的思想意识，必然会潜移默化地影响社会文化、社会风气，广告必须符合社会文化、思想道德的客观要求。

（三）针对性

由于各个消费者群体都有自己的喜好、厌恶和风俗习惯，为适应不同消费者群体的不同特点和要求，广告要根据不同的广告对象来决定广告的内容与形式。

（四）感召性

广告的诉求点必须与产品的优势点以及目标顾客购买产品的关注点一致。

（五）简明性

由于广告媒体具有播放时间短和信息容量有限等局限性，因此不能给消费者太大的视觉与听觉上的辨识压力。广告设计的客观要求必然需要简明、清晰。

（六）艺术性

广告是一门科学，也是一门艺术。它运用科学技术集文学、戏剧、音乐和美术等各艺术于一体，通过特定的形式表现出来。优秀的广告就像优美的诗歌，像美丽的图画，会给消费者美的享受。

四、广告媒体的选择

广告必须通过一定的媒体传播出去，媒体的质量决定着广告的成败。广告媒体的选择，是广告策略的重要内容。选择广告媒体的目的在于，利用最佳手段输出信息，达到尽可能大覆盖面的宣传效果。

（一）广告媒体的种类

不同的广告媒体各具特点，各有利弊。

1. 报纸

报纸是传递信息的最重要工具，是广告运用最多的媒体形式之一。其优点是：读者面广、稳定、宣传覆盖面大；信息传播快，时效性强，尤其是日报，当天即可知道；空间余地大，信息量丰富，便于查找；收费较低。其缺点是：保留时间短，生命力短；形象表现手段不佳，感染力差；制作简单粗糙。

2. 杂志

杂志专业性较强，目标读者较集中，是刊登各种专业产品广告的良好媒体。其优点是：读者对象明确、集中，针对性强，广告效果好；保留时间长，信息利用充分；读者文化程度高，有专业知识，易接受新事物，更适合新产品和相应专业产品的广告；版面整齐，制作精良，配上彩页，能较好地表现产品外观形象。其缺点是：发行范围不广，广告覆盖面小；周期长，不利于快速传播。

3. 广播

广播是听觉媒体，在我国现阶段也是一种广为利用的主要媒体。其优点是：传收同步，听众易收到最快最新的信息，且不受交通条件和距离远近的限制；传播空间广泛，适应性强，无论何时何地，无论男女老幼和是否识字，只要有听觉能力，都可接受；每天重播频率高，传播信息方式灵活多样，可以用音乐、对话、戏剧小品、相声等多种形式加强广告效果；广告制作费用低。其缺点是：只有信息的听觉刺激，没有视觉刺激；信息消失快，给人印象不深；难以保存，无法查找；听众分散，选择性差。

4. 电视

电视是重要的现代化媒体，它通过视觉形象和听觉的结合，综合运用各种艺术手法，融声音、图像、色彩以及运动于一体，直观形象地传递商品信息，具有丰富的表现力和强烈的感染力。其优点是：表现力丰富、形声兼备、感染力极强，给人以强烈的刺激；播放及时、覆盖面广、收视率高；可以重复播放，加深印象。其缺点是：制作成本高，播放收费高；信息消失快；目标观众无法选择。

5. 户外广告

户外广告主要包括路牌广告、灯箱广告、交通车身广告、车辆广告、机场、车站码头广告、招贴广告和传单广告等。其优点是：传播主题鲜明、形象突出；不受时间限制，比较灵活；展露重复性较强，成本较低。其缺点为：不能选择对象，传播内容受一定的限制，创造力受到局限。

6. 售点广告

售点广告指售货点及购物场所的广告，如柜台广告、货架陈列广告、模特广告以及门面装饰等。

7. 其他媒体

主要包括邮寄广告、赞助广告、体育广告、包装广告和互联网等。这些媒体也各有特点和利弊，如邮寄媒体传播对象明确，传播效果明显，信息反馈快，形式灵活，费用低廉。

（二）广告媒体的选择

要使广告达到一定的促销效果，则必须注意广告媒体的覆盖面、接触频率及作用强度等。广告媒体种类繁多，并且各具特点和利弊，企业在选择广告媒体时应考虑以下因素：

1. 企业对传播信息的要求

企业对信息的传播次数、效果及达到目标顾客的最低时间限度要求不同，就要根据各种媒体的特点，选择不同的广告媒体，如要求重播次数多，立即传送到目标顾客时，可选择广播或电视媒体。

2. 产品特性

产品的性质、特点等不同，要选择不同的广告媒体。譬如，产品为高档消费品，如高档家具、电器和高级时装等，需选用较高读者层的媒体，或在较高层次的电视节目间插播；产品属于中、低档消费品，就应选择以大众为对象的读物作媒体。再如，服装、化妆品、食品等最好选用彩印或电视广告，以突出色彩，形象生动。新产品、高新技术产品可利用邮寄广告，以便详细说明，并有目的地选择目标顾客。

3. 目标顾客特点

顾客的年龄、性别、文化程度、经济收入和社会地位等不同，接触媒体的习惯也不同，企业应选择能顺利传播到目标市场的媒体，如化妆品、妇女儿童用品，在妇女杂志或电视上做广告，效果会好些。

4. 媒体特征

媒体的传播范围、效果、选择性和声誉各不相同。因此，必须根据媒体特征来选择。媒体的传播范围应与产品销售范围相一致，在全国销售的产品，适宜在全国性报纸、杂志或中央广播电台、中央电视台做广告；在地区销售的产品，可选用地方报刊、广播、电视为广告媒体；目标顾客数量较少，可采用选择性强的邮寄媒体。媒体本身的效果和声誉对广告效果有直接影响。因此，应注意选用效果好、声誉高和影响力大的媒体。

5. 媒体的成本和支付能力

不同媒体的成本不同，在选用时应考虑企业广告费用支付能力，分析费用与广告效果之间的关系，选用成本低、效果好的媒体。

五、广告预算的确定

在制定企业的目标之后，就要进行广告预算。广告预算就是确定一定时期企业广告活动所将要花费的全部资金，可供企业采用的广告预算的方法主要有以下几种。

（一）量力而行法

这种方法就是企业在其他市场营销活动优先分配经费后，尚有剩余可供广告花费的额度。这样企业就可以根据资金情况来决定广告开支，可以做到量力而行，但是这样做有本末倒置之嫌。因为企业做广告的根本目的就是要促进销售，企业在做广告预算时应关注企业要花费多少广告费才能完成销售目标，因此量力而行法具有片面性。

（二）销售额百分比

销售额百分比是指企业根据销售额或单位产品售价来计算和决定广告开支。

1. 销售额百分比法的优点

（1）它能将企业的销售额和广告开支综合考虑；

（2）可促使企业管理人员根据单位广告成本、产品售价和销售利润之间的关系，来考虑企业的经营问题；

（3）如果某行业大多数企业都按销售百分比法来预算广告开支的话，有利于保持竞争的相对稳定。

2. 销售额百分比法的缺点

（1）产品生命周期的不同阶段，销售额百分比是波动的；

（2）企业先决定销售额的标准再决定广告预算的测算程序，忽视了广告能促进销售额上升的这种因果关系。

（三）目标任务法

首先确定广告目标（如销售增长率、市场占有率等），再确定达到此目标所要完成的任务，然后估计要完成这些任务所需要的费用。这种方法从促销目标任务的需要出发来决定广告费用，在逻辑程序上有较强的科学性，因此，为许多企业所采用。但这种方法也有其缺点，没有从成本的观点出发考虑广告费用。

（四）竞争参照法

企业参照竞争对手的广告开支来决定自己企业的广告开支，以保持自己的竞争优势。这种方法在实践中运用得较多，但是企业采用这种方法的前提是：首先，企业必须了解竞争对手的广告预算信息；其次，竞争者的广告预算具有一定的代表性，能够反映该行业广告费用的趋势；最后，采用这种方法能够维持竞争均衡，避免企业之间激烈的广告战。

六、广告效果评价

企业都是先设计一个广告活动，在一个和几个城市或地区展开，然后评价其效果。根据广告的效果再决定是否在全国范围铺开。广告效果的评价一般包括两方面：一方面是沟通效果评价，另一方面是销售效果评价。

（一）沟通效果评价

沟通效果评价是指广告对消费者的认知和偏好所产生影响的评价，其目的是确定广告是否正在产生有效的沟通。例如，为了了解广告的整体影响和不足之处，广告推出前，企业邀请专家和具有代表性的目标顾客对已制作的广告进行评价。广告推出后，为了了解顾客对广告的具体反应，企业可以对顾客进行抽样调查。

企业进行沟通效果评价时，一般采用以下方法：

1. 广告预先评价

广告预先评价有三种方法：

（1）直接评分法。即请专家和具有代表性的目标顾客对已经制作的广告进行打分，一般分别从广告吸引受众的能力、促使受众继续阅读的能力、核心信息鲜明度、诉求效能以及促使购买的能力五方面进行考察，如果分数较高说明该广告可能有效。

（2）组合测试法。是向被测试的目标顾客展示一组广告，展示的时间长短由被测试对象自定，然后请他们尽可能地回忆广告的内容。测试的结果可以说明一个广告的优劣程度，检查出广告内容是否好懂易记。

（3）实验测试法。即用仪器来测试目标顾客对广告的生理和心理反应，以此来评价广告效果。如可测试消费者接受广告时的心跳、脉搏、血压、瞳孔变化、汗液分泌等。通过测试，可了解广告的吸引力。必须指出的是这种测试无法衡量消费者的信念、态度和意图等方面的效果。

2. 广告事后评价

广告事后评价一般是根据广告的事前测定效果，用随机抽样的方式来进行，例如，企业如果对产品的品牌知名度、品牌理解力和明确的品牌偏好等方面事前进行了测试，那么企业可在广告活动后进行随机抽样来评价上述指标，假如企业对品牌知名度事前测试为20%，而事后进行抽样调查为30%，而企业的广告目标是提高到50%，这就说明广告的沟通存在一定的问题，企业可查找原因。

（二）销售效果评价

广告的沟通效果不等于广告的销售效果，通过广告提高了品牌的知名度，不一定提高产品的销售量，因此，越来越多的企业不再满足于广告沟通效果的衡量，而开始注重对企业广告推出后产品销售效果的评价。广告销售效果评价比沟通效果评价更难，因为影响企业产品销售额的因素很多，除广告外，还有价格、竞争、产品质量等，影响因素越多，效果越难控制，广告对销售的影响越难评价。公式（1）、公式（2）可作为衡量广告效果的参考。

$$广告效果 = \frac{销售量增加额}{广告费用增加额} \tag{1}$$

$$广告效果比率 = \frac{销售量增长率}{广告费用增长率} \times 100\% \tag{2}$$

探讨与应用

百事可乐：抛掉明星　小处着眼

延续往年惯例，百事公司在岁末推出了最新的贺岁广告片——"祝你百事可乐"之"幸福时光"版，这也是以"祝你百事可乐"为主题的第三部百事系列广告片。

谈到最新的广告片与以往的不同之处时，百事中国区市场部的程武先生告诉记者："这部广告片体现了百事可乐给中国人的日常生活带来了无限的欢乐。我们从普通人的 100 个'幸福时光'中挑选了五个场景作为广告的内容，主题与前两部一样是'祝你百事可乐'。不同的是，往年的广告片都是由明星担纲的，像 2000 年广告片中的陈冠希和郭富城、2001 年的陈慧琳，而 2002 版中的主角都是普通人，唯一的一个明星是为中国足球打入世界杯立下汗马功劳的李玮峰，但他同样是以一个普通儿子的身份出现在广告中。广告片展示了百事可乐陪伴普通中国人度过的每一个美好的瞬间，带给大家无限的欢乐。"

最新贺岁广告片的主要内容由五个部分组成，分别是"新事可乐"、"旧事可乐"、"大事可乐"、"小事可乐"和"百事可乐"。

广告开篇十分喜庆。京郊一个村子里，朴实的村民们正在置办年货，村外的土路上，一辆手扶拖拉机载着一台崭新的百事可乐自动售货机回到村里。大人们敲锣打鼓迎接这个大家伙的到来，孩子们都围上来看着这个新鲜的玩意。刚一放平，有人第一个使用了自动售货机，塞进硬币，指尖轻轻一按，霎时，一罐百事可乐在大家的欢呼中落了下来——"新事可乐"。

画面上一只手接住百事可乐，镜头切换到故宫的午门前，一群中外青年身着古老的民族服装，手拿百事可乐，一起欢快地又唱又跳，欢度着新春佳节。在过去的一年中，中国加入了世界贸易组织（WTO），成功申办了奥运，有着五千年文明的华夏以更快的步伐走向世界的舞台，而越来越多的外国人也来到中国，在进行商务合作的同时，欣赏着我们古老灿烂的文化。作为主创人员的百事市场部程武，在这个场景里还客串了一把。这段表现的是"旧事可乐"。

第三段描述的是著名球星李玮峰和妈妈一起过节的场景。北京的冬天，天寒地冻。李玮峰和妈妈因为受邀随百事贺岁片摄制组来到京城，这让这对聚少离多的母子倍感珍惜。画面是这样展开的，除夕夜，拼搏了一年的李玮峰回到了最亲爱的妈妈身边，他脱下球衣，穿上围裙，正在厨房里跟妈妈学习包汤圆。母子俩一边喝着百事可乐一边包汤圆，孝顺的大头还跟母亲聊比赛的事儿。场面温馨感人。与千万个普普通通的家庭一样，春节就是家庭团聚，享受天伦之乐——"小事可乐"。

忽然，滚沸的汤圆变成了足球，画面也变成了李玮峰进球后挥舞着球衣狂奔的场面，变成了 2001 年中国足球冲出亚洲时群情激昂的场面。百事公司作为中国足球的坚定支持者和百事联赛的冠名赞助商，2001 年中国足球的巨大突破在百事人心中是最让人高兴的大事。这则"大事可乐"就是最好的证明。

最后一个场景是一个很多年轻人参加的大 PARTY。新年到了，年轻人穿得五彩缤纷，大家都很快乐地唱着跳着，一个戴蓝色墨镜的很酷的小伙子拿出一大瓶百事可乐，打开以后喷出的百事可乐变成了绚丽的礼花，最后变成欢快的"祝你百事可乐"。

这部最新贺岁片的导演李蔚然认为，百事是一个时时刻刻都在为顾客考虑的优秀的消费品公司，体现在广告上的就是从消费者的角度设计和进行拍摄，让更多的人认同并喜欢上百事公司的产品。同时，李蔚然也希望由他执掌的 2002 年贺岁片得到广大观众的喜爱，为千家万户带来百事可乐。

在百事可乐的广告中，你看不到任何贺岁的字眼，却能强烈地感受到节日的温馨与喜庆。百事可乐此次一改一直使用明星全力打造"新一代的选择"的路子，广告追求的是一种标新立异，一份与众不同，重要的是，百事可乐能够把这种与众不同表现得淋漓尽致并极具感染力。

没有大牌明星、没有欢歌载舞，小处着眼，却能紧紧抓住一部分年轻一代的心，与可口可乐截然不同，也许这就是百事可乐要达到的目的。

（资料来源：http：//ishare. iask. sina. com. cn/f/21371062. html）

试分析：

1. 分析百事可乐贺岁广告的创意。

2. 分析广告对饮料产品经营的影响。

第三节　人员推销

一、人员推销的含义及特点

（一）人员推销的含义

人员推销是企业运用推销人员直接向顾客推销产品和劳务的一种促销活动。根据美国市场营销学会的定义，所谓推销是指企业通过派出销售人员与一个或一个以上可能成为购买者的人交谈，作口头陈述，以促进和扩大销售。在人员推销活动中，推销人员、推销对象和推销品是三个基本要素，前两者是推销活动的主体，后者是推销活动的客体。通过推销人员与推销对象之间的接触、洽谈，让推销对象购买推销品，达成交易，实现既销售商品又满足顾客需求的目的。

（二）人员推销的特点

和广告相比，人员推销有以下三个特点。

1. 面对面洽谈

人员推销一般是两个人或几个人之间建立的一种生动的、活跃的相互关系，每一方能观察到对方的态度，并随时调整自己的态度。一个成功的推销员，所做的第一件事就是先把自己推销出去，不仅是他的学识、仪表谈吐，更重要的是让对方增加对他的好感和信任，这样才能获得购买和重复购买的机会。

2. 培养关系

人员推销可以促进买卖双方从纯粹的买卖关系发展到建立深厚的友谊关系，主要体现在推销员的服务化特点上。在销售过程中，一个商品是否能卖出去，服务态度起相当关键的作用，另一个关键作用，在于使商品个性化的能力。在推销商品时，不是推销商品本身，而是推销商品的功能，也可以说在推销商品的使用价值观念，因为商品是死的，必须经过推销人员把它人性化后加以说明、介绍，别人才能了解。这里面的灵活性很大，通常买卖一个商品，只是一种手段，真正满足顾客的需要才是他的目的。所以，如何通过商品本身唤起并满足顾客的需求，是一个推销人员的能力表现。一个一般的专业推销人员和一个很成功的专业推销人员的最大差异，就在于他对商品使用价值观念的掌握和说明。在推销行为当中最重要的是人，当推销人员以优良的服务，耐心细致地将商品介绍给顾客时，二者之间的关系融洽了，为可能的销售铺平了道路。

3. 人员推销的顾问化

推销人员应了解购买者的心理特点。比如当你想购买一台彩电或冰箱时，你非常需要别人给你做顾问性质的服务，诸如哪种牌子质量好，清晰度如何，耗电量大小等。顾客有了了解，才能作出选择。在知识不断更新、社会不断进步的环境里，一个人对其他行业不可能了解得非常清楚，任何行业都需要专业人员顾问性质的服务。人员推销往往是一种费用较高的促销工作。

二、人员推销的基本形式

（一）上门推销

上门推销是最常见的人员推销形式。它是由推销人员携带产品样品、说明书和订单等走访顾客，推销产品。这种推销形式可以针对顾客的需要提供有效的服务，方便顾客，故为顾客广泛认可和接受。

（二）柜台推销

柜台推销又称门市，是指企业在适当地点设置固定门市，由营业员接待进入门市的顾客，推销产品。门市的营业员是广义的推销员。柜台推销与上门推销正好相反，它是等客上门式的推销方式。由于门市里的产品种类齐全，能满足顾客多方面的购买要求，为顾客提供较多的购买方便，并且可以保证产品完好无损，故顾客比较乐于接受这种方式。

（三）会议推销

会议推销是指利用各种会议向与会人员宣传和介绍产品，开展推销活动，譬如，在订货会、交易会、展览会和物资交流会等会议上推销产品。这种推销形式接触面广、推销集中，可以同时向多个推销对象推销产品，成交额较大，推销效果较好。

三、人员推销的基本步骤

根据应用较为广泛的"程序化推销"理论，可以把推销的程序分成以下七个步骤，如图 11 - 1 所示。

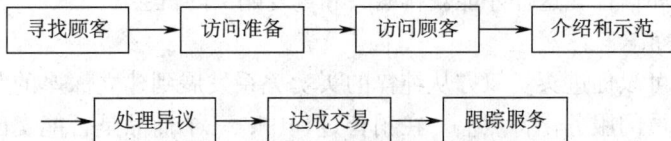

寻找顾客 → 访问准备 → 访问顾客 → 介绍和示范

→ 处理异议 → 达成交易 → 跟踪服务

图 11 - 1　人员推销基本步骤

（一）寻找顾客

推销过程的第一步是挖掘和选择潜在顾客，这是最基础的一步，因为准确地选择潜在顾客对于成功推销是很关键的。推销人员可以请求现有顾客提供潜在客户名单；可以建立来源信息网，比如供应商、经销商、非竞争者的销售人员及银行；可以加入潜在客户所属的组织；可以在报纸或工商指南上寻找顾客名单，并利用电话等来追踪线索；也可以进行突然拜访。发掘到潜在顾客后，还要进行选择，通过查看潜在顾客的财力、营业额、需求情况和所在位置等确定潜在顾客是否合格。

（二）访问准备

推销人员在访问顾客之前必须做好充分的访问准备工作。要尽可能多地了解顾客的情况，如可能的采购量、决策者是谁以及采购习惯等。准备工作还包括推销人员的心理准备、确定介绍方法、选择接触方法（登门拜访、打电话等）、制定推销访问计划以及准备携带的物品等。

（三）访问顾客

推销人员应该知道初次与客户交往时如何会见和向客户问候，使双方的关系有一个良好的开端，这包括推销人员仪表、开场白和随后谈论的内容。在交谈过程中应更关注客户的心理，善于启发、引导和激发买主的好奇心和注意。

（四）介绍和示范

这一阶段除了对产品进行实际推销介绍外，还包括产品的展示。在这一过程中，推销人员应指出产品的特点和利益，以及它们如何优于竞争者的产品，有时甚至也可指出本产品的某些不足或可能出现的问题及如何减免或防范。在展示产品时，推销人员还可以请顾客亲自演练使用展示品。在这种产品的展示和试用中，必须把重点放在推销介绍时所指出的产品的独特卖点上。

（五）处理异议

顾客在整个购买过程中必然会提出问题和不同的看法与意见，它对成交会造成障碍。此时，推销人员必须采取积极态度，设法找出问题根源，并有针对性地解决处理，从而促成交易。这一过程对销售人员提出了新的要求，即接受各种应付拒绝技巧的培训。

（六）达成交易

推销人员必须懂得如何从顾客那里发现可以达成交易的信号，包括顾客的动作、语言、评论和提出的问题。达成交易有几种方法，推销人员可以要求顾客订货，重新强调一下协议的要点，帮助秘书填写订单，询问顾客是要产品 A 还是产品 B，让顾客对颜色、尺寸等次要内容进行选择，或者告诉顾客如果现在不订货将会遭到什么损失。推销人员也可以给予购买者以特定的成交劝诱，如特价、免费赠送额外数量，或是赠送一件礼物。

（七）跟踪服务

如果推销人员想保证顾客感到满意并能继续订购，这最后一步是必不可少的。交易达成之后，销售人员就要立刻将一切必要的细节处理妥当，同时安排追踪访问，以确保所有的安装、指导与服务都准确无误，并及时发现各种问题。

四、人员推销的策略与技巧

（一）人员推销策略

1. 试探性策略

试探性策略是指在不了解客户需要的情况下，事先准备好要说的话，对客户进行试探，同时密切注意对方的反应，然后根据反应进行说明或宣传。

2. 针对性策略

针对性策略的特点，是事先基本了解客户的某些方面的需要，然后有针对性地进行说服，当讲到点子上引起客户共鸣时，就有可能促成交易。

3. 诱导性策略

诱导性策略是一种创造性推销，即首先设法引起客户需要，再说明自己所推销的这种服务产品能较好地满足这种需要。这种策略要求推销人员有较高的推销技术，在不知不觉中成交。

（二）人员推销技巧

1. 上门推销技巧

（1）找好上门对象。可以通过商业性资料手册或公共广告媒体寻找重要线索，也可以到商场、门市部等商业网点寻找客户名称、地址、电话、产品和商标。

（2）做好上门推销前的准备工作，尤其要对产品、服务的内容材料要十分熟悉、充分了解并牢记，以便推销时有问必答；同时对客户的基本情况和要求应有一定的了解。

（3）掌握开门的方法，即要选好上门时间，以免吃闭门羹，可以采用电话、传真、电子邮件等手段事先交谈或传送文字资料给对方并预约面谈的时间、地点，也可以采用请熟人引见、名片开道与对方有关人员交朋友等策略，赢得客户的欢迎。

（4）把握适当的成交时机。应善于体察顾客的情绪，在给客户留下好感和信任时，抓住时机发起进攻，争取签约成交。

（5）学会推销的谈话艺术。

2. 洽谈艺术

推销人员与顾客洽谈时首先注意自己的仪表和服饰打扮，给客户一个良好的印象；同时，言行举止要文明、懂礼貌、有修养，做到稳重而不呆板、活泼而不轻浮、谦逊而不自卑、直率而不鲁莽、敏捷而不冒失。在开始洽谈时，推销人员应巧妙地把谈话转入正题，做到自然、轻松、适时，可采取以关心、赞誉、请教、炫耀以及探讨等方式入题，顺利地提出洽谈的内容，以引起客户的注意和兴趣。在洽谈过程中，推销人员应谦虚谨言，注意让客户多说话，认真倾听，表示关注与兴趣，并作出积极的反应。遇到障碍时，要细心分析，耐心说服，排除疑虑，争取推销成功。在交谈中，语言要客观、全面，既要说明优点所在，也要如实反映缺点，切忌高谈阔论、"王婆卖瓜"，让客户反感或不信任。洽谈成功后，推销人员切忌匆忙离去，这样做，会让对方误以为上当受骗了，从而使客户反悔违约。应该用友好的态度和巧妙的方法祝贺客户做了笔好生意，并指导对方做好合约中的重要细节和其他一些注意事项。

3. 排除推销障碍的技巧

（1）排除客户异议障碍。若发现客户欲言又止，推销员应主动少说话，直截了当地请对方充分发表意见，以自由问答的方式真诚地与客户交换意见。对于一时难以纠正的偏见，可将话题转移；对恶意的反对意见，可以"装聋扮哑"。

（2）排除价格障碍。当客户认为价格偏高时，应充分介绍和展示产品、服务的特色和价值，使客户感到"一分钱一分货"；对低价的看法，应介绍定价低的原因，让客户感到物美价廉。

（3）排除习惯障碍。实事求是地介绍客户不熟悉的产品或服务，并将其与他们已熟悉的产品或服务相比较，让客户乐于接受新的消费观念。

五、推销人员管理

（一）推销人员的选择

推销人员的素质高低，对于打开市场局面，做好产品销售工作，有着十分重要的作用。一般推销人员应具备如下基本素质：

（1）关心他人，乐于帮助他人解决困难。这样才能赢得他人的信任和好感，为自己的推销工作铺平道路。

（2）健全的心智，整齐的仪表，良好的习惯，亲切的微笑，弹性的工作能力，热情和正直的品格。健全的心智是指推销人员不仅要用很高的智慧去工作，而且还要有一颗温暖的心。亲切地微笑是说推销人员不应该板着脸去工作，要让顾客看到笑脸。弹性的工作能力是指推销人员不能太固执，处理不同意见时，要留有回旋的余地。

（3）经常自我激励，使自己的情绪永远保持在一个比较高的境界，这种自我激励包括两个方面，一是知识上的自我激励。教育和知识是从贫穷走向富裕的一条捷径，不怕口袋空空，只怕脑袋空空，要经常不断地学习。知识在不断地变化，人要进步也必须不断地摄取新的知识；二是情绪上的自我激励。要做情绪的主人，失败的时候能够重振旗鼓，不怕失败和挫折。

推销人员的选择，除了考察上述基本素质，还要符合不同行业对专业知识、文化程度的不同要求。

（二）推销人员的培训

培训推销人员的方法很多，常被采用的方法有三种：一是课堂讲授，由专家、教授和有丰富推销经验的优秀推销员来讲授基础理论和专业知识，介绍推销方法和技巧；二是模拟培训，由受训人员扮演推销人员，向由专家、教授或有经验的优秀推销员扮演的顾客推销；三是实践培训，通过有经验的推销人员帮助受训人员逐渐熟悉业务。

在培训推销人员的过程中如何应对竞争对手，也成为销售人员必须掌握的一门艺术和技术。在应对竞争对手的问题上。应根据具体情形不同采用以下策略：

（1）避免对竞争产品非议。直接贬低竞争对手产品或指出本企业优于竞争对手的有利之处，如果没有充分的事实依据，会让顾客对你的职业道德产生疑问，有可能转向竞争对手一边。

（2）要通过仔细研究、对比来找出本企业产品优于竞争对手之处，特别是与行业领袖的同类产品比较。将比较的各种特性一一列出来，实事求是地找出自己产品的优点，在向顾客介绍时，主要强调自己产品占优势的那些特点，以吸引感兴趣的顾客。

（三）推销人员的激励

企业中的任何人员都需要激励，推销人员亦不例外。企业必须建立激励制度来促使推销人员努力工作。

1. 销售定额

企业的通常做法是订立销售定额，即规定推销人员在一年内应销售产品的数量，并将推销人员的报酬与定额完成情况挂钩。

2. 推销人员的报酬

认真贯彻按劳付酬原则，建立合理的报酬制度，对于调动推销人员的积极性，提高推销效率，扩大产品销售有着重要作用；反之，若报酬制度不合理，则可能挫伤推销人员的积极性。推销人员的报酬应因人而异，多劳多得，对于真正优秀的、推销业绩卓著的推销人员，应实行重奖，报酬形式可采取工资制、佣金制或者两者相结合的制度。

（四）推销人员的评估

为了对推销人员进行有效的管理同时也作为分配报酬的依据，一般认为的销售额是考量推销人员的主要或唯一依据是错误和片面的。在实际工作中，要建立一套对推销人员工作业绩科学的评估、考核制度，具体评估需从以下三个方面进行。

1. 收集评估资料

具体的评估资料应该包括其销售报告、访问报告和费用报告，也可以参考领导的观察、顾客的评价以及同事的意见等。

2. 建立有效评估标准

评估标准应能反映推销人员的销售绩效。其主要指标有销售量、增长率、毛利、每天访问次数、访问成功率、平均订单数、销售费用、费用率、新顾客的增长数及失去的顾客数等。

3. 选择评估方法

第一种评估方法是将所有销售人员的销售绩效加以比较，并评定等级。但这种比较存在一定的弊端，因为不同区域的市场潜力、工作负荷、竞争水平、公司促销效果和其他因素各不相同，销售人员的绩效必然存在差异。销售额往往不是成就的最佳指标。第二种评估方法是把销售人员目前的绩效同过去的绩效相比较。这种方式有利于衡量推销人员工作的改善状况。

탣探讨与应用

非凡的推销员——乔·吉拉德

乔·吉拉德，因售出 13 000 多辆汽车创造了商品销售最高纪录而被载入吉尼斯世界纪录大全。他曾经连续 15 年成为世界上售出新汽车最多的人，其中 6 年平均每年售出汽车 1 300 辆。

销售是需要智慧和策略的事业。在每位推销员的背后，都有自己独特的成功诀窍。那么，乔的推销业绩如此辉煌，他的秘诀是什么呢？

1. 250 定律：不得罪一个顾客

在每位顾客的背后，都大约站着 250 个人，这是与他关系比较亲近的人：同事、邻居、亲戚、朋友。如果一个推销员在年初的一个星期里见到 50 个人，其中只要有 2 个顾客对他的态度感到不愉快，到了年底，由于连锁影响就可能有 500 个人不愿意和这位推销员打交道，他们知道一件事：不要跟这位推销员做生意。这就是乔·吉拉德的250定律。由此，乔得出结论：在任何情况下，都不要得罪哪怕是一个顾客。

2. 名片满天飞：向每一个人推销

每一个人都使用名片，但乔的做法与众不同：他到处递送名片，在餐馆就餐付账时，他要把名片夹在账单中；在运动场上，他把名片大把大把地抛向空中。名片漫天飞舞，就像雪花一样，飘散在运动场的每一个角落。你可能对这种做法感到奇怪。但乔认为，这种做法帮他做成了一笔笔生意。

乔认为，每一位推销员都应设法让更多的人知道他是干什么的，销售的是什么商品。这样，当他们需要他的商品时，就会想到他。乔抛撒名片是一件非同寻常的事，人们不会忘记这种事。当人们买汽车时，自然会想起那个抛撒名片的推销员，想起名片上的名字：乔·吉拉德。同时，要点还在于，有人就有顾客，如果你让他们知道你在哪里，你卖的是什么，你就有可能得到更多生意的机会。

3. 建立顾客档案：更多地了解顾客

乔说："不论你推销的是什么东西，最有效的办法就是让顾客相信，真心相信你喜欢他、关心他。"如果顾客对你抱有好感，你成交的希望就增加了。要使顾客相信你喜欢他、关心他，那你就必须了解顾客，搜集顾客的各种有关资料。

乔中肯地指出："如果你想要把东西卖给某人，你就应该尽自己的力量去收集他与你生意有关的情报……不论你推销的是什么东西，如果你每天肯花一点时间来了解自己的顾客，做好准备，铺平道路，那么，你就不愁没有自己的顾客。"

4. 猎犬计划：让顾客帮助你寻找顾客

乔认为，干推销这一行，无论你干得多好，别人的帮助总是有用的。乔的很多生意都是由猎犬（那些会让别人到他那里买东西的顾客）帮助的结果。乔的一句名言就是"买过我汽车的顾客都会帮我推销"。

在生意成交之后，乔总是把一叠名片和猎犬计划的说明书交给顾客。说明书告诉顾客，如果他介绍别人来买车，成交之后，每辆车他会得到25美元的酬劳。几天之后，乔会寄给顾客感谢卡和一叠名片，以后至少每年他会收到乔的一封附有猎犬计划的信件，提醒他乔的承诺仍然有效。如果乔发现顾客是一位领导人物，其他人会听他的话，那么，乔会更加努力促成交易并设法让其成为猎犬。实施猎犬计划的关键是守信用——一定要付给顾客25美元。乔的原则是：宁可错付50个人，也不要漏掉一个该付的人。

猎犬计划使乔的收益很大。1976年，猎犬计划为乔带来了150笔生意，乔付出了1 400美元的猎犬费用，收获了5 000美元的佣金。

5. 推销产品的味道：让产品吸引顾客

每一种产品都有自己的味道，乔·吉拉德特别善于推销产品的味道。与"请勿触摸"的做法不同，乔在和顾客接触时总是想方设法让顾客先"闻一闻"新车的味道。他让顾客坐进驾驶室，握住方向盘，自己触摸操作一番。如果顾客住在附近，乔还会建议他把车开回家，让他在自己的太太、孩子和领导面前炫耀一番，顾客会很快地被新车的"味道"陶醉了。根据乔本人的经验，凡是坐进驾驶室把车开上一段距离的顾客，没有不买他的车的。即使当即不买，不久后也会来买。新车的"味道"已深深地烙印在他们的脑海中，使他们难以忘怀。

乔认为，人们都喜欢自己来尝试、接触、操作，人们都有好奇心。不论你推销的是什么，都要想方设法展示你的商品，而且要记住，让顾客亲身参与。如果你能吸引住他们的感官，那么你就能掌握住他们的感情了。

6. 诚实：推销的最佳策略

诚实，是推销的最佳策略，而且是唯一的策略。但绝对的诚实却是愚蠢的。推销容许谎言，这就是推销中的善意谎言原则，乔对此认识深刻。

诚为上策，这是你所能遵循的最佳策略。可是策略并非是法律或规定，它只是你在工作中用来追求最大利益的工具，因此，诚实就有一个程度的问题。

推销过程中有时需要说实话，一是一，二是二。说实话往往对推销员有好处，尤其是推销员所说的，顾客事后可以查证的事。乔说："任何一个头脑清醒的人都不会卖给顾客一辆六汽缸的车，而告诉对方他买的车有八个汽缸。顾客只要一掀开车盖，数数配电线，你就死定了。"

如果顾客和他的太太、儿子一起来看车，乔会对顾客说："你这个小孩真可爱。"这个小孩也可能是有史以来最难看的小孩，但是如果要想赚到钱，就绝对不可这么说。乔善于把握诚实与奉承的关系。尽管顾客知道乔所说的不全是真话，但他们还是喜欢听几句赞美，这样可以使气氛变得更愉快，没有敌意，推销也就更容易成交。

7. 每月一卡：真正的销售始于售后

乔有一句名言："我相信推销活动真正的开始是在成交之后而不是之前。"

推销是一个连续的过程，成交既是本次推销活动的结束，又是下次推销活动的开始。推销员在成交之后继续关心顾客，将会既赢得老顾客，又吸引新顾客，使生意越做越大，客户越来越多。

"成交之后仍要继续推销"，这种观念使得乔把成交看做推销的开始。乔在和自己的顾客成交之后，并不是把他们置于脑后，而是继续关心他们，并恰当地表示出来。

乔每月要给他的1万多名顾客寄去一张贺卡。一月份祝贺新年，二月份纪念华盛顿诞辰日，三月份祝贺圣帕特里克日……凡是在乔那里买了汽车的人，都收到了乔的贺卡，也就记住了乔。

正因为乔没有忘记自己的顾客，顾客才不会忘记乔·吉拉德。

（资料来源：http：//ishare. iask. sina. com. cn/f/21371062. html）

试分析：

1. 乔·吉拉德的推销业绩如此辉煌，其成功的诀窍是什么？

2. 怎样理解诚实是推销的最佳策略，而且是唯一的策略，其他促销手段是否需要诚实？

第四节　营业推广

一、营业推广的含义及作用

（一）营业推广的含义

营业推广被誉为现代营销的开路先锋，亦称销售促进或特种推销，是指除人员推销、广告和公共关系宣传之外能有效地刺激顾客购买、提高交易效率的种种促销活动。营业推广的范围较广，包括陈列、展示和展览会、示范表演和演出以及种种非常规的、非经常性的推销活动。一般用于暂时的和额外的促销活动，是人员推销和广告的一种补充。

（二）营业推广的作用

1. 可以吸引消费者购买

这是营业推广的首要目的，尤其是在推出新产品或吸引新顾客方面，由于营业推广的刺激比较强，较易吸引顾客的注意力，使顾客在了解产品的基础上采取购买行为，也可能使顾客追求某些方面的优惠而使用产品。

2. 可以奖励品牌忠实者

因为营业推广的很多手段，譬如销售奖励、赠券等通常都附带价格上的让步，其直接受惠者大多是经常使用本品牌产品的顾客，从而使他们更乐于购买和使用本企业产品，以巩固企业的市场占有率。

3. 可以实现企业营销目标

这是企业的最终目的。营业推广实际上是企业让利于购买者，它可以使广告宣传的效果得到有力的增强，破坏消费者对其他企业产品的品牌忠实度，从而达到本企业产品销售的目的。

二、营业推广方式

营业推广的方式多种多样，企业应根据市场类型、顾客心理、销售目标、产品特点、竞争环境以及各种营业推广的费用和效率等因素进行选择。

（一）针对消费者的营业推广

可以鼓励老顾客继续购买、使用本企业产品，促进新顾客使用本企业产品，引导顾客改变购买习惯，培养顾客对本企业的偏爱行为等。其方法主要有以下几种：

1. 赠品促销

向消费者免费赠送样品，样品可以挨户赠送，在商店或闹市区散发，在其他商品中附送，也可以公开广告赠送，但费用较高，对高值商品不宜采用。

2. 赠品印花

顾客在购买产品时，商店送给一定张数的交易印花，待凑足若干张时即可兑换某一件产品。

3. 优惠券

持有者在购买本企业产品时免付一部分货款。这种形式有利于刺激消费者使用老产品，也可以鼓励消费者认购新产品。

4. 付现金折款（或称退款）

此种形式同优惠券的差别是减价发生在购买之后，顾客可把指定的购物证明寄给企业，由企业寄回退还部分购货款。

5. 包装兑现

包装兑现即用商品包装来兑换现金，如收集到若干个某种饮料瓶盖，可兑换一定数量的现金或实物，借以鼓励消费者购买该种饮料。

6. 有奖销售

企业在销售某种产品时设立若干奖励并印有奖券，规定购买数量，顾客购买达到数量后可获奖券。

7. 展览

通过举办展览会、展销会及其他形式的展览，进行现场表演和示范操作以招揽顾客。

（二）向中间商推广的方式

向中间商推广，其目的是为了促使中间商积极经销本企业产品，其方式主要有以下几种：

1. 批发折扣

企业为争取批发商或零售商多购进自己的产品，在某一时期内可给予购买一定数量本企业产品的批发商以一定的折扣。购买数量越大，折扣越多。折扣可以直接支付，也可以从付款金额中扣除，还可以赠送商品作为折扣。

2. 资助

资助是指生产者为中间商提供陈列商品、支付部分广告费用和部分运费等补贴或津贴。

3. 销售竞赛

对经销本企业产品有突出成绩的中间商给予奖励。根据各个中间商销售本企业产品的实绩，分别给优胜者以不同的奖励，如现金奖、实物奖、免费旅游以及度假奖等。

（三）对推销人员营业推广的形式

对推销人员最为有效的方式是销售提成；还可以进行销售竞赛，对于销售能手在给予物质奖励的同时，予以精神奖励；为推销人员提供较多的培训学习的机会，为其进一步发展奠定基础。

知识链接

12 种不正当促销行为

1. 提供商品和服务违背公开、公平、自愿、诚实信用原则；

2. 不明码标价或在标价外加价出售商品；

3. 标价内容不如实填写或填写不规范和不完整；

4. 促销活动内容公布后随意变更、终止或任意解释；

5. 降价、折扣、返券、赠物促销活动所依据的标价不一致；

6. 以降价方式销售商品而不如实标示降价原因；

7. 以折扣方式销售商品而不如实标示商品具体折扣幅度；

8. 以返券方式销售商品而不如实标示返券商品范围；

9. 以赠物方式销售假冒伪劣商品；

10. 以积分返利方式销售商品而不如实标示积分办法；

11. 以抽奖方式销售商品而不如实标示抽奖办法；

12. 使用最低价、特价等价格术语无特定含义，价格无依据或者无从比较。

三、制定营业推广计划的步骤

（一）确定营业推广的目标

营销推广目标按照不同的对象可分为三类：

1. 针对消费者的营业推广目标

该目标主要是刺激消费者购买，与其他促销手段配合提高整体购买量。

2. 针对中间商的营业推广目标

该目标主要是取得经销商的合作，为企业经销产品，并使他们对企业及企业产品忠诚。

3. 针对推销员的营业推广目标

该目标主要是鼓励推销员多推销商品，刺激他们寻找更多的顾客。

（二）选择营业推广方式

营业推广的方式有很多，企业在选择时，应考虑企业营销目标、市场竞争状况、推销方式的成本与效益以及推销时间等。

（三）制定营业推广方案

制定营业推广方案要考虑营业推广的规模、推广的途径、推广的主题、明确参与推广活动的对象、持续时间、选择推广的时机以及推广经费预算等。

（四）测试方案的促销效果

首先要在执行方案前先进行试点效果测试，来确定鼓励规模是否最佳、推广形式是否合适、途径是否有效，试点成功后再组织全面实效营业推广方案。在执行过程中，要实施有效的控制，及时反馈信息，发现问题，要采取必要措施、调整和修改原方案。

（五）评估营业推广效果

最常用的方法是比较推广前、推广中、推广后的销售额数据，以评估其效果大小，总结经验教训，不断提高营业推广的促销效率。

探讨与应用

可口可乐的体育赞助

可口可乐 2002 年以 689.5 亿美元的价值，再度被美国《商业周刊》评为世界十大品牌的榜首。可口可乐赞助体育从 1907 年赞助美国棒球比赛开始，至今已有 90 余年的传统。1928 年，随着 1 000 箱可口可乐和参加第九届奥运会的美国代表团一道运抵阿姆斯特丹，揭开了可口可乐赞助奥运会的历史篇章。

1. 坚定不移的赞助理念

可口可乐是世界上最先把赞助当做企业营销组合来看待和运作的企业之一。它之所以特别重视赞助，是因为它特别推崇行为学家罗伦茨的下列名言：

说了，不等于就听，

听了，不等于就理解，

理解了，不等于就同意，

同意了，不等于就会照着做，

照着做了，绝不等于就持之以恒。

这表明，企业沟通的最终目标应该是通过你的别出心裁、引人入胜的诉求，让更多的人来听你，理解你，同意你，购买你的产品，直至长期坚持下去，成为你的忠实顾客。可口可乐通过多年实践，充分意识到欲达此目的仅仅依靠传统的沟通手段已经远远不够，必须建立一种能够置身于公众之中和沟通对象直接对话的机制和通道，其最有效的方法莫过于赞助。以 1996 年为例，高达 6.5 亿美元，占当年沟通预算 13 亿美元的一半和总销售额 185 亿美元的 3.5%。当然，需要指出的是平时这方面的预算并没有这么多。这一年的奥运会有点特殊，既是百年大庆，又适逢在可口可乐总部所在地亚特兰大举行，其奋斗目标是"哪里有体育，哪里就有可口可乐"。

2. 锁定三大目标沟通对象

首先是经销商，他们是销售可口可乐的商人，遍布世界各个角落，是连接可口可乐和消费者的桥梁。只有通过他们，可口可乐才能接触到更多的消费者。因此必须首先加强和他们之间的沟通，取得他们的信任和支持。

其次是消费者，他们是可口可乐的顾客，其中特别强调运动员和广大体育锻炼者和爱好者、新闻界以及舆论界。因为他们或是可口可乐的衣食父母，或是可口可乐形象的传播者。

最后是代理商，可口可乐实行的是代理制，代理商遍布世界许多城市。以中国为例，自从 1979 年可口可乐公司重返中国市场，在北京建立第一家合资公司以来，目前这类公司的数量已发展成 25 家。代理商从总部或分公司获得可口可乐浓缩液和基本原料后，按统一标准进行分装和推广、批发销售，因此可口可乐也非常看重代理商。

3. 坚持体育赞助三大目标

(1) 独家现场销售权。独家现场销售权是和广大消费者进行直接对话的最好途径，是可口可乐所有体育赞助都必须争取到的首要目标。只要是可口可乐看中而赞助的体育活动，不管大小，首先都要取得独家销售的回报。2000 年悉尼奥运会赛场内外是可口可乐的一统天下，其他任何软饮料都不得越雷池一步，日销售量高达 7 万杯。

此外，无论是赠送，还是销售都必须坚持独特而一流的销售设备和技术。总是一眼就能看出可口可乐固有的形象特征，因而实际上也是一种无声的广告，既扩大了销售，又进行了沟通。

可口可乐在独家销售的同时，还坚持对参赛运动员、新闻记者和工作人员无偿提供可口可乐饮料。

（2）将体育形象成功地转移到企业的形象中去。这就是说把所赞助的运动项目的形象转移到可口可乐自身的形象上，以此来美化可口可乐的形象，并把体育融化到整个营销任务中去。

可口可乐之所以特别看中体育的形象转移效应，是因为如前所述可口可乐的形象追求和体育的形象特征之间存在着极大的共性。在所有相对应的特征中，可口可乐最看重的是快乐和刺激，因为这两点也正是人们特别是青少年对生活的最大追求。

为了确保自身的形象能和体育赞助有机地、紧密地相结合，可口可乐为自己的赞助对象和活动作出了一系列明确的规定，并且有一套严格的审批制度。

（3）坚持接待经销商的制度。如前所述，经销商是可口可乐的第一沟通对象，因此可口可乐坚持，凡是它所赞助的赛事，都要取得设立接待帐篷的回报，以利用这一机会，有目的、有选择地分发一些请柬，邀请一些重要的经销商和重点联络对象到休息厅叙会。当地或上级代理商将和客人们在优雅舒适、轻松愉快的气氛中相互沟通、交际、洽谈业务和联络感情。客人们还可以享受一日三变的冷餐。经验表明，在这样的场合和经销商进行一次年度商业会谈以外的接触很有必要。这是可口可乐和重要客商建立感情、商谈业务的一种重要方式。

2001年7月13日晚萨马兰奇刚一宣布北京为2008年奥运会举办城市，可口可乐北京分公司就立即开工生产特别纪念金罐装的可口可乐，第二天一早就在北京许多超市出现。该罐以代表喜庆的金红两色为主调，加上长城、天坛等北京标志建筑以及各种运动画面，此外，罐身图案中央可口可乐液从古典弧形瓶口飞溅而出，上端印有"为奥运牵手，为中国喝彩"等字样，下端则强调"从1928年起即为奥运会全球合作伙伴"的光荣历史。行动之快、寓意之深远、情意之绵长，都令人感叹不已。纪念金罐限量3万箱共72万罐，由于具有很高的纪念意义和收藏价值，上市后不几天就一抢而空。

（资料来源：http：//ishare. iask. sina. com. cn/f/21371062. html）

试分析：

1. 分析可口可乐的体育赞助对企业经营的影响。

2. 请分析企业应如何借助体育活动来开展营销活动。

第五节　公共关系

一、公共关系的概念及作用

（一）公共关系的概念

公共关系（Public Relation）是指某一组织为改善与社会公众的关系，促进公众对组织的认识、理解及支持，达到树立良好组织形象、促进商品销售的目的的一系列公共活动。它本意是社会组织、集体或个人必须与其周围的各种内部、外部公众建立良好的关系。它是一种状态，任何一个企业或个人都处于某种公共关系状态之中。它又是一种活动，当一个工商企业或个人有意识地、自觉地采取措施去改善和维持自己的公共关系状态时，就是在从事公共关系活动。作为公共关系主体长期发展战略组合的一部分，公共关系的含义是指这种管理职能：评估社会公众的态度，确认与公众利益相符合的个人或组织的政策与程序，拟订并执行各种行动方案，提高主体的知名度和美誉度，改善形象，争取相关公众的理解与接受。

（二）公共关系的作用

企业作为社会组织的重要组成部分，它的公共关系好坏，直接影响着企业在公众心目中的形象，影响着企业市场营销目标的实现。从市场营销角度来讲，公共关系有如下作用：

1. 直接促销

企业公共关系可在新闻传播媒介中获得不付费的报道版面或播放时间，实现企业特定的促销目标。

2. 间接促销

企业在把社会利益和公众利益放在第一位，在不断提高产品质量和服务质量的前提下，通过有计划的、持续不断的传播和沟通、交往与协调、咨询与引导等公共关系的职能活动，就会不断提高信誉和知名度，不断塑造优良的企业形象和产品形象，赢得公众理解和信任。企业生产的产品形象好、信誉高，必然会提高吸引力和竞争力，就能间接地促进产品销售。

3. 发挥有效管理的职能

企业的公共关系能与内部公众和外部公众进行双向信息沟通，协调好企业与内部和外部公众的关系，能防止和缓和企业与内外公众之间的各种矛盾，真正取得谅解、协作和支持，达到"内求团结、外求发展"的目的。

二、公共关系的活动方式

公共关系的活动方式，是指以一定的公关目标和任务为核心，将若干种公关媒介与方法有机地结合起来，形成一套具有特定公关职能的工作方法系统。按照公共关系的功能不同，公共关系的活动方式可分为以下六种。

（一）宣传性公关

它是指运用报纸、杂志、广播、电视等各种传播媒介，采用撰写新闻稿、演讲稿、报告等形式，向社会各界传播企业有关信息，以形成有利的社会舆论，创造良好氛围的活动。

▶探讨与应用

联合碳化钙公司的宣传性公关

美国联合碳化钙公司一幢高达52层的总部大楼竣工后，正在为找不到合适的宣传办法而发愁时，发生了一件"怪事"：一大群鸽子飞进了这幢新大楼的一个房间里，鸽子粪、羽毛把房间搞得很脏。公司的公关顾问得知此事后，立即产生了灵感，下令关闭所有的门窗，不让一只鸽子飞走。然后，打电话通知"动物保护委员会"。请该会迅速派人前来协助处理这件有关保护动物的"大事"。动物保护委员会派人带着网兜前来捕捉。同时，公关人员又电告新闻机构：在联合碳化钙公司总部大楼将发生一件有趣而又有意义的捕捉鸽子"事件"。新闻界被惊动了，纷纷派记者进行现场采访和报道。从捕捉第一只鸽子起，到最后一只鸽子落网，前后共花了三天时间。在这三天中，各新闻媒介对捕捉鸽子的行动进行了连续报道，结果，联合碳化钙公司总部大楼名声大振。

（资料来源：中国营销传播网）

（二）征询性公关

这种公关方式主要是通过开办各种咨询业务、问卷调查、进行民意测验、设立热线电话、聘请兼职信息人员、举办信息交流会等形式，连续不断地努力，逐步形成效果良好的信息网络，再将获取的信息进行分析研究，为经营管理决策提供依据，为社会公众服务。

（三）交际性公关

通过语言、文字的沟通，为企业广结良缘，巩固传播效果，可采用宴会、座谈会、招待会、谈判、专访、慰问、电话以及信函等形式。

（四）服务性公关

通过各种实惠性服务，以行动去获取公众的了解、信任和好评，以实现既有利于促销又有利于树立和维护企业形象与声誉的活动。

（五）社会性公关

社会性公关是通过赞助文化、教育、体育和卫生等事业，支持社区福利事业，参与国家、社区重大社会活动等形式来塑造企业的社会形象，提高企业的社会知名度和美誉度的活动。

（六）危机公关

由于企业管理不善或者是外界特殊事件的影响，而给企业或品牌产生不良的影响，它会令企业的美誉度大大降低。企业针对危机所采取的一系列自救行动，包括消除影响、恢复形象等，就是危机公关。

探讨与应用

强生公司的危机处理艺术

"泰利诺"是美国强生公司在20世纪70年代末80年代初的拳头产品。"泰利诺"作为一种替代阿司匹林的新型止痛药，是美国日常保健用品中销售量最大的品牌。到了1982年，"泰利诺"已占据止痛药零售市场35.3%的份额，在竞争激烈的止痛药市场上独领风骚。就强生公司来讲，"泰利诺"的销售额和利润占强生公司总销售额和总利润的比率分别达到8%和17%。然而，就在此时，灾难降临了。

1982年9月底，美国芝加哥地区连续发生了7人因使用强生公司生产的含有剧毒的氰化物的"泰利诺"止痛胶囊而中毒。消息一经报道，一下子成了全国性新闻，消费者纷纷对"泰利诺"避之而惟恐不及。

中毒事件发生后，强生公司立即拟订了一项重振计划：首先弄清事件真相和原因，并估计该事件所造成的破坏，然后采取措施抑制破坏趋势重新赢得市场。

强生公司在搜集相关资料的同时，警告所有的用户在事故原因未查清之前不要服用"泰利诺"胶囊。全美所有药店和超级市场都把"泰利诺"胶囊从货架上撤下来。

后来查明，此药根本无毒（美国食品与药物管理局怀疑有人故意打开包装，在药中加入剧毒氰化物再以退货为由退回给药店），但"泰利诺"胶囊被投毒者利用这一事实还是使强生公司受到了巨大影响。据强生公司在事件发生一个月后的民意调查显示：94%的消费者认为"泰利诺"与中毒事件有关。虽然他们中87%的人知道"泰利诺"的制造商对致死事件没有责任，61%的受访者仍声称不再购买"泰利诺"胶囊了。更糟糕的是，有50%的消费者甚至连"泰利诺"药片也不愿买了。

在弄清氰化物不是在生产过程中被投入胶囊这一事实后，为了阻止"泰利诺"胶囊恐慌情绪蔓延，强生公司除了配合媒体向媒体提供及时准确的信息以外，还在全国范围内回收处置了所有进入市场的"泰利诺"胶囊（3 100万瓶、1亿多美元）。强生公司还向各个医院、诊所和药店等拍发了50万份电报、电传（耗资50多万美元），同时借助媒体，一方面提醒有关医生、医院和经销商提高警惕，另一方面，声明暂时将"泰利诺"胶囊生产改为药片生产，并以优惠价格鼓励消费者服用不易遭受蓄意破坏的泰利诺药片。

"泰利诺"品牌形象的重建工作的重点首先放在老顾客身上。为了重新赢得老顾客的信任，强生公司通过电视广告声称它会不惜一切代价捍卫"泰利诺"的荣誉，期盼老顾客继续信任"泰利诺"。为了防止芝加哥的悲剧重演，强生公司给重新推出的"泰利诺"胶囊设计了防污染防破坏的新包装。新包装为三重密封：盒盖用强力胶紧紧粘住，打开时得把它撕开且痕迹非常明显。药瓶帽和瓶颈处用一个塑料封条封死，封条上印着公司名称。瓶口又被一层箔纸从里面封住。药盒和药瓶上都写着："如果安全密封被破坏，请勿食用。"

强生公司真诚的富有道德感的做法得到了公众的理解，产品重新获得公众信任。1983年5月，"泰利诺"重新夺回了前一年失去的绝大部分市场，市场占有率回升至35%。"泰利诺"摆脱了危机，走出了困境。

（资料来源：http://ishare.iask.sina.com.cn/f/21371062.html）

试分析：

1. 强生公司处理危机的做法有何借鉴之处？

2. 危机的及时处理对消除负面影响的作用如何？

☆ 同步测试

◇ 单项选择

1. 人员推销区别于其他促销手段的重要标志是（   ）。

A. 寻找开拓　　　　B. 双向沟通　　　　C. 方式灵活　　　　D. 提供服务

2. 不同广告媒体所需成本是有差别的，其中最昂贵的是（　　）。

A. 报纸　　　　　　B. 电视　　　　　　C. 广播　　　　　　D. 杂志

3. （　　）一直是生产者市场营销的主要促销工具。

A. 广告　　　　　　B. 公共关系　　　　C. 人员推销　　　　D. 营业推广

4. 营业推广是一种（　　）的促销方式。

A. 常规性　　　　　B. 辅助性　　　　　C. 经常性　　　　　D. 连续性

5. 公共关系是一项（　　）的促销方式。

A. 一次性　　　　　B. 偶然　　　　　　C. 短期　　　　　　D. 长期

6. 下列因素中，不属于人员推销基本要素的是（　　）。

A. 推销员　　　　　B. 推销品　　　　　C. 推销对象　　　　D. 推销条件

◇ 多项选择

1. 促销作为促成商品交易的经济活动，必须包括（　　）。

A. 公共关系　　　　B. 营业推广　　　　C. 促销主体

D. 载体　　　　　　　　　　　　　　　E. 促销对象

2. 以下属于公共关系的活动有（　　）。

A. 展销　　　　　　B. 赞助事件　　　　C. 降价销售

D. 公益活动　　　　　　　　　　　　　E. 在电视台播放介绍企业的节目

3. 人员推销的基本形式包括（　　）。

A. 上门推销　　　　B. 柜台推销　　　　C. 会议推销

D. 洽谈推销　　　　　　　　　　　　　E. 约见推销

4. 下列因素属于促销组合的有（　　）。

A. 产品质量　　　　B. 营业推广　　　　C. 广告

D. 公共关系　　　　　　　　　　　　　E. 人员推销

5. 四大广告媒体是指（　　）。

A. 广播　　　　　　B. 杂志　　　　　　C. 报纸

D. 电视　　　　　　　　　　　　　　　E. 霓虹灯

◇ 判断

1. 宣传性公关公益性强，影响力大。　　　　　　　　　　　　（　　）

2. 营业推广是一种经常的、无规则的促销活动。　　　　　　　（　　）

3. 促销的作用在于传递信息、提供情报。　　　　　　　　　　（　　）

4. 无论促销目标是否相同，促销组合都应相同。　　　　　　　（　　）

5. 双向的信息沟通是人员推销区别于其他促销手段的重要标志。（　　）

◇ 简答

1. 广告的作用是什么？

2. 营业推广最重要的特点是什么？

3. 公共关系的作用体现在哪些方面？

4. 简述促销组合及其影响因素。

☆ 实训项目

设计一个上门推销情景剧

[训练目标] 通过情景模拟了解掌握推销知识。

[训练组织] 学生每两人分为一组,进行情景模拟。

[训练提示] 教师提出活动前准备及注意事项,同时随队指导。

[训练成果] 各组汇报,教师讲评。

☆ 案例分析

霞飞化妆品的促销策略

上海霞飞化妆品厂针对促销对象,设计了两种类型的促销组合:(1)以最终消费者为对象的促销组合。基本策略是:以塑造产品形象为目标的广告宣传活动,并辅之以一定的零售点营业推广活动。(2)以中间商为对象的促销组合。基本策略是:以人员促销为主导要素,配合以交易折扣和耗资巨大的年度订货会为主要特征的营业推广活动。霞飞厂在制定两种促销组合策略的基础上,对促销组合的几个方面都做了十分广泛而深入的工作。在广告方面,广告策划历年由厂长亲自决策。(1)广告费投入十分庞大,1991年为2 400万元,占当年产值的6%。(2)广告内容的制作,除聘请著名影星参与外,还把强化企业整体形象作为重点,播映一部以"旭日东升"为主题的电视广告片,同时利用中国驰名商标的优势,强调"国货精品"、"中华美容之娇"的品质。(3)在广告媒体的选择方面,因其目标市场是国内广大中低收入水平的消费者,而电视在他们日常生活中占有重要地位,因而把70%的费用用于电视广告,20%的费用用于制作各种形式的城市商业广告、霓虹灯和广告牌,其余10%的费用用于其他形式的广告媒体。

在人员推销方面,全厂产品的销售任务由销售科全面负责,该科建制占全厂总人数的十分之一。推销人员实行合同制,每年同厂方签订为期一年的合同。

推销人员若不能完成销售指标,第二年即不续签。推销人员的报酬实行包干制,无固定月薪收入,按销售实到货款提取0.5%的费用。推销人员工作实行地区负责制,每一省区配1至3名推销人员。此外,还派出营业员进驻全国各大百货商店的联销专柜,提高推销主动性。

在公共关系方面,每年投入120万至150万元,主要公关活动有:(1)召开新闻发布会。例如1990年在北京人民大会堂召开"霞飞走向世界"新闻发布会,会议地点本身就产生不小的新闻效应。(2)举办和支持社会公益活动。如赞助"全国出租车优质服务竞赛"、上海"夜间应急电话网络",特别是针对女性对文艺活动的偏好等特点,赞助华东地区越剧大奖赛。

在营业推广方面,霞飞厂对零售环节采取一些常规性的推广活动,创新不大,对批发环节则集中了主要精力,主要包括两类手段:(1)经常性手段,如交易折扣、促销津贴等。(2) 即时性手段，每年都举办隆重的订货会，既显示企业强大的实力，同时又进行感情投资，融洽工商关系。

（资料来源：倪海清. 耐克的营销组织变革. 中国营销传播网）

阅读以上材料，回答问题：

1. 霞飞化妆品促销策略为什么会成功？

2. 霞飞化妆品成功的促销策略给了我们什么启示？

第十二章

营销计划、组织与控制

◆ **本章学习目标**

☞ 应用知识目标：

1. 了解市场营销计划的作用与内容；

2. 理解市场营销组织的主要类型；

3. 明确市场营销控制的主要方法。

☞ 应用技能目标：

1. 掌握处理营销部门与其他职能部门关系的技能；

2. 以现代市场营销管理理念指导营销活动。

📖营销情景故事

TCL 家电营销网络组织与管理

创办于1981年的TCL集团股份有限公司，总部位于中国南部的广东省惠州市，在深圳和香港上市。23年来，TCL集团发展的步伐迅速而稳健，特别是进入20世纪90年代以来，连续12年以年均42.65%的速度增长，是中国增长最快的工业制造企业之一。目前TCL集团主要从事彩电、手机、电话机、个人电脑、空调、冰箱、洗衣机、开关、插座和照明灯具等产品的研发、生产、销售和服务业务，其中彩电、手机、电话机和个人电脑等产品在国内市场具有领先优势。从1981年组建以来，TCL集团的发展，特别是以彩电为代表的家电产品的营销，是与其营销网络的建设和不断完善密切相关的。

TCL有一套完善的网络营销组织体系。早在1991年TCL公司就在上海建立了第一个以销售音像设备为主的销售分公司，随后在哈尔滨、武汉、成都建立了销售分支机构。为配合彩电产品的全国市场销售，1993年正式开始组建了TCL电器销售公司，成为全国最早建立和拥有自己独立营销网络的电子企业之一。销售公司成立后，按照大区—分公司—经营部—分销商的组织机构，步步为营，精耕细作，把网络一直建立到了农村的城乡结合部。TCL把全国分为七个大区，建立了32家分公司，200家经营部，400家分销点，200多个专营连锁店和800多个特约维修专营店，并拥有数千家授权经销商，直属用户服务网遍及全国。在整个中国，从南到北，从东到西，每隔100公里就至少有一家TCL公司直接投资的营销机构。因此，TCL网络已经成为中国家电最为庞大、最为细腻的营销服务网络，最大区的人口为2.6亿人，最小区西北为8 000万人；分公司按省建立，独立核算；经营部位于地区及以上城市或100万人口以上县级地区；400家分销点中独立核算的就占200多家。在巩固、完善和拓展国内市场，保持国内网络同行业领先地位的基础上，TCL 目前还正计划有步骤地开拓海外市场。

TCL 公司对营销网络的管理主要是从以下几方面展开的：

对营销人员的管理。TCL 公司强调员工要有一个共同的企业核心价值观，并且切实把"为员工创造机会"这一口号深植于网络人员的管理中；TCL 强调人性化的管理，以顺应人性的方法进行管理，注重调动人性中积极的一面。信任员工，在网络组织结构中权力下放，产品价格在一定范围内的变化完全由营销人员决定，充分让网络营销人员当家做主，确立以员工成长为中心；TCL 不仅仅依靠企业文化实现网络的目标，还在激励机制的完善上达到了精神和物质的有机结合，从而激励网络人员一种自发的工作激情和创造能力。TCL 激励机制主要包括教育计划、福利和奖励三部分。

对经销商的管理。TCL 认为在营销网络中，厂、商是一个利益共同体，一损俱损，一荣俱荣。因此，管理好经销商的关键在于只有双方具有共同的未来，才会有稳定的合作和双赢。因而首先加强理念上的沟通，力求经销商能够理解和接受 TCL 理念，在双方利益一致的基础上，要有共创品牌的意识，即共创品牌和品牌商号。在营销网络建立之初，针对经销商对 TCL 产品不甚了解和信心不足的状况，TCL 采取了"赎买"政策，保证了经销商经营任务指标的完成，若因 TCL 产品的销售情况不好使得经销商和未完成指标，不足部分则由 TCL 公司补足。这样取得了经销商的信任，激励经销商努力开拓市场。

对营销结构的管理和调整。TCL 的家电营销网络通过多年的发展演练已逐步成熟，而为适应市场的变化，1998 年开始推行营销网络扁平化，实行"管理重心下沉"，网络管理从集权走向分权，在销售公司已分解为七个大区进行管理的基础上，又将分公司由原来的销售平台转变为管理平台；"销售重心下移"，销售中心下放到各基层经营部，经营部权力增加。加之实施"精耕细作"的战略，减少了网络的环节，节约了销售成本，使营销网络竞争力大大增强。同时也真正体现了"网络制胜"的优势。

TCL 家电营销的销售服务是网络体系中的重要一环。全面落实完善售后服务网络，建立售后服务基金；进一步推进"千店工程"建设，将服务网络延伸到每一个乡镇，甚至每一户家庭；与经销商合作推出"送货上门，上门调试"的服务，提出"以速度战胜规模"的方针，产品从出厂到用户手中，最快可在五天之内实现。TCL 承诺，哪里有王牌彩电，哪里就有王牌服务；三年免修报修，终身维护，一律免收服务费；24 小时内城内服务到位，边远地区特约服务；24 小时全天候电话服务，节假日照常服务。

（资料来源：http：//wiki. mbalib. com）

分析：管理手段的现代化，是 TCL 公司家电营销网络管理的一大特点。在强化管理，改善营销网络"软件"的同时，TCL 集团也注意了对营销网络硬件条件的建设。TCL 公司建立的分布全国的营销网络提高了产品销量，在企业的市场战略中成功发挥了重要作用，但随着规模的不断扩大，营销网络的管理难度也加大了。因此，如何从根本上提高营销管理水平、如何管理好庞大的营销渠道的经营问题，这就要求搞好营销网络的信息化工作，用先进的技术手段为管理服务，首要工作是从企业的管理角度出发，加快营销网络的物流和资金流的运转，进行规划建设，在此过程中采用先进的 IT 技术手段。只有如此，才能更快的实现管理的信息流及工作流的电子化，加快企业的物流和资金流的流速，由此加强 TCL 的速度经济和网络的规模经济，提高 TCL 的核心竞争力。

第一节　市场营销计划

计划是管理的一项重要职能。营销计划就是根据企业的经营方针及策略，确定相应时间内的销售目标和与其相关的主要营销活动指标，以及为实现这些目标和指标所要进行的各项销售活动安排。营销计划是统一相关部门和员工营销行为的纲领，是营销控制的依据。

一、营销计划的主要内容

不同行业、不同企业都会有自己需要的详略不同的营销计划，一般包括八个方面（如表 12-1 所示）。

表 12-1　　　　　　　　市场营销计划的内容

市场营销计划的内容	
计划步骤	目　的
1. 计划概要	对整个计划或主要内容的摘要或综述。
2. 市场状况	提供有关市场、产品、竞争、分销以及环境的相关资料。
3. 机会与威胁	确定主要的机会、威胁、优势、劣势和产品面临的问题。
4. 营销目标	确定销售量、市场份额和利润等要完成的目标。
5. 营销策略	提供实现计划目标的主要营销手段。
6. 行动方案	要做什么？谁去做？什么时候做？
7. 预算	费用是多少？预测期望的财务收支。
8. 控制	如何监测计划的执行？

（一）计划概要

营销计划通常以营销计划书的形式对本计划的主要目标及执行方法、措施作简要概述，其目的是便于管理机构和高层主管很快掌握计划的核心内容，并据此审核、评价该计划的优劣。例如，在计划概要中应包括计划年度的销售额、利润和市场占有率的具体目标值，各指标与上年度比较增长的幅度，达到该目标的措施等。

（二）市场状况

这部分内容是对当前市场营销状况的分析，即提供与市场、竞争、产品、分销和宏观环境因素有关的背景材料，详细分析和描述目标市场的特点及企业在这一目标市场中所处的地位。为了进行这些分析，应通过调查研究，收集和掌握诸如全行业和主要竞争对手过去、现在及计划期的相关信息。这是一项较为复杂的工作，资料齐备可使营销计划的其他阶段，如营销目标、策略等的制定更科学、更准确。同时，除上述各项指标信息外，还应包括市场容量大小、主要的细分市场、消费者的需求、特有的环境因素等，以便进一步估计目前和将来本企业产品可获得的市场占有率。

（三）机会与威胁

机会是指营销环境中对企业有利的因素，也就是对企业的市场营销活动具有吸引力的领域，在这些领域企业可与其竞争对手并驾齐驱或独占鳌头，能获得优厚的利益。威胁也是凶兆，即营销环境中对企业营销不利的因素或者说是不利的市场趋势，若不采取相应措施，可能出现产品滞销，也可能市场占有率降低或丢失，甚至威胁到企业的生存。市场营销管理人员应对机会和威胁作出预测，估计机会的吸引力大小、威胁的严重性及发生的可能性。对将影响企业兴衰的重大威胁，准备若干应对方案。

在营销计划书中还有必要对企业的优势、劣势作出分析。与机会和威胁相反，优势和劣势是内在因素，反映企业在竞争中与对手相比的长处和短处。优势指企业可利用的因素，如产品品牌优势、高端的质量、不可模仿的核心竞争力、高素质的员工等。劣势指企业应加以改进的内容，如营销渠道不畅、促销方法欠妥等。确定企业的优势、劣势可通过表 12 - 2 所列的项目举例进行分析，每个企业都应认真分析，列出自己的优势、劣势项目，以便在营销策略中应用或回避。

表 12 - 2   企业优势和劣势分析

市场营销方面因素	表现					重要性		
	绝对优势	相对优势	中性	相对劣势	绝对劣势	高	中	低
1. 相对市场份额								
2. 声誉								
3. 竞争地位								
4. 消费者忠诚度								
5. 产品组合长度								
6. 产品组合宽度								
7. 产品质量								
8. 新产品开发								
9. 分销成本								
10. 分销网络								
11. 销售队伍								
12. 售后服务								
13. 制造成本								
14. 价格								
15. 利润率								
⋮	⋮	⋮	⋮	⋮	⋮	⋮	⋮	⋮

（四）营销目标

拟订营销目标是计划的核心部分，并对影响这些目标的问题加以分析和论证，最后以具体指标的形式表现出来。企业要确定的营销目标通常分为两大类：

（1）市场营销目标，主要有销售量、销售额增长率、市场占有率、分销网覆盖面以及价格水平等。

（2）财务目标，主要有近期利润指标和长期投资收益率目标等。这些目标的确定是在前期目标完成的基础上，对未来市场预测确定的。

（五）营销策略

每一个目标都可以通过多种途径去实现。营销策略就是企业为达到营销目标所灵活运用的逻辑方式和推理方法。营销策略包括目标市场与市场定位、营销组合策略与营销费用支出水平等。

1. 目标市场

企业对目标市场的选择非常重要，不同的细分市场其消费者爱好、盈利机会以及对市场营销工作的反应是不相同的。因此，企业要敏锐地觉察到这些区别，从竞争的角度出发，将企业的物力和精力投入到最有利的细分市场，为每个目标市场制定相应的营销策略。

2. 市场营销组合

在营销计划书中，应概括提出有关市场营销组合的各种具体策略，如新产品策略、价格策略、分销策略及促进销售策略等，并根据机会威胁分析其中的问题，说明采取上述各种不同策略的理由。

3. 营销费用开支水平

计划书中还必须详细说明为执行各种市场营销策略所必需的营销费用预算，而且应以科学的方法来确定恰当的费用水平。一般来说，营销费用支出越高，销售额也会越高。但不同的产品要达到一定的市场占有率，其费用支出水平是不同的。例如，化妆品的营销预算比较高，而农产品的营销预算则较低。

总之，由于企业的目标是多方面的，要达到各种特定市场营销目标所采用的市场营销策略和重点也可能不完全相同。如果要提高某产品的市场份额，则可从价格策略、产品策略、服务策略、市场优势策略以及广告与促销策略等方面入手制定相应的方案。

（六）行动方案

各种营销策略制定以后，必须制定相应的行动方案才能使策略得以实施。这些行动方案需要围绕下列问题：①要完成什么任务？②怎样完成？③何时完成？④由谁负责执行？⑤需要多少费用？这些都要按时间顺序列出详细而可供实施的具体方案。

（七）预算

根据行动方案编制预算方案。这种预算实际上就是一份预计损益表。收入为预计销售量与平均价格的乘积，支出则包括产品销售成本、储运费用、销售薪金与佣金、各种促销活动费用及其他市场营销费用。收入与支出之顺差便是预期利润。企业高层主管将负责预算的审查、修改和批准。预算一经批准，便成为采购、生产和营销等活动各项支出的依据。

（八）控制

控制是用来监督检查整个计划进度与执行情况的，是顺利完成计划的保证。一般是将计划规定的目标和预算按季度、月度或更小的时间单位进行分解，高层主管可审查每一时期业各类目标的完成情况与成果，完不成目标的部门要作出解释，制定整改措施，从而使企业的市场营销计划得以贯彻执行。

知识链接

判断一份市场营销计划是否稳健的六个问题：

1. 该计划是否列出了企业面临的重要的新机会，考虑到了主要的威胁，认识到了企业自身条件中的优势和弱点？

2. 该计划是否清楚地定义了有关的目标细分市场和它们的相对潜力？

3. 该计划中的目标市场的绝大多数，都认为我们的产品或服务比竞争者的更优秀（更值得信任和购买）吗？

4. 该计划拟用的战略、战术和行动之间，是否具有一致性、连贯性；运用的市场营销手段和工具恰当吗？

5. 该计划达成预定目标的可能性（概率）多大？

6. 假如我们只同意该计划80%的经费，市场营销部门会减少哪些项目？假如我们给予该计划120%的经费，他们又会增加哪些项目？

二、市场营销计划的实施

把市场营销计划转化为市场营销业绩的"中介"因素，是市场营销计划的执行。市场营销计划的实施涉及相互联系的四项内容。

（一）制定行动方案

为了有效实施市场营销计划，市场营销部门以及有关人员需要制定详细的行动方案。方案必须明确市场营销计划中的关键性环境、措施和任务，并将任务和责任分配到个人或团队。方案还应包含具体的时间表，即每一行动的确切时间。

（二）调整组织结构

在计划实施过程中，组织结构起着决定性的作用。它把任务分配给具体的部门和人员，规定明确的职权界限和信息沟通路线，协调企业内部的各项决策和行动。组织结构应当与计划的任务相一致，同企业自身的特点、环境相适应，也就是说必须根据企业战略、市场营销计划的需要，适时改变、完善组织结构。

（三）形成规章制度

为了保证计划能够落在实处，必须设计相应的规章制度。在这些规章制度当中，必须明确与计划有关的各个环节、岗位，人员的责、权、利，各种要求以及奖惩条件。

（四）协调各种关系

为了有效实施市场营销战略和计划，行动方案、组织结构和规章制度等因素必须协调一致，相互配合。

📖 探讨与应用

麦当劳公司市场营销计划书

一、市场营销状况

麦当劳公司面临如下市场状况：

快餐食品市场正在缓慢成长。传统的街区和郊区市场已经饱和，当前大多数的销售增长来自非传统销售网点，诸如机场、火车站、办公大楼所在地。

快餐食品自然集中于汉堡包、鸡和番茄酱的销售。某些新开业的专业化快餐食品销售网点，如帝·莱特斯向成年人提供了更多的食谱选择，帕史塔棒这些销售网点对麦当劳形成潜在的威胁，它们正在集中于单一的快餐食品和成年人市场而不是儿童市场，恰恰成年人这一细分市场又是麦当劳缺少顾客忠诚的薄弱环节。

二、对手与消费者

比较积极的事件是：成功地向市场投入了各种色拉和麦克德尔特三明治；儿童们对各种幸福快餐的需求经久不衰并在不断发展，趋势明显；在游乐场上成功地扩大了销售。眼下，麦当劳面临着两个主要问题：其一，在不改变麦当劳十分重视儿童市场这一传统特征的前提条件下，怎样提高成年人对麦当劳的忠诚；其二，当开发新销售网点地盘变得越来越困难时，怎样继续保持市场增长的势头。

三、问题与机会分析

麦当劳公司发现它面临如下问题：

（1）现场试验发现，顾客对麦当劳潜在的新快餐食品评价不同。

（2）适于麦当劳开设新销售网点的潜在地盘十分有限。

（3）帝·莱特斯在经营成年人快餐食品销售力方面表现出极大的潜力。

（4）各竞争对手纷纷向市场投放各种各样的幸福快餐，文帝用土豆王玩具来配合，成功地进行了幸福快餐的促销。

（5）顾客反映麦当劳最近组织的意在以成年人市场为目标的两次游戏性促销活动中的游戏太复杂了。

（6）由于很难雇到合格的工人及随着食谱花色品种的增加给保持质量带来困难，麦当劳的快餐食品本身的质量和服务质量都在下降。

四、目标市场

与此同时，麦当劳公司发现企业存在如下机会：

（1）市场调查表明，顾客将对麦当劳即将推出的自由挑选全营养小果子面包作出积极的反应。

（2）麦当劳在非传统开店的场所开设的销售网点相当成功，麦当劳的地区合作团体和当地特许经营组织的市场营销能力在同行业中都是最强的。

（3）麦当劳投放市场的各种色拉取得了成功。

（4）所有快餐食品销售链的产品都正在受到营养学专家的批评。

五、营销策略

（1）广告宣传活动。麦当劳将继续以重金做广告，费用额将是对手的三至四倍，计划强调两方面：

儿童寻向型广告将在儿童表演节目中播出。

成年人寻向型广告将在晚上和周末电视节目中播出，这一广告宣传将按季进行。

第一季度：做成年人寻向型游戏促销广告。

第二季度：在目标城市市场开展向顾客介绍各种全营养小果子面包的宣传活动。

第三季度：做另一个成年人导向型游戏促销广告。

第四季度：利用人们的怀旧心理，配合三个月前重新推出双层干酪包而开展一场"麦当劳伴我成长"的活动。

（2）促销活动。尽管麦当劳上两次促销提高了销售，但很快又回到一般销售水平。

因为今年快餐食品厂没有什么花样翻新，引起销售下降，所以促销必须尽可能使这种潜在的下降不成为现实。促销活动游戏必须比上次简单，以便更多人参与。另外注意两点：

其一是店内促销，麦当劳将继续向市场提供幸福快餐，并有计划地逐日稍做更新，麦当劳把其儿童游乐场票价下调35%，以鼓励更多的销售网点售出游乐场票。

其二是店堂陈设，主要陈设有旗帜和招贴，招贴应适合于贴放或放在调味品台上和堆放废弃物品容器上。

（3）公关活动。麦当劳主要有三大公关活动：

其一，麦当劳将继续对全国范围的各种竞赛提供支持，如网球赛、足球赛等。

其二，使罗纳德·麦克唐纳露面次数加倍，并给予合作团体的额外支出以资金赞助。

其三，发表介绍全营养小果子面包营养成分的文章，使之与批评麦当劳快餐食品缺乏营养的文章辩论。

（4）包装。更富于营养的信息置于食品外包装之上。

（5）市场研究。包括对新快餐食品市场进行研究，对各种新分销选择进行市场试验。

（6）销售网点。麦当劳将继续在下列地区增设销售网点和特许经销店：允许的外国；非传统设点场所；提高或恢复各街区的活力的场所。

六、营销方案

在进行完上述步骤之后，营销计划的制定者要做的下一步是确定市场营销目标与行动的方案。

麦当劳所拟达到的营销目标是：销售额120亿美元，毛利43亿美元，毛利率36%，净利13亿美元，市场占有率25.5%。

麦当劳的1991年目标是在除了额外的全营养小果子面包之外，其他产品都应保持原有的市场占有率。为了实现这一目的而设计的行动方案如下：

（1）不断加强对儿童的市场营销活动，增强儿童对麦当劳的凝聚力。

（2）以成年人细分市场为目标市场进行促销活动，每6个月组织一次促销性游戏。在成年人中开发出较强的顾客忠诚性的几种新观念。

（3）继续增加在非传统设店的场所开设销售网点的数目。

另外与主要行动相配合，还拟采取下列次要活动：

扩大适合于地区合作团体用于它们的广告宣传活动的素材量；增加麦当劳主办的体育活动及有关活动次数；增加罗纳德·麦克唐纳露面次数；发表有关麦当劳快餐食品营养成分及含量的新闻报道。

七、财务计划

目前麦当劳全国有超过 1 100 家分店，而竞争对手肯德基则有 2 600 家分店。两大巨头在扩展战略上已呈现分化。麦当劳斥巨资对现有门店进行装修升级，为何却不愿意在对新店投入上实现翻倍呢？"开店不难，保证开出来的店都赚钱才难。"姚详坦言。据姚详称，去年麦当劳全国新开店 135 家，2010 年将保证新开店速度不低于去年水平。记者查阅麦当劳 2009 年第三季度：麦当劳第三财季实现净利润 12.6 亿美元，净利润增长 5.9%，上年同期实现净利润 11.9 亿美元，营业毛利率由 29.1% 升至 31.9%。

八、营销计划的执行与控制

营销计划最后应包括掌握计划执行进度及执行计划的费用预算等控制项目。

（资料来源：http：//apps. hi. baidu. com/share/detail/14550675）

试分析：麦当劳公司市场营销计划书还有哪些不足，如何改进？

第二节　市场营销组织

一、市场营销组织的概念

所谓市场营销组织，是指企业内部涉及市场营销活动的各个职位及其结构。理解这一概念必须注意两个问题：第一，并非所有的市场营销活动都发生在同一组织岗位。例如，在拥有很多产品线的大公司中，每个产品经理下面都有一支销售队伍，而运输则由一位生产经理集中管辖。不仅如此，有些活动甚至还发生在不同的国家或地区，但它们属于市场营销组织，因为它们都是市场营销活动。第二，不同企业对其经营管理活动的划分也不同。例如，信贷对某个企业来说是市场营销活动，对另一个企业而言则可能是会计活动。同时，即使企业在组织结构中正式设有市场营销部门，企业的所有市场营销活动也不是全部由该部门来完成。因此，市场营销组织的范围是难以明确界定的。

二、企业营销机构的演变

市场营销组织是制定和实施市场营销计划的职能部门。在不同的企业，市场营销组织往往有不同的称谓。在许多企业，市场营销组织常常不只是一个机构或科室。现代企业的市场营销部门，是随着市场营销观念的发展，长期演变而成的产物。在市场经济发达的西方国家，市场营销组织的发展大体经历了五种典型形式，如图 12-1所示。

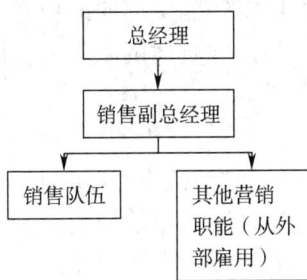

图 12 - 1 （a）单纯的推销部门　　　图 12 - 1 （b）具有辅助性职能的推销部门

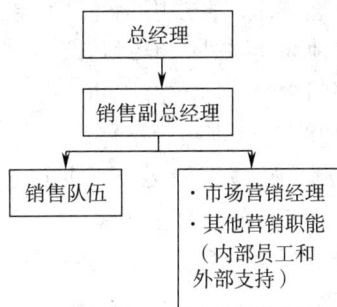

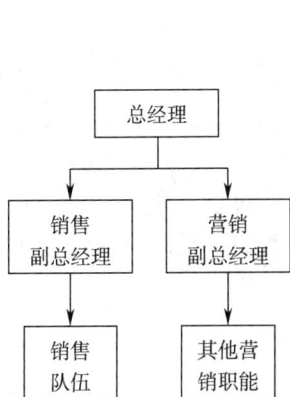

图 12 - 1 （c）独立的营销部门　图 12 - 1 （d）现代营销部门　图 12 - 1 （e）现代营销企业

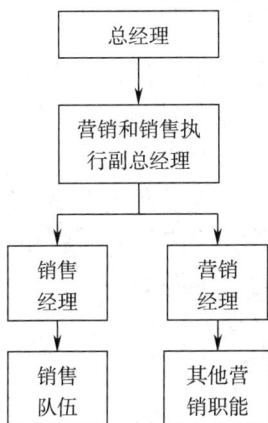

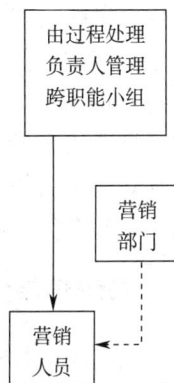

（一）单纯的推销部门

一般来说，每个企业几乎都是从财务、生产、推销和会计等四个基本职能部门发展起来的：财务部门管理资金筹措；生产部门管理产品制造；推销部门管理产品销售；会计部门管理来往账目，计算成本。推销部门通常有一位副总经理负责管理推销人员，兼管若干市场调研和广告促销工作。推销部门的任务是销售产品，产品的生产、库存管理等。完全由生产部门决定。推销部门对产品的种类、规格、数量等问题，几乎没有发言权。20 世纪 30 年代以前，西方国家企业的市场营销思想基本上是生产观念，市场营销组织大部属于这种形式。如图 12 - 1 （a）所示。

（二）具有辅助性职能的推销部门

20 世纪 30 年代以后市场竞争日趋激烈。大多数企业开始以推销观念为指导思想，需要一些经常性的市场营销调研、广告和其他促销活动。这些工作逐渐演变成为推销部门的专门职能。当这些工作在量上达到一定程度时，许多企业开始设立市场营销主管的职位，全盘负责这些工作，如图 12 - 1 （b）所示。

（三）独立的市场营销部门

随着企业规模和业务范围进一步扩大，作为辅助性职能的市场营销工作，诸如市场营销调研、新产品开发、促销和顾客服务等的重要性日益增强，市场营销成为一个相对独立的职能。作为市场营销主管的市场营销副总经理，同负责推销工作的副总经理一样，直接由总经理领导。这一时期．市场营销的主要职能独立于市场营销的其他职能之外，推销和市场营销成为平行的职能。在具体的工作上，两个职能及其部门之间，需要密切的配合，如图12－1（c）所示。

（四）现代市场营销部门

推销和市场营销两个职能机构需要互相协调和默契配合，但现实中却容易形成一种敌对和互不信任的关系。一般来说，推销副总经理看重眼前销售量的大小，难免趋向于短期行为；市场营销副总经理着眼于长期效果，侧重于安排适当的计划和制定市场营销战略，满足市场的长期需要。为解决推销部门和市场营销部门之间的矛盾和冲突，市场营销组织逐渐转向统一由市场营销副总经理全面负责，管辖所有市场营销职能机构和推销部门，如图12－1（d）所示。

（五）现代市场营销企业

建立了现代市场营销部门的企业，并不就是现代市场营销企业，市场营销部门不是一个公司的全部，但是最好整个公司都是市场营销部门。所以，现代市场营销企业要建立市场导向型组织，使企业所有的管理人员，乃至每一位员工在这一组织框架内，都是市场导向的。这一市场导向或学习型组织，通过信息共享，使企业一切部门和每一个人的工作都围绕为顾客服务来展开，市场营销不仅是一个部门的职能，而且是整个企业的经营哲学，如图12－1（e）所示。

三、市场营销组织类型

（一）职能型组织

这是最常见的市场营销组织形式。它在市场营销副总经理的领导下，集合各种市场营销专业人员，如广告和促销人员、推销人员、市场营销调研人员、新产品开发人员，以及顾客服务人员、市场营销策划人员、储运管理人员等组成。市场营销副总经理负责协调各个市场营销职能科室、人员之间的关系，如图12－2所示。

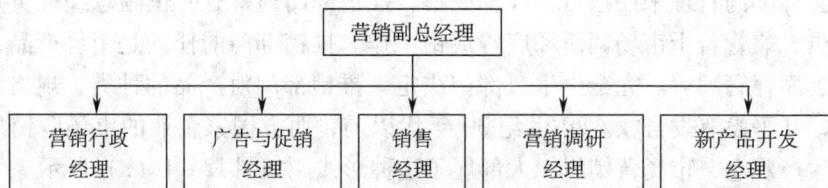

图12－2　职能型组织形式

职能型组织的主要优点是行政管理简单、方便。但是随着产品增多和市场扩大，这种组织形式会逐渐暴露其弱点：

（1）在这种组织形式中，没有一个人对一种产品或者一个市场全盘负责，因而可能缺少按产品或市场制定的完整计划，使得有些产品或市场被忽略。

（2）各个职能科室之间为了争取更多的预算，得到比其他部门更高的地位，相互之间进行竞争，市场营销副总经理可能经常处于调解纠纷的漩涡之中。

（二）产品（品牌）管理型组织

生产多种产品或拥有多个品牌的企业，往往按产品或品牌建立市场营销组织。通常是在一名总产品（品牌）经理的领导下，按每类产品（品牌）分设一名经理，再按每种具体品种设一名经理，分层管理。在一个企业，如果经营的各种产品差别很大，产品的数量又很多，超过了职能型组织所能控制的范围，就适合于建立产品（品牌）管理型组织，如图 12－3 所示。产品（品牌）经理的作用，是制定产品（品牌）计划，监督计划实施，检查执行结果并采取必要的调整措施，以及为自己负责的产品（品牌）制定长期的竞争战略和政策。

1. 品牌管理型组织形式的优点

（1）便于统一协调产品（品牌）经理负责的特定产品（品牌）的市场营销组合战略；

（2）能够及时反映特定产品（品牌）在市场上发生的问题；

（3）产品（品牌）经理各自负责自己管辖的产品（品牌），可以保证每一产品（品牌）纵然眼下不太出名，也不会被忽视；

（4）有助于培养人才，产品（品牌）管理涉及企业经营、市场营销的方方面面，是锻炼年轻管理人员的最佳场所。

2. 品牌管理型组织形式的缺点

（1）造成了一些矛盾冲突。由于产品（品牌）经理权力有限，不得不依赖于同广告、推销、制造部门之间的合作，这些部门又可能把他们视为"低层的协调者"不予重视。

（2）产品（品牌）经理容易成为自己负责的特定产品（品牌）的专家，但是不一定熟悉其他方面如广告、促销等业务，因而可能在其他方面成为不了专家，影响其综合协调能力。

（3）建立和使用产品管理系统的成本，往往比预期的费用要高。产品管理人员的增加，导致人工成本增加；企业要继续增加促销、调研、信息系统和其他方面的专家，必然承担大量的间接管理费用。要解决这些问题，应对产品（品牌）经理的职责、同职能管理人员之间的分工与合作，作出明确、适当的安排。

（三）地区型组织

业务涉及全国甚至更大范围的企业，可以按照地理区域组织、管理销售人员。比如在推销部门设有中国市场经理，下有华东、华南、华北、西北、西南、东北等大区市场经理，每个大区市场经理下面按省、市、自治区设置区域市场经理，再往下还可以设置若干地区市场经理和销售代表。从全国市场经理依次到地区市场经理，所辖下属人员的数目即管理幅度级增加。当然，如果销售任务艰巨、复杂，销售人员的工资成本太高，他们的工作成效又对利润影响重大，管理幅度就可以适当缩小，如图 12－4 所示。

（四）市场型组织形式

当企业把一条产品线的各种产品向多样化的市场销售，而客户可以按照不同的购买行为或产品偏好分为不同的用户类别，从而使市场呈现不同特点时，设立市场型组织模式是比较理想的（见图 12－5）。市场型组织模式的优点在于：企业可围绕

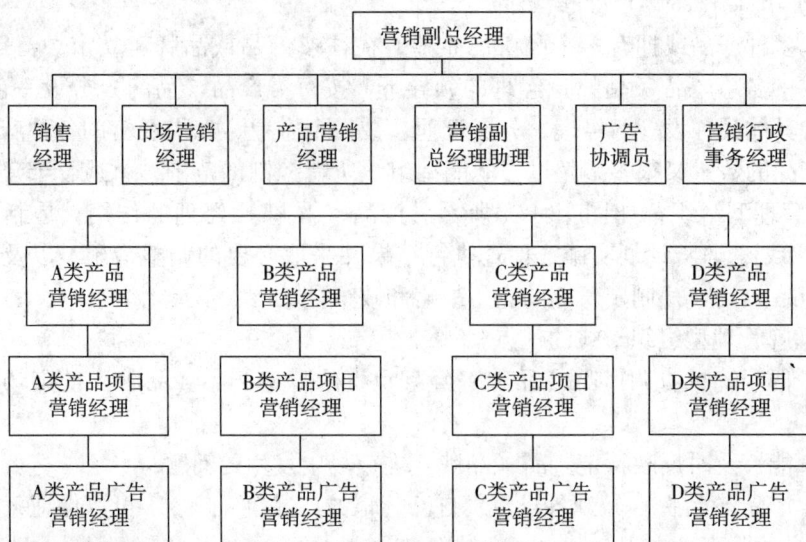

图 12 - 3　产品型组织形式

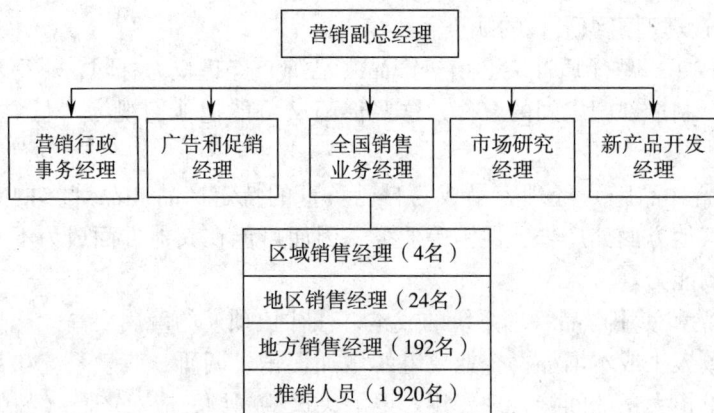

图 12 - 4　地区型组织形式

特定顾客的需要开展一体化的营销活动，而不是把重点放在彼此隔开的产品或地区上，这有利于企业加强销售和市场开拓。其缺点是：存在权责不清和多头领导的矛盾，这点和产品型组织模式相类似。

（五）产品—市场型组织形式

面向不同市场、生产多种产品的企业，在确定市场营销组织结构时经常面临两难抉择：是采用产品管理型，还是市场管理型，能否吸收两种形式的优点，扬弃它们的不足之处。所以，有的企业建立一种既有产品经理、又有市场经理的矩阵组织（见图 12 - 6），以求解决这个难题。

但是矩阵组织的管理费用高，容易产生内部冲突，因此又产生了新的两难抉择：一是如何组织销售力量，究竟是按每种产品组织销售队伍，还是按各个市场组织推销队伍，或者销售力量不实行专业化；二是由谁负责定价，产品经理还是市场经理。

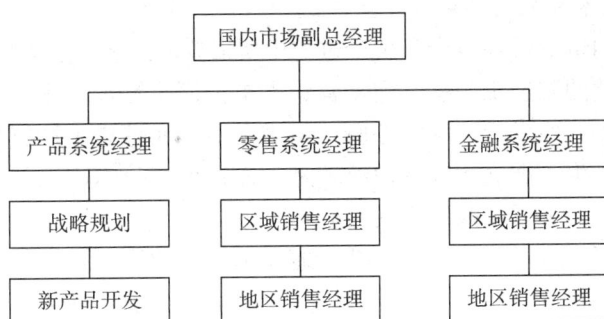

图 12 – 5 市场型组织形式

绝大多数大企业认为，只有相当重要的产品和市场才需要同时设置产品经理和市场经理。也有的企业认为，管理费用高的潜在矛盾并不可怕，这种组织形式能够带来的效益，远远超过需要为它付出的代价。

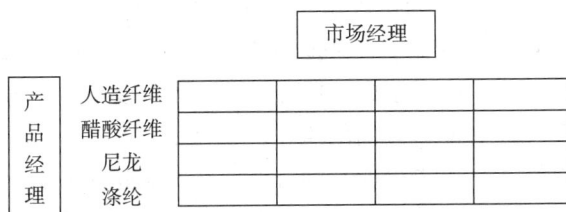

图 12 – 6 杜邦公司纺织纤维部的产品—市场管理矩阵

四、市场营销部门与其他部门的关系

原则上讲，企业的各种职能应协调一致，以实现企业的总体目标。但实际工作中企业各部门之间常存在矛盾和误解。部门间的矛盾有些是在"什么是企业最大利益"的问题上持有不同意见而引起的，有的是由部门利益与公司利益间权衡抉择所引起的，还有一些矛盾是由部门间的老框框和偏见所造成的。总之，每一部门都应该了解其他部门的运作规律，以便更好地解决矛盾。

（一）研究与开发部门

公司对开发新产品的期望，常常因研究开发部门同营销部门间的不同观点而受到挫折。这两个部门代表着公司里两种不同的文化观念。研究开发部门由技术人员组成，他们喜欢攻克技术难题而对销售能否获利却不甚关心，他们喜欢在较少受人监督或较少谈及研究成本的情况下工作。然而，营销部门是由以业务为导向的人所组成的，他们了解市场，希望具有更多特色的新产品提供给顾客。与此同时，他们不得不关注产品的成本。

在技术驱动和营销驱动并重的公司里，研究开发部门同营销部门需要建立有效的组织协调关系，为取得成功的以市场为导向的创新而共同承担责任。研究开发人员的责任不仅是发明创造，而且要关注产品的市场价值。营销人员的责任不仅是追求新的产品特色，而且应正确辨认顾客的需求和偏好。

（二）工程技术和采购部门

工程技术部门负责设计新产品生产过程中所需要的工艺方法。他们对产品质量、较低的成本和简便的制造工艺感兴趣。营销人员为满足顾客需求、开拓市场，可能要求生产多种型号，要求用定制元件而不是用标准化元件去生产特色产品，此时会与工程技术人员发生矛盾。如果营销经理是由懂得生产技术的人员担任的，矛盾就会小一些，因为他们可以很好地沟通以解决问题。

采购主管负责以尽可能低的价格批量地满足相应的原料及元件的供应，他们认为，营销经理强调特色与品种，会导致小批量多品种进货，加大了进货成本，如果营销人员预测不准确则会使采购部门要么在不利的条件下仓促订货，要么加大库存，造成积压。

（三）制造和营运部门

制造部门负责按时保质保量地完成生产任务。他们要经常处理生产过程中出现的机械故障、库存断档、劳资纠纷等各种问题。他们认为，营销人员对生产过程了解甚少。他们经常提出不正确的销售预测，建议投产的产品难以生产且型号过多，向顾客许诺的服务项目内容超出了合理的范围，答应过短的交货期。营销人员则埋怨制造部门生产能力不足、交货延迟、质量控制不力以及售后服务欠佳。

营销人员想不到生产可能遇到的困难，他们注意的只是顾客方面的要求，问题不仅是部门间信息沟通不良，也可能在利益方面有着实际冲突。

公司有许多方法解决这种冲突。在制造驱动的公司里，公司的全部活动和工作都是为了保证生产顺利进行和降低成本。公司倾向于生产工艺简单的产品，希望产品线窄一些，而生产的批量大一些，延期交货的情况很少。在营销驱动的公司里，公司的目标是满足顾客需要，当营销人员提出改进某一产品或要求尽快交货时，制造部门会全力以赴，由此可能会打乱生产计划，导致成本上升。

公司需要发展一种平衡的制造和营销导向，在这种导向下，双方共同确定如何使公司的利益最大化，解决矛盾的途径可以是举行研讨会、互派联络员以及实行相互交换人员的计划等。

制造这一术语用于企业生产有形产品，而营运主要用于创造和提供服务的行业。如在旅馆，营运部门人员包括前台接待员、门卫、服务员等。如果营运人员没有顾客导向意识，会使营销努力付之东流。营销人员必须了解这些提供服务人员的能力和心态，并帮助他们不断改进。

（四）财务部门

营销执行经理需要大笔的预算用于广告、促销活动和人员开支，却不能保证花了这些钱究竟能增加多少销售额。对此，财务经理会怀疑营销人员所作的预测不准，认为他们没有认真考虑营销支出与销售额间的关系，没有认真考虑把预算用于更能盈利的产品上去，他们指责营销人员没有经济头脑。

然而，营销执行经理常常认为财务人员只知道成本，指责财务人员把钱袋收得太紧，把营销支出视为费用而不是投资，过分保守、躲避风险，以致错过了许多宝贵的机会。解决这些问题的办法是对营销人员给予更多的财务知识培训，让财务人员更多地了解市场及营销。财务主管人员要运用财务理论和手段，支持企业的营销工作。

（五）会计和信用部门

会计人员认为，营销部门提交销售报告拖拖拉拉，很不及时。他们对销售人员与客户达成的特别条款十分反感，因为这类交易需要特别的会计手续。营销人员则对会计部门在产品上分摊固定成本的做法很反感。他们觉得自己主管的产品的实际盈利要高于账面上反映的盈利状况，原因在于会计部门摊派了较多的管理费用。他们还希望会计部门提供有关细分市场、重要客户、个别产品、销售渠道、销售地区、各种订购数量的销售额与利润率等相关数据。

信用部门的人员负责信用政策的制定，检查潜在客户的信用状况，决定是否向某些客户提供更为宽松的信用政策，或拒绝给予信用。他们认为，营销人员只顾拿回订单，不关心对方的支付能力；而营销人员则常常觉得信用标准定得太高，认为"零坏账"的观点实际上是行不通的，会给公司在销售和盈利方面带来许多损失，他们好不容易找来的顾客，却因信誉问题被拒之门外。

🏳 探讨与应用

长虹营销组织变革

四川长虹电器股份有限公司是中国著名的家电品牌企业。公司1994年在上交所上市，1997年经营到达巅峰时期，实现主业收入156.73亿元，净利润26.1亿元。自1998年开始，长虹开始出现持续的业绩滑坡。

2000年长虹有四大业务，但发展很不平衡。彩电业务占了销售贡献的绝大部分，但随着彩电市场需求与竞争结构的变化，客观上需要厂商的营销体系有很大的灵活性来适应各地不同市场的消费习惯。同时，由于四大业务专业化强、前端的客户、渠道重合度很低，长虹当时高度集权的，直线式的营销体系客观上已经不能适应自身业务发展的需要和市场竞争环境的变化。

在彩电市场竞争形势急剧改变、自身多元化发展的双重背景下，长虹为适应环境频繁进行营销组织机构调整，但调整没有清晰的思路和目标。

	长虹的职能模式	康佳/TCL采用的职能模式
营销总部	业务决策、业务监控、业务管理、业务执行	业务支持和决策
大区	业务监控、业务管理、业务执行	业务监控
省级营销组织	业务管理、业务执行	业务管理（区域决策中心）
地级营销组织	业务执行	业务执行
客户		
特点	各层次职能划分不清晰，权力重心高，市场反应效率低	各层次具有清晰的核心职能，权力部分下移，市场反应效率高

从5年组织结构的调整中，看不到系统的前瞻性规划，看不到清晰变革的主线

和思路，看到的只是抓狂似的头痛医头，脚痛医脚的事后调整。几年的高频率但方向不明确的变革，使得管理的延续性、稳定性大大削弱，集权管理体系在多元化产品结构下日益力不从心，具体表现如下：

第一，各个管理层次缺乏清晰的核心职能定位。

管理的各个层次不清楚自己的职能和权力到底是什么，总部同时面对层面不同的大量问题，包括策略性问题、战术性问题甚至某一个客户的具体问题。

第二，长虹的销售一线授权过小，削弱了对市场的快速反应能力。

分公司经理权力有限，大小决策都要层层上报批准，信息反馈慢，无法快速反应，错失市场良机。

第三，长虹营销管理系统中销售功能突出，但营销策划功能分散薄弱。

在对营销策划至关重要的信息方面投入不足、职能分散是导致营销策划和信息研究力量薄弱的重要原因，营销策划力量薄弱，缺乏总体思路；信息利用程度不够，无法有力支持决策。

第四，长虹在产销衔接和新产品开发方面亟待提升。

2000年产销衔接的流程是：事业部（实质为产品生产部）提出（生产）计划、营销策划中心调整、公司评审，实质仍然是以生产为导向的管理模式，没有明确的部门对库存资金占用、生产计划合理性和利润负责。在支持机制上，产销衔接缺乏科学的市场预测信息的支持，销售计划和生产计划的调整尚未形成规范的管理机制，存在一定的随意性。其结果就是销售系统得不到想卖的产品，而产品计划的不准确又造成生产库存积压。

第五，由于专业化分工过细，缺乏对策划等职能的重视，缺乏科学的、目标统一的考核体系，组织内存在部分职能重叠、冲突、空白的现象。

在咨询公司的帮助下，长虹建立了较为清晰的组织架构体系，各个层次有明确的定位。长虹最终确定的营销体系变革的基本思路为：以市场为导向，建立具有强大营销功能的规范化、专业化营销组织体系。主要体现在：

1. 分层管理。对营销总部、大区、管理处和分公司的核心职能进行明确的定位，执行、管理、监控以及决策等职能在各个层次合理地分配。

2. 分权管理。强化管理处和分公司的营销职能，管理处成为真正的区域决策中心。

3. 强化营销功能。建立独立的市场部门，强化品牌推广、产品策划、产品管理以及市场信息研究等营销功能。

4. 发挥协同效益。合理地进行专业化分工，突出销售、市场、经营、服务四大功能，建立目标统一而不是互相冲突的考核体系。

5. 产品营销专业化。强化针对彩电、空调、视听产品和电池等不同产品的营销策划，根据区域市场实际业务的需要，实施业务人员专业化。

6. 区域组织差异化。改变"平均主义"，重点地区，重点投入；分公司层面在职能和权力上实施真正的A、B、C差异化管理。

同时，为了保证营销组织改革顺利实施，还对现有管理文化、人员意识和管理能力进行了同步调整和提升。在营销组织方面，长虹也提出了营造新的比较竞争优势的目标，并且取得了成功。

（资料来源：张峻．长虹营销组织变革案例分析．第一营销网）

试分析：

1. 企业的营销组织如何提高对市场的反应能力？

2. 企业在成长壮大的过程中，随着产品和业务的日趋多元化，企业组织机构如何从单一的产品管理模式向多元化的管理模式过渡？

第三节　营销控制

执行和控制市场营销计划，是市场营销管理过程的重要步骤。由于在市场营销计划的执行中会出现许多意外情况，所以必须连续不断地控制各项市场营销活动。

所谓市场营销控制，是指市场营销管理者经常检查市场营销计划的执行情况，看看计划与实际是否一致，如果不一致或没有完成计划，就要找出原因所在，并采取适当措施和正确行动，以保证市场营销计划的完成。市场营销控制一般要做四件事：一是市场营销控制的中心是目标管理，营销控制就是监督任何偏离计划与目标的情况出现；二是市场营销控制必须监视计划的实际执行情况；三是通过营销控制过程，判断任何偏离计划的行为产生的原因；四是市场营销控制者必须采取改正方案，甚至改变目标本身。市场营销控制过程，见图 12 - 7。

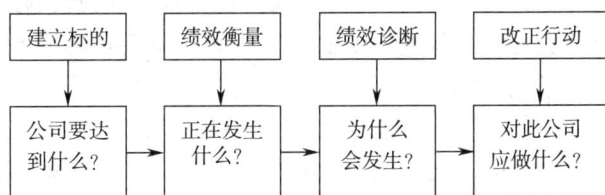

图 12 - 7　市场营销控制过程

一、营销控制的必要性

（一）环境变化的需要

控制总是针对动态过程而言的。从营销管理者制定目标到目标的实现通常需要一段时间，在这段按时间里，企业内外部的情况可能会发生变化，尤其是面对复杂而动荡的市场环境，每个企业都面临着严峻的挑战，各种变化都可能会影响到企业已定的目标，甚至有可能需要重新修改或变动以符合新情况。高效的营销控制系统，能帮助营销管理者根据环境变化情况，及时对自己的目标和计划作出必要的修正。一般来说，目标的时间跨度越大，控制也越重要。

控制系统的作用在于：帮助管理者看到形势的变化，并在必要时对原来的计划作出响应的修正。

（二）需要及时纠正执行过程中的偏差

在计划执行过程中，难免会出现一些小偏差，而且随着时间的推移，小错误如果没有得到及时的纠正，就可能逐渐积累成严重的问题。

营销控制不仅是对企业营销过程的结果进行的控制，还必须对企业营销过程本身进行控制，而对过程本身的控制更是对结果控制的重要保证。因此，营销管理者必须依靠控制系统及时发现并纠正小的偏差，以免给企业造成不可挽回的损失。

控制与计划既有不同之处，又有密切的联系。一般来说，营销管理程序中的第一步是制定计划，然后是组织实施和控制。而从另一个角度看，控制与计划又是紧密联系。控制不仅要按原计划目标对执行情况进行监控，纠正偏差，在必要时，还将对原计划目标进行检查，判断其是否合理，也就是说，要考虑及时修正战略计划，从而产生新的计划。

二、市场营销控制类型

市场营销控制包括年度计划控制、盈利控制、效率控制和战略控制。年度计划控制主要检查市场营销活动的结果是否达到了年度计划的要求，在必要时采取调整和纠正措施；盈利控制是为了确认在各产品、地区、顾客群和分销渠道等方面的实际获利能力；效率控制的任务是提高诸如人员推销、广告、促销、分销等工作的效率；战略控制则是审计企业的战略、计划是否有效地抓住了市场机会，是否同市场营销环境相适应。

（一）年度计划控制

任何企业都要制定年度计划，然而，年度市场营销计划的执行能否取得理想的成效，还需看控制工作进行得如何，年度计划的控制是市场营销控制的重点。所谓年度计划控制，是指企业在本年度内采取控制步骤，检查实际绩效与计划之间是否有偏差，并采取改进措施，以确保市场营销计划的实现与完成。许多企业每年都制定周密的计划，但执行的结果却往往与之有一定的差距。事实上，计划的结果不仅取决于计划制定得是否正确，还有赖于计划执行与控制的效率如何。可见，年度计划制定并付诸实施之后，搞好控制工作也是一项极其重要的任务。年度计划控制的主要目的在于：①促使年度计划产生连续不断的推动力；②控制的结果可以作为年终绩效评估的依据；③发现企业潜在问题并及时予以妥善解决；④高层管理人员可借此有效地监督各部门的工作。

综合国内外企业市场营销控制的基本做法，年度计划控制通常在以下四个方面展开。

1. 销售分析

销售分析是衡量并评估实际销售额与计划销售额的差距。具体有两种方法：

（1）销售差距分析，这种方法主要用来衡量造成销售差距的不同因素的影响程度。

例如，一家企业在年度计划中规定，某种产品第一季度售出 4 000 件，单价 1 元，总销售额 4 000 元。季末实际售出 3 000 件，售价降为 0.80 元，总销售额为 2 400元，比计划销售额少 40%，差距为 1 600 元。显然，既有售价下降方面的原因，也有销量减少的原因。但是，二者各自对总销售额的影响程度又是多少呢？

计算如下：

售价下降的差距 $= (P_S - P_A)QA = (1.00 - 0.80) \times 3\,000 = 600$ 元

$$售价下降的影响 = （600 ÷ 1 600） × 100\% = 37.5\%$$
$$销量减少的差距 = （Q_S - Q_A）PS = （4 000 - 3 000） × 1.00 = 1 000 元$$
$$销量减少的影响 = （1 000 ÷ 1 600） × 100\% = 62.5\%$$

式中：P_S 为计划售价；P_A 为实际售价；Q_S 为计划销售量；Q_A 为实际销售量。由此可见，没有完成计划销售量是造成差距的主要原因，因此需要进一步深入分析销售量减少的原因。

（2）地区销售量分析，这种方法用来衡量导致销售差距的具体产品和地区。

例如，某企业在 A、B、C 三个地区的计划销售量，分别为 1 500 件、500 件和 2 000件，共 4 000 件。但是，各地实际完成的销售量分别为 1 400 件、525 件和 1 075 件，与计划的差距为 - 6.67%、5% 和 - 46.25%。显然，引起差距的主要原因在于，C 地区销售量大幅度减少。因此，有必要进一步查明原因，加强该地区的市场营销管理。

2. 市场占有率分析

销售分析不能反映出企业在市场竞争中的地位，而市场占有率是基本的销售目标之一，其增减变化对销售量和利润水平均有较大的影响，通过市场占有率分析可以揭示出企业同其竞争者在市场竞争中的相互关系。市场占有率分析要从多方面入手，例如，企业销售额增加了，可能是由于企业所处的整个经济环境的发展，也可能是因为其市场营销工作较之其竞争者有相对改善。而如果企业的市场占有率升高，表明企业的营销绩效的提高，在市场竞争中处于优势；反之，如果企业的市场占有率下降，则说明企业营销绩效的下降，在竞争中失利。

市场占有率分析一般采用三种不同的度量方法：

（1）全部市场占有率。全部市场占有率是指企业的销售额（量）占行业销售额（量）的百分比。市场占有率通过销售额（量）计算，可以反映出企业间在争取顾客方面的竞争地位的变化。使用这种方法必须作两项决策：一要以单位销售量或以销售额来表示市场占有率；二要正确认定行业的范围，即明确本行业所应包括的产品、市场等。

（2）目标市场占有率。目标市场占有率是指企业销售额（量）占其目标市场总销售额（量）的百分比。对于一个企业，可能有近 100% 的目标市场占有率，却只有相对较小百分比的全部市场占有率。企业一般很重视目标市场占有率，通过不断开发新产品或强化销售手段，以提高其在目标市场上的占有率。

（3）相对市场占有率（相对于三个最大竞争者）。相对市场占有率是指企业销售额（量）和几个最大竞争者的销售额（量）的百分比。例如某公司有 30% 的市场占有率，其最大的三个竞争者的市场占有率分别为 20%、10%、10%，形成了 30% 对 40% 的局面，则该公司的相对市场占有率是 30/40 = 75%。一般来说，相对市场占有率高于 33%，即被认为是实力较强的公司。

市场占有率分析还要具体深入到以下四个方面展开：顾客渗透率、顾客忠诚度、顾客选择性以及价格选择性。

知识链接

顾客渗透率，是指购买本企业产品的顾客占顾客总数的百分比。

顾客忠诚度，是指顾客购买本企业产品数量与其购买同种产品总量的百分比。

顾客选择性，是指顾客购买本企业产品的平均数占其购买其他企业产品平均数的百分比。

价格选择性，是指本企业产品的平均价格与所有其他企业产品的平均价格的百分比。

3. 市场营销费用分析

年度计划控制的任务之一，就是在保证实现销售目标的前提下，控制销售费用开支和营销费用的比率。在我国商业系统，营销费用被称为商品流通费用，营销费用率被称为商品流通费用率。

在生产企业中，营销费用率（营销费用占销售额的30%）包括五项细分指标：推销人员费用占销售额之比（15%），广告费用占销售额之比（5%），其他促销费用占销售额之比（6%），营销调研费用占销售额之比（1%），销售管理费用占销售额之比（3%）。对于以上各项费用率，往往规定一个控制幅度，超过限度，就要查找、分析具体原因了。

4. 顾客态度追踪分析

年度计划控制的衡量标准大多是以金额、数量或相对值为特征的，它们的作用很重要，但不充分，因为它们没有对市场营销的发展变化进行定性分析和描述。为此，企业建立专门机构来追踪其顾客、经销商以及市场营销系统其他参与者的态度，对于营销控制过程中分析原因、寻找调整措施，将是十分必要的。

顾客态度追踪分析，一般要做以下三方面的工作：

（1）建立听取意见制度。企业对来自顾客的书面的或口头意见应该进行记录、分析，并作出适当的反应。对不同的意见应该分析归类汇编成册，对意见比较集中的问题要查找原因，加以根除。企业应该鼓励顾客提出批评和建议，使顾客经常有机会发表意见，才有可能搜集到顾客对其产品和服务反映的完整资料。

（2）固定顾客样本。有些企业建立由一定代表性的顾客组成的固定顾客样本，定期地由企业通过电话访问或邮寄问卷了解其需求、意见和期望。这种做法有时比听取意见更能代表顾客态度的变化及其分布范围。

（3）顾客调查。企业定期让一组随机顾客回答一组标准化的调查问卷，其中问题包括职员态度、服务质量等。通过对这些问卷的分析，企业可及时发现问题，并及时予以纠正。

（二）盈利能力控制

除了年度计划控制之外，企业还需要衡量不同产品、不同销售区域、不同顾客群体、不同渠道以及不同订货规模的获利能力。获利能力的大小，对市场营销组合决策有着直接关系。

1. 市场营销成本

市场营销成本是指与市场营销活动有关的各项费用支出。市场营销成本直接影响企业营销的利润。因此，企业不仅要控制销售额和市场占有率，亦要控制营销成本。市场营销成本包括的主要内容如下：

（1）直接推销费用：包括推销人员的工资、奖金、差旅费、培训费和交际费等。

（2）促销费用：包括广告媒体成本、产品说明书、印刷费用、赠奖费用、展览会费用以及促销人员工资等。

（3）仓储费用：包括租金、维护费、折扣、保险、包装费和存货成本等。

（4）运输费用：包括托运费用等，如果是自有运输工具，则要计算折旧、维护费、燃料费、牌照税、保险费以及司机工资等。

（5）其他市场营销费用：包括市场营销管理人员工资、办公费用等。

上述成本连同企业的生产成本构成了企业的总成本，直接影响企业经济效益。其中有些与销售额直接相关，称为直接费用；有些与销售额无直接关系，称为间接费用，有时二者也很难划分。

2. 战略利润模型

利润是企业的最重要的目标之一。企业盈利能力历来为市场营销管理人员所高度重视，因而盈利能力控制在市场营销管理中占有十分重要的地位。在对市场营销成本进行分析之后，就应考查如下盈利能力财务指标：

财务指标组合包括以下四个方面：流动性比率、资产效率比率、获得能力比率和杠杆比率。战略利润模型很好地将四者结合起来。

$$总资产周转率 = \frac{销货收入}{总资产} \times 100\%$$

$$资产收益率 = \frac{净收益}{总资产} \times 100\%$$

$$杠杆比率 = \frac{资产总额}{资产净值} \times 100\%$$

$$投资收益率 = \frac{净利润}{资产净值} \times 100\%$$

战略利润模型有四个重要的管理用途：

第一，该模型强调公司的主要财务目标是赚取足够高的利润和目标既定的投资收益率。

第二，该模型定义了企业可以采取的三种"利润途径"。

第三，该模型理想地阐述了公司主要领域的决策制定方针。

第四，该模型提供了评价财务策略的非常有用的观点，不同的组织可以采用这些财务策略来实现其目标投资收益率。

（三）效率控制

假如盈利能力分析显示出企业关于某一产品、地区或市场所得的利润很差，那么紧接着下一个问题便是有没有高效率的方式来管理销售人员、广告、销售促进及分销。

1. 销售人员效率

企业的各地区的销售经理要记录本地区内销售人员效率的几项主要指标，这些指标包括：

（1）每个销售人员每天平均的销售访问次数；

（2）每次会晤的平均访问时间；

（3）每次销售访问的平均收益；

（4）每次销售访问的平均成本；

（5）每次销售访问的招待成本；

（6）每百次销售访问预订购的百分比；

（7）每个期间增加的新顾客数；

（8）每个期间流失的顾客数；

（9）销售成本对总销售额的百分比。

企业可以从以上分析中，发现一些非常重要的问题，例如，销售代表每天的访问次数是否太少，每次访问所花时间是否太多，是否在招待上花费太多，每百次访问中是否签订了足够的订单，是否增加了足够的新顾客并且保留住原有的顾客。当企业开始正视销售人员效率的改善后，通常会取得很多实质性的改进。

2. 广告效率

企业应该至少作好如下统计：

（1）每一媒体类型、每一媒体工具接触每千名购买者所花费的广告成本；

（2）顾客对每一媒体工具注意、联想和阅读的百分比；

（3）顾客对广告内容和效果的意见；

（4）广告前后对产品态度的衡量；

（5）受广告刺激而引起的询问次数。

企业高层管理者可以采取若干步骤来改进广告效率，包括进行更加有效的产品定位，确定广告目标，利用电脑来指导广告媒体的选择，寻找较佳的媒体，以及进行广告后效果测定等。

3. 营业推广效率

为了改善营业推广的效率，企业管理者应该对每一营业推广的成本和对销售的影响作记录，注意作好如下统计：

（1）由于优惠而销售的百分比；

（2）每一销售额的陈列成本；

（3）赠券收回的百分比；

（4）因示范而引起询问的次数。

企业还应观察不同营业推广手段的效果，并使用最有效果的促销手段。

4. 分销效率

分销效率主要是对企业存货水准、仓库位置及运输方式进行分析和改进，以达到最佳配置并寻找最佳运输方式和途径。效率控制的目的在于提高人员推销、广告、营业推广和分销等市场营销活动的效率，市场营销者必须注视若干关键比率，这些比率表明上述市场营销组合因素的功能执行的有效性以及应该如何引进某些资料以改进执行情况。

（四）战略控制和市场营销审计

1. 战略控制

战略控制是指市场营销管理者采取一系列行动，使实际市场营销工作与原规划尽可能一致，在控制中通过不断评审和信息反馈，对战略不断修正。市场营销战略的控制既重要又难以确定。因为企业战略的成功是总体的和全局性的，战略控制注意的是控制未来，是还没有发生的事件。战略控制必须根据最新的情况重新评估计划和进展，因而难度也就比较大。

企业在进行战略控制时，可以运用市场营销审计这一重要工具。各个企业都有财务会计审核，可在一定期间客观地对审核的财务会计资料或事项进行考察、询问、检查、分析，最后根据所获得的数据，按照专业标准进行判断，作出结论，提出报告。这种财务会计的控制制度有一套标准的理论、做法。但是市场营销审计尚未建立一套规范的控制系统，有些企业往往只是在遇到危急情况时才进行，其目的是为了解决一些临时性的问题。目前，在国外越来越多的企业运用市场营销审计进行战略控制。

2. 市场营销审计

市场营销审计，是对一个企业市场营销环境、目标、战略、组织、方法、程序和业务诸方面进行综合的、系统的、独立的和定期的审查，以便发现市场机会，寻找困难和问题所在，并提出改善营销工作的行动计划和建议，改进市场营销管理效果。市场营销审计实际上是在一定时期对企业全部市场营销业务进行总的效果评价。其特点是，不限于评价某一些问题，而是对全部活动进行评价。

一个完整意义的市场营销审计，应该包括：企业的营销环境审计、营销目标审计、营销战略审计、营销计划审计、营销组织审计以及营销控制审计等营销职能审计的诸多内容。

（1）市场营销环境审计。主要通过对影响企业市场营销的宏观环境与微观环境进行调查和研究，预测未来市场变化对企业的影响，抓住市场机会，减少营销风险，为适时调整市场营销战略提出审计建议。

（2）对市场营销预测和决策的审计。主要是在市场环境调查的基础上，采用科学的方法和程序，对预测结果进行审核、分析与评价，帮助企业得到可靠的预测值，为营销决策提供可靠的依据。

（3）市场营销战略与策略审计。是通过对企业所制定的市场营销战略和策略进行调查、分析、评价和鉴定，评价其对当前和未来市场环境的适应能力，以便更有效地实施战略规划，实现所规定的目标；审计内容包括营销战略方针、营销战略目标、营销战略实施规划、市场营销组合策略以及市场定位策略的适合性进行分析与评价，为企业改进营销策略、实现营销目标提出建议。

（4）市场营销计划审计。是对计划编制的依据是否科学，方法是否合理以及计划的可行性、效益性和计划项目指标之间的平衡进行全面分析和审查。通过分析审查，比较找出差异，提出改进建议，保证计划的有效性。

（5）市场营销组织审计。是对企业的市场营销组织在执行市场营销战略方面的组织保证程度和对市场的应变能力评价，内容包括市场营销部门的组织设置模式，营销专门技术人才的培训和激励状况以及营销组织机构的灵活性，部门之间的沟通与协作状况。

（6）市场营销控制审计。是对营销计划内容制定标准的合理性，控制系统组织建立的有效性，计划实施结果的效益性进行审查与评价，以检查营销活动过程中执行的业绩，分析执行过程中发生的偏差，找出原因，有针对性地采取正确行动。

（7）市场营销系统审计。是对评估企业市场营销信息系统，控制系统和新产品开发系统对企业市场营销工作的支持力度审查与评价，内容包括：市场营销信息系统的完善性和有效性方面的审查，市场营销计划周密性、有效性和科学性等方面的审查，市场营销控制系统的合理性、科学性和效益性等的审查，新产品开发机制的审查。

（8）市场营销盈利能力审计。是对企业的盈利能力和成本效益的评价，内容包括：企业的不同产品、不同市场、不同地区以及不同分销渠道的盈利能力，市场营销费用支出情况及其效益，市场营销管理费用对销售额之比的审查。

（9）市场营销业绩的审计。是在营销各环节分别审计之后，对营销业绩进行全面的、系统的、综合的评价，内容包括对社会贡献目标、市场目标、企业利益目标的审查、核实和分析，发现营销各环节存在的问题，进一步挖掘潜力，改进营销方法，强化营销管理。

探讨与应用

G公司的分销网络控制

G公司生产一种新的家电产品，该产品1994年在G省的市场占有率达到50%，很受消费者欢迎。公司赵总经理决定进一步扩大生产规模，并要求尽快在全国建立分销网络。公司将全国分为东北、华北、华东、华中、西北、华南、西南七个大区，在每个大区的中心城市设立销售公司，在其他省会城市设立销售处。每个大区的销售公司由G公司总部直接派人负责销售，每个销售处则由有经验的可靠代理商或经销商负责销售。大区销售公司负责领导各销售处的营销工作。经过两年的努力，G公司的分销网络基本建成，公司销售部门的人员也从20人扩大到120人。G公司为加强对销售公司的管理，作出三项规定：（1）销售货款须在产品卖出后一个月内返回G公司财务部；（2）各销售公司必须每周向公司销售部报告所在中心城市及各省会城市销售情况与市场信息；（3）各销售公司只能销售本公司的产品，不得销售其他公司的产品。若违反上述三项规定，公司将严肃查处。

公司分销网络建立一年以来，发生了三件事。第一件事是，G市销售公司已经三个月没有上交销售货款。后来有人向赵总汇报，G市公司李经理擅自动用公司4个月的销售款投资开办了一家电子公司，已经营业两个月。赵总亲自到G市查办此事，将李经理解雇，并起诉至法院。第二件事是，4个月后的一天上午，赵总接到L市销售公司王经理的长途电话。王经理在电话中说："我对不起公司对我的信任，犯了严重错误，使公司损失货款50万元，我愿意接受公司任何处分，我会将详细情况传真给您。"当天下午，赵总接到了传真。原来，L市销售公司王经理看到当地机制砖市场价格飞涨，利润很高，就决定将50万元销售货款投资给一个建材公司，以便通过与建材公司的利润分成为总公司创造更大的利润。谁知一场突发的大暴雨，不仅冲掉了建材公司的所有砖坯，而且还冲毁了砖窑，结果使得50万元的投资成了泡影。第三件事是，公司销售部孙部长在分析近半年来各地销售公司提供的信息时，发现S市销售公司1月和2月的销售额都是30万元左右，从3月份开始逐月下降，6月份仅为5万元。孙部长将这一情况向赵总做了汇报，赵总马上派人去调查。结果发现，S市销售公司在销售公司产品的同时，还销售竞争对手公司的同类产品。由于竞争对手公司的销售提成比例高于本公司，S市销售公司对推销本公司产品很少花工夫，而推销竞争对手产品却非常卖力。

（资料来源：中国营销传播网）

试分析：

1. 公司决定在各大区中心城市设立销售公司，在其他省会城市设立销售处。你认为采取这一组织结构的最大好处是什么？

2. G市与L市销售公司出现问题的主要原因是什么？

3. G公司对销售公司失控的主要原因在哪里？

☆ 同步测试

◇ 单项选择

1. 市场营销管理必须依托于一定的（　　）进行。

A. 财务部门　　　　B. 人事部门　　　　C. 主管部门　　　　D. 营销部门

2. 通常市场营销计划需要提交（　　）或有关人员审定。

A. 营销机构　　　　B. 企业领导　　　　C. 上级主管　　　　D. 营销组织

3. （　　）是最常见的现代企业的营销组织形式。

A. 地区型组织　　　B. 职能型组织　　　C. 产品型组织　　　D. 管理型组织

4. 市场管理型组织的优势体现在（　　）。

A. 可以按照地理区域管理　　　　　　B. 行政管理简单、方便

C. 能协调营销组合战略　　　　　　　D. 围绕特定顾客开展营销活动

5. 战略控制的目的是确保企业目标、政策、战略和措施与（　　）相适应。

A. 市场营销环境　　　　　　　　　　B. 市场营销计划

C. 推销计划　　　　　　　　　　　　D. 生产计划

6. 企业计划未来市场占有率及应采取的措施，应纳入（　　）之中。

A. 年度计划　　　　　　　　　　　　B. 新产品计划

C. 区域市场计划　　　　　　　　　　D. 战略性计划

◇ 多项选择

1. 市场营销计划包括的内容有（　　）。

A. 背景现状　　　B. 目标设定　　　C. 战略选择

D. 战术方案　　　E. 摘要

2. 产品（品牌）管理型组织的优点是（　　）。

A. 围绕特定消费者或用户　　　B. 行政管理简单、方便

C. 便于协调营销组合战略　　　D. 锻炼年轻管理人员

E. 及时反映特定产品（品牌）的问题

3. 市场营销控制包括（　　　）。

A. 战术控制　　　B. 盈利控制　　　C. 效率控制

D. 战略控制　　　E. 年度计划控制

4. 市场营销审计的基本内容包括（　　　）。

A. 市场营销环境审计　　　　　　B. 市场营销战略审计

C. 市场营销组织审计　　　　　　D. 市场营销系统审计

E. 市场营销盈利能力审计

◇ 判断

1. 市场营销计划是企业指导、协调市场营销活动的主要依据。（　　　）

2. 市场营销计划从特定层面上可分为战略性计划和年度计划。（　　　）

3. 生产多种产品或拥有多个品牌的企业，往往按产品或品牌建立市场营销组织。（　　　）

4. 市场管理型组织的建立是基于顾客特有的购买习惯和偏好。（　　　）

5. 战略控制是为了确认在各产品、地区、顾客群和分销渠道等方面的实际获利能力。（　　　）

◇ 简答

1. 简述市场营销组织的五种形式。

2. 简述效率控制的主要内容。

3. 市场营销微观环境审计主要包括哪些内容？

☆ 实训项目

如果你是营销人员，如何解决以下营销工作实际问题

1. 假设一个公司的市场占有率已下降好几个报告期，但营销副总经理把这称为偶发现象，拒绝采取任何行动，他的意思是指什么？你认为他的判断是否正确？

2. 一个大型工业企业将销售人员分派到各大城市，并由地区经理负责监管几个城市的销售代表，总营销主管想评估不同城市的利润贡献，那么下列各项费用应该怎样分配给各城市：①地区销售经理的费用，②全国性杂志广告费用，③营销调研费用。

［训练目标］通过讨论认知与体验市场营销组织工作。

［训练组织］学生进行分组讨论。

［训练提示］教师提出活动前准备及注意事项，同时随队指导。

［训练成果］各组汇报，教师讲评。

☆ 案例分析

耐克公司的营销组织变革

耐克公司成立于 1964 年，现已成为领导性的世界级品牌。当年奈特先生仅仅花了 35 美元请一位学生设计了耐克的标志，如今那个著名的弯钩标志价值已超过 100 亿美元。40 多年的发展，耐克已成为一个商业传奇，它的成功之道人所共知，就是虚拟生产的商业模式，耐克以优良的产品设计和卓越的营销手法控制市场，而将生产环节外包。

在过去几年里，耐克大力扩张产品线并增加了新的品牌。耐克的主力商品原来以篮球鞋为主，最近几年推出高尔夫运动用品系列，并以老虎伍兹为代言人，同时加强足球鞋的推广，以迎合足球运动人口的增加。目前，足球运动用品系列的营业额高达 10 亿美元，占有全球 25% 的市场，在欧洲市场更高达 35% 的市场占有率。耐克先后并购了高级休闲鞋名牌 COLE HAAN、曲棍球名牌 BAUER、第一运动鞋名牌 CONVERSE 和滑溜板名牌 HURLY，并放手让各名牌独自经营，取得不俗的成绩。但是，耐克在新兴市场上营销本土化不够，效果不理想。

为此，耐克品牌总裁查理·丹森（Charlie Denson）宣布耐克进行营销组织和管理变革，以强化耐克品牌与新兴市场、核心产品以及消费者细分市场的联系。实施这一变革使耐克从以品牌创新为支撑的产品驱动型商业模式，逐步转变为以消费者为中心的组织形式，通过对关键细分市场的全球品类管理，实现有效益的快速增长。

耐克为此强化了四个地区运营中心（美国、欧洲、亚太、中东及非洲），新设立了五个核心产品运营中心（跑步运动、足球、篮球、男士训练、女士健康）。这是一个矩阵式的管理，目标是把企业的资源向关键区域、核心产品集中，去抓住企业最大的市场机会。与传统的矩阵管理不同，关键是要实现跨地区、跨部门的协同。实际上，耐克公司已经有成功的经验，正是采用这种协同矩阵的管理方式，耐克公司组建了一支专门的队伍，将公司足球用品市场的经营额从 1994 年的 4 000 万美元扩大到今天的 15 亿美元。查理·丹森说："通过这种方式，我们可以更好地服务于运动员，更好地加深与消费者的联系，更好地扩大我们的市场份额，实现有效益的增长，增强我们的全球竞争力。"比如中国的篮球运动市场，就由亚太区运营中心和全球篮球运营中心协同开拓。

（资料来源：倪海清．耐克的营销组织变革．中国营销传播网）

阅读以上材料，回答问题：

1. 耐克总裁为什么要进行的营销组织变革？

2. 新的组织形式的有哪些优点？